# 희극성과 웃음

나남
nanam

한국연구재단 학술명저번역총서
서양편 307

# 희극성과 웃음

2010년 12월 24일 발행
2010년 12월 24일 1쇄

지은이_ 블라지미르 쁘로쁘
옮긴이_ 정막래
발행자_ 趙相浩
발행처_ (주) 나남
주소_ 413-756 경기도 파주시 교하읍
출판도시 518-4
전화_ (031) 955-4600 (代)
FAX_ (031) 955-4555
등록_ 제 1-71호(79.5.12)
홈페이지_ http://www.nanam.net
전자우편_ post@nanam.net
인쇄인_ 유성근(삼화인쇄주식회사)

ISBN 978-89-300-8533-5
ISBN 978-89-300-8215-0(세트)
책값은 뒤표지에 있습니다.

'한국연구재단 학술명저번역총서'는 우리 시대 기초학문의 부흥을 위해
한국연구재단과 (주)나남이 공동으로 펼치는 서양명저 번역간행사업입니다.

# 희극성과 웃음

블라지미르 쁘로쁘 지음 | 정막래 옮김

나남
nanam

# 옮긴이 머리말

역자는 총 2년에 걸쳐 이 책의 번역을 끝마쳤다. 결코 쉽지 않은 문체로 되어 있는 이 책을 초벌번역과 재벌번역을 하며 오역을 줄이는 동시에 읽기 쉬운 책으로 만들려는 시도는 1년으로는 부족했다. 이 책의 번역은 우선 한 문장 한 문장 빠뜨리지 않고 직역하여 오역이 없도록 초벌번역을 충실히 한 다음에 처음부터 재번역을 했다. 그 이후 한국어로 번역된 문장에 대한 세심한 수정 및 최종검토를 거쳐서 현대인들이 읽기 쉽고 의미 전달이 잘 되는 번역본을 만들려 노력하였다.

《희극성과 웃음》을 러시아어문학 전공자들뿐 아니라 희곡 전공자들과 일반 독자들에게도 잘 읽히는 책으로 만들기 위해서 원서의 소제목들을 적절히 수정하였다. 이 책의 번역은 원서에 충실하면서도 일반 독자가 읽기에 부담스럽지 않을 정도의 의역을 하였다. 읽기 힘든 긴 문장들은 그 의미가 변하지 않는 범위 내에서 짧은 문장으로 만들어 문학이론서들이 가지기 힘든 가독성을 높이려 노력했다.

본문에서의 각주는 원주와 역자주로 나누었다. 원주는 저자인 쁘로쁘 자신이 달아 놓은 것이고 역자주는 독자들의 편의를 위해서 필요하다고 생각되는 주를 역자가 단 것이다. 문학과 문화에 조예가 깊은 쁘로쁘의 대표작으로 이 책을 읽기 위해서는 많은 주를 필요로 하기 때문에, 역자는 특히 러시아에 관한 주를 상당히 많이 주를 달아서 책에 대한 이해를 돕고자 했다.

문학과 문화용어를 통일하는 일은 세심한 주의를 요하는 일이었다. 번역에서 가장 어려운 문제 중의 하나인 용어문제를 해결하는 과정에서 역자는 우리에게 가장 잘 알려져 있는 용어를 선택하였으며 우리말로 정립되어 있지 않는 용어는 시대와 내용상의 특징에 가장 적합한 용어를 선택하려고 노력했다.

인용된 문학작품들에서 번역이 난해한 부분에서는 러시아 객원교수의 도움을 받았다. 그리고 전형적 러시아식 표현, 역사적 제약과 지형적 이유 때문에 파생되는 어려운 문장이나 상황에 대한 번역 역시 러시아인의 도움을 받았다. 같은 학교에서 객원교수로 일하는 러시아인의 도움이 이 책을 번역하는 데 큰 힘이 되었다.

두 번에 걸친 수정, 보완 작업을 거쳐서 전체적 통일성을 찾으려는 작업도 진행했다. 러시아인들의 이름이나 지명표기는 우리에게 잘 알려져 있는 몇 가지를 제외하고는 러시아어 원음에 가까운 경음을 사용하여 통일했다.

2010년 11월

정 막 래

# 희극성과 웃음

## 차 례

## 제3부 다른 유형의 웃음들

## 부록: 구비문학에서의 의례상의 웃음

# 일러두기

1. 이 책에서의 러시아어 표기는 러시아어 원음에 가깝게 경음으로 표기했음. 그러나 러시아어 표기 중 우리에게 이미 잘 알려져 있는 단어들은 격음으로 표기했음. 예) 모스크바, 보드카, 레닌그라드 등.

2. 이 책의 원 제목인 *Проблемы комизма и смеха* 는 이 책이 러시아 문학을 전공하는 사람들뿐 아니라 다른 문학을 공부하는 일반인들까지 대상으로 한다는 전제 하에서 《희극성과 웃음》으로 번역했음.

제1부

# 서론

제 1 장

# 연구 방법

희극적인 것에 대한 현존하는 이론들을 살펴보면 결과가 그다지 만족스럽지 않다. 때문에 '과연 이론이라는 것이 필요하기는 한가'라는 질문을 자연스럽게 던지게 된다. 지금까지 수많은 이론들이 존재해왔는데 여기에 또 하나의 이론을 더할 필요가 있겠는가? 어쩌면 이론과 같은 현학 놀음은 사장된 스콜라 철학,[1] 즉 삶에서 별 쓸모없는 철학과 같지 않겠는가? 언뜻 보기에도 이러한 회의론에는 타당한 근거가 있는 듯하다. 실제로 훌륭한 유머작가들과 풍자작가들은 아무런 이론 없이도 잘만 살아왔다. 현대의 전문적인 유머작가들, 소설가들, 극작가들, 시나리오작가들, 무대작가들, 서커스극작가들 또한 어떠한 이론의 도움 없이도 잘 활동하고 있다. 그러나 이것이 이론이 필요 없다는 사실을 의미하지는 않는다. 이론은 인간의 모든 지적 활동에 필요하다. 오늘날 그 어떤 학문도 이론 없이는 존재하기 힘들다. 이론이 지니는 가장 큰 의미는 인식에 있

1) 스콜라 철학 : 8세기부터 17세기까지 중세유럽에서 이뤄진 신학중심의 철학을 이르는 말임. 토머스 아퀴나스가 집대성하였음. 가톨릭교회의 부속학교에서 교회교리의 학문적 근거를 체계적으로 확립하기 위하여 이뤄진 기독교 변증(辨證)의 철학으로, 고대철학의 전통적 권위에 의존하여 주로 아리스토텔레스 및 플라톤의 철학을 원용하여 학문의 체계를 세우려 하였음. 내용이 형식적이고 까다로운 것이 특징임.

다. 그러므로 이론을 안다는 것은 학문적 세계관에 관한 하나의 기초 지식을 가지게 되는 것이라고 할 수 있다.

현존하는 모든 이론들이 (특히 독일이론들이) 지니는 결함들 중에서 최우선으로 꼽을 수 있는 근본적인 결함으로는 이론이 심하게 추상적이고 지나치게 비현실적이라는 점을 들 수 있다. 이론들은 현실과 동떨어져서 만들어지고 있다. 대부분의 이론들은 사실상 사장된 철학들인데 가끔은 무슨 뜻인지 도무지 이해할 수 없을 정도로 난해하게 서술되어 있다. 이론서들은 온통 논의들로만 채워져 있다. 이런 이론서들은 때로 여러 장 혹은 수십 장에 이르기까지 그 어떤 사례도 인용하지 않는다. 그나마 가끔씩이라도 사례가 사용되는 것은 제기된 추상적인 명제들에 대한 예를 들 때뿐이다. 이런 경우에도 제기된 논제들을 뒷받침해주는 사례만이 인용되며 그렇지 않은 사례에 대해서는 언급조차도 없다. 이론을 만들어내는 이들은 그러한 사례가 존재하는 줄도 모르고 있기 때문이다.

따라서 사례와 이론의 문제를 지금까지와는 다른 방식으로 풀어나가야 할 필요가 있다. 추상적인 생각이 제아무리 흥미롭고 유혹적이라 하더라도 우리가 기본으로 삼아야 하는 것은 사례에 대한 엄격하고 공정한 연구이다.

어떠한 연구에서든 결정적인 의미를 지니는 것은 방법이라 할 수 있다. 우리가 앞으로 다루게 될 문제인 희극적인 것의 본질은 과거 대부분의 경우 당시 저자들이 고수하고 있던 철학의 범주 안에서 미리 결정되어 있었기에 그 문제를 해결하는 방법 역시 이미 결정되어 있었다. 저자들은 자신들의 가설에 맞추어 실례를 선택했다. 그 실례는 가설을 설명하고 증명하는 것이어야 했다. 이러한 방법을 연역법이라고 한다. 연역법의 사용이 가능하거나 정당한 경우는 사례가 충분하지 않거나 적을 때, 그 사례를 직접적으로 관찰할 수 없거나 다른 방법으로는 설명할 수 없을 때이다.

다른 방법도 있다. 가설이 아닌 사례를 면밀히 대조 연구하고 분석하여 그 사례가 근거하고 있는 결론을 찾아가는 방법이다. 이러한 방법을 귀납법이라고 한다. 대부분의 현대 학문들은 가설을 정립하는 것만으로는 성립될 수가 없다. 사례가 존재할 경우에는 귀납법을 사용해야만 한다. 이 방법만이 진리를 공고하게 확립시킬 수 있기 때문이다.

이 연구에서 가장 우선시된 일은 어떤 자료도 버리거나 거르지 않고 모두 수집하여 체계화하는 것이었다.

웃음이나 미소를 자아내는 모든 것, 희극적인 것의 영역과 조금이라도 관계가 있는 모든 것을 연구대상으로 삼았다.

이 책은 근본적으로 문학연구서이다. 그리하여 무엇보다도 먼저 작가들의 문학작품들을 연구했다. 본 연구는 유머와 희극성을 지니고 있는 가장 탁월하고 두드러진 작품들을 연구하는 데에서 시작하였으나 질적으로 떨어지고 부족한 작품들도 살펴보지 않을 수 없었다. 가장 먼저 연구된 것은 러시아 고전이다. 그 중에서도 가장 가치 있는 보물 상자는 고골[2]의 작품들이었다. 러시아와 외국의 모든 거장들을 능가하는 고골은 과거와 현대에 작품활동을 했던 모든 유머작가들과 풍자작가들 중에서 가장 위대한 작가로 여겨진다. 그러므로 고골의 작품들에서 수없이 많은 예문들이 인용된 것에 대해 독자들은 놀라지 않기 바란다. 그러나 고골에만 범위를 국한시킬 수는 없었다. 과거와 현재에 활동했던 많은 다른 이들의 작품들도 관찰해야만 했다. 민속창작인 구비문학도 인용했다. 비록 몇몇 경우에는 구비문학의 유머가 전문작가의 유머와는 다른 다소 독특한 특성을 지녀서 보편화하기가 곤란하기도 하지만, 절대로 간과해서는 안 될 확실하고도 뚜렷한 자료를 제공해주는 것이 바로 이 구비문학이기 때문이다.

희극성의 문제를 해결하고자 시도하는 과정에서 고전작품과 구비문학 작품만을 살펴볼 수는 없었다. 현재 발행 중인 일상적인 유머잡지들과 풍

---

2) 고골 : 19세기 러시아 작가로, 본명은 고골 야노프스끼임. 우끄라이나에서 출생함. 러시아 사실주의 문학의 창시자임. 주요 작품으로는《지깐까 근교 마을의 야회》,《코》,《죽은 혼》등이 있음.

자잡지들, 그리고 신문칼럼들도 연구해야만 했다. 잡지와 정기간행물은 현대의 삶을 반영하고 있는데, 이러한 삶 자체가 예술과 마찬가지로 집중적인 연구대상에 해당하기 때문이다. 좁은 의미의 문학작품뿐만 아니라 서커스, 무대공연, 희극영화, 다양한 계층의 대화에 대한 관찰 등도 고려해야만 했다.

경험이 풍부한 이론가라면, 본 연구에서 사례를 미학영역과 미학 외 영역으로 양분하고 있지 않다는 것을 금방 알아챌 것이다. 본 연구에서 사용하고 있는 자료는 대부분 있는 그대로의 실제자료들이다. 따라서 미학현상과 생활현상의 관계가 어떠한 것인지는 이 자료들을 연구한 후에야 알 수 있을 것이다.

사례의 연구에 근거하고 있는 귀납적 연구방식은 19세기에서 20세기 초 대부분의 미학자들 사이에서 특징적으로 나타나고 있는 추상성과 그로 인한 폐해들을 피할 수 있도록 해준다. 이 책에서는 웃음의 유형과 사실상 그것들을 어떻게 분류할 수 있는지에 관한 문제가 중점적으로 제기될 것이다(이 책의 제 2장을 보라).

검토된 모든 자료들을 이 책 한 권에서 보여주는 것이 불가능할 뿐만 아니라 그럴 필요도 없다는 것은 지극히 명백한 사실이다. 본 연구를 위해 수집된 자료들 가운데 적절한 예문을 선별하여 제시할 것이다. 비록 이것이 서술방식에서는 과거에 행해졌던 것들과 비슷하다고 할 수 있으나 연구의 본질에서는 전혀 다른 방법이다. 본 연구에서 제시된 예문들은 결론이 어떠한 사례로부터 도출되는가를 보여줄 것이다.

추상성이 현존하는 이론들이 지니는 유일한 결함은 아니다. 그 밖의 다른 결함들도 존재하는데, 이것들을 잘 알고 넘어간다면 그 사용을 피할 수 있을 것이다. 이러한 결함들 중 한 가지는 과거 이론가들이 사용하던 주요 원칙들을 사전 확인 없이 무조건적으로 받아들여 사용한다는 것이다. 이렇게 받아들여지는 원칙 가운데 하나는, 희극적인 것이 비극적인 것과 고상한 것에 대립되고 있다는 개념과 그로 인해 고상한 것이나 비극적인 것에 관한 연구결과들이 희극적인 것에 대립적으로 사용된다는 것이다.

아리스토텔레스는 희극의 본질을 정의할 때 그 반대 개념으로 비극을 내세우는 것을 당연시했다. 왜냐하면 고대 그리스인들의 생활과 의식 가운데 비극이 가장 중요한 의미를 지니고 있었기 때문이다. 그러나 이러한 대립이 19세기와 20세기의 미학에서도 계속된다면 대립은 사장된 추상성을 면치 못할 것이다. 낭만적 이상주의 미학에서 모든 미학이론의 기저에 고상하고 아름다운 것에 대한 학설을 세우고, 여기에 고상함에 반하는 저급한 것으로서 희극적인 것을 대립시키는 것은 자연스러운 일이었다. 벨린스끼[3]는 이러한 해석에 반기를 들었다. 벨린스끼는 위에서 언급한 바 있는 고골을 예로 들어가며 희극적인 것이 예술과 사회생활 속에서 얼마나 위대한 의미를 지닐 수 있는가를 보여주었다. 그러나 벨린스끼의 발의는 계승되지 않았다. 희극적인 것이 고상한 것과 비극적인 것에 대립한다는 것은 어떠한 증거도 요하지 않고 절대적으로 받아들여지는 명제들 중 하나였기 때문이다. 이러한 대립이 타당한가에 대한 의혹은 이미 19세기 독일 실증주의 미학에서 제기된 적이 있었다. 폴켈트[4]는 다음과 같이 서술했다.

> 미학영역에서 희극적인 것은 비극적인 것과는 전혀 다른 것으로 보아야 한다. 희극적인 것은 절대로 비극적인 것의 반대요소가 아니며

---

3) 벨린스끼 : 19세기 러시아 문예평론가이자 사상가임. 주요 작품으로는 《러시아의 소설과 고골의 소설》, 《뿌쉬낀론》 등이 있음. 사상적 지도자로서 러시아 비평사에 한 획을 그었음.

4) 폴켈트 : 독일 철학자이자 미학자임. I. 칸트 및 독일 관념론의 영향을 받아 철학적으로는 비판적 형이상학의 입장에 섰으며, 미학적으로는 T. 립스와 함께 감정이입의 작용을 미학적으로 구축하고, 또한 그 체계화를 시도하였음. 주요 작품으로는 《경험과 사유》, 《미학 체계》, 《확실성과 진리》, 《미의식론》 등이 있음.

> 희극적인 것을 비극적인 것과 같은 대열에 세워서는 안 된다. … 만일 희극적인 것에 반대되는 것이 있다면 그것은 희극적이지 않은 것, 즉 진지한 것이다(폴켈트, 341, 343).[5]

폴켈트는 고상한 것에 대해서도 똑같이 말하고 있다. 그의 생각은 다른 이들도 언급한 적이 있었던 것으로 지극히 당연하고 확실하다. 희극적인 것은 무엇보다도 먼저 희극적인 것 자체로서 연구되어야 한다. 실제로 보카치오[6]의 유쾌한 단편소설들이나 고골의 《마차》, 또는 체호프[7]의 《말(馬)의 성(姓)》이 어떤 점에서 비극적인 것에 대립하고 있다고 말할 수 있겠는가? 이 작품들은 비극적인 것의 영역 밖에 있기 때문에 비극적인 것과는 어떠한 관계도 없다. 뿐만 아니라 해석이나 문체상으로는 희극적이지만 내용상으로는 비극적인 작품들도 있다. 고골의 《광인일기》나 《외투》가 그러한 경우이다.

희극적인 것이 비극적인 것과 고상한 것에 대립한다는 관점은 희극성의 본질이나 특성을 파헤치지 못한다. 바로 이것이 본 연구의 중점이 될 것이다. 이 책에서는 희극적인 것 자체를 이해하고 정의하려고 노력하면

---

5) 여기에서부터 괄호 안에 저자의 성이 표시될 것임. 이와 관련한 모든 도서 정보는 이 책 마지막 부분에 위치하고 있는 도서목록에서 볼 수 있음. 괄호 안 쉼표 뒤의 아라비아 숫자는 인용되고 있는 페이지를 나타내며, 로마숫자는 원본의 권, 장, 부의 번호를 나타냄. — 편집부 원주.

6) 보카치오 : 이탈리아 소설가임. 단편소설집 《데카메론》을 지어 근대소설의 선구자로 칭송됨. 이 작품은 민중들 사이에 큰 인기를 모았으며, 오래도록 산문의 본이 되었음. 학식과 웅변이 뛰어났으며 주요 작품으로는 《피아메타》, 《피에졸레의 요정》 등이 있음.

7) 체호프 : 19세기 말부터 20세기 초까지 활동했던 러시아 소설가 겸 극작가임. 《지루한 이야기》, 《사할린섬》 외 수많은 작품을 써 사회에 큰 반향을 불러일으켰음. 객관주의 문학론을 주장하였고 시대의 변화와 요구에 대한 올바른 목소리를 전달하기 위해 저술활동을 벌임. 《갈매기》, 《벚꽃 동산》 등 많은 희곡과 소설을 남김.

서 비극적인 것이나 고상한 것과는 전혀 무관하게 희극성의 본질을 정의해 나갈 것이다. 희극적인 것이 조금이라도 비극적인 것과 맞물려 있는 경우라면 이는 당연히 연구대상에 포함되겠으나 여기에서부터 연구를 시작하지는 않을 것이다.

희극적인 것의 **특성**[8] 을 이해하지 못하는 까닭에 대부분의 논문에서 천편일률적인 결함이 나타난다. 예를 들어 인간이 가지고 있는 결함이 희극적이라고들 한다. 그러나 이러한 결함들이 희극적이지 않을 수도 있다는 사실은 명백하다. 우스워질 수 있는 결함은 어떠한 것이 있는지, 그리고 그 결함이 우스워질 수 있는 상황과 조건은 어떠한 것이며 그렇지 않은 경우는 어떠한 것인지를 확립해 두어야만 한다. 즉 연구자는 웃음을 유발하는 임의의 상황을 채택할 때 연구하고 있는 현상의 고유한 특성이나 예외적 특성과 그 원인에 관하여 매번 문제를 제기해야만 한다. 이 문제가 예전에도 몇 번 제기된 적이 있었지만 그런 일은 매우 드물었다. 위에서 이미 예를 든 것과 같이 지금까지는 희극적인 것에 대한 정의가 지나치게 광범위했었다. 이런 경우 희극적인 것에 대한 정의에 희극적이지 않은 현상들도 포함되어 있었다. 이와 같은 실수를 저질렀던 이들은 가장 위대한 철학자들이었다. 예를 들어 쇼펜하우어는 사람이 웃게 되는 것은 그를 둘러싸고 있는 세계의 실존하는 객체들이 그것들에 대해 가지고 있던 개념 및 표상들과 일치하지 않는다는 사실을 갑작스럽게 발견하게 되었을 때라고 주장했었다(쇼펜하우어, I, 194). 아마도 그러한 불일치가 웃음을 불러일으켰던 경험들이 쇼펜하우어의 상상력을 자극시켰던 것이리라. 그러나 쇼펜하우어는 그러한 불일치가 전혀 우습지 않을 수도 있다는 점에 대해서는 언급하지 않고 있다. 예를 들어 학자가 연구대상에 대한 자신의 생각을 완전히 바꾸어 놓는 발견을 하게 되어 지금껏 자신이 헤매고 있었다는 사실을 알게 되었을 때 본인이 헤매고 있었다는('사람을 둘러싸

---

8) 이 책에서 사용되는 모든 고딕체는 저자가 원서에 표기했던 이탤릭체임.

고 있는 세계와 그에 대해 사람이 가지고 있던 개념들의 불일치') 발견은 희극성의 영역 밖에 있다. 다른 예들을 더 제시하지는 않겠다. 이 사례로부터 본 연구를 위한 방법론적 전제가 다음과 같이 도출된다. 즉 각각의 개별적인 경우마다 희극적인 것의 특성을 규정해야 하며 어떠한 현상이 어떤 조건 하에서 어느 정도로 희극성을 내포하는지, 또한 그것이 지속적인지 그렇지 않은지를 확인해야만 한다.

또 다른 결함들도 있는데 이를 반복하지 않기 위해서는 조심해야 한다. 미학 관련 저술들을 대조해보면 희극적인 것이 형식과 내용 간의 모순에 기반한다는 사고가 팽배해 있음을 알 수 있다. 물론 형식과 내용에 관련된 문제가 제기되어야 하는 것은 맞지만 이 문제가 해결될 수 있는 것은 실제적 자료들이 연구되고 난 이후이지, 그 이전은 아닐 것이다. 이후 자료들을 검토할 때 이 문제로 다시 돌아와서 최근까지도 미학에서 징후적으로 나타나고 있는 이 혼란을 파헤쳐 보아야 할 필요가 있겠다. 다만 희극적인 것이 정말로 어떤 모순에 기반을 두고 있는가 하는 문제는 선입견에 사로잡힌 구문들이 아닌 실제적 자료들을 통해서만 해결될 수 있을 것이다. 그리고 만일 그것이 사실로 밝혀진다면 그때는 희극적인 것이 기반을 두고 있는 모순이 실제로 형식과 내용 간의 모순인지, 아니면 다른 유형의 것인지를 규명해야 할 것이다.

이 책에서는 지금까지 대체로 희극성의 본질을 정의하는 문제 한 가지에 대해서 언급해왔다. 이것이 근본적인 문제이기는 하지만 절대로 유일한 문제는 아니다. 웃음과 희극성에 관련된 많은 다른 문제들도 존재한다. 이제 이러한 문제들 중 하나를 골라서 살펴보고자 한다. 이는 본격적으로 자료를 파고들기 전에 이 책의 연구방법을 검증해볼 필요가 있기 때문이다.

이 문제는 본 연구에서 아직까지 다루지 않았으나 매우 중요한 문제인 희극성의 두 가지 상반되는 유형 이론이다.

수많은 부르주아 미학들은 고급과 저급의 두 가지 희극성이 존재한다고 주장하고 있다.

희극적인 것을 정의할 때에는 부정적인 개념들만이 사용되어져 왔다. 즉 희극적인 것은 무엇인가 저급하고 보잘것없으며 매우 작고 물질적인 것으로서, 물체, 문자, 형식, 사상이 부재되어 있으며, 또한 고상하고 위대하고 이상적이고 정신적인 것들과의 불일치, 양극화, 대립, 투쟁, 모순에서 만들어지는 외형이라는 것이다. 희극적이라는 개념에 달라붙는 일련의 부정적 형용구들과 고상하고 높고 아름답고 이상적인 것들에 대한 희극적인 것의 대립 등은 웃음에 대한, 그리고 희극적인 것에 대한 부정적 태도, 더 나아가 경멸감을 말한다. 경멸은 쇼펜하우어, 헤겔, 피셔[9] 등과 같은 이상주의 철학자들에게서 매우 뚜렷이 나타난다.

여기에서는 아직 희극적인 것에 대한 상반되는 두 가지 유형의 이론이 나타나지 않으며 희극성 자체에 대한 부정적인 태도만이 보인다. 희극적인 것에 대한 두 가지 유형인 저급한 유형과 고급스러운 유형에 대한 이론은 19세기에 생겨났다. 19세기 미학에서는 희극적인 것의 모든 영역이 저급한 것을 나타내지는 않으며 희극적인 것 안에는 두 유형이 존재한다는 주장이 드물지 않게 나타나고 있다. 희극성의 한 유형은 아름다움에 대한 학문으로 여겨지고 있던 미학의 영역에 속해 있으며 이러한 희극성은 미적 개념에 포함된다. 그리고 희극성의 또 다른 유형은 미학과 아름다움의 영역 밖에 있으면서 아주 저급한 것을 나타낸다.

'저급하게 희극적인 것'이라는 이론적 정의는 존재하지 않는다고 볼 수 있다. 만일 그런 정의가 있다고 해도 그것은 아무 의미를 지니지 못한다. 이 이론의 열렬한 신봉자 중 한 명이 키르히만[10]이었다. 그는 희극적인

---

9) 피셔 : 독일 철학자이자 교육자임. 《논리학과 형이상학의 체계》를 써서 신칸트주의 사상을 창시함. 고트홀트 레싱, 프리드리히 실러, 괴테 등에 관한 글로 미학이론에 이바지함. 결국 헤겔사상을 찬성하는 쪽으로 돌아섰으며, 《현대 철학사》에서는 데카르트부터 쇼펜하우어에 이르는 사상을 새롭게 해석함.

것의 전 영역을 '섬세하게 희극적인 것'과 '투박하게 희극적인 것'으로 나누고 있다. 그의 이론에 따르면 희극성의 원인이 되는 것은 비이성적이거나 불합리한 행위이다.

> 만일 이 불합리가 심한 정도라면 … 그때는 투박하게 희극적인 것이 되고 만일 불합리가 더 깊이 숨어 있다면 … 그때는 섬세하게 희극적인 것이 된다(키르히만, II, 46~47).

위의 정의가 비논리적이고 근거가 빈약하다는 것은 극히 명백하다. 이 정의에는 뚜렷한 경계가 없고 정립되지 않은 단계만이 있다.

일반적으로 '투박한' 희극성의 본질은 전혀 정의되지 않고 있다. 그 대신에 예문들만이 주어진다. 폴켈트의 경우 인간의 신체, 그리고 그와 관련된 모든 것을 '투박한' 희극성에 연관시키고 있다. 이러한 것들로는 '많이 먹는 것, 술 마시는 것, 땀나는 것, 침 뱉는 것, 트림하는 것 … 소변을 보고 대변을 보는 것과 관련된 모든 것' 등이 있다. 그는 어떤 경우에 이 모든 것이 희극적으로 되고 어떤 경우에는 그렇지 않은가에 대해서는 전혀 염두에 두고 있지 않다. 폴켈트는 이러한 희극성이 주로 민중문학이 가는 길이라고 여겼으나 많은 문학 작가들에게서도 이러한 희극성을 볼 수가 있다. 예를 들어 셰익스피어는 이 유형의 희극성을 꽤나 자주 사용하고 있다.

> 일반적으로 셰익스피어는 다른 시인들과는 다르게 짐승의 방탕함을 유머 가득한 문란함과 연관시키고 있다(폴켈트, I, 409~410).

---

10) 키르히만 : 19세기 독일 철학자이자 미학이론가임. 주요 작품으로는 아리스토텔레스, 베이컨, 융, 스피노자, 칸트 등의 철학자들에 대한 그의 해설을 담은 《철학 총서》가 있음.

다른 한편으로는 섬세하고 우아하며 세련된 희극들도 있다. 폴켈트는 희극의 섬세한 유형의 본보기로 스크리브[11]의 희극 《물컵》을 들고 있다. 그는 볼린브로크 공작과 말리보로 공작부인 간의 재치 있고 섬세한 대화에 경탄한다. 그의 말에 따르면 희극성의 이러한 유형은 투박한 웃음이 아닌 섬세한 미소를 불러일으킨다.

다른 이론가들은 '저급하게 희극적인 것'을 형태별로 정의하여 소극, 광대놀음, 서커스광대극 등을 모조리 저급한 희극성의 영역으로 돌렸다. 리콕[12]은 자신의 유머단편집에서 다음과 같이 적고 있다.

> 초라한 소극장의 가설무대에서 활약하는, 밀가루를 뒤집어쓰거나 재범벅이 된 광대의 찡그린 표정으로 유발되는 유형의 발작적 웃음이 아닌 러시아 문학을 조명하고 고양시키는 100년에 한두 번 있을까 말까 한 진정으로 위대한 유머를 말하고 있는 것이다(리콕, 196).

대부분의 경우 희극성의 '저급한' 혹은 '피상적인' 유형에 붉은 코, 부른 배, 이상한 말투, 주먹질과 구타, 사기 치기 등과 같은 어릿광대적인 요소들이 연관된다.

이러한 이론을 따라도 되는가, 이러한 이론을 기반으로 삼아도 되는가, 자료를 배치하고 연구할 때에 이 이론에 입각해도 되는가? 본 연구에서는 이러한 이론에 입각하지 않을 것이다. 왜냐하면 그렇게 했을 경우 러시아 고전 문화유산의 상당 부분을 '저급하게 희극적인 것'으로 치부하여 내다버리게 될 것이기 때문이다. '고상한 것'으로 인정된 고전희극들을 자세히 들여다보면 그 모든 작품들에 소극적인 요소들이 배어 있다는

11) 스크리브 : 프랑스 극작가임. 산뜻한 줄거리와 짜임새 있는 구성을 가진 '구성이 견실한' 희곡의 대가로 칭송됨. 주요 작품으로는 《물컵》, 《베르트랑과 라통》, 《아드리엔 르쿠브뢰르》 등이 있음.

12) 리콕 : 캐나다 유머소설가이자 경제학자임. 《작은 고을의 양지 스케치》, 《난센스 소설집》 등의 유머단편집을 냄.

것을 쉽게 알아챌 수 있다. 아리스토파네스[13]의 희극들은 정치풍자적 성향을 띤 작품들이기는 하지만 아마도 '투박한', '저급의', 또는 가끔 정의 내리듯 '피상적인' 희극성의 영역으로 분류하여야 할 것이다. 그러나 더욱 정밀하게 검토해본다면 이 영역에 몰리에르와 고골을 비롯하여 모든 문학 작가들을 다 집어넣어야 할 것이다. 만일 마리야 안또노브나의 손에 입 맞추며 보쁘친스끼와 도쁘친스끼가 이마를 부딪쳤다면[14] 이것은 희극성의 고급스러운 유형인가 아니면 저급한 유형인가? 더 깊이 연구해본다면 고골의 작품세계가 '저급한' 혹은 '투박한' 희극성으로 뒤덮여 있다는 것을 알 수 있을 것이다. 고골 유머의 중요성을 이해하지 못했던 동시대인들은 그를 상투적이라고 비판했다. 이러한 비판은 그 후에도 볼 수 있다. 어떤 교수들과 문학사 연구자들은 고골의 상스러움에 언짢아하기도 했다. 그들 중 한 사람은 고골의 문체에 대한 방대한 저술을 남긴 I. 만젤쉬땀[15]이다. 그는 고골의 원문을 그대로 인용하면서 고골이 다음과 같은 표현을 없앴다면 《결혼피로연》의 문학성은 더욱 높아졌을 것이라고 말하고 있다.

> "네게 눈곱만큼의 정신머리라도 있는 게냐? 내 참, 천치가 아닐는지 … 말을 해보라고, 이런 일을 저질러놓고도 네가 돼지 같은 녀석이 아니란 말이냐?"

---

13) 아리스토파네스 : B.C. 5세기~4세기 고대 그리스 희극을 대표하는 극작가임. 주요 작품으로는 《연회의 사람들》, 《개구리》, 《복신》 등이 있음.

14) 이것은 니꼴라이 I세 때의 부패한 관료제도를 풍자하고 있는 고골의 위대한 희극 《검찰관》의 한 장면임.

15) 만젤쉬땀 : 러시아 시인이자 문학평론가임. 그의 작품 대부분은 스딸린 치하에서 발표되지 못했고, 1960년대 중반까지도 외국에는 거의 알려지지 않았었음. 구밀료프, 안나 아흐마또바 등과 함께 아끄메이즘을 결성하여 러시아 상징주의의 신비주의와 추상관념을 배격하고 명확함과 간결함, 형식의 완전함을 주장하였음. 주요 작품으로는 《아끄메이즘의 아침》 등이 있음.

여기에 대해 만젤쉬땀은 다음과 같이 적고 있다.

> 이 표현은 광대놀음을 염두에 둔 것이다.

만젤쉬땀의 견해에 따르면 고골은 자신의 작품에서 이 '쓰잘데기없는 것'들을 제거했어야 했다(만젤쉬땀, 53). 고골의 작품 곳곳에 보이는 다양한 욕설들도 고상한 만젤쉬땀 교수의 심기를 불편하게 만들곤 했다.

여기에 새로운 요소가 덧붙여진다. 희극성에 두 가지 유형인 우아한 유형과 투박한 유형의 이론에 사회적 차별의 개념이 도입된 것이다. 희극성의 섬세한 유형은 정신세계나 출신에 있어 귀족인 교양 있는 지성인들을 위해 존재한다. 희극성의 두 번째 유형은 평민, 천민, 대중을 위해 존재한다. E. 바이어[16]는 다음과 같이 쓰고 있다.

> 저급하게 희극적인 것의 자리는 민중문학이다. 여기에서는 예의, 절도, 문명인다운 품행과 같은 개념들의 경계가 훨씬 느슨하다(바이어, I, 106).

바이어는 '투박하게 희극적인 것'이 지나치게 확장되는 것에 대해 말하면서 "민중문학에 통달한 사람이라면 누구나 다 여기에 대해서 알고 있다"고 적고 있다. 여기에서 그는 독일 민중서적들과 민중인형극, 그리고 몇몇 이야기 등을 예로 들고 있다(바이어, I, 409).

독일미학에서 이러한 주장들은 병적일 정도로 자주 나타난다. 익살꾼과 광대놀이꾼, 서커스광대, 어릿광대를 비롯하여 모든 종류의 천박한 놀이들에 대한 경멸은 웃음이 가지는 대중적 기원과 형태에 대한 경멸이다. 뿌쉬낀은 이 점에 대해 전혀 다른 태도를 보인다. 그는 광장에서 펼

---

16) E. 바이어 : 19세기 독일 문학평론가임. 주요 작품으로는 《독일 시, 이론적이고 실제적인 안내서》 등이 있음.

쳐지는 놀이들에 대해 어떠한 경멸감도 나타내지 않으면서 다음과 같이 말했다.

> 광장에서 생겨난 극은 민중놀이문화를 만들어냈다(뿌쉬낀, VII, 147).

체르느이셰프스끼[17] 도 민중유머의 특징을 거론했는데 이때 이러한 유형의 유머에 대하여 어떠한 경멸도 가지지 않는다.

> 소극의 진정한 왕국은 러시아의 광대놀음과 같은 평민들의 놀이다. 그러나 위대한 작가들은 소극을 경시하지 않는다. 예를 들어 라블레[18] 의 작품들에서는 소극이 우세하며 세르반테스[19] 의 작품들에서도 소극을 굉장히 자주 볼 수 있다(체르느이셰프스끼, II, 187).

그 누구도 성적이고 투박한 농담, 상투적인 소극, 의심이 가는 우스운 일화들, 공허한 보드빌,[20] 멍청한 조롱의 존재를 부정하지 못할 것이다. 저급한 것은 모든 영역의 문학작품들에 존재한다. 본 연구를 위해 자료더미 속으로 파고들자마자 희극적인 것을 '투박하게 희극적인 것'과 '섬세하게 희극적인 것'으로 나누는 것이 불가능한 경우들을 수도 없이 만나게 되었다. 연구과정 중에서 이 이론은 고려되지 않을 것이나 사례의 연구를 마친 다음에는 희극성이 지니는 예술적이고 도덕적인 가치에 대한, 혹은

---

17) 체르느이셰프스끼 : 19세기 러시아 혁명가이자 작가, 저널리스트임. 주요 작품으로는《무엇을 할 것인가》등이 있음.

18) 라블레 : 16세기 프랑스 작가임. 그의《가르강튀아와 팡타그뤼엘》5권은 르네상스 최대 걸작으로 꼽히고 있음.

19) 세르반테스 : 16세기~17세기 스페인 작가임. 스페인이 낳은 가장 위대한 소설가, 극작가, 시인이라고 일컬어짐. 주요 작품으로는《돈키호테》등이 있음.

20) 보드빌 : 음악과 무용을 곁들인 풍자적 통속희극을 나타냄.

그 반대로 희극성의 몇몇 형태가 가지고 있는 유해성에 대한 문제를 제기해야만 할 것이다. 이것은 당면한 문제로서 상세하고 근거 있는 해결책이 요구된다. 방법론적으로 보았을 때에도 이 문제 역시 다른 중요한 문제들과 마찬가지로 사례의 연구를 마친 후에 풀어나가야 할 것이다.

미학의 난해하고 논쟁적인 문제들 중 한 가지는 희극성의 미학적 성격과 미학 외적 성격에 관한 문제이다. 이 문제는 희극성의 '저급한', '초보적인' 혹은 '피상적인' 형태들, 그리고 희극성의 이보다 더 높은 수준의 형태들에 관한 문제와 자주 연관된다. 희극성의 이른바 '피상적인' 혹은 '저급한' 형태들은 미학영역에 속하지 않는 것으로 간주해왔다. 보통 이러한 형태들을 미학 외적 범주에 두어 왔다. 그러나 아리스토파네스의 작품이나 그 외의 고전들 중에서 익살적인 부분들을 떠올려보면 이러한 이론이 지니는 오류가 그대로 드러난다. 또한 예술작품의 범위 밖에 있는 모든 웃음도 미학 외적 범주로 정의되어 왔다. 어쩌면 이것은 형식적으로 보았을 때 옳은 것일 수도 있다. 그러나 앞에서 이미 말했듯이 삶에서 동떨어진 미학은 실질적 인지를 목적으로 하는 곳에서는 쓸모없는 추상성을 띠게 될 수밖에 없다.

희극적인 것의 미학적 ('고급') 범주와 미학 외적 ('저급') 범주를 구별하기 위해 다양한 용어들이 이곳저곳에서 만들어지고 있다. 한 곳에서는 '희극적인 것'에 대해 논하고 다른 곳에서는 '우스운 것'에 대해 논한다. 본 연구에서는 이러한 구분을 하지 않을 것이다. 그것은 이러한 구분이 정당한지 아닌지를 보여줄 수 있는 것이 바로 사례이기 때문이다. '희극적인 것'과 '우스운 것'을 본 연구에서는 '희극성'이라는 하나의 용어이자 개념으로 묶고 있다. 본 연구에서 이 단어들은 같은 의미를 지닌다. 이것은 '희극성'이 전적으로 천편일률적인 것이라는 말이 아니다. 다양한 유형의 희극성이 다양한 유형의 웃음을 불러일으키게 되는데, 바로 여기에 본 연구의 주된 관심을 기울일 것이다.

제2부

# 비웃음

# 웃음의 유형과 비웃음

위에서 언급했듯이 본 연구에서는 대부분의 미학과 시학에서 권장되는 분류법들을 받아들이지 않을 것이다. 그렇기 때문에 신뢰성을 지니는 새로운 체계들을 찾아야 할 필요가 있다. 본 연구는 희극성과 웃음이 추상적인 어떤 것은 아니라는 점에 입각하고 있다. 웃는 주체는 바로 사람이다. 희극성의 문제를 연구할 때 웃음의 심리와 희극적인 것에 대한 지각을 제외하는 것은 불가능하다. 그렇기에 우리는 본 연구를 웃음의 여러 유형에 관한 문제를 제기하는 것에서 시작하기로 하겠다. 여기에서 희극성의 일정한 형태들이 웃음의 일정한 형태들과 관련되어 있는 것은 아닌지 질문을 던져볼 수가 있다. 그러므로 전체적으로 보았을 때 웃음을 몇 가지 유형으로 나눌 수 있는지, 그리고 그것들 중에서 본 연구의 목적 달성을 위해 어떤 것들이 더 중요하고 어떤 것들이 덜 중요한지를 잘 살펴보고 결정해야만 한다.

이는 러시아 문학계에서 이미 제기되었던 문제이다. 웃음의 유형을 열거함에 있어 가장 완전하고 흥미로운 시도를 한 사람은 철학가도 심리학자도 아닌 소비에트의 희극영화 이론가이자 영화사가인 R. 유레네프[1] 였다. 그는 다음과 같이 말하고 있다.

---

1) 유레네프 : 20세기 러시아 비평가이자 영화평론가이며, 예술학 박사임. 《소비에트영화사》 등의 저서가 있음.

> 웃음은 기쁜 것일 수도 있고 우울한 것일 수도 있으며 친절한 것일 수도 있고 화내는 것일 수도 있으며 영리한 것일 수도 있고 멍청한 것일 수도 있으며 뽐내는 것일 수도 있고 정다운 것일 수도 있으며 관대한 것일 수도 있고 아첨하는 것일 수도 있으며 경멸적인 것일 수도 있고 겁먹은 것일 수도 있으며 모욕하는 것일 수도 있고 용기를 북돋아주는 것일 수도 있으며 대범한 것일 수도 있고 소심한 것일 수도 있으며 호의적인 것일 수도 있고 적의 있는 것일 수도 있으며 비꼬는 것일 수도 있고 솔직한 것일 수도 있으며 빈정거리는 것일 수도 있고 순진한 것일 수도 있으며 부드러운 것일 수도 있고 거친 것일 수도 있으며 많은 뜻이 담겨 있을 수도 있고 이유가 없는 것일 수도 있으며 의기양양한 것일 수도 있고 변명하는 것일 수도 있으며 뻔뻔스러운 것일 수도 있고 부끄러워하는 것일 수도 있다. 이 목록에 유쾌한 웃음, 슬픈 웃음, 신경질적 웃음, 히스테리적 웃음, 비웃는 웃음, 생리적 웃음, 동물적 웃음을 더 넣을 수 있다. 의기소침한 웃음까지도 있을 수 있다!(유레네프, 1964b, 8)

이 웃음목록이 흥미를 유발하는 것은 풍부함과 선명함과 생생함 때문이다. 이 목록은 추상적 고찰이 아닌 삶에 대한 관찰의 결과로 얻어진 것이다. 저자는 이후 자신의 관찰들을 발전시켜가며 웃음의 다양한 유형이 다양한 인간관계들과 연관되어 있고 바로 이것들이 희극의 주된 대상들 중 한 가지를 구성하고 있다는 것을 보여준다. 여기에서 강조하고 싶은 점은 저자가 소비에트 희극영화에 관한 자신의 연구를 다름 아닌 웃음의 유형 문제로 열어가고 있다는 것이다. 그는 이 문제를 매우 중요한 것으로 여겼던 것이다. 본 연구과제를 해결하기 위해서도 이 문제는 매우 중요하다. 유레네프에게 있어 웃음의 유형에 관한 문제가 중요한 이유는 웃음의 각 유형이 각기 다른 희극 줄거리의 본질을 이루기 때문이다. 본 연구에서 중요한 것은 이와는 다르다. 본 연구에서 중요시하는 것은 특정 유형의 웃음들이 특정 유형의 희극성과 연관이 있는지 없는지에 대한 문제를 해결하는 일이다.

유레네프의 웃음에 대한 목록은 매우 상세하지만 완전한 것은 아니다. 본 연구를 위해 수집된 정보로 판단해보건대 유레네프의 어휘집에는 문학예술 작품의 이해를 위해 가장 중요한 웃음의 유형인 비웃음이 빠져 있다. 비웃음이 이후에 언급되기는 하나 위의 목록에는 빠져 있다. 유레네프는 웃음의 유형이 인간관계의 유형에 상응한다는 자신의 생각을 발전시켜나가며 다음과 같이 적고 있다.

> 웃을 때 일어나는 인간의 상호관계는 웃음과 관련하여 볼 때 다양하다. 사람들은 비웃고 조롱하며 야유한다.

이와 같이 비웃음이 첫 번째 자리에 세워지는데, 이에 대한 관찰은 본 연구에서 매우 중요한 것이다.

레싱[2] 또한 《함부르크 희곡》에서 다음과 같이 말하고 있다.

> 웃는 것과 비웃는 것은 절대로 같은 것이 아니다.

본 연구는 비웃음을 연구하는 것에서 시작될 것이다. 본 연구에서 유레네프의 웃음목록을 보충하거나 분류하지는 않을 것이다. 있을 수 있는 모든 유형의 웃음들 중에서 단 한 가지, 바로 비웃음으로 본 연구를 시작할 것이다. 이는 나중에 알게 되겠지만 바로 이 비웃음만이 희극적인 것의 범주와 견고하게 연결되어 있기 때문이다. 풍자문학이라는 거대한 분야 전체가 비웃음에 근거하고 있다는 사실 하나만 말해도 충분한 예가 될 것이다. 삶에서 가장 자주 부딪히게 되는 것도 바로 비웃음이다. 터키 술탄

---

2) 레싱 : 독일 극작가, 비평가이자 철학 및 미학 저술가임. 독일극이 고전주의극과 프랑스극의 영향에서 벗어나는 데 이바지했으며 지금까지도 중요한 가치를 지닌 첫 독일 희곡을 썼음. 그의 비평은 독일문단에 큰 자극을 주었으며, 보수적 독단론에 반대해서 종교적, 지적 관용과 편견 없는 진실추구를 주장하였음.

에게 보낼 서한을 작성하고 있는 자뽀로쥐예[3] 의 까자끄인[4] 들을 표현하고 있는 레삔[5] 의 그림을 유심히 들여다보면 큰소리로 껄껄대는 웃음에서 사악한 키득거림과 보일 듯 말 듯한 엷은 미소에 이르기까지 그가 그리는 웃음의 뉘앙스들이 얼마나 다양한가를 볼 수 있다. 그러나 레삔이 그리는 모든 까자끄인들이 비웃음이라는 단 한 가지 유형의 웃음을 웃고 있다는 사실을 쉽사리 확인할 수가 있다.

본 연구를 위해 가장 중요하고 우선시되는 유형의 웃음인 비웃음을 다른 웃음들 가운데에서 구별해내야만 이후에 그에 대하여 더 자세한 연구를 할 수 있게 될 것이다. 어떤 기준으로 내용을 분류해야 할 것인가? 자료들로 보아 판단하건대 웃음이 야기되는 원인에 따라 분류하는 것이 가장 현명하다는 결론이 나온다. 다시 말하자면 무엇 때문에 우리가 웃는지, 그리고 도대체 무엇이 우스운지를 확인해야 한다는 것이다. 즉 비웃음의 대상에 따라서 자료들을 체계화시켜야 한다.

사람의 거의 모든 현상과 관련하여 그 사람을 비웃을 수 있다. 다만 예외가 되는 것은 아리스토텔레스가 지적한 바와 같이 고통의 영역이다. 우스워질 수 있는 것은 사람의 외모나 얼굴, 몸매, 행동이다. 어떤 이가 자신의 무식함을 드러내는 판단을 한다면 이 역시 희극적인 것이 될 수 있다. 비웃음의 특수한 영역으로는 사람의 성격, 도덕적인 생활, 지향, 욕망, 목표가 있다. 사람의 말이 우스운 것이 될 수도 있는데, 여기에서 말

---

3) 자뽀로쥐예 : 드네쁘르강 유역에 위치한 도시이름임.

4) 까자끄인 : '모험', '자유인'이라는 뜻의 터키어 '카자크'에서 유래한 말로, 흑해와 카스피 해의 북쪽 후배지에 거주하는 주민을 가리킴. 전통적으로 독립적인 생활을 하다가 군사적 봉사를 제공하는 대가로 러시아 정부로부터 여러 가지 특혜를 받았음.

5) 레삔 : 역사적 주제를 극적으로 힘차게 다룬 19세기 러시아 화가임. 상트페테르부르크 미술 아카데미의 역사화 교수를 역임했음. 대표작으로는 《이반 그로즈느이와 그의 아들 이반, 1581년 11월 16일》, 《자뽀로쥐예의 까자끄인들》 등이 있음.

은 그 사람이 입을 떼기 전까지는 보이지 않고 있었던 성질들을 드러내는 구실을 한다. 다시 말해 사람의 신체적 삶, 정신적 삶, 그리고 도덕적 삶 모두 일상에서 웃음의 대상이 될 수 있다.

예술에서도 상황은 마찬가지이다. 유머작품들 속에서도 사람이 실제 삶 속에서 비웃음을 사는 것과 똑같은 측면들을 볼 수 있다. 가끔은 사람을 있는 그대로 보여주는 것, 즉 그냥 제시하거나 그려내는 것만으로도 족하나 그것만으로는 불충분할 때도 있다. 이런 경우에는 우스운 것을 들춰내야 한다. 이를 가능케 하는 일정한 방법들이 존재하는데 이 방법들은 연구를 요한다. 이러한 방법들은 인생에서도 예술에서도 동일하다. 가끔은 사람이 본인 자신도 모르게 자신의 본성이나 행동에서 우스운 것들을 발견하기도 하고 어떤 때에는 비웃기 좋아하는 사람이 상대방에게서 고의로 이와 같은 부분들을 찾아내기도 한다. 비웃는 사람의 행동은 실제 삶에서도 예술작품에서도 매한가지이다. 사람의 외모나 생각 또는 행동에서 우스운 점을 보여줄 수 있는 특수한 방법들이 존재한다. 비웃음을 대상에 따라 분류하는 것은 곧 웃음을 유발시키는 장치에 따라 분류하는 것이다. 사람의 외형이나 그의 생각들, 혹은 그가 지향하는 바들은 다양한 방식으로 비웃음을 받는다. 그 밖에도 다양한 대상들을 공통적으로 비웃을 수 있는 방법들이 있는데 패러디하기가 그 예이다. 그리하여 비웃는 방법은 개별적인 것과 일반적인 것으로 나뉜다. 비록 아직까지 실제로 적용된 적은 없으나 비웃음을 분류해야 할 필요성과 실현 가능성은 소비에트 학문에서 이미 나타났었다. Yu. 보레프[6]는 다음과 같이 적고 있다.

> 일상적 소재를 희극화하는 예술적인 방법들을 분류하는 것이 합당하고 필요하다는 사실은 극명하다(보레프, 1957, 317).

6) 보레프 : 20세기 러시아 철학가로 미학 전문가임. 주요 작품으로는 《희극적인 것에 대하여》가 있음.

제3장

# 웃는 이와 웃지 않는 이

우스운 객체와 웃는 주체라는 두 가지 조건이 만족될 때 웃음이 생겨난다. 19세기와 20세기의 사상가들은 대부분 편향된 연구만을 했었다. 희극적 객체는 미학 관련 저서들에서, 웃는 주체는 심리학 관련 저서들에서 연구되었다. 그러나 이때 희극성 자체는 개별적으로는 정의되지 못하고 객관적 자료들이 인간에게 미치는 영향으로만 정의되어 왔다. 심리적인 요인의 중요성은 미학서적에서 여러 차례 서술되었다. M. 까간[1]은 다음과 같이 적고 있다.

> 희극적인 것에 대한 감각과 유머 감각의 심리를 연구하지 않고는 희극적인 것의 본질을 깨달을 수 없다(까간, 1, 4).

N. 하르트만[2]이 이와 유사한 발언을 하고 있다.

---

1) 까간 : 20세기 러시아 철학가로 미학을 연구했음. 주요 작품으로는《마르크스·레닌주의 미학 강의》 등이 있음.

2) N. 하르트만 : 19세기 후반~20세기 중반의 독일 철학자임. 그는 실재란 규칙적이고 부분적으로 합리적이지만 의미는 없는 것이며, 따라서 인류는 인간의 열망과는 완전히 소원한 세계 속에서 살아 있는 인간생명의 영웅적 위업을 실행해야 한다고 보았음. 주요 작품으로는《플라톤의 존재 논리》, 《독일 관념론 철학》, 《존재론의 새로운 길》, 《자연 철학》, 《미학》 등이

> 엄격한 미학적 의미로 보았을 때 희극성은 주체의 유머 없이는 존재할 수 없다(하르트만, 607).

웃음의 발생은 일종의 과정이다. 이 과정 안에서 웃음을 야기하는 모든 조건과 원인들이 연구되어야만 한다. 베르그송[3]에 따르면 웃음은 자연법칙처럼 정확하게 발생한다. 즉 웃음은 특정 원인이 있을 때 항상 생겨난다는 것이다. 이 가설의 오류는 상당히 명백하다. 왜냐하면 웃음의 원인이 주어졌음에도 웃지도 않고 웃길 수도 없는 사람이 있을 수 있기 때문이다. 이러한 문제는 희극적 객체와 웃는 사람 간의 관계가 의무적인 것도 아니고 당연한 것도 아니기에 발생한다. 어떤 사람은 웃는 똑같은 상황에서 다른 사람은 웃지 않을 수도 있는 것이다.

이러한 현상이 나타나는 원인은 역사적, 사회적, 민족적, 개인적 습관이라는 조건들 속에 있을 수 있다. 모든 시대와 모든 민족은 각기 고유한 유머 감각과 희극적인 것에 대한 감각을 가지고 있는데 이 감각을 다른 시대의 사람들은 이해하지 못하거나 받아들이지 않기도 한다. A. I. 게르첸[4]은 "웃음의 역사를 쓰는 것은 매우 흥미로운 일이 될 것이다"라고 쓴 적이 있다. 그러나 웃음의 역사 전체를 집필하는 것이 이 책의 목표가 아니다. 앞서 밝힌 바와 같이 이 책에서는 18세기에서 20세기까지의 자료들만이 연구될 것이다.

---

있음.

3) 베르그송 : 19세기~20세기 프랑스 철학자임. 과정철학이라 부르는 철학사조를 최초로 정교하게 발전시킴. 정지보다 운동·변화·진화의 가치를 더 높게 평가했으며 학문적·대중적 호소력을 겸비한 문체의 대가였음. 저서로는 《삶과 무대에서의 웃음》 등이 있음.

4) 게르첸 : 19세기 러시아 언론인이자 정치사상가임. 농민 인민주의라는 이론을 창안하여 러시아에 독특한 사회주의 경로를 제시함. 자신의 활동을 연대순으로 기록한 회고록 《나의 과거와 사상》은 러시아 산문 중 가장 훌륭한 작품의 하나로 꼽힘.

웃음을 역사적 기준으로 나누고 그 가운데 18세기에서 20세기까지를 연구하면서 또한 역사적으로 성립된 일종의 민족적 구분이 있음을 언급하지 않을 수가 없다. 프랑스의 웃음은 우아함과 재치로(아나톨 프랑스[5]), 독일의 웃음은 무거움으로(하우프트만[6]의 희극), 영국의 웃음은 때로는 선량함으로 때로는 날카로운 비웃음으로(디킨즈, 버나드 쇼), 러시아의 웃음은 쓰라림과 빈정댐으로(그리보예도프,[7] 고골, 살뜨이꼬프-셰드린[8]) 구분된다고 말할 수 있다. 비록 이런 종류의 연구가 흥미로울 것임은 분명하나 학술적 의미를 지니지는 않는다.

각 민족문화의 영역 안에는 여러 사회계층들이 다양한 유머감각과 그 감각을 표현하기 위한 나름의 표현방법들을 지니고 있다.

이런 영역에서 특히 염두에 두어야 할 것은 개인적 분화이다.

잘 웃는 사람들이나 집단이 있고 반대로 잘 웃지 않는 사람들이 있다는 사실은 아마 모두 알고 있을 것이다. 선별된 몇 가지의 보기만을 들어보려 한다.

음울한 젊은이들과 유쾌한 노인들을 보는 것이 이제는 드문 일이 아니지만 그래도 젊은 사람들은 잘 웃는 경향이 있고 나이든 사람들은 덜 웃는

---

5) 아나톨 프랑스 : 19~20세기 프랑스 작가이자 비평가임. 풍자적이고 회의적이며 세련된 비평으로 당대 프랑스의 이상적인 문인이라는 평을 받았음. 《펭귄 섬》, 《꼬마 피에르》 등의 작품을 남겼음.

6) 하우프트만 : 19~20세기 독일 극작가, 시인이자 소설가임. 1912년 노벨 문학상을 받음. 20세기 초 독일의 가장 탁월한 극작가로 칭송됨. 그의 광대하고 다양한 문학적 생산에 통일적인 요소는 인간의 고통에 대한 동정 어린 관심으로, 이는 사회를 비롯한 다른 기초적 힘들에 의해 대개는 수동적으로 희생당하는 등장인물들을 통해 표현됨. 주요 작품으로는 《조아나의 이단자》 등이 있음.

7) 그리보예도프 : 19세기 러시아 극작가임. 러시아 문학에서 최고 걸작 중 하나로 꼽히는 희곡 《지혜의 슬픔》을 썼음.

8) 살뜨이꼬프-셰드린 : 19세기 러시아 소설가임, 풍자작가로 급진적인 성향을 지녔다는 평가를 받음. 주요 작품으로는 《한 도시 이야기》 등이 있음.

경향이 있다. 소녀들이 모이면 다른 사람이 보기에는 하찮아 보이는 이유들로도 많이들 웃고 즐거워한다.

타고난 익살꾼들, 즉 재치와 잘 웃는 재주를 천상으로부터 부여받은 사람들은 사회의 모든 계층에 두루 존재한다. 이러한 사람들은 웃을 줄 알 뿐만 아니라 다른 이들을 웃길 줄도 안다. 소꼴로프가의 형제들[9] 은 벨로제르스끼 지방의 한 시골교회 장로인 바실리 바실리예비치 보그다노프를 다음과 같이 묘사하고 있다.

> 그는 키가 작고 머리가 불긋불긋한 서른이 넘어 보이는 남자로, 겉으로는 약간 바보 같아 보이지만 그 가면 아래로 기지와 영악함을 숨기고 있다. 그는 항상 눈을 찡긋거려대며 항상 무엇인가를 조롱하고 있다.

시골교인의 은폐된 생활을 잘 알고 있던 저자는 이를 자신의 이야기에서 표현하면서 그가 암시하는 바를 청중들이 스스로 알아차릴 수 있도록 서술한다.

> 이때 바실리 바실리예비치는 이 자리에 참석하고 있는 사람들까지도 반드시 건드리곤 했는데, 그것은 관객들에게 특별한 즐거움을 안겨 주었다(소꼴로프가의 형제들, 78).

이것은 떠버리나 풍자꾼과 같이 정형화되어 있고 매우 널리 퍼져 있는 이야기꾼의 유형이다.

1950년대 모스크바에는 예능인이자 작가이며 이야기꾼이었던 이반 표도로비치 고르부노프[10] 라는 저명인사가 있었다. 고르부노프는 모스크

9) 소꼴로프가의 형제들 : 19세기 러시아 민속학자이자 문학자들임. 주요 작품으로는 《러시아 구비문학》 등이 있음.

바 생활을 주제로 하는 즉흥극을 언제든지 만들어내어 그 날카로운 통찰력과 정확한 모방능력으로 주변사람 모두를 정답게 한바탕 웃을 수 있게 하는 재주가 있었다.

몇몇 예능인들은 희극성에 관련된 특수한 재능을 소유하고 있다. K. 바를라모프[11]가 문을 열고 들어와 무대로 나서면 아직 그가 단 한마디도 내뱉지 않았음에도 불구하고 청중들은 이미 기분 좋게 웃고 있었다. 소비에트 사회주의 연방공화국의 국민 예능인이었던 이고르 일리인스끼[12]도 마찬가지였다.

유머능력이 있다는 것은 재능 있는 사람들의 특징 중 하나이다. 똘스또이에 대한 고리끼의 회상록에서 보면 똘스또이, 고리끼, 체호프, 이렇게 세 사람이 얼마나 자주 웃었는지를 알 수 있다. 막심 꼬발렌스끼 교수가 체호프를 만나러 니스에 왔을 때 그 두 사람이 레스토랑에 앉아 얼마나 웃었는가 하면 그곳에 있던 모든 사람들이 쳐다볼 정도였다.

이런 예들이 보여주고 있는 것은 무엇인가? 그것은 삶 속에 존재하는 희극성에 반드시 웃음반응을 불러일으키고야 마는 사람들이 존재한다는 것이다. 그런 반응을 일으킬 수 있는 능력은 대체로 긍정적인 현상으로, 이는 삶에 대한 사랑과 낙천주의의 발현이다. 그런 반면 전혀 웃음에 소질이 없는 사람들도 있다. 그 원인은 여러 가지일 수 있다. 만일 웃음이 전 인류적으로 재능 있는 사람들이 가지고 있는 특징들 중의 하나이고 재능이 있는 사람들뿐만 아니라 대부분의 정상적인 사람들도 웃을 수 있는 능력을 가지고 있다면 웃을 수 있는 능력의 부재는 때때로 멍청함과 무미

---

10) 고르부노프 : 19세기 러시아 작가, 배우이자 이야기의 대가임. 러시아 무대 역사에 관한 논문들을 저술함.

11) 바를라모프 : 19~20세기 러시아 배우임. 보드빌과 러시아 풍자희극에서 두각을 보였음.

12) 이고르 일리인스끼 : 20세기 러시아 배우로 말의 대가로서 라디오, 무대 등에서 맹활약했음. 연극감독으로도 활동함.

건조함의 결과로 설명될 수도 있을 것이다. 웃지 못하는 사람들은 어떤 면에서는 열등하다고 할 수 있다. 체호프의 쁘리쉬베예프[13]나 상자 속 사나이 벨리꼬프,[14] 또는 스깔로주쁘 대령[15] 같은 등장인물들이 웃을 수 있을까? 그들은 우습고 독자들은 그들을 비웃지만 만일 그들이 실제 인물이라고 상상해본다면 그런 사람들은 웃을 줄 모를 것이라는 사실이 분명해질 것이다. 그리 똑똑하지 못한 사람들에게서 웃을 수 있는 능력을 아예 빼앗아가 버리는 몇몇 직업들이 있는 듯하다. 권력을 이용하여 사람을 억누르는 직업들이 특히 그러하다. 이런 직업으로는 관리와 구식 교사가 있다. 살뜨이꼬프-셰드린은 자신의 《한 도시 이야기》에서 도시 장관들 중 한 명을 다음과 같이 묘사하고 있다.

> 시립문서보관국에는 아직까지도 우그륨-부르체예프의 초상화가 보관되고 있다. 이 사람은 중간키 정도의 남자로, 결코 미소를 띠워 본 적이 없을 것이 분명한 나무로 만든 것 같은 얼굴을 하고 있다.

그러나 우그륨-부르체예프에 대한 묘사는 한 개인의 성격이 아니라 하나의 유형이다. 살뜨이꼬프-셰드린은 이러한 사람들에 대해서 다음과 같이 말한다.

> 이것은 완전히 사방으로 꽉꽉 틀어 막힌 존재들이다.

유감스럽게도 이와 같은 '웃지 못하는 사람'들은 교사들 가운데에서 자주 보인다. 이것은 어려운 직업과 지속적 긴장 등으로 충분히 설명이 가

---

13) 쁘리쉬베예프 : 체호프가 1885년에 발표한 단편 《쁘리쉬베예프 하사관》의 주인공임.

14) 벨리꼬프 : 체호프가 1898년에 발표한 단편 《상자 속의 사나이》의 주인공임.

15) 스깔로주쁘 대령 : 그리보예도프가 1824년에 완성한 희곡 《지혜의 슬픔》에 나오는 등장인물 중 하나임.

능하지만 원인은 이뿐만 아니라 교사활동에서 특히 분명하게 드러나는 심리구조의 특성에도 있다. 체호프가 자신의 상자 속 사나이를 교사로 표현했던 데에는 다 이유가 있는 것이다. 벨린스끼는 수필 《현학자》에서 다음과 같이 쓰고 있다.

> 그렇다, 나는 진정으로 나의 현학자를 문학교사로 만들고 싶다(벨린스끼, IV, 384).

아이들의 좋은 웃음을 이해하거나 나눌 능력이 없고 농담을 이해하지 못하며 절대 미소 짓거나 웃을 줄 모르는 선생들에게는 직업을 바꾸라고 권해야 할 것이다.

웃을 줄 모르는 것은 멍청함뿐만 아니라 결함을 나타내는 것일 수도 있다. 여기에서 뿌쉬낀의 《모차르트와 살리에리》가 떠오른다.

> 모차르트 : 모차르트의 곡 중에서 어떤 곡이라도!
>
> 노인은 《돈 주앙》에 나오는 아리아를 연주한다.
> 모차르트가 웃는다.
>
> 살리에리 : 자네도 역시 웃을 줄 아는가?
>
> 모차르트 : 오, 살리에리! 자네는 웃지 않는다는 말인가?
>
> 살리에리 : 그렇다네.
> 형편없는 칠장이가
> 라파엘로의 마돈나를 더럽히는 게
> 나는 우습지 않다네.
> 경멸스러운 익살꾼이
> 패러디로서 알리히에리의

명예를 더럽히는 것이
나는 우습지 않다네.
이 노인네, 꺼져버려!

모차르트 : 기다려 봐. 여기 술값일세.
내 건강을 위해 마셔주게.

노인이 나간다.

뿌쉬낀이 창조해낸 천재적이고 낙천적인 모차르트는 즐거워하고 웃을 줄 알았으며 자신의 작품이 패러디되는 것마저도 농담으로 받아들일 줄 알았다. 반대로 질투심이 많고 냉담하기 그지없는 이기적인 살인자 살리에리는 자신의 존재가 가지는 깊은 부당성 때문에 웃을 줄을 몰랐고 같은 이유로 그의 창작능력에서도 결함이 드러난다. 이에 대해 모차르트는 다음과 같이 말한다.

"천재와 간악함은 함께 할 수 없는 것들이라네."

그러나 전혀 다른, 완전히 반대되는 이유로 인해서 웃을 줄 모르게 될 수도 있다.

내면의 무미건조함 때문이 아니라 반대로 높은 차원의 정신과 사고로 인해 웃지 않는 심오하고 진지한 종류의 사람들도 있다. 뚜르게네프는 화가 A. I. 이바노프[16]에 대한 자신의 회상록에서 다음과 같이 이야기하고 있다.

---

16) 이바노프 : 19세기 러시아 화가임. 미묘한 감각을 전달하는 색조와 빛, 공기 속의 색, 인간의 인체를 완벽히 이해한 그의 그림은 화가들 사이에는 '화가를 위한 그림'이라고 불릴 정도로 교과서적이고 완성도가 높다는 평을 받음. 대표작으로 《민중 앞에 나타난 그리스도》 등이 있음.

> 문학과 정치는 그의 관심을 끌지 못했다. 그는 예술, 도덕, 철학에 관한 문제들에 흥미가 있었다. 하루는 누군가가 그에게 꽤 괜찮은 풍자화집을 가져왔다. 이바노프는 그림들을 오랫동안 자세히 바라보더니 갑자기 고개를 치켜들고 조용히 말했다.
>
> "그리스도는 웃은 적이 없었소."
>
> 이 시기에 이바노프는 자신의 그림 《민중 앞에 나타난 그리스도》라는 작품을 완성해가고 있었다(뚜르게네프, XIV, 88).

뚜르게네프는 이 풍자화들이 무엇을 그린 것이었는가에 대해서는 말하지 않고 있다. 그러나 어쨌건 이것들은 이바노프가 사로잡혀 있던 높은 도덕과 정신적 상태의 세계에 모순된 것이었다. 종교영역과 웃음영역은 서로를 배제한다. 고대 러시아의 문헌들을 보면 웃음이나 희극적인 것과 관련된 것은 아무것도 없다. 예배시간에 교회에서의 웃음은 신성모독으로 받아들여졌을 것이다. 그러나 웃음과 즐거움이 모든 종교에서 배제되었던 것은 아니다. 위와 같은 성격은 금욕주의적인 기독교에서는 특징적이지만 사투르누스[17] 제사의식이나 디오니소스[18] 제사의식이 있었던 고대 그리스·로마와는 관계가 없다. 또한 러시아에서도 민중들은 교회와는 상관없이 오래되고 즐거운 축제인 크리스마스 주간,[19] 사육제,[20] 세

17) 사투르누스 : 로마 신화에 나오는 농경과 계절의 신을 뜻함. 로마인들은 사투르누스를 그리스 농업의 신 크로노스와 동일시했음.

18) 디오니소스 : 그리스 신화에 나오는 술의 신으로, 로마 신화의 바쿠스에 해당하며 제우스와 세멜레의 아들임. 자연의 생성력 및 포도, 포도주를 다스린다고 함.

19) 크리스마스 주간 : 러시아어로 '스뱌뜨끼'라고 불림. 성탄절과 주현절 사이의 12일간으로 러시아 전통 새해맞이 축제기간을 가리킴. 크리스마스 주간은 민간신앙의 요소를 채택하면서도 기독교 명절을 중심으로 하기 때문에 전 기간 동안 육식을 피했으나, 새해만큼은 그 세속적 의미가 강했기 때문에 금식에서 제외되었음. 일 년 내내 새해 첫날처럼 산다고 믿었기 때문에, 사람들은 새 옷을 입고 즐겁고 배부르게 새해를 맞도록 노력하며 그간의 소

례요한의 날,[21] 등을 즐겼다. 나라 전체에 유쾌한 광대 패거리가 돌아다녔고 서민들은 불손한 이야기를 즐겼으며 신성모독적인 노래를 불렀다. 웃고 있는 그리스도는 상상이 안 되겠지만 반대로 웃고 있는 악마는 상상하기가 훨씬 쉬울 것이다. 괴테는 메피스토펠레스를 그러한 악마의 모습으로 표현했다. 메피스토펠레스의 웃음은 냉소적이지만 동시에 깊은 철학적 성격을 띠고 있는데, 그러한 그의 형상은 독자에게 큰 만족감과 미적 즐거움을 선사한다.

웃지 않거나 웃는 데 취미가 없는 사람들에 대한 관찰을 계속해보면 어떠한 열정에 빠져 있거나 무엇인가에 완전히 열중해 있는 사람들, 혹은 복잡하거나 심오한 어떤 생각들에 깊게 빠져 있는 사람들이 웃지 않는다는 사실을 쉽게 눈치 챌 수 있다. 그 이유를 아는 것은 어렵지 않다. 또 한 가지 분명한 사실은 웃음이 깊고 진실한 그 어떤 비애와도 공존할 수 없다는 것이다. 다른 이의 진정한 고통을 보게 될 때에도 웃음은 불가능하다.

---

박한 상차림에서 벗어나 기름진 음식이나 고기 등으로 가능한 한 풍요로운 식탁을 차렸음.

20) 사육제 : 러시아어로 '마슬레니차'라고 불리는 사육제는 봄을 맞는 축제를 가리킴. 사육제는 농경문화의 전통을 고스란히 간직한 축제로, 겨울을 보내고 봄을 맞으며 한 해의 농사채비를 새롭게 갖춘다는 의미를 지니고 있는 행사임. 원래 사육제는 농사절기에 따른 한 해의 시작, 즉 음력 삼월에 시작되었으나, 정교가 들어온 이후 봄보다는 겨울에 가깝게 옮겨짐. 교회는 사육제를 한 주일로 줄이면서 금식기간 전으로 옮겼기 때문에, 정교달력에 따르면 부활절 전 56일에 사육제가 시작됨. 이 기간 동안 고기 대신 기름, 버터, 생선, 계란, 특히 우유나 치즈와 같은 유제품은 허용되었기 때문에 버터(마슬로) 주간으로 불리기도 함.

21) 세례요한의 날 : 7월 7일 하지에 있는 축제로 '이반 꾸빨라'라고도 불림. '꾸빨라'는 목욕한다는 뜻임. 이반 꾸빨라 축제에 대하여 정교회는 일찍이 이교도적이고 저속한 특성을 지니고 있다고 하여 이를 인정하지 않았으나, 이 축제는 고대 러시아의 대규모 민중축제답게 불과 물에 대한 자연현상을 숭배했던 러시아인의 특성이 가장 잘 드러나는 축제라고 할 수 있음.

그럼에도 불구하고 그러한 상황에서 누군가가 웃기 시작한다면 사람들은 분노를 느끼게 될 것이다. 왜냐하면 그러한 웃음은 웃는 사람의 도덕적 기형을 증명하는 것이기 때문이다.

이러한 사전 관찰들은 웃음의 심리학적 문제를 제기해줄 뿐 그에 대한 해명은 주지 않는다. 그에 대한 해답은 웃음을 유발하는 원인이 연구되고 이와 관련하여 웃음의 본질을 구성하는 심리적 과정들이 검토된 후에야 주어지게 될 것이다.

# 본질적으로 우스운 것

절대로 우스워질 수 없는 것에 대하여 총체적 검토를 하는 것으로 제4장의 연구를 시작하겠다. 그것은 희극성의 징후를 가질 수 있는 것이 무엇인지 밝혀내는 데에 직접적인 도움을 줄 것이기 때문이다. 우리를 둘러싸고 있는 자연은 절대로 우스운 것이 될 수 없다. 우스운 숲이나 우스운 들판, 우스운 산, 우스운 바다 또는 우스운 꽃이나 우스운 풀, 우스운 곡물 등은 존재하지 않는다. 이것은 오래전에 발견된 사실이며 이에 대해 의구심이 생기는 일은 없을 듯하다. 베르그송은 다음과 같이 쓰고 있다.

> 경치는 아름다울 수도 있고 매력적일 수도 있으며 훌륭할 수도 있고 볼품없거나 형편없을 수도 있지만 결코 우스울 수는 없다.

그는 이러한 발견을 자신이 처음 했다고 생각하고 있다.

> 단순하기 그지없으나 이토록 중요한 사실이 사상가들의 관심을 끌지 못했었다는 것이 나로서는 놀라울 뿐이다(베르그송, 7).

그러나 이러한 생각은 베르그송 이전에 이미 여러 번 언급되었다. 예를 들어 베르그송이 나타나기 거의 50년 전에 체르느이셰프스끼가 이와 같은 생각을 언급한 적이 있다.

> 무생물과 식물들 중에 희극적인 것은 있을 수 없다(체르느이셰프스끼, II, 186).

체르느이셰프스끼가 자연 전체가 아닌 무생물과 식물에 대해서만 말하고 있다는 점에 주의를 기울여 보면 그가 동물에 대해서는 언급하고 있지 않다는 사실을 알 수 있다. 사물이나 무생물 및 식물과는 달리 동물은 우스울 수 있다. 이 현상을 체르느이셰프스끼는 동물이 사람과 비슷할 수 있다는 말로써 설명하고 있다. 다음은 그의 말이다.

> 동물이 사람들로 하여금 사람과 사람의 행동을 떠올리게 하기 때문에 사람들은 동물을 보며 웃는 것이다(같은 곳).

물론 이것은 옳은 말이다. 모든 동물 가운데 가장 우스운 것은 원숭이이다. 그것은 사람을 가장 쉽게 떠올리게 하는 동물이 원숭이이기 때문이다. 펭귄도 그 당당한 태도와 뒤뚱거리는 걸음걸이로 인해 매우 우습다. 아나톨 프랑스가 자신의 풍자소설 중 한편에 《펭귄의 섬》이라는 제목을 붙인 데에는 그만한 이유가 있었던 것이다. 다른 동물들도 사람의 형태 내지는 얼굴 표정을 상기시키기 때문에 우습다. 개구리의 튀어나온 눈, 강아지의 주름진 이마, 박쥐의 툭 내민 귀와 드러낸 이빨은 우리를 웃게 만든다. 몇몇 동물들이 가지고 있는 사람과의 닮은 점은 훈련을 통해서 강화될 수도 있다. 춤추는 강아지들은 언제나 아이들의 환호성을 불러일으킨다. 동물들에게 바지나 치마를 입히거나 모자를 씌워놓는 식으로 사람의 복장을 갖춰놓으면 그들의 희극성은 더해진다. 먹이를 찾고 있는 숲속의 곰 자체는 우습지 않다. 그러나 여러 마을에 끌려 다니며 콩을 훔치는 새끼 수곰이나 분을 바르고 연지를 찍는 새끼 암곰을 볼 때에는 곰들이 웃음을 유발시킨다. E. T. A. 호프만[1]의 소설 《고양이 무르의 인생철학》과 같은 작품의 유머는 화가이자 작가인 호프만이 동물의 습성에서 사람과의 공통점을 찾아내고 있다는 점에 기반을 두고 있다. 지금까지 인용된 경우들은 모두 사람과 동물 간의 공통점이 직접적이고 직선적인 것들이다. 그러나 체르느이셰프스끼의 말은 공통점이 희미하고 간접적인 경우에도 위력을 발휘한다. 왜 기린들은 우스운가? 언뜻 보기에 그들은 사람과 닮지 않았다. 그러나 가늘고 긴 형태와 길고 좁은 목은 사람에게서도 볼 수 있다. 이와 같은 특성들은 사람을 미약하게 연상시킬 뿐이지만 우리에게 우습다는 감정을 불러일으키기에는 충분하다. 기린의 경우보다도 설명하기 힘든 것은, 예를 들어 꼬리를 완전히 수직으로 세우고 자신의 목표를 향해 천천히 다가가는 새끼 고양이가 왜 우스운가 하는 것이다. 그러나 금방 정의를 내릴 수는 없을 뿐 여기에도 무엇인가 사람다운 것이 숨어 있다.

식물계가 웃음을 유발시킬 수 없다는 체르느이셰프스끼의 주장은 약간의 수정을 필요로 한다. 그의 주장은 전체적으로는 옳다. 그러나 무를 뽑았을 때 무의 외형이 갑자기 사람의 얼굴을 떠올리게 한다면 웃길 수 있는 가능성은 이미 주어지게 된다. 이러한 예외 경우는 그의 이론이 정당함을 증명하는 것이지 반박하는 것은 아니다.

지금까지 언급된 것들을 통하여 희극적인 것은 항상 직접적이거나 간접적으로 사람과 연관되어 있다는 결론을 앞당겨서 도출해낼 수 있다. 무생물이 우스울 수 없는 까닭은 사람과의 공통점이 아무것도 없기 때문이다.

여기에서 무기물과 사람의 특성적 차이가 무엇인가 하는 질문을 던질

---

1) 호프만 : 18~19세기 독일 작가, 작곡가이자 화가임. 초자연적이며 불길한 등장인물들이 인간의 생활을 넘나들며 반어적으로 인간 본성의 괴기스러운 측면들을 폭로하는 이야기들로 유명함. 주요 작품으로는 《세라피온의 형제들》 등이 있음.

필요가 있다. 이에 대한 답은 분명하다. 사람에게는 무기물과는 달리 지성, 의지, 감정으로 이해되는 정신적 요소가 있다는 것이다. 본 연구에서는 현재 논리적인 방법만을 사용하여 우스운 것이 어떤 식으로든 항상 연관되어 있는 것은 바로 사람의 정신세계 영역이라는 가정에 근접해가고 있다. 언뜻 보기에 이러한 가정은 의심스러워 보일 수도 있다. 사람은 자주 자신의 외모에(대머리 등) 우스워하기 때문이다. 그러나 자료들은 이 가정이 옳다는 것을 보여주고 있다.

지금까지 인용된 관찰 결과들로 인해 동물들의 희극성에 관한 개념에 몇몇 수정을 가해야 할 필요성이 생겼다. 정신적 삶의 영역에서 본다면 희극성은 사람만을 위한 것이지만 감정과 의지의 삶의 영역에서 본다면 희극성은 동물세계에서도 가능하다. 만일 거대하고 강한 수캐가 작고 용감한 고양이를 피해 갑자기 도망친다면 이것은 웃음을 자아낼 것이다. 왜냐하면 이 장면은 사람들 간에도 일어날 수 있는 상황을 연상시키기 때문이다.

동물들이 우스운 이유가 그들이 자동적으로 움직이는 성질 때문이라는 일부 철학자들의 주장이 완전히 잘못된 것이라는 사실을 여기에서 알 수 있다. 그러한 주장은 베르그송의 이론을 동물세계로 옮기는 것과 같다.

희극성이 반드시 인간의 정신적 삶과 연관되어 있다는 것은 아직까지 가정의 형태로만 나타나고 있다.

이와 관련하여 사물도 우스울 수 있는가 하는 질문이 떠오른다. 언뜻 보기에 사물은 절대로 우스울 수 없을 것만 같다. 이 점은 일부 사상가들도 지적한 적이 있다. 예를 들어 키르히만은 희극적인 것의 기초에는 항상 어떠한 어리석은 행동이 있다고 여긴다. 사물들은 행동하지 못하므로 그들은 희극적이 될 수 없다는 것이다. 키르히만은 다음과 같이 적고 있다.

희극적인 것은 어리석은 행위들로부터만 발전될 수 있다. 이로부터

> 생명이 없는 사물은 절대로 우스워질 수 없다는 명백한 사실이 도출된다.

키르히만의 생각에 따르면 사물을 우스워지게 하려면 사람이 상상력을 동원하여 그 사물을 생명체로 변화시켜야만 한다.

> 무생물체는 환상이 그것에게 생명과 인격을 부여해야지만 우스워질 수 있다(키르히만, II, 44).

이것이 완전히 그릇된 생각이라는 것은 쉽게 알아챌 수 있다. 어떤 사물이 사람에 의해 만들어졌고 그 사물을 만든 사람이 그 사물에 자기도 모르게 자신의 결함을 투영시켜 놓았다면 그 사물 역시 우스워질 수 있다. 이에 대한 실례로 엉터리 가구나 이상한 모자들 또는 이상한 의상들이 웃음을 야기할 수 있다는 사실을 들 수 있다. 이런 현상이 일어나는 까닭은 사물에 사람들의 취향과 일치하지 않는 제작자의 취향이 남아 있기 때문이다. 이렇듯이 사물이 우스운 경우 역시 인간 정신활동의 발현과 반드시 어떠한 연관을 지니고 있다.

위의 사물에 관한 이야기는 건축 작품에도 연관된다. 건축에서의 희극성은 완전히 불가능하다는 이론가들도 있다(치머만,[2] 28). 그러나 일반인은 그렇게 생각하지 않는다. 다음은 시골 별장에서 듣게 된 어떤 대화이다.

> "소년은 어디에 살고 있나?"
> "저기 숲 너머에 웃기게 생긴 작은 집 한 채가 있는데 거기에서 살아요."

---

2) 치머만 : 빈을 중심으로 활약한 19세기 독일 철학가임. 주요 작품으로는 《미학》 등이 있음.

집은 나지막했으며 비율이 엉터리로 짜여 있었다. 솜씨 없는 개인 건축가가 자기 자신을 그 집에다 표현해 놓았던 것이다. 여기에서 소바께비치[3]의 집을 떠올릴 수 있다.

> 이 집을 지을 때 건축가는 끊임없이 집주인의 취향에 맞서 싸웠음이 분명했다. 현학자인 건축가는 대칭을 원하고 집주인은 편리성을 원하다보니 결과적으로 건축가는 보이는 바와 같이 집의 한 면에다가 조명을 위한 모든 창문들을 때려 박아놓고 그 창문들의 자리에 어두운 창고에나 어울림직한 작은 창구멍 하나만을 뚫어 놓았다. 박공 역시 건축가가 아무리 애를 써도 집 한가운데에 완전히 어색하게 매달려 있었는데 이는 집주인이 한쪽 편의 기둥을 내다버리도록 명령했기 때문이다. 그 결과 원래 계획했던 네 개의 기둥이 아닌 단 세 개의 기둥만이 남아 있게 되었다.

사람이나 사람을 상기시키는 것만이 우스워질 수 있다는 관찰 결과에 한 가지를 더 보태어야 하는데, 그것은 사람만이 웃을 수 있다는 점이다. 이는 일찍이 아리스토텔레스가 깨달았던 사실이다. 그는 영혼에 관한 자신의 논문에서 다음과 같이 말하고 있다.

> 살아 있는 모든 생물들 중에서 사람만이 웃을 수 있다(아리스토텔레스, III권, 10장).

이러한 생각은 수없이 되풀이되어왔다. 예를 들어 브란데스[4]는 매우 분명하고 단호하게 자신의 생각을 표현했다.

---

3) 소바께비치 : 고골의 소설 《죽은 혼》에 나오는 등장인물임.

4) 브란데스 : 19~20세기 덴마크 비평가이자 학자임. 1870년부터 20세기 전환기까지 스칸디나비아 문학계에 커다란 영향을 끼침. 주요 작품으로는 《미학적 연구》 등이 있음.

> 사람만이 웃는데 그 이유 또한 반드시 사람다운 무엇인가로 인해서 이다(브란데스, 278).

왜 사람만이 웃을 수 있는지에 관해 지금 자세하게 설명하지는 않겠다. 동물은 즐기고 기뻐할 수 있으며 자신의 즐거움을 상당히 격렬하게 표현할 수 있으나 웃을 수는 없다. 웃기 위해서는 우스운 것을 볼 줄 알아야 하며 때로는 특정한 행동에 대하여 특정한 도덕적 평가를 내려야 한다(인색의 희극성, 비겁의 희극성 등). 끝으로 말장난이나 우스운 일화들을 평가하기 위해서 일종의 정신적 노동이 이뤄져야 하는 경우도 있다. 동물들은 이 모든 활동을 할 수 없으며 이와 반대의 결론을 증명하고자 하는 모든 시도들은(예를 들어, 개 애호가들) 실패할 것임이 명백하다.

제5장

# 최초의 관찰들

사람은 외부세계의 자극에 대해 다양하게 반응한다. 겁에 질리면 전율한다. 공포감을 느끼게 되면 창백해지고 몸을 떤다. 당황하면 얼굴이 붉어지고 눈을 내리깐다. 놀라게 되면 반대로 눈을 크게 뜨고 두 손을 펼치게 된다. 비탄에 빠지면 울게 되며 감동에 젖어도 역시 눈물이 나온다. 그렇다면 사람이 웃는 까닭은 무엇인가? 우스운 것 때문이라고 보통 말한다. 물론 다른 이유들도 있지만 이것이 가장 평범하고 자연스러운 이유이다. 그러나 '사람은 우스운 것 때문에 웃는다'는 말은 동어반복일 뿐 아무것도 설명하지 못한다. 여기에는 좀더 상세한 설명이 필요하다.

설명으로 근거를 부여하기에 앞서 가능한 한 가장 정확한 결론을 도출하기 위해 두세 가지 경우의 예를 들어 몇 가지를 미리 관찰해보도록 하자.

다음의 예를 보자. 웅변가가 연설을 한다. 이 사람이 강의를 하는 교수인지 집회에 나온 사회활동가인지 아니면 수업중인 선생인지 여부는 중요하지 않다. 중요한 것은 이 사람이 생생하게 말하고 제스처를 취하면서 설득력 있는 연설을 하기 위해 노력하고 있는 것이다. 그런데 갑자기 그의 코에 파리 한 마리가 앉는다. 그는 파리를 쫓아낸다. 그러나 파리는 끈질기게 돌아온다. 그는 다시 파리를 쫓아낸다. 세 번째에 이르러서야 그는 파리를 잡아서 잠깐 동안 살펴보고 나서 내던져 버린다. 이 순간에 연설의 효과는 사라져버리고 청중들은 일제히 웃기 시작한다.

다른 경우를 보자. 고골의 중편소설 《이반 이바노비치와 이반 니끼포로비치가 싸운 이야기》에서 이반 니끼포로비치는 이반 이바노비치를 고소하러 법정에 왔으나 매우 뚱뚱한 몸 때문에 문 사이에 끼여서 오도 가도 못하는 신세가 되고 만다. 그때 직원 한 사람이 자신의 무릎으로 그의 배를 지렛대처럼 받쳐서 그를 문밖으로 밀어내면서 동시에 다른 한쪽 문을 열어서 이반 니끼포로비치가 안으로 들어올 수 있게 된다.

세 번째 경우는 다음과 같다. 우리가 서커스를 보러 갔다고 상상해보자. 광대가 나타난다. 그는 모양 없이 옷을 입고 있다. 평범하지만 잘 맞지 않는 바지에 재킷, 모자, 그리고 지나치게 큰 신발을 신고 있다. 그는 자신에게 만족한 듯 활짝 웃고 있다. 그는 어깨에 무엇인가 이상한 것을 지고 있는데 가까이서 보니 그것은 정원의 쪽문이다. 무대 중앙에 이 쪽문을 조심스럽게 세우고 정성스레 신발의 흙을 털어낸 다음 쪽문을 열고 들어가서 조심스럽게 다시 문을 닫는다. 이 모든 행위를 마친 후 그는 쪽문을 어깨에 짊어지고 퇴장한다. 관중들은 일제히 오랫동안 웃고 나서 박수를 친다.

도대체 무슨 일이 일어난 것인가? 이 세 가지 경우의 공통점은 무엇인가?

첫 번째 경우에서 그 자리에 모였던 청중들은 처음에는 연사의 강연을 귀 기울여 들었다. 그러나 파리 한 마리가 나타났을 때 청중들의 주의가 흐트러졌다. 더 정확히 말하자면 관심이 다른 쪽으로 기울어진 것이다. 이미 청중들은 연사의 말을 듣고 있는 것이 아니라 파리를 보고 있었다. 청중들의 관심은 정신적 성질을 지닌 현상에서 물리적 성질을 지닌 현상 쪽으로 옮겨간다. 청중들의 지각 속에서 연설의 내용, 즉 정신적 요소는 연사가 파리에게 하는 행동, 즉 물리적 성질을 지닌 현상에 의해 가려지고 밀려나게 된다. 이러한 배제나 차단은 갑자기 일어나게 되지만 실은 눈에 띄지 않게 준비된 것이다. 의식 속에서 어떤 도약이 일어나는 것이다. 그러나 도약은 내부에서 눈에 띄지 않게 준비되어 있다가 과정 밖으로 갑작스레 드러나는 현상이다. 지금 살펴보고 있는 예의 경우 청중들은 눈에 잘 띄지 않는 어떤 세세한 부분들로 인해 이미 웃을 준비가 되어 있었다. 그러나 그것들은 청중들을 웃기기에는 그 강도가 부족했다. 연사는 강렬한 제스처를 취했는데 여기에서 제스처는 연사가 설득력 있는 말보다는 개인적 자신감으로 청중들을 설득시키려 하고 있다는 것을 보여주기 때문에 벌써부터 우스운 것이다. 파리가 등장하는 에피소드는 이미 준비되어 있던 폭소를 터트리는 역할을 했을 뿐이다.

그러나 갑작스러운 차단이나 배제가 웃음의 유일한 조건은 아니다. 웃음은 연사의 강연이 청중들을 완전히 열중시킬 수 있을 정도로 진지하고 강렬하지는 않았거나 그 내용이 알차고 깊지 않았다는 것을 보여주고 있다. 그렇지 않았다면 그들은 그렇게 일제히 웃지 않았을 것이다. 청중들은 연설을 하고 있던 그 저명한 학자나 유명한 사회 활동가에게 연민을 느껴서 그의 작은 불행을 눈감아주고 살짝 미소만 지어보였을 수도 있다. 위의 경우에서 사람들은 연사의 불행을 눈감아주지 않았다. 파리가 등장하는 에피소드는 연사의 행동이나 기질에 있는 어떠한 숨겨진 결함을 드러냈던 것이다.

이 경우를 다음과 같이 개괄하여 말할 수 있다. 웃음은 물질적인 것이 정신적인 요소를 차단함으로써 그때까지 숨겨져 있던 어떤 결함이 갑작스럽게 밝혀지는 경우에 생성된다. 웃음은 조소적 성격을 띤다. 연사는 쓸데없는 파리 한 마리 따위가 자신의 감정적, 지적 흐름을 끊게 함으로써 강연의 낮은 질뿐만 아니라 연사로서의 자질 부족마저도 드러내보였다.

두 번째 예였던 고골의 중편소설 《이반 이바노비치와 이반 니끼포로비치가 싸운 이야기》에서 다른 경우를 보게 되지만 이 경우 역시 근본적으로는 첫 번째 경우와 유사하다. 이반 니끼포로비치는 문을 통과하고자 하나 그의 몸뚱이가 이를 방해한다. 그가 너무 뚱뚱한 까닭이다. 전적으로 외부적인 상황 때문에 인간의 의지가 타격을 입은 것이다. 외부 환경이 인간의 열망보다 더 강하다는 것이 밝혀진 그 순간 관객이나 독자는 웃기 시작한다. 독자들은 이반 니끼포로비치의 몸만 보고 있을 뿐 그 외의 것들에 대해서는 그 순간 완전히 잊게 된다. 만일 첫 번째 경우에서 지적인 열망이 소멸되었다면 이 경우에는 의지적인 열망이 소멸된 것이다.

고골의 작품에서 웃음이 일어나는 이유는 겉으로 보기에는 이반 니끼포로비치가 문에 끼이게 된 점 같지만 사실 이 웃음은 소설 전체에 걸쳐 미리 준비된 것으로 이 작품에 조화롭게 스며들어 있다. 이반 니끼포로비치가 법정에 출두하는 이유는 징벌을 요하는 어떤 비극적 범죄를 파헤치기 위함이 아니다. 그는 옛 친구에 대한 거짓되고 중상적인 '소송'을 하기 위해 가는 것이다. 이 '소송'은 그의 열망이 얼마나 저속하고 저급한지를 드러내고 있다. 그가 뚱뚱한 데에도 이유가 있다. 그가 뚱뚱한 이유는 그의 게으른 생활방식과 폭식 때문이다. 웃음이 폭발하는 것은 작가가 의도한 바대로 독자가 사람 전체가 아닌 사람의 육체적인 부분만을 보게 되는 순간이다.

첫 번째 예에서 연사의 소멸된 열망은 어느 정도 고상한 성격을 가지고 있었다. 그러나 고골의 작품에서 인간의 열망은 저급하다. 이로써 고골 작품이 풍자적 성격을 띠게 되는 것이다.

세 번째 예에도 의지적 열망이 있지만 이 열망은 어떤 실패도 겪지 않는다. 한 사람이 아무런 방해도 받지 않고 쪽문을 지나간다. 여기에 도대체 어떤 희극성이 있는가? 쪽문을 지나가는 것은 별다른 지적 노력이나 의지를 요구하지는 않지만 실생활에서는 의미 있고 반드시 필요한 행위이다. 정원이나 마당으로 나가기 위해서는 쪽문을 지나가야 한다. 그러나 그 자체로는 이성적인 이 행위가 광대놀음에서는 무의미해진다. 광대놀음의 경우에도 실제 쪽문을 지나갈 때 필요한 모든 요소가 다 포함되어 있다. 발을 닦는 것, 조심스럽게 쪽문을 여는 것, 쪽문을 통과하여 그렇게나 조심스럽게 문을 닫는 것. 그러나 가장 중요한 것이 없다. 현실적인 출입구로서의 쪽문은 없고 다만 이 모든 것의 외관, 즉 형태만이 있을 뿐이다. 쪽문이 붙어 있을 울타리가 없다. 가로 막을 것이 없기에 가로막힘도 없다. 삶의 물질적 현상들 뒤로 허망함이 숨어 있다.

우선은 이 세 가지의 경우만을 살펴보도록 하자. 이 경우들은 여러 가지 사실을 보여준다. 그러나 이 경우들은 또한 그 다양한 현상들 안에 하나의 공통된 법칙성이 내포되어 있어 이들 현상들 사이에 공통점이 발견된다는 사실을 보여준다. 우선 다음과 같은 사실을 정립시킬 수 있다. 세 가지의 경우 모두 웃음이 유발되는 것은 처음에는 전혀 눈에 띄지 않았던 숨겨진 단점이 갑자기 드러날 때라는 것이다. 여기에서 웃음은 갑자기 드러나게 되는 인간 본연의 숨겨진 열등성에 대해 자연이 사람들에게 내리고 있는 벌이라는 결론을 내릴 수 있다.

위의 세 가지 경우에서 단점들은 모두 같은 방식으로 폭로되고 있다. 이는 관심을 자연스럽게 혹은 의도적으로 내적인 행위로부터 그것의 외적인 형태로 이동시키는 방식이다. 외적 형태들은 숨겨진 단점을 폭로하고 이를 모든 사람들이 곧바로 눈치 챌 수 있게 한다.

지금까지 언급된 것들은 아직까지 차후 확증되거나 수정 · 보완되어질 수 있는 가설로서 가정되고 있을 뿐이다. 이 가설은 많은 자료를 검토한 후 이끌어낸 결론으로서 생성되었으나 서술의 명백성과 일관성을 위해서 이 결론을 먼저 내세우는 것이 더 효과적이라 판단했다. 매우 사전적이며 또한 아직까지 가정의 단계에 있는 보완을 하자면 그것은 바로 모든 단점이 웃음을 불러일으키는 것이 아니라 사소한 단점만이 웃음을 불러일으킨다는 것이다. 결함은 어떠한 경우에도 희극의 대상이 되지 못한다. 이는 일종의 비극의 영역이다. 여기에 포함될 수 있는 것은 뿌쉬낀의 《보리스 고두노프》나 셰익스피어의 《리처드 3세》이다. 아리스토텔레스가 이미 이러한 관찰을 한 바 있으며, 다른 사상가들도 이와 같은 의견을 밝힌 적이 있다. 예를 들어 니콜라이 하르트만은 다음과 같이 말하고 있다.

희극은 인간의 나약함과 자질구레함 속에 숨어 있다(하르트만, 610).

위와 같은 생각과 관찰은 웃음과 희극성의 연구와 관련된 방대하고 다양한 자료를 분별하고 그 속의 법칙성을 찾을 수 있도록 해준다.

제6장

# 인간의 신체

인간의 활동과 열망의 발현이 가지는 외적이고 신체적인 형태들이 결과적으로 사소하고 저급한 것으로 드러나는 내적 사상과 의미를 가릴 때에 우리가 웃는다면, 본 연구에서는 이 신체적 요소가 무엇인지 보여주는 경우들을 가장 단순한 것부터 시작하여 관찰해야 할 것이다.

가장 단순한 경우라는 것은 웃는 이가 그를 웃게 만드는 이에게서 무엇보다도 그의 신체적인 면, 즉 말 그대로 그의 육체를 보고 있다는 것이다.

모든 이들이 뚱보가 우습다는 것을 안다. 그러나 왜 뚱보가 우스운가에 대한 설명을 하기에 앞서 이 말이 어떤 조건하에서 맞고 어떤 조건하에서 맞지 않은지를 살펴보아야만 한다. 베르그송은 다음과 같이 말했다.

> 인간의 정신적인 면이 중점이 될 때 인간 신체의 모든 발현들은 우습다(베르그송, 51).

이것이 완전히 맞는 말이 아니며 인간의 정신적인 면이 중점이 되고 있다 하더라도 인간 신체의 발현들이 모두 우스운 것은 아니라는 사실을 확인하기는 쉽다. 우습지 않은 뚱보들도 있다. 예들 들어 발자크는 굉장히 뚱뚱한 사람이었다. 그러나 첫 눈에 보기에도 그의 전체적 외양은 내면의 위력과 정신적 힘을 확실히 보여주기 때문에 뚱뚱한 몸매는 전혀 우스워

보이지 않았다. 로댕의 조각품 중에는 가는 다리에 어마어마한 배를 지닌 벌거벗은 발자크를 표현하고 있는 것이 있다. 이 조각품은 추하다. 그러나 웃음을 불러일으키지 않는다. 이 조각품은 매우 훌륭하다. 로댕은 조각에 있어 무엇보다도 인간 신체의 아름다움을 표현하기를 요구하는 고대 그리스·로마와 18세기 미학의 전통을 거부했다. 그는 추한 신체 속에 들어 있는 인간의 정신적인 강인함과 내면적인 아름다움을 표현하고 있는 것이다. 러시아 작가들과 시인들 중 곤차로프[1] 와 아뻐호찐[2] 은 남달리 뚱뚱했으나 이것이 그들을 우습게 만들지는 않았다. 정신적 요소가 신체적 요소를 누르게 될 때에는 웃음이 생성되지 않는다. 그러나 반대로 인간의 정신적 요소와는 전혀 상관없이 그 신체적 외양에만 사람들의 주의가 완전히 기울어져 있는 경우에도 웃음은 야기되지 않는다. 의사의 진료실에서 뚱보를 보게 될 때가 그런 경우이다. 사실 비만은 병 혹은 정상적이지 않은 상태이다. 병에 시달리는 뚱뚱한 사람 자체는 전혀 우습지 않다. 이러한 경우에 웃는 것은 불가능하다. 환자의 외양이 정신적 본질과 상관없이 받아들여지고 있기 때문이다. 따라서 희극성은 인간의 신체적 본질에도, 정신적 본질에도 있지 않다. 희극성은 신체적 본질이 정신적 본질의 결함들을 파헤쳐내는 관계 속에 숨어 있는 것이다. 뚱보가 우스운 때는 그들을 바라보고 있는 이가 그 뚱보의 외양이 어쩐지 그의 본질을 나타내고 있다고 지각할 때이다. 그러나 사람들이 의사의 진료실에서 뚱보들을 보는 일은 아주 드물고 뚱보가 자신의 정신적 위력으로서 사람들을 감탄시키는 일은 거의 없기 때문에 보통 사람에게 있어 일상적으로 보게 되는 뚱보들은 그 자체로서 우스운 사람들이라고 여겨진다. 예기치 않은 상황에서 갑자기 뚱보를 보면 더 크게 웃게 되며 반대로 매일 보기

---

1) 곤차로프 : 19세기 초~19세기 말의 제정 러시아 소설가임. 《평범한 이야기》로 문단에 등장하였으며, 주요 작품으로는 농노제 폐지의 필연성을 논한 《오블로모프》가 있음.
2) A. N. 아뻐호찐 : 19세기 중반~19세기 말의 러시아 서정시인임.

때문에 이미 익숙해져 있는 뚱보는 웃음을 불러일으키지 않는다.

혁명 초기에 성직자들과 부르주아들, 지주들과 경찰들은 항상 뚱보로 그려졌다. 뚱뚱함은 자신을 정신적 아버지라고 생각하던 이들과 자신이 다른 이들보다 더 높은 위치에 있다고 여기던 이들의 천박함을 강조했다. 이 경우에 희극적 효과는 풍자를 목적으로 사용되었다. 배때기가 부른 이유는 다른 사람들을 위해 굶고 일해야 했던 이들의 희생 덕택으로 얻어진 게으르고 배부른 생활 때문이었던 것이다. 이렇게 놀고 얻어먹는 생활이 막이 내렸다는 사실은 웃음에서 얻어지는 만족스러움을 배가시킨다. 웃음은 말살의 도구이다. 웃음은 비웃음당하는 이들의 허위적 권위와 위대함을 말살시킨다.

하지만 풍자가 덜 날카롭고 덜 명백한 다른 종류의 성격을 지닐 수도 있다. 고골의 작품에 나오는 뚱보들에 대한 묘사는 깊은 인상을 준다. 이반 니끼포로비치가 이전에 언급했듯이 문이라는 장벽에 부딪혔을 때 독자는 갑작스레 그의 뚱뚱함을 가시적으로 느끼게 된다. 치치꼬프와 마닐로프[3]는 비록 그리 뚱뚱하지는 않지만 동시에 함께 문을 통과할 수는 없었다. 그들이 두 배로 뚱뚱해진 것과 같았기 때문이다. 그들은 서로에게 양보하지만 누구도 먼저 들어가려 하지 않는다. 보쁘친스끼와 도쁘친스끼 또한 불룩한 배의 소유자들이었다. 여기에서 뾨뜨르 뻬뜨로비치 뻬뚜흐도 떠올리게 되는데, 치치꼬프는 그의 영지로 들어서면서 그가 농부들과 함께 물속에서 애를 쓰며 어망을 끌어당기고 있는 것을 본다.

> 그 사람은 몸의 가로 세로가 똑같은 둥글둥글한 뚱보로 꼭 수박과도 같았다. 그 뚱뚱함 때문에 그는 어떤 경우에도 물에 빠질 수가 없었다.

---

3) 치치꼬프와 마닐로프 : 고골의 소설 《죽은 혼》에 나오는 인물들임. 치치꼬프는 성격이 매우 좋은 지주인 마닐로프를 찾아가 호적상으로는 살아 있으나 실제로는 죽은 농노를 자기에게 팔라는 이상한 부탁을 함.

고골의 《결혼피로연》에서 아가피야 찌호노브나는 야이치니차를 보고 난 후 이렇게 말한다.

> "정말로 뚱땡이로구만!"

고골의 문체가 가지는 특성 중 하나는 희극성의 기법이다. 고골 작품의 뚱보들은 심하게 뚱뚱하지는 않은데, 이로써 우스운 효과가 약해지는 것이 아니라 반대로 더 강해진다.

지금까지 언급해온, 뚱뚱함이 불러일으킬 수 있는 희극성에 관한 모든 것은 일반적인 상황에서 알몸뚱이가 불러일으킬 수 있는 희극성의 유형에 속한다. 이러한 조건들에는 어떤 것들이 있을까?

인간의 알몸 자체는 전혀 우습지 않다. 고대 그리스·로마의 석상들이나 수많은 예술작품들이 보여주듯 몸매가 완벽할 경우 알몸은 매우 아름답기까지 하다. 의사의 진료실에서 뚱보의 몸뚱이가 우습지 않은 것처럼 수술대 위의 알몸이나 청진기를 들이댄 알몸은 우습지 않다. 그러나 벌거벗은 사람 혹은 옷을 조금이라도 잘못 입은 사람이 옷을 잘 차려입고서 자신의 몸에 대해 별 생각 없이 있던 사람들 가운데 나타나는 순간 이미 웃을 수 있는 가능성은 던져진 것이다. 이 경우 웃음의 원인은 위에 나왔던 다른 예들과 똑같다. 바로 신체적 요소가 정신적 요소를 가려버리기 때문인 것이다.

고골은 뾰뜨르 뻬뜨로비치 뻬뚜호를 뚱뚱할 뿐만 아니라 벌거벗은 사람으로 그려내었다. 치치꼬프의 반개 사륜마차를 멀리서 보고서 그가 물에서 나온다.

> 한 손은 눈부심을 막으려 이마에 얹고서 다른 한 손은 목욕탕에서 나오고 있는 보티첼리의 비너스처럼.

고골은 자신의 다른 주인공들도 알몸으로 잘 보여주곤 한다. 그러나 이 경우 고골은 그답게 정도와 예의를 지키고 있다. 그는 희극성을 위해 극히 민망할 정도로 알몸을 표현하는 일은 하지 않았다. 우스운 것은 어느 정도만 민망할 때이다. 치치꼬프가 꼬로보치까의 집에서 아침에 일어났을 때의 일이다.

> 여자의 얼굴 하나가 문 쪽을 쳐다보더니 사라졌다. 그것은 치치꼬프가 좀더 빨리 잠들기 위해 옷을 몽땅 벗었기 때문이다.

이반 니끼포로비치 또한 아주 더울 때 옷을 모두 벗어버리고 그 상태로 덧문으로 어둡게 가려진 방에 앉아 있었다. 그는 방으로 들어오는 이반 이바노비치에게 다음과 같이 말한다.

> "당신 앞에 알몸으로 있게 되어 죄송하오."

이반 이바노비치는 전혀 당황하지 않고 이렇게 대답한다.

> "괜찮소."

노즈드료프는 자신의 사위를 '머저리'라고 욕하는데, 고골은 이 부분에서 다음과 같은 각주를 달아준다.

> 머저리란 남자에게 치욕스러운 단어로서, 일부 사람들에 의해 상스러운 문자로 여겨지는 러시아 알파벳 F의 혁명 이전 표기 형태로부터 파생된 단어이다.

여기에서 고골의 희극성이 단 하나의 이유로 설명되는 경우는 매우 드물며 대부분의 경우 그 희극성에 여러 이유가 있다는 점을 지적하고 넘어갈 필요가 있다. 이 경우에도 마찬가지로 각주는 학술논문들에 학자들이 다는 주석을 패러디하고 있는 것이다. 꼬지마 쁘루뜨꼬프4)도 이 방법을 사용한다. 그의 《전시 경구들》 중 이런 것이 있다.

전 유럽이 놀랐다네,
대령의 모자가 얼마나 넓은가에 대해.

이 구절에는 여기에 놀랄 만한 것은 아무것도 없으며 "틀린 압운에 대해서는 선생에게 물어 다른 운을 찾아볼 것"이라고 각주가 달려있다.

이와 유사하게 어느 정도 상스러운 방법들을 사용한 예는 더 있다. 여기에서 고골의 작품인 《검찰관》의 한 장면을 떠올릴 수 있다. 하사관의 아내는 흘레스따꼬프에게 시장에 대해 불평하고 흘레스따꼬프는 그녀에게 매질할 것을 명한다. 다음과 같은 그녀의 말에 흘레스따꼬프가 답한다.

"정말이라니까요! 가장인 당신이 만일 믿지 못하겠다면 내가 증거를 보여드리지요."
"됐소, 안주인 양반. 그러지 않아도 믿는다오."

상기된 내용과 관련하여 단편 《알리비온의 딸》에 나타난 체호프의 실력을 판단해볼 수 있다. 이 작품에서 그랴보프는 아이들의 가정교사로 있는 영국 여자와 함께 낚시를 한다. 그의 지인이 그를 향해 강둑으로 온다. 갑자기 물고기가 낚싯바늘을 물었고, 물속으로 옷을 벗고 들어가야 할 형편이 되었다. 영국 여자가 러시아어를 몰라 그녀를 다른 곳으로 보내는 것은 불가능했기에 그녀는 그 자리에 계속 있게 된다.

---

4) 꼬지마 쁘루뜨꼬프 : 공상으로 꾸며낸 인물로, 19세기 러시아 작가인 알렉세이 똘스또이와 그의 사촌 형제들이 일련의 풍자 유머작품들에서 쓴 필명임.

그랴보프는 장화와 바지, 그리고 내의를 벗어 던졌기에 아담과 같은 몰골이 되었다.

자신의 허벅지를 때리며 그가 말했다.

"몸을 식혀야 해. 표도르 안드레이치, 말해주지 않겠소? 왜 매 여름마다 내 가슴에 종기가 나는 것일까요?"

"물속으로 빨리 들어가서 무엇으로라도 몸을 좀 가리란 말이야! 이런 짐승 같으니라고!"

물속으로 들어가면서, 그리고 십자가를 그으면서 그랴보프는 말했다.

"빌어먹을 여편네 같으니라고, 당황하지도 않는구먼! 음… 물이 정말 차갑군."

아주 크고 길쭉한 사람들이나, 반대로 아주 작고 짜리몽땅한 사람들을 표현하고 있는 경우들을 예로 들어가면서 왜 그들이 우스운지 굳이 설명할 필요는 없다고 본다. 이 두 경우를 혼합시킬 수도 있다. 길고 앙상한 미쨔이 삼촌은 종루같이 생겼고, 어깨가 넓고 짜리몽땅한 미냐이 삼촌의 배는 사모바르 주전자[5] 같다. 가정교사가 집안에서 연 파티에서 모든 손님들은 뚱뚱한 사람들과 홀쭉한 사람들로 나뉜다. 뚱뚱한 사람들이 훨씬 더 많다. 치치꼬프는 뚱뚱한 사람들에게 더 호감을 느끼고 그들에게 합류한다.

인간의 신체 자체가 주는 희극성뿐만 아니라 그 신체의 몇몇 행위와 작용들도 더 상세히 관찰할 필요가 있다. 그중 먹는 행위가 유머문학과 풍자문학에서 첫 번째 자리를 차지한다. 이론적 관점에서 볼 때 먹는 것의 희극성은 앞에 나온 경우들과 같은 방식으로 설명된다. 먹는다는 행위는 그 자체로는 전혀 우습지 않다. 이 행위가 우스워지는 것은 앞에서 살펴본 대상들과 같은 조건하에서이다. 고골은 작품에서 가능한 모든 경우들

5) 사모바르 주전자 : 러시아 전래의 특유한 주전자임. 구리, 은, 주석 등으로 만드는데, 중앙에 상하로 통하는 관이 있어 그 속에 숯불을 넣어 물을 끓임.

에 함께 식사하는 광경을 넣고 있는데, 이 경우 넉넉히 차려진 기름진 음식들이 자주 등장한다. 다양한 먹을거리는 어떤 때는 대충 설명되기도 하지만 때로는 매우 상세하게 묘사되기도 한다. 먹는 것은 매우 자주 대식가들의 성격을 나타내기도 한다. 아파나시 이바노비치와 뿔리헤리야 이바노브나[6]는 식사 때뿐만 아니라 밤낮 할 것 없이 어느 때든지 음식을 먹는다. 커피를 마신 후에는 돼지비계 절임과 함께 구운 빵을 먹기도 하고, 양귀비 씨가 들어간 파이나 소금에 절인 버섯을 먹기도 한다. 점심 먹기 한 시간 전에 아파나시 이바노비치는 보드카 한 잔을 마신 후 버섯 절임이나 말린 생선 등으로 입가심을 한다. 이 모든 것이 우크라이나 및 여타 지역의 음식들과 마찬가지로 주인 부부의 살림, 생활형태 및 성품을 특징짓고 있다.

《죽은 혼》에서 치치꼬프는 모든 지주들의 집에서, 그것도 모든 집에서 각기 다른 방식으로 만찬을 든다. 소바께비치의 집에서 그는 각각의 모든 음식에 대해 대화를 하려 한다. 식탁 위로 음식들이 올라온다. 양배추수프, 양의 위에 메밀, 양 뇌, 양 다리고기를 넣어 만든 유모라는 이름의 요리, 메밀을 넣어 만든 양 갈빗살 요리, 접시를 덮을 만한 크기의 우유 쿠키, 그리고 계란, 쌀, 간이 어떻게 다 그 위 속에 덩어리로 들어 있는지 알 길이 없는 칠면조 요리이다. 이 모든 만찬 요리들은 위풍 있는 소바께비치를 특징짓고 있다. 이와는 반대로 경박한 노즈드료프는 형편없는 식사와 상한 포도주를 대접한다. 그 대신에 꼬로보치까는 솜씨 좋게 파이를 빚어낸다. 쁠류쉬낀의 집에서조차 치치꼬프는 곰팡이가 핀 건빵과 차, 그리고 파리가 빠져 죽어 있는 술을 대접받는데 이는 집주인의 성격과 일맥상통하는 것들이다. 흘레스따꼬프의 무분별함은 자선기관에서의 아침식사 후에 드러난다.

---

6) 아파나시 이바노비치와 뿔리헤리야 이바노브나 : 고골의 작품 《옛 기질의 지주들》에 나오는 주인공 노부부임.

"난 먹는 것을 좋아해. 만족이라는 이름의 꽃들을 뜯어내는 맛에 사는 것 아니겠어."

소심한 이반 표도로비치 쉬뽀니까[7]는 다르게 묘사되어 있다. 그는 학교에 다니던 소년시절에 버터에 구운 팬케이크를 책으로 가리고 먹은 일이 있었는데, 이 때문에 교사에게 지적을 받곤 했다. 아마도 식욕과 음식을 고골처럼 묘사할 수 있는 작가는 세상에 없을 것이다. 이는 《검찰관》에서 처음에는 오시쁘가, 그 후에는 그가 모시고 있는 나리가 지독한 식욕을 드러내고 있는 곳이나 《죽은 혼》에서 고골이 이류 신사들의 식욕에 대해 말하고 있는 장면만 보아도 알 수 있다.

꼬로보치까가 자신의 이상한 마차를 타고 도시에 도착했을 때에는 '닭고기 파이와 오이절임 파이가 고개를 디밀기까지 했다.'

뾰뜨르 뻬뜨로비치 뻬뚜흐는 확신을 가지고 있는 꾸준한 대식가이다. 그에게 있어 인생의 유일한 낙은 먹는 것과 식사대접이다. 먹는 것을 희극적으로 묘사했던 러시아 작가들 중에서 체호프의 《사이렌》도 떠올릴 수가 있는데, 이 작품에서 비서는 듣고 있던 모든 사람들이 일에서 손을 놓을 정도로, 다양한 음식들을 맛있게 묘사한다.

먹는 것이 주는 희극성과는 다른 이유로 우스운 또 다른 행위는 마시는 것과 취하는 것이다. 취한다는 것이 우스울 때는 완전히 취하지는 않았을 때이다. 완전히 취해버린 사람이 우스운 것이 아니라 적당히 취한 이가 우습다. 고주망태는 절대로 우스울 수가 없다. 잘 대접받고 돌아가는 중이지만 어디에 있었는지는 기억하지 못하고 있으며 처음으로 알게 된 생선인 '대구'라는 말을 만족스럽게 반복하고 있는 흘레스따꼬프는 취기가 주는 전형적 희극형태이다. 게다가 고골은 더 심하게 취한 상태도 기꺼이

---

7) 이반 표도로비치 쉬뽀니까 : 고골의 작품 《지깐까 근교 마을의 야회》 2권에 들어 있는 단편의 주인공 이름임. 이 작품의 완전한 제목은 《이반 표도로비치 쉬뽀니까와 그의 백모》임.

웃음거리로 만들고 있다. 숙련된 마부들은 자신의 취한 나리들을 집으로 모셔다 드리면서 한 손으로는 말고삐를 부리고 다른 한 손은 뒤로 돌려 나리들을 붙잡고 있다. 《마차》[8] 에 다음과 같은 부분이 있다.

> 체르또꾸츠끼가 마차에 앉아 자신의 귀족 혈통에도 불구하고 얼마나 크게 고개를 떨어뜨리고 밑으로 꼬꾸라져 있었는가 하면 집에 도착했을 때 그의 콧수염에 우엉 꽃 두 개가 붙어 있었을 정도였다.

일정한 조건하에서 인간의 신체가 우스울 수 있는 것과 마찬가지로 이 신체의 무의식적인 생리학적 작용들도 거의 매번 희극성을 준다. 치치꼬프는 다음과 같이 묘사된다.

> 손님들을 맞을 때 이 신사는 위풍당당했으며 굉장히 큰소리로 코를 풀어댔다.

'소송'은 주인공이 끊임없이 해대는 트림과 딸꾹질로부터 시작된다. 고골에 대한 회상록에서 악사꼬프는 고골이 이 트림과 딸꾹질을 적나라하면서도 예술적으로 청중들에게 들려준 일에 대해 이야기하고 있다.

《이반 표도로비치 쉬뽀니까와 그의 백모》에서 바실리사 까쉬빠로브나는 어린아이 같은 행동으로 자신의 원피스를 망쳐버렸던 쉬뽀니까의 유년기를 회상한다.

사람의 신체적 특성 중 하나는 각기 다른 체취이다. 뻬뜨루쉬까[9] 의 체취는 《죽은 혼》 작품 전체에서 내내 언급된다. 냄새의 희극성은 다른 에피소드에서도 사용되었다. 페오둘리야 이바노브나의 손에 입 맞추면서

---

8) 《마차》 : 고골의 단편소설 제목임.

9) 뻬뜨루쉬까 : 러시아의 장갑인형극에 나오는 주인공의 이름으로, '뻬뜨루쉬까'는 러시아어로 파슬리를 뜻함.

치치꼬프는 '그녀의 손이 오이 절인 물에 절었다는' 것을 눈치 챈다.

부인들의 향수사용은 만일 향수가 그것을 사용한 부인의 의도를 너무나 직설적으로 드러내고 있을 경우 희극화와 풍자화를 목적으로 사용될 수 있다.

> 부인들은 눈부신 꽃무리처럼 금방 그를 빙 둘러싸며 가지각색의 향수냄새를 뭉게뭉게 피웠다. 한 부인은 장미 향기가 났고 다른 부인에게서는 봄 향기와 제비꽃 향내가 났으며 셋째 부인은 몸 전체에서 미뇨네트 향기가 풍겼다. 치치꼬프는 코만 위로 치켜들고 냄새를 맡았다.

한 아름다운 부인에 관해서도 이와 비슷한 장면이 있다.

> 재스민 향기가 온 방안에 퍼졌다.

남자들, 특히 관리들은 정반대이다. 사무원과 그의 조수는 다음과 같이 묘사되고 있다.

> 입 냄새를 얼마나 심하게 풍겼느냐 하면 집무실이 일시적으로 양조장이 된 듯했다.

이 모든 예들은 한 종류의 현상으로 각각 따로 설명할 필요가 없다.

인간 신체가 불러일으키는 또 다른 유형의 희극성과 관련하여 고골 작품의 주인공들 중 몇몇은 자신의 외모에 대해 심할 정도로 신경을 쓴다. 독자는 치치꼬프가 면도하는 장면을 수차례 접하게 된다.

> 식후 낮잠에서 깨어난 그는 세수할 준비를 시켰으며 입안에서 혀를 밀어 넣어 불룩하게 만든 양 볼에 굉장히 오랫동안 비누칠을 했다.

고골은 치치꼬프가 자신의 둥근 턱을 매우 마음에 들어 한다는 것에 대해 슬쩍 언급한다. 독자들은 또한 치치꼬프가 벨트로 자신의 볼록한 배를 잡아당기고 멜빵을 두르며 넥타이를 매고 스킨을 바르는 것을 볼 수 있다. 고골의 몇몇 다른 주인공들도 이와 같이 자신의 외모에 관심을 가진다. 홀레스따꼬프는 훌륭한 바지를 파는 것 대신 굶기를 택한다. 《결혼 피로연》에 나오는 신랑들 중 몇몇은 자신의 의복에 특히 신경을 쓴다. 아가피야 찌호노브나의 집에 들어서면서 쥐바낀은 이렇게 말한다.

"우리 예쁜이, 내 옷 좀 털어줘."

그는 프록코트에 먼지 한 톨 없도록 무던히 애를 쓴다.

인용된 예들의 특징 중 하나는 부정적인 현상이 때로는 끝까지 완전히 그려지지 않는다는 것인데, 이는 만일 그렇게 한다면 더 이상은 그 현상이 우습지 않을 것이기 때문이다. 예술가로서 작가는 이 예술의 경계를 본능적으로 알아차린다. 이러한 경계는 주로 19세기와 20세기 문학에서 특징적으로 나타난다. 그 이전 시대의 문학(라블레)과 구비문학에서는 상황이 다르다.

인간의 얼굴은 매우 다양하게 우스울 수 있다. 눈은 우스울 수 없는데, 눈은 영혼의 거울이기 때문이다. 사악한 눈은 그 사람의 사악한 영혼을 나타내기에 희극성이 아닌 불쾌감을 불러일으킨다. 그러나 돼지의 작은 눈은 우스울 수 있다. 여기에서 우스운 것은 눈 자체가 아니라 그 눈에 표정이 없다는 것이다. 번질거리는 눈도 우스울 수 있다.

> 그의 눈은 느끼할 정도로 번질거렸는데, 아주까리기름을 발라놓은 것처럼 보일 정도였다(체호프, 《자리 없이》).

그 대신 신체 기능의 순수한 표출과도 같은 코는 자주 비웃음의 대상과 수단이 된다. 민중언어에서 '코를 닦다', '자신의 코와 남게 되다', '코를 보여주다'는 기만한다, 바보로 만든다는 뜻이다. 고골은 이를 폭넓게 사용한다. 《결혼피로연》에서 꼬취까료프가 뽀드꼴레신에게 줴바낀에 대해 묻는다.

"얼마나 코가 쑥 빠져 나갔는지 보았어?"

"실은 난 왜 여자들이 주전자 손잡이 잡듯이 우리의 코를 능숙하게 쥐고 맘대로 휘두를 수 있도록 되어 있는지 이해를 못하겠단 말씀이야. 여자들 손이 그렇게 타고난 것인지 아니면 우리의 코가 이것밖에는 쓸모가 없는지 원 … "

"이반 니끼포로비치의 코가 약간 자두와 같이 생겼음에도 불구하고 그녀는[10] 그의 코를 잡고 마치 강아지처럼 끌고 다녔어."

사람의 코에 대한 언급은 우스운 상태를 만들고 비웃음을 불러일으킨다. 시장은 혼잣말로 중얼거린다.

"이런 주먹코 같으니라고."

한 부인은 치치꼬프에 대해 이렇게 말한다.

"그의 코는 정말이지 가장 기분 나쁘게 생겨먹은 코야."

《결혼피로연》에는 코에 대한 칭찬을 볼 수 있다.

"그의 머리카락은 어떻지?"
"좋은 머리카락이야."
"코는 어때?"
"음… 코도 잘 생겼어. 다 제자리에 붙어 있어."

10) 즉, 아가피야 페도세예브나는. — 원주.

이 '음'은 꼬춰까료프가 이 부분에서 거짓말을 하고 있으며 사실은 그의 코가 제자리에 붙어 있기는 하나 그리 잘 생기지는 않았다는 것을 보여주고 있다. 《외투》에서 건널목 간수의 모습이 우스운 것은 그의 코에 대한 언급 덕택이다.

> 그는 잠깐 동안 기어 올라가 장화 속에 든 답배갑을 꺼내어 지금까지 여섯 번이나 동상에 걸렸던 자신의 코를 좀 녹여보려 했다.

《네프스끼 대로》에서 구두장이 고프만은 술에 취해서 쉴레르의 코를 자르려고 한다. 중편소설 《코》에는 이 내용이 주제의 틀을 이룬다. 이 작품에서 코는 이동할 수도 있고 5등 문관 차림으로 네프스끼 대로를 따라 거닐 수도 있다. 그러나 이것은 5등 문관이 아니라 코인 것이다.

누군가를 우롱하기 위해 쓰이고 있는 코가 희극적 존재에서 비극적 존재로 바뀔 수 있는 것처럼 세상은 기만과도 같다. 《광인일기》의 마지막은 삶이 고통일 뿐이며 세상에서 자신의 자리를 찾지 못한 채 내몰리기만 했던 불행한 미치광이 뽀쁘리신이 내뱉는 영혼의 절규이다. 그러나 이 비극적 절규는 뽀쁘리신의 비웃음으로 끝난다.

> 알제리 제후의 코 바로 밑에 혹이 있다는 것을 당신들은 아시는지?

위의 경우 다른 경우들과 마찬가지의 방법으로 희극적 효과가 만들어지고 있지만 여기에서는 이러한 효과를 얻기 위해 필요한 경계가 고의적으로 무시되고 있다. 그렇기 때문에 고골의 웃음은 비극이 되어버린다. 고골의 웃음이 지니는 비극적인 면에 대해서는 차후 더 이야기하도록 하겠다.

다른 러시아 작가들의 작품에서는 희극화나 풍자를 목적으로 코를 사용하는 경우를 보기 어렵다. 살뜨이꼬프-셰드린의 《현청소재지 인상기》에서는 시골약사가 죽은 사람의 '배를 갈라보려' 하며, 이를 위해 농부들에게 도움을 청한다. 사실 그는 이 농부들 중에서 포기하고 도망갈 이를 골라내려고 하는 것이다.

> "자, 그리슈하, 너는 내가 여기에서 칼질을 더 잘할 수 있도록 고인의 코를 잡고 있도록 해."

농부는 공포에 질린 채 자기를 '풀어' 달라고 부탁했다.

> "자네를 놓아주기 위해서는 그에 합당한 대가가 있어야 하지 않겠나."

민간목판화에서 희극적 인물들은(예를 들어 러시아 광대인 빼뜨루쉬까) 종종 거대한 붉은 코를 가진 것으로 그려진다. 인형극에서 극의 마지막을 장식하는 것은 개가 느닷없이 빼뜨루쉬까의 코를 물어버리는 것이다.

나폴레옹의 침략과 격퇴 시기[11]의 민간목판화에서 거대한 코의 빼뜨루쉬까가 팔걸이의자에 앉아 있는 것을 볼 수 있다. 판화 밑에는 다음과 같은 글이 있다.

> 내가 이제 벌거숭이로 집에 돌아와 맨발 신세지만
> 대신에 거대한 코를 가져오지 않았는가.

거대한 코는 민간목판화에서 매우 자주 볼 수 있는데, 속요에서도 마찬가지이다.

---

11) 나폴레옹의 침략과 격퇴 시기 : 1812년 나폴레옹이 러시아를 침략했던 전쟁을 러시아에서는 '조국전쟁'이라고 부름. 이 전쟁의 결과는 러시아군이 나폴레옹 군을 격퇴한 것으로 끝남.

내 아내는 미인이라네.
코 밑에는 홍조를 띠고
빰에는 온통 콧물이라네(민중시 풍자문학, 322).

얼굴에 나타나는 정신적 특징들을 콧수염과 턱수염이 가리고 있다면, 이것들 역시도 비웃음의 목표가 될 수 있다. '턱수염'은 상인과 대귀족을 비아냥거리기 위해 부르는 별명이다. 아가피야 찌호노브나는 매파가 권하는 신랑감에 대해 이렇게 말한다.

> "싫어, 싫어! 그에겐 턱수염이 있단 말이야. 먹을 때 음식물이 모두 그 턱수염들 사이로 흘러내릴 거야. 싫어, 싫어. 싫단 말이야."

입은 어떤 숨겨진 악의를 나타내거나 마음대로 움직여지지 않을 때 우스워질 수 있다.

제7장

# 닮음의 희극성

위의 관찰들은 파스칼이 그의 저서 《팡세》에서 제기했던 문제를 본 연구에서 해결할 수 있도록 해주고 있다.

> 유사한 두 얼굴이 함께 있을 때 왜 사람들은 그 닮음 때문에 웃게 되는가?

이론적 난제였던 다른 경우를 풀 때와 마찬가지로 위의 질문에 대답하면서, 본 연구에서는 무엇보다도 먼저 다음의 의문점들을 제기해야 할 것이다. 항상 그러한가, 항상 그렇지는 않은가? 닮음은 어떤 조건들 하에서 희극적이고, 어떤 조건들 하에서 그렇지 않은가?

닮음이 항상 희극적인 것은 아니다. 쌍둥이의 부모들에게는 이들의 닮음이 우습지 않을 것이다. 같은 논리로 이 쌍둥이를 매일 보고 그들에게 익숙해진 이들에게 서로 닮은 쌍둥이의 모습은 우습지 않을 것이다. 따라서 닮음의 희극성은 항상 눈에 보이는 것은 아닌 어떤 특별한 원인에 따라 정의된다. 자세히 관찰해보면 닮음을 우습게 만드는 것은 사람들을 웃게 만드는 일반적인 이유들과 동일한 이유임을 알 수 있다. 숨겨진 어떤 결함을 갑작스레 발견하게 될 때 웃음이 발생한다는 것은 앞서 이미 여러 번 언급되었다. 결함이 존재하지 않거나 사람들이 결함이 존재한다는 사실을 지각하지 못할 때 사람들은 웃지 않는다. 이러한 경우에 결함이란 무엇인가? 우리가 서로를 평가하고 인정하거나 존경할 때 그 아래에는 각 개인이 하나의 개성이자 인격체라는 전제가 무의식적으로 깔려있다. 그 인격체의 특성은 얼굴, 동작, 습관에서 나타난다. 외양이 완전히 동일한 두 사람을 갑자기 보게 되면 우리는 이 두 사람의 정신세계까지도 같을 것이라고, 즉 내면적인 개별적 차이도 없을 것이라고 무의식적으로 결론지어 버린다. 그들의 이러한 결함을 발견하게 될 때 사람들이 웃게 되는 것이다. 쌍둥이의 부모들은 아이들의 외양이 같음에도 불구하고 이들을 잘 구별할 수 있기 때문에 웃지 않는다. 그들에게 쌍둥이 각자는 유일무이한 하나의 인격체이기 때문이다. 쌍둥이를 매일 보는 사람들도 웃지 않는다. 왜냐하면 웃음은 단지 결점이 있다는 사실만으로 발생하는 것이 아니라 그 결점을 느닷없이 갑작스럽게 발견하게 될 때 발생하기 때문이다. 어쩌면 그들은 쌍둥이를 처음 보았을 때 웃었을 수도 있다. 이제 그들은 쌍둥이에게 익숙해졌기 때문에 더 이상 웃지 않는다.

그러나 쌍둥이들의 닮음은 특수한 경우로, 닮음에 의해 불러일으켜진 희극성의 비교적 드문 경우이다. 닮음은 매우 다양한 경우에 웃음을 유발할 수 있다. 고골의 작품에서 이러한 유형의 웃음에 대한 훌륭한 예들을 발견할 수 있다. 그의 작품에서 찾아볼 수 있는 판박이 인물이 주는 희극성은 여기에 근거하고 있다. 베르그송은 다음과 같이 말한다.

> 전통적인 희극기법의 하나는 반복이다.

더 정확히 말하자면 반복이 아니라 이중화이다. 대표적인 예로서 보쁘친스끼와 도쁘친스끼를 들 수 있다. 《검찰관》을 연기했던 최초의 배우들은 고골의 의도를 파악하지 못하고 이 등장인물들이 각기 다르게 우스워 보이게 하려고 노력하며 그들을 더럽고 너덜너덜한 차림의 흉측한 이들로 묘사했다. 이는 고골을 절망에 빠뜨렸다. 왜냐하면 고골의 상상 속에서 이 등장인물들은 "꽤나 말쑥한 옷차림의 통통한 이들로, 잘 손질되어 넘겨진 헤어스타일의 소유자들"이었기 때문이다. 다름 아닌 닮음에 희극성이 있다. 자잘한 차이들은 닮음을 더욱 강조할 뿐이다.

보쁘친스끼와 도쁘친스끼 외에도 등장인물의 이중화를 보여주는 많은 예들이 있다. 미쨔이 삼촌과 미냐이 삼촌, 끼파 모끼예비치와 모끼 끼포비치, 마닐로프의 아이들인 페미스또끌류스와 알끼트, 그냥 유쾌한 부인과 모든 점에서 유쾌한 부인이 바로 이런 예이다. 쁠류쉬낀의 장례를 맡아주었으면 하고 상속자들이 바라고 있는 까르쁘 신부와 뽈리까르쁘 신부[1]도 그러한 예에 속한다.

다른 작가들은 이중화 기법을 훨씬 드물게 사용하고 있다. A. N. 오스뜨로프스끼[2]의 희극 《미남자》에는 삐에르와 조르쥐 두 명의 무위도식자들이 나온다.

> 이들은 교육을 덜 받은 게으름뱅이들로 붕어빵처럼 닮아 있었다.

희극 《익살꾼들》에 나오는 '최신유행으로 옷을 차려입고 있는 젊은이들'인 네도노스꼬프와 네도로스뜨꼬프도 이러한 등장인물들이다. A. N. 오스뜨로프스끼의 희극 《숲》에 나오는 샤슬리프체프와 네샤슬리프체프[3]는 부분적으로만 이와 같은 범주에 넣을 수 있다. 이들의 희극성은 닮음뿐만이 아니라 다름에도 근거하고 있다. 이처럼 완전히 동일한 등장

---

1) 까르쁘 신부와 뽈리까르쁘 신부 : 고골의 소설 《죽은 혼》에 나오는 등장인물들임.

2) A. N. 오스뜨로프스끼 : 19세기의 러시아 극작가임. 대표작으로 《가난은 죄가 아니다》, 《숲》, 《지참금 없는 신부》 등이 있음. 흔히 사실주의 시대의 가장 위대한 대표자로 여겨지는 그의 희곡은 러시아에서 널리 읽히는 작품이며 또한 자주 상연되고 있음.

3) 샤슬리프체프와 네샤슬리프체프 : 샤슬리프체프는 행운을 뜻하고 네샤슬리프체프는 불행을 뜻함.

인물들이 다투거나 서로 욕설을 지껄여대기 시작하면 희극성은 더욱 강화된다. 보쁘친스끼와 도쁘친스끼는 끊임없이 서로 싸운다. 그들은 몸싸움을 벌이기까지 한다. 안나 안드레예브나를 축하하면서 그들은 "동시에 그녀에게 다가가다가 서로 이마를 부딪치게 된다". 《죽은 혼》에 나오는 두 부인도 항상 서로 다툰다. 이렇게 완전히 서로 닮은 적대자의 가장 확실한 예는 이반 이바노비치와 이반 니끼포로비치이다. 서로 간에 차이점이 있음에도 불구하고 그들은 완전히 닮아 있다. 이반 이바노비치의 머리는 밑동이 밑으로 내려간 무를 닮아 있고, 이반 니끼포로비치의 머리는 밑동이 위로 올라간 무를 닮아 있다. 이반 이바노비치는 턱수염을 일주일에 두 번 면도하며, 이반 니끼포로비치는 일주일에 한 번 한다. 이반 이바노비치는 담배색의 생생한 두 눈을 가지고 있으며, 이반 니끼포로비치의 생생한 두 눈은 누런빛이다. 그러나 이 차이들은 본질적으로 그들이 닮아 있음을 더욱 강조할 뿐이다. 이중화가 외적으로 보이지 않고 숨겨져 있는 경우도 있다. 안나 안드레예브나와 마리야 안또노브나가 그러하다. 나이차도 많이 나며 그들 중 한 사람은 어머니이고 다른 이는 딸이긴 하지만, 그들은 본질적으로 완전히 동일하다. 흘레스따꼬프가 떠날 때에 어머니는 말한다.

"오, 얼마나 좋은 분인지."

딸은 이렇게 말한다.

"오, 얼마나 귀여운 분인지."

여기에서 단어의 차이는 거의 없다고 볼 수 있다. "오, 굉장한 백화점이로군"이라고 어머니가 먼저 외친 후에 (약간 다른 톤으로) 딸이 똑같이 소리친다. 다른 등장인물들과 마찬가지로 이들도 서로 끊임없이 다툰다.

재능 있는 광대들은 이러한 기법을 잘 알고 있다. 자주 둘이서 등장하는 광대는 적당히 닮아 있고 동시에 적당히 다르지만 항상 서로 다투며 논쟁하고 아무것도 아닌 일을 가지고 싸우기까지 한다.

러시아 구비문학에서는 포마와 예료마 형제가 이중화의 전형적인 예이다. 이들 둘은 모두 꼴사납고 멍청한 무위도식자들이다. 이들에 대하여 수많은 풍자이야기들과 노래들이 만들어졌다. 이들의 모험은 둘 다 물에 빠져죽는 것으로 끝이 난다.

두 사람이 아닌 여러 명의 사람도 눈에 띄게 혹은 눈에 띄지 않게 닮아 있을 수 있다. 《결혼피로연》의 신랑들이 그러하다. 그들은 각기 다른 듯하지만 그 열망의 동일함으로 서로 뭉쳐있다.

이러한 등장인물들은 동시에 출연하는데 그 이유는 만약 네 번에 걸쳐 유사한 것을 반복한다면 전적으로 도식화되어 우스운 성격이 사라져버릴 수도 있기 때문이다. 여기에서 희곡 《지혜의 슬픔》에 나오는 뚜고우호프스끼 공작의 여섯 딸들을 떠올리게 되는데, 이들은 차츠끼가 정신이 나갔다는 것을 믿지 않는 레뻬찔로프에게 모두 함께 달려든다.

> "레뻬찔로프 씨, 도대체 무슨 말씀이세요, 어떻게 그렇게 생각하실 수가!"

시끄러움에 두 귀를 틀어막은 레뻬찔로프는 무엇이라도 믿자는 심정이 되었다.

고골의 작품에서는 아버지 세대와 아들 세대 간의 닮은 점을 볼 수 있다. 보쁘친스끼는 어떻게 선술집에서 검찰관을 만나게 되었는가를 얘기한다.

> "석주 전쯤에 그 양반(선술집 주인) 마누라가 아이를 낳았다네. 매우 원기왕성한 아이지. 제 아비처럼 선술집을 꾸려가게 될 거야."

뽀드꼴레신에게 장가들라고 설득하면서 꼬취까료프는 그에게 여섯 명의 아이가 생길 거라고 하면서 "모두 붕어빵처럼 자네와 완전히 닮아 있지 않은가"라며 꼬드긴다. 그들은 다음과 같은 대화를 나눈다.

"아이들은 대단한 장난꾸러기일 뿐이지. 모든 것을 망가뜨리고 종잇조각들을 어질러 놓을 걸세."

"내버려두게. 모두 자네와 완전히 닮아 있지 않은가. 여하튼 물건들이라니까."

"제기랄, 정말로 우습지 않느냐는 말이야. 털이 복슬복슬한 고양이는 그 새끼도 꼭 그렇게 생겼거든. 부모를 닮는단 말이지."

"말이라고 하나. 물론 우습지. 그래서 가볼 텐가?"

"그래야 할 것 같군. 가세나."

뽀드꼴레신은 결혼하기로 동의한다.

여기에서 덧붙일 수 있는 사실은, 어떠한 정신적 행위의 어떠한 반복이라도 이는 행위가 가지는 창조적인 면이나 의미 있는 면들을 없애버리며, 이로써 이 행위의 의미를 축소시켜 우스운 행위로 만들어버린다는 것이다. 교육자나 연사가 해마다 똑같은 농담들과 똑같은 표현, 똑같은 표정과 똑같은 억양으로 강의를 한다면 이를 눈치 챈 학생들의 눈앞에서 그는 우스운 사람이 될 것이다.

《결혼피로연》에서 쥐바낀은 자신의 혼담이 잘 풀리지 않는 것에 대해 다음과 같이 투덜거린다.

"벌써 열일곱 번째 내게 이런 일이 일어나고 있는데 매번 거의 같은 식이라니까."

제8장

# 다름의 희극성

본 연구에서 어떤 이유와 조건 하에서 닮음이 우스울 수 있는지 밝혀내었다. 그러나 이로써 모든 것이 다 설명된 것은 아니다.

삶에서 쌍둥이가 닮은 것과 문학작품에서 둘 혹은 다수의 인물들이 닮은 것은 동시에 그들이 다른 모든 이들과는 다르다는 것을 의미하기도 한다. 이들은 다른 모든 사람들로부터 자신을 구분시키는 차이점을 지니고 있다. 이러한 관찰을 개괄하여 다음과 같이 말할 수 있다. 한 사람을 그 사람의 주변과 구분하게 만드는 모든 종류의 특성이나 기이함은 그를 우스운 사람으로 만들 수 있다.

그 이유는 어디에 있을까?

여기에서 희극적인 것의 설명에서 가장 복잡하고 어려운 경우 중 하나에 근접하게 된다. 아리스토텔레스로부터 오늘날에 이르기까지 미학자들은 추한 것들이 우습다고 반복하고 있지만 추한 것이 어떤 것인지는 설명하지 않고 있다. 그들은 또한 추한 것 가운데 정확히 어떤 것이 우습고 어떤 것이 우습지 않은가에 대해서 역시 정의를 내리지도 않고 있다. 추한 것들은 아름다운 것의 반대이다. 매우 아름다운 것은 절대로 우스울 수 없으며 그것과 동떨어진 것이 우스운 것이다. 인간에게는 자신이 규범으로 생각하는 것에 대한 의무본능 같은 것이 있다. 그 규범에는 인간의 겉모습과 함께 그의 도덕적, 지적 생활에 대한 규범들도 속해 있다. 외적 아름다움의 이상향은 자연의 합목적성에 의해 정의된다고 할 수 있다. 외양이 아름다운 사람이란 균형 있고 조화로운 신체의 소유자, 즉 힘, 속도, 민첩함 등 모든 방면에서의 활동능력처럼 인간이 건강하다는 특징들을 가지고 있는 사람이다. '규범으로부터의 이탈을 폭로하는 불일치가 웃음을 불러일으킨다'라고 말했던 유레네프와 다른 학자들은 옳다. 사람은 본능적으로 자기 자신을 기준으로 해서만 규범을 정의한다. 기린에게 있어 야자수나 그 외에 높이 붙어 있는 나뭇잎을 먹을 수 있게 해주는 긴 목과 다리는 충분히 적절한 것들이다. 그러나 사람에게 있어 기다란 목은 결함인데, 이는 몸이 약하다는, 즉 건강상태가 규범에 벗어난다는 것을 뜻하기 때문이다. 모든 결함이 다 우스운 것이 아니라 모욕감이나 분노감을 안겨주지 않는 결함들과 동정이나 연민을 불러일으키지 않는 결함들만이 우습다는 사실을 우리는 이미 잘 알고 있다. 예를 들어 꼽추를 보고 웃을 수 있는 사람은 도덕적 결함을 가지고 있는 사람뿐이다. 노쇠함이나 병약함을 보여주는 신체적 현상을 보고 웃는 사람도 마찬가지이다. 결론적으로 보기 흉한 모든 것이 우스운 것은 아니라는 뜻이다. 아리스토텔레스의 범주론은 오늘날까지도 그 정당성을 입증하고 있다.

위의 예들은 생물학적 규범을 벗어난 경우들에 근거하고 있다. 이전 장에서 언급되었던 모든 신체적 결함들이 이에 속한다. 그러나 사회적 규범과 사회정책적 규범으로부터의 이탈도 일정 조건하에서는 우스울 수 있다.

사회에서 반드시 지켜야 하는 규범들이 있는데 이는 해서는 안 될 것들, 허락할 수 없는 것들과 반대되는 개념이다. 이러한 규범들은 시대나 민족, 사회조직들에 따라 각기 다르다. 한 민족 전체와 같은 대규모 집단뿐 아니라 한 도시나 한 지역, 시골, 더 나아가 한 반의 학생들 같은 소규모 집단들도 모두 부득이하게 지켜야 하는 도덕적이고 외양적인 이상향을 포함하는 관습적 규칙들을 가지고 있다. 관습적 규칙들을 위반하는 것은 곧 집단적 이상향이나 삶의 규범을 위반하는 것이 될 수 있다. 이 위반은 곧 결함이 된다. 이러한 사실의 발견은 앞의 다른 경우들과 마찬가지로 웃음을 불러일으킨다. 이와 같은 위반과 불일치, 혹은 모순이 웃음을 불러일으킨다는 것은 본 연구에서 이미 오래전에 확인되었다. Z. 뽀츠깔리스끼[1]는 다음과 같이 쓰고 있다.

> 사회의 주요한(계급사회에서는 계급적인) 희극적 모순은 다음과 같은 형태의 모순을 동반하기도 한다. 즉 인간가치의 공통된 이상과 사람들의 성격 및 행동이 모순되는 것이다. 그리고 이상이라는 것은 사회발전에 의해 만들어지고 모든 인간 공동체의 주요 규칙들로부터 나오는 것이다(뽀츠깔리스끼, 14).

사회격변기에 우스운 것이 될 수 있는 것으로는 승리를 거둔 정체나 사회조직에 의해 세워진 새로운 규범에 상응하지 않아서 과거의 유산이 되어버린 것들이 있다. 이것을 알아낸 이는 마르크스였다. 마르크스의 생각은 다음과 같은 표현으로 자주 인용되곤 한다.

> 인류는 비웃음으로 자신의 과거와 이별한다.

마르크스는 실제로 이렇게 말한 적이 없다. 위의 말은 그의 생각을 통속적으로 왜곡시켜놓은 것이다. 다음이 마르크스가 했던 정확한 말이다.

> 역사는 근거를 가지고 흐르며 삶의 낡은 형태를 무덤으로 가져갈 때에는 수많은 단계들을 거친다. 역사의 세계사적 의의를 가진 형태의 마지막 단계는 희극이다. 이미 비극적인 형태로 아이스킬로스[2]의

---

1) Z. 뽀츠깔리스끼 : 체코슬로바키아 영화감독임.

2) 아이스킬로스 : 고대 그리스 3대 비극 시인 가운데 한 사람으로, 합창과 낭송만으로 이뤄진 초기의 극예술을 노래와 대사 및 행위가 어우러진 형태로

《결박당한 프로메테우스》에서 치명상을 입은 그리스의 신들은 루키아노스[3]의 《대화편》에서 희극적인 형태로 한 번 더 죽어야만 했다. 왜 역사는 이렇게 흐르는가? 이것은 인류가 자신의 과거와 유쾌하게 헤어지기 위해서 필요한 것이다(마르크스, 엥겔스, I, 418).

이 말은 일반적이고 역사적인 법칙성과 합목적성('하기 위하여')을 정의하고 있다. 역사적 공정성을 위한 투쟁에 자신의 생명을 내던진 영웅들의 죽음은 비극적이다. 이것이 첫 번째 단계이다. 인류는 과거를 떠나보냄에 있어 절대로 비웃지 않는다. 과거의 잔재들이 조롱거리가 되는 것은 투쟁이 끝난 현재에 와서이다.

그러나 비극적인 것과 희극적인 것이 기계적으로 분리되어 있는 것은 아니다. 과거의 잔재 자체가 현재에 이르러 항상 희극적인 것은 아니다. 종교적 유물은 항상 희극적인가? 그 자체로는 절대로 희극적이지 않지만 예술적 희극화라는 수단을 통해서는 종교적 유물도 풍자화될 수 있다. 이 유물이 강력하고 진지한 것일수록(음악과 회화를 통한 신자들의 미적 감화) 풍자적 표현은 어려우며 유물이 하찮은 것일수록(우주비행의 죄악성에 대한 경건한 노파의 생각) 이를 풍자하는 것은 쉬워진다. 이는 모든 유사한 유물들에도 적용된다. 많은 유물들은 풍자작가가 아닌 검사가 살펴보아야 할 것들이다. 그러나 풍자작가와 검사는 자주 서로를 도울 수 있다.

위의 경우에서 희극성은 역사적으로 발생된 민중의 두 가지 생활방식 간의 차이에 근거를 두고 있다.

그러나 삶의 사회적 형태뿐만이 아니라 일상적 형태가 차이의 원인이

---

끌어올림. 주로 운명에 저항하는 인간의 영웅적 자세를 묘사하였으며, 주요 작품으로는 《페르시아 사람들》, 《결박당한 프로메테우스》, 《오레스테이아》 등이 있음.

3) 루키아노스 : 고대 로마 풍자작가임. 방랑하는 강연자로서 로마제국의 각 지방을 돌면서 이름이 알려졌으며, 40세 이후는 아테네에 정주하면서 대화편을 집필함. 주요 작품으로는 《신들의 대화》, 《진짜 이야기》 등이 있음.

될 수도 있다. 예를 들어 각기 다른 두 민족이 함께 가질 수 있는 차이가 그러하다. 만일 모든 민족이 그들의 문화가 발전함에 따라 만들어진 각자의 외적이고 내적인 생활규범들을 가지고 있다면 자신의 규범에 맞지 않는 모든 것은 우스워 보일 것이다. 외국인들이 그렇게나 자주 우스워 보이는 이유가 바로 여기에 숨어 있는 것이다. 외국인들이 우스워지는 것은 그들이 가지는 기이함으로 현지인들과 구별되고 차별될 때뿐이다. 차이가 극명할수록 우스워질 가능성은 커지게 된다. 외국인의 평범하지 않은 습성이나 제스처, 그들이 자신의 나라 말로 이야기할 때 들리는 사람들의 귀에 익숙지 않은 말소리 혹은 그들이 러시아어로 어설프게 말할 때의 그 이상한 발음들이 경험 없고 순진한 사람들에게는 우스워 보일 수 있다.

《검찰관》에서 기브네르가 우스운 이유는 그가 불구이기 때문만이 아니라 그가 러시아인들 가운데 사는 독일인이기 때문이기도 하다. 그의 발음이 어눌한 것도 이 때문이다. 《네프스끼 대로》에서도 쉴러로 대표된 독일인들은 비웃음을 샀다. "쉴러는 말 그대로 완전한 독일인이었다." 라는 문장 뒤로 어떤 점에서도 러시아인과 닮지 않은 쉴러에 대한 묘사가 이어진다. 구비문학에서는 외국인 이웃들을 향한 우스운 일화들을 볼 수 있다. 그러나 이러한 일화들은 선량한 성격을 띠고 있으며 결코 악의를 품고 있지 않다. 이웃마을이나 도시 사람들에 대한 수많은 재담들과 놀림들, 삽입구들도 마찬가지이다. 여기 몇몇 예들이 있다.

> 라도가 주민들은 알 위에 있던 꼬치고기를 쫓아버렸다네.
> 스따라야 루사 주민들은 말 한 마리를 통째로 잡아먹고 노브고로뜨에 편지를 써서 말을 더 보내달라고 했다지.
> 뜨베르 주민들은 순무를 즐겨 먹어.
> 까쉬노 주민들은 물을 많이 마신다네.

달[4] 은 이 흥미로운 금언들을 귀중한 역사적 해석과 함께 자신의 사전에 모아 두었다.

하지만 다른 집단의 사람들만 우스워질 수 있는 것이 아니라 만일 어떤 점에서라도 다른 모든 이들과 심하게 차이가 난다면 자신이 속한 집단의 사람도 마찬가지로 우스워질 수 있다. 각각의 민족과 시대는 고유한 풍습과 관습 규범을 가지고 있다.

그러나 이러한 규범은 변할 수 있고 가끔은 꽤 빨리 변하기도 한다. 변화는 처음에는 일반에 통용되는 상식들을 어기는 것으로 받아들여져서 웃음을 불러일으킨다. 여기에 우스꽝스러워 보이는 유행이나 유별난 유행이 웃음을 불러일으키는 이유가 숨어 있다. 유행의 역사를 풍자적으로 제시하는 것은 매우 쉬운 일이다. 예를 들자면 한 세대 안에서 부인용 머리두건의 형태가 달라질 수 있다. 어마어마한 크기의 모자를 썼던 때도 있었다. 모자들은 타조깃털로 장식되었고 박제된 벌새나 앵무새 또는 다른 아름다운 새들의 박제를 붙여놓았다. 모자 위는 조화, 인조과일, 유리로 만든 인조버찌나 포도송이들로 가득 차 있었다. 이 유행은 시골에까지 스며들었는데, 이에 대한 다음의 속요가 있다.

> 상뜨뻬쩨르부르끄 아가씨,
> 이게 무슨 그림인가,
> 모자엔 웬 텃밭인가,
> 제일가는 마님처럼 걸어가네.

유행을 심하게 앞서나가는 옷뿐만 아니라 입고 있는 사람을 그의 주변으로부터 구분시키게 되는 평범하지 않은 모든 옷들이 이와 같은 식으로 우습다. 노파들이 그들 식대로 입고 다니는 유행 지난 드레스들이 우스운 것도 새로운 유행이 우스운 것과 같은 이유에서이다. 지난날들에 대한 애착을 뿌리낀은 《뱃뜨르 대제의 흑인》에 나오는 야회장면에서는 악의 없

---

4) V. I. 달 : 19세기 초~19세기 말의 러시아 산문가이자 사전편찬자이며 민속학자이기도 함.

는 유머로서 묘사하고 있다.

> 중년의 마님들은 구식이 되어가고 있는 옷을 신식 옷과 교활하게 조화시켜보려 애썼다. 부인용 머리두건은 나딸리야 끼릴로브나 황후의 흑담비 모자와 뒤섞였고, 화려한 드레스와 망토는 농부아낙의 치마와 털조끼를 떠올리게 했다.

그러나 뿌쉬낀은 뚜렷한 동정심을 드러내며 뾰뜨르 대제 시절의 신식 유행들을 묘사하고 있다. 그 당시의 옷은 정치적 노선을 드러내고 있었는데 고대 러시아 대귀족의 구식 편이거나 뾰뜨르 대제의 혁신 편이었다.

고골은 《죽은 혼》의 시골 무도회 장면에서 몇몇 부인 의복들을 묘사하면서 신식 유행에 대한, 또는 구식에 대한 희극적 애착을 나타내었다. 최신 유행복들을 묘사한 후 고골은 감탄한다.

> 아니다, 이건 시골이 아니라 수도다. 마치 파리에 있는 것 같다.

그러나 곧 다음과 같이 덧붙인다.

> 다만 그 누구도 본 적이 없는 부인용 머리두건이나 공작새의 것처럼 보이기까지 하는 깃털이 간간히 보였는데, 이것들은 주인의 개인적 취향에 따른 것으로 모든 유행에 반하는 것들이었다.

《네프스끼 대로》에는 상류층 의복들에 대한 더욱 예리한 풍자가 나타나고 있다.

> 네프스끼 대로에서 어떤 부인복의 소매들을 볼 수 있는지 당신은 아는가! 오, 얼마나 아름다운지! 이 소매들은 두 개의 풍선을 닮아 있었기 때문에 옆의 신사가 잡아주지 않았더라면 이 옷을 입은 부인은 공중으로 붕 떠버렸을 것이다.

고골의 작품들에는 옷을 통해 사람을(그 사람이 속해 있는 계층도 함께) 정의 내리는 예들이 매우 많다. 치치꼬프가 자신을 위해 재봉을 부탁해 놓았던 월귤색 혹은 '네오카스트로 전투의 화염이 깃든 연기색'의 연미복 등을 여기에서 떠올릴 수 있다.

유행하고 있는 옷이나 유행이 지난 옷이 우스운 것과 같은 이유로 외국인의 옷차림도 우습다. 예를 들어 영국에서 주식 브로커들은 아직까지도 꼭대기가 둥글고 높은 중산모자를 쓰고 다닌다. 그러나 만일 이러한 모자를 머리에 쓴 영국인들이 오늘날 네프스끼 대로에 나타났다면, 이들은 웃음을 불러일으켰을 것이다. 위와 같은 경우가 극명히 보여주고 있는 것은 특이한 옷이 웃음을 자아내는 이유가 그 옷이 평범하지 않기 때문이 아니라 그 옷에 대해 가지고 있던 편견이 실제와는 다르다는 사실이 그 평범하지 않음에 의해서 폭로되고 있기 때문이다. 만일 불일치가 없다면 이상하고 특이하며 사람들에게 익숙지 않은 옷이라도 웃음을 불러일으키지 않는다. 예를 들어 우리 상뜨뻬쩨르부르끄 거리에서 훌륭하고 화려한 민속 의상을 입고 있는 인도 등지에서 온 외국 손님들을 보게 될 수 있다. 인도 여인들이 입고 있는 긴 실크 드레스와 같은 경우 이 옷들은 모든 이들의 경탄을 불러일으키며 사람들은 그 아름다움에 도취된다.

이와 같은 예들은 왜, 그리고 어떤 상황에서 다름이 희극적으로 받아들여지는지를 설명해준다. 위에서 언급된 예들은 인간 자신의 행동으로서 불러일으켜진 다름에 관한 것들이었다. 그러나 본질적으로 위의 예들은 사람이 아닌 자연에 의해 불러일으켜진 다름의 예들과 다르지 않다. 생물학적 성격의 일반법칙은 앞에서 정의된 적이 있다. 개인적인 생물학적 차이가 우스운 것은 그것이 자연의 조화를 망치는 기형으로 받아들여질 때이다. 앞에서 이미 뚱보들에 대해서 언급했었다. 이러한 경우에 신체적 결함이 우스웠던 까닭은 신체적 결함 뒤에 다른 종류의 결함이 짐작되기 때문이었다. 그러나 신체적 결함에도 다른 유형이 있다. 어린이를 비롯하여 대부분의 순진한 사람들에게는 털이 난 커다란 점, 사팔뜨기나 튀어나온 눈, 축 처진 입술, 갑상선이 부풀어 오른 목, 뒤틀린 입, 붉거나 푸른 코 등 모든 종류의 신체적 결함이 우습게 보인다. 대머리나 다리가 짧은 사람이나 반대로 다리가 심하게 긴 사람이 우스운 까닭은 무엇일까? 이러한 결함들은 개인의 어떠한 내적 결함도 드러내고 있지 않다. 이것들은 자연발생적인 기형으로, 일반적인 자연법칙의 관점에서 볼 때 합당한 조화와 균형에 대한 사람들의 관념을 깨어버린다. 이러한 의미에서 아리스토텔레스에서 시작하는 희극적인 것과 추한 것의 동일함을 주장했던 이론가들의 말은 옳다. 다만 그들은 왜 그러한 추함이 우스운가에 대해서는 설명하지 않았다.

바로 이것이 뒤틀린 거울 속에서 사람의 얼굴이 왜곡되어 나타난 형상이 우스운 까닭을 설명해준다. 과장되어 앞으로 튀어나온 코, 더 이상 클 수 없을 정도로 빵빵한 볼, 거대하고 툭 튀어나온 귀, 웃을 때 입이 귀에까지 걸리며 생기는 절대로 사람의 것이라고는 볼 수 없는 얼굴 표정. 이러한 모든 것은 일종의 기형으로, 기형의 다른 종류 및 불균형과 마찬가지로 웃음을 야기한다.

# 동물의 형상을 한 인간

본 연구에서는 지금까지 사람의 특정한 내면적, 정신적 또는 심적인 성질과 그 성질의 외적 발현형태들이 비교될 때 희극성이 발생하는 경우들을 살펴보았다. 이와 같은 비교는 글에서 묘사되거나 우리가 관찰하고 있는 인간의 부정적인 면을 드러내는 것이었다. 비교대상이 되었던 것은 한 사람 및 그와 비슷한 사람의 내적이고 외적인 특성들이었다. 그러나 다른 종류의 비교도 가능한데, 이는 주변 세상으로부터 비교대상이 선택되기 때문이다. 유머나 풍자문학에서, 그리고 조형예술에서도 사람이 동물이나 물체에 비교되는 경우가 자주 있는데 이는 웃음을 불러일으킨다. 사람을 동물과 가깝게 만들거나 동물과 비교하는 것이 항상 웃음을 불러일으키는 것은 결코 아니며 일정한 조건하에서만 그렇다는 것은 쉽게 알 수 있다. 그 외양이 인간의 몇몇 부정적인 면을 떠올리게 하는 동물들이 있다. 그렇기에 인간을 돼지나 원숭이, 까마귀, 곰의 형상으로 표현하는 것은 이러한 표현에 합당한 인간의 부정적인 면들을 보여주는 것이다. 부정적인 면을 떠올리게 하지 않는 동물들(독수리, 매, 백조, 꾀꼬리)은 웃음을 유발시키지 않는다. 여기에서 유머적이고 풍자적인 대비를 하기 위해서는 사람에게도 있는 부정적인 면들이 있다고 생각되는 동물들을 사용해야만 한다는 결론이 나온다. 사람을 어떤 동물로 부르는 것은 생활에서도 문학작품에서도 가장 많이 사용되는 희극적 욕설이다. 돼지, 당나귀, 낙타, 까치, 뱀 등 듣는 이들로 하여금 웃음을 자아내게 하는 평범한 욕설인 것이다. 여기에서는 가장 다양하고 예상치 못한 연상들이 가능하다. 꼬지마 쁘루뜨꼬프의 경구들 중에는 다음과 같은 말이 있다.

> 열심인 의사는 펠리컨을 닮았다.
> 어떤 사실이든 할미새와 같다.

체호프의 작품 《알비온의[1]의 딸》에서 지주는 영국인 가정교사 부인에 대해 이렇게 말한다.

> "아이들을 위해서 이 트리톤[2]을 데리고 있는 것뿐이라오."

《기숙학교에서》라는 단편에서 체호프는 다음과 같이 적고 있다.

> 오늘날 진정한 여인네들은 없고, 하나님 용서하세요, 할미새와 정어리 같은 것들뿐이라네.

동물과의 대조가 우스운 것은 이 대조로서 어떤 숨겨진 결함들이 폭로될 때이다. 그렇지 않은 경우 대조는 모욕이 되지 않을 뿐더러 칭찬이나 애교가 될 수 있기까지 하다. 민중시가에서 명민한 매는 선한 젊은이의 상징이며 뻐꾸기는 그리움에 빠진 아가씨의 상징이다. 불행한 결혼생활을 하고 있는 젊은 여인이 작은 새가 되어 집으로 날아가고 싶어 한다는 등의 이야기가 있다. 생활 속에서 '작은 고양이', '카나리아', '작은 토끼' 등의 호칭은 상대를 향한 부드러운 태도를 나타낸다.

---

1) 알비온 : 영국의 옛 이름임.
2) 트리톤 : 상반신은 사람, 하반신은 물고기 모양을 한 바다신의 이름임.

항상 그렇듯이 고골의 작품에서 특히 풍부하고 다양한 자료들을 발견할 수 있다. 사람들이 절대로 동물의 형상으로(우화에서 볼 수 있듯이) 표현되지 않으며 다만 다양한 형태로서 동물들을 떠올리게 하거나 비유한다는 것이 고골 문체의 특징으로 나타난다.

지금까지 지속적으로 사용되고 있는 사람에 대한 표현 방법은 그의 인간적 외모를 통해서 동물의 형상을 그려내는 것으로, 곰에 비유되는 소바께비치의 묘사에서 사용되고 있다.

> 치치꼬프가 소바께비치를 곁눈으로 슬쩍 보았을 때 그의 눈에 소바께비치는 … 중간크기의 곰과 상당히 닮아 보였다. 그는 행동이 굼뜨고 발을 안으로 오므리며 걸었으며 갈색 연미복을 입고 있었는데 설상가상으로 게다가 그의 이름은 미하일[3] 세묘노비치였다.

그 자신뿐만 아니라 그를 둘러싸고 있는 모든 정황에도 무엇인가 곰 같은 것이 있었다.

> 모든 것이 … 이상한 면에서 집 주인과 닮아 있었다.
> 구석에는 괴상망측하기 이를 데 없는 네 개의 다리가 달린 호두나무로 만든 배가 불룩 나온 모양의 책상이 있었는데, 곰과 똑같았다.

《이반 표도로비치 쉬뽀니까와 그의 백모》에서 바실리사 까쉬빠로브나는 자신의 조카를 결혼시키고 싶어한다. 조카는 꿈에서 이미 결혼한 자신을 보았으며 이 꿈은 악몽의 형태를 띠고 있었다.

> 그는 기분이 이상했다. 그는 어떻게 그녀에게 다가가야 하는지, 무엇을 말해야 하는지 몰랐다. 그녀의 얼굴이 거위를 닮아 있었다는

---

3) 미하일 : 러시아인들에게 있어 미하일이라는 이름은 곰을 연상시킴.

것을 알아챘기 때문이었다.

이후 그는 "다른 아내를 보지만 역시나 거위 같은 얼굴을 하고 있었다." 동물과의 근접은 주로 마치 스쳐지나가듯 이뤄지는데 이로써 희극성이 약해지는 것이 아니라 반대로 더 강해진다. 《검찰관》에서 흘레스따꼬프는 수도에서 입는 식으로 옷을 차려입고 시골티가 나는 이웃들이 있는 자신의 거처로 가서 몸종을 통해 다음과 같이 말하는 상상을 한다.

> "왔다고 아뢰어라."
> "저 무뢰한들은 '왔다고 아뢰는' 것이 무엇인지 모르옵니다. 만일 이들에게 어떤 거위 같은 지주가 왔다면 저 곰 같은 것들은 곧장 그 지주의 응접실로 쳐들어갈 겁니다."

자기 자랑을 늘어놓는 장면에서 흘레스따꼬프는 다음과 같이 말한다.

> "거기는 서기 노릇에 딱 맞는 관리가 있소. 쥐 같은 녀석인데, 펜대를 끼적거리러 가버렸소."

다른 한편에서는 흘레스따꼬프에 대해서 시장이 다음과 같이 평을 늘어놓는다.

> "연미복을 걸치면 완전히 날개가 잘린 파리라니까."

뜨랴삐치낀에게 보내는 흘레스따꼬프의 편지에서 다음과 같은 부분을 읽을 수 있다.

> 제믈랴니끄의 자선병원 원장은 완전히 모자 쓴 돼지라오.
> 시장은 거세한 쥐색 말처럼 멍청하오.

이 모든 경우에서 사람은 동물의 수준까지 격하된다. 그러나 고골의 작품에서 반대의 경우도 볼 수도 있는데, 동물이 의인화되는 것이다. 꼬로보치까네 수캐들은 가능한 모든 소리들로 짖고 있는데 고골은 이를 마치 테너파트가 특히 좋은 음악회처럼 표현하고 있다. 노즈드료프의 개들은 사람들을 허물없이 대한다.

> 그 즉시 모든 개들은 그들의 법칙에 따라 꼬리를 위로 쳐들고 손님들을 향해 정면으로 돌진해서 그들과 인사를 나누기 시작했다.

환영인사는 "개들 중 열 마리 정도가 노즈드료프의 양 어깨에 자신의 앞발을 얹은" 것이다. 그중 욕쟁이라는 이름의 개[4] 한 마리는 키스 대신으로 치치꼬프의 입술을 핥는다. 동물의 의인화는 때로는 황당무계한 수준에까지 이르는데, 이러한 난센스는 희극적 감동을 더욱 강하게 하고 있다. 《광인일기》에서의 비현실성은 세상이 광인의 지각을 통해 보여지고 있다는 것으로 변론된다.

> 나는 신문에서 가게에 가서 차 1푼뜨[5]를 달라고 한 암소 두 마리에 관해서도 읽었다.

메드쥐와 피델이라는 이름의 개 두 마리 사이의 서신교환은 마치 (정말로) 실제로 있었던 일인 것처럼 보인다. 이 서신교환은 상류층 사람들과 그들의 흥미에 관한 풍자이다. 뽀쁘리신은 이들 사이에 들어가기를 간절히 원하나 그럴 수가 없다. 사회문제들뿐만 아니라 사랑과 같은 완전히 인간적인 감정들도 조롱되고 있다.

---

4) 욕쟁이라는 이름의 개 : 고골의 작품 《죽은 혼》 원문에서 이 개의 이름은 '욕하다'라는 동사의 명령형인 '오브루가이'임.

5) 푼뜨 : 러시아에서 쓰는 무게의 단위로, 1푼뜨는 약 407.7그램에 해당함.

"오, 귀여운 이여, 봄이 가까워졌다는 것이 얼마나 확연히 느껴지는지! 나의 심장은 마치 누군가를 여전히 기다리는 듯 고동치는구려."

이 말은 시적인 의미를 담고 있다. 그러나 개들의 해석으로는 완전히 다른 뉘앙스를 띠게 된다. 고골이 사회풍자와 개별심리풍자를 번갈아 사용하는 것은 그의 작품들의 풍자적 가치를 낮추는 것이 아니라 그 정반대이다. 왜냐하면 순수하게 희극적인 부분들 없이 계속적으로 나오는 사회풍자는 평이함과 교훈적 경향을 생겨나게 하여 독자가 지루함을 느끼도록 했을 것이기 때문이다.

소비에트 시대의 풍자에서는 유머를 위해 사람을 동물에 비유하는 것 또한 다른 시대들에 비해서는 비교적 드물게 나타난다. 이러한 비유는 주로 조형예술에서 사용되고 있다. 많은 풍자잡지들이 동물세계로부터 제목을 가져오고 있거나 가져왔었다. 〈하마〉, 〈코뿔소〉, 〈악어〉, 〈고슴도치〉, 〈농어〉, 〈딱정벌레〉, 〈모기〉, 〈말벌〉, 〈전갈〉, 〈호박벌〉, 〈모스키토〉, 〈쥐잡이〉 등의 제목들이 바로 그것이다. 모든 각각의 경우에서 왜 특정한 제목들이 붙여졌는지 설명하는 것이 가능하다.

우화와 민화에서 동물들은 특별한 역할을 하고 있다. 끄르일로프[6]의 우화를 살펴보면 동물들이 웃음을 불러일으키는 경우도 있고 그렇지 않은 경우도 있음을 알 수 있다. 《늑대와 양》, 《사자와 쥐》, 《사냥개집의 늑대》와 같은 우화에서는 동물들이 우습지 않다. 우화의 특성은 비유이다. 동물을 통해서 사람을 볼 수 있다. 그러나 비유 그 자체가 웃음을 불러일으키지는 않는다. 이에 반해 《긴꼬리원숭이와 안경》, 《개구리와 황소》, 《사중주》와 같은 많은 우화들은 독자들을 즐겁게 해준다. 개구리, 어리석은 긴꼬리원숭이, 당나귀, 염소, 곰 등의 불손함에 속은 경박한 원숭이의 형상에서 우리는 여러 가지 결함들로 가득 찬 인간의 모습을 볼 수 있다. 《늑대와 양》, 《사자와 쥐》와 같은 우화에서도 결함들을 끌어내고

6) 끄르일로프 : 19세기 러시아 우화작가임. 대표작품으로 《우화집》이 있음.

있다. 그러나 《늑대와 양》에는 끔찍한 결함들이 나타나는 반면, 《사자와 쥐》에는 미미한 결함이 도출되고 있다. 무고한 어린양을 잡아먹는 늑대는 우스운 것이 아니라 혐오스럽다.

민화에는 사람과 동물 간의 다른 상관관계도 존재한다. 우화가 그렇듯이 민화에서 역시 동물은 사람을 나타내고 있다는 생각이 널리 퍼져 있다.[7] 물론 이러한 생각은 잘못된 것이다. 우화에서와는 달리 비유는 절대로 민화의 특성이 될 수 없다. 민화에서 동물의 습성 및 성격의 차이는 사람을 떠올리게 하여 미소를 유발시키지만 우화에서처럼 동물의 형상이 사람의 전체적인 형상을 나타내고 있는 것은 아니다. 장르로서의 동물에 대한 이야기는 풍자적인 목적을 추구하지 않기에 비웃음을 목적으로 하지 않는다. 이러한 경우에 등장인물들은 인간적인 결함들을 구현하고 있지 않다. 민화에서는 동물에 대한 태도가 상냥할 수 있다. 동물들은 《귀여운 토끼》, 《귀여운 수탉》, 《귀여운 고슴도치》, 《귀여운 염소》 등으로 부드럽고 귀엽게 불린다. 교활한 여우조차도 《귀여운 여우》로 불린다. 이야기에서 부정적인 주인공인 늑대는 비웃음을 불러일으킬 수 있으나 비웃음은 동물의 형상이 아니라(늑대의 형상은 우습지 않다) 이야기의 주제로 인해 생긴다. 예를 들어 늑대와 여우에 관한 이야기에서 멍청한 늑대가 간교한 여우의 충고에 따라 꼬리를 얼음 구멍에 넣었고 꼬리는 얼어붙었다. 그러다가 공격을 당하게 되자 자신의 꼬리를 잘라 버리고 꼬리가 없는 채로 도망가 버리게 된다. 여기에서 우스운 것은 늑대의 형상이 아니라 행위와 주제가 우스운 것이다. 행위의 희극성에 대해서는 후에 더 이야기하도록 하자.

동물에 관한 이야기들은 풍자를 목적으로 하지 않는다. 풍자를 목적으로 하는 경우가 있다면 그것은 민화 자체로서의 민화가 아니라 문학으로서의 민화이다. 러시아 구비문학에 그러한 민화는 두 개밖에 없다. 요르

---

7) 참조 : V. P. 아니낀. 《러시아 민중이야기》. 모스크바. 1959년. 67쪽. — 원주.

쉬 요르쇼비치[8]에 관한 민화와 참회하는 여우에 관한 이야기가 그것이다. 이 두 이야기는 구비문학적인 근원을 갖지 않는다. 요르쉬에 관한 이야기는 당시 모스크바에서의 소송을 위한 수속에 관한 날카로운 풍자인 17세기의 중편소설이다. 참회자 여우에 관한 민화는 성직자에 관한 풍자이다. 이 둘은 문학에서 구비문학으로 옮겨왔다.[9]

민화에서 민중이 세상을 풍자적으로 나타내고자 노력하는 경우 민중은 동물의 형상에 의지하지 않는다. 민화에서 풍자적인 이야기란 성직자들과 지주들에 관한 이야기이지 동물들에 관한 이야기는 아니다.

가장을 하는 것도 풍자를 목적으로 하지 않는다. 사람들은 크리스마스 주간과 사육제 기간 중 어느 기간 동안 짐승으로 가장을 하고 곰과 학 같은 짐승의 가죽과 마스크를 뒤집어쓰고 염소로 변장했다. 짐승의 모습을 한 사람들이 까불어대면 청중들은 배꼽을 잡고 쓰러졌다. 학의 긴 목과 곰의 굼뜬 습성과 염소 우는 소리는 청중들에게 유쾌한 웃음을 불러일으켰다. 이것은 또 다른 유형의 웃음으로 이후에 다시 다루도록 하겠다. 만일 여기에 비웃음이 있었다 하더라도 이 비웃음은 전혀 악의 없고 선량한 것이다.

지금까지 언급한 경우들에는 동물이 사람에 의해 표현되고 있다. 그러나 정반대로도 동일한 효과를 얻을 수 있는데 훈련된 동물이 주는 희극성이 바로 이것에 근거하고 있다. 코끼리가 면도를 하라고 주인의 얼굴을 비누거품 범벅으로 만들고 곰이 자전거를 타고 다니며 강아지들은 두 발로 서서 춤을 추거나 체호프 작품 속의 까쉬딴까[10]처럼 만돌린 연주 소리

---

8) 요르쉬 요르쇼비치 : 러시아어 요르쉬는 농어라는 뜻임. 요르쉬 요르쇼비치는 농어의 의인화로, 요르쉬는 이름이며 요르쇼비치는 부칭임.

9) 참조 : V. P. 아드리아노바-뻬레츠, 《17세기 풍자문학사 개설》, 모스크바-레닌그라드, 1937년, 124~224쪽. — 원주.

10) 까쉬딴까 : 체호프의 단편 《까쉬딴까》에 나오는 개의 이름임. 러시아어로 '까쉬딴'은 밤을 뜻하는데, 러시아인들은 밤색 털을 가진 개에게 까쉬딴까라는 이름을 종종 붙여주곤 함.

를 흉내 낸다. 고대 그리스에서도 동물을 희극적으로 받아들였었다. 아리스토파네스는 자신의 희극들 중 몇몇 작품의 제목에 《새》, 《말벌》, 《개구리》와 같은 동물 이름을 붙였다. 사람 대신 동물들이 활약하는 이러한 작품들은 오늘날까지도 청중들을 즐겁게 하고 있다. 아리스토파네스가 사용한 원리들의 생명력이 얼마나 강한지는 살뜨이꼬프-셰드린이 쓴 이야기 《후원자 독수리》에서 볼 수 있다. 이 작품에서 독수리는 모든 새들이 일하도록 강요하며 자신을 위한 지주 천국을 만든다.

> 흰 눈썹 뜸부기와 아비(阿比)들로 취주악단을 소집했으며 앵무새들은 광대로 변장하였고 도둑인 까치에게는 광 열쇠 관리를 위임하더니 작은 부엉이와 큰 부엉이들에게는 밤마다 정찰 비행을 돌도록 시켰다.

새들로 과학아카데미를 설립하기까지 하였으나 결국에는 모두 서로 대립하게 되었고 모든 것이 무너져 버렸기에 이 모든 계획들은 실패로 돌아가 버리고 말았다. 살뜨이꼬프-셰드린은 자신의 이야기에서 동물의 형상들을(현명하기 그지없는 꼬치고기, 헌신적인 토끼, 말린 보블라[11] 등) 자주 사용했다. 이 모든 것은 비유적인 이야기와 풍자들이다. 바로 여기에 그의 작품과 구비문학적 이야기의 차이가 있다. 살뜨이꼬프-셰드린의 작품이 지니는 어떤 면들을 구비문학에 갖다 붙이는 것은 과오이다. 반면 살뜨이꼬프-셰드린의 작품은 17세기의 풍자이야기들과 공통점이 있다. 《현대목가》[12]의 "불행한 꼬치고기 혹은 까쉰스끼 민중법정에서의 드라마"라는 제목의 장(24장)은 많은 점에서 《셰찌니꼬프의 아들인 요르쉬 요르쇼비치에 관한 중편》(혹은 《쥐노래미와 요르쉬의 재판》)을 연상시킨다.

위의 내용들은 인간과 동물의 근접이 줄 수 있는 희극성이 어디서 나오는지를 충분히 보여주고 있다.

---

11) 보블라 : 카스피해 등에 사는 홍어를 닮은 물고기임.

12) 《현대목가》 : 살뜨이꼬프-셰드린이 1877년 발표한 풍자소설의 제목임.

제10장

# 인간 - 사물

인간을 사물처럼 표현하는 것은 인간을 동물의 형상으로 표현하는 것과 같은 이유와 같은 조건하에서 희극적이다. '짧은 꼬리 까치들', '고깔모자들', '삿갓버섯들'과 같은 말로 시장은 보쁘친스끼와 도쁘친스끼를 욕한다. 여기에서 동물(까치)과 사물(고깔모자, 삿갓버섯)이 함께 언급된다.

A. N. 오스뜨로프스끼의 《재능과 숭배자》에서 늙은 배우인 나로꼬프는 극단주에 대해 다음과 같이 말한다.

"그 인간은 나무야, 나무, 참나무, 짐승이라고."

체호프의 한 단편[1]에서 약혼녀의 아버지는 자신의 아내가 젊은이들을 축복하기 위해 서두르다가 성상화 대신 작가 라쉐치니꼬프[2]의 초상화를 벽에서 떼어내자 '서랍장!'이라고 한다.

욕설들과 그와 비슷한 온갖 것들은 삶에서도 문학작품에서도 그 표현이 매우 생생하다.

---

1) 체호프의 한 단편 : 체호프의 단편소설인 《농부들》을 말함.

2) I. I. 라줴치니꼬프 : 19세기 러시아 작가임. 주요 작품으로는 《마지막 신참》이 있음.

셰익스피어 작 《윈저의 명랑한 아낙네들》에서 이 아낙네들은 포올스타프를 '물러터진 호박'이라고 부른다. A. N. 오스뜨로프스끼의 희극 《진실이 좋지만 행복은 더 낫다》에서 필리차따는 자신의 어머니에게 완전히 매여 사는 한 상인을 '줄 없는 발랄라이까'[3] 라는 말로 표현하며 그의 본질을 정확하게 드러낸다.

특징들은 대체로 사물과의 비교를 통해 잘 나타낼 수 있다. 체호프는 《교양 있는 통나무》라는 제목의 단편을 썼다. 체호프는 미지노바에게 보낸 편지에서 '당신의 성격은 시어빠진 구즈베리 같소'라고 썼으며 수보린에게 보낸 편지에서는 자기 자신에 대해 '내 성격은 성격이 아니라 목욕타월 같소'라고 적었다. 이런 종류의 농담 같은 표현은 체호프가 형 알렉산드르에게 쓴 편지에서 자주 볼 수 있다.

> 바지같이 앉아 있지 말고 놀러와.
> 한마디로 말해서, 형은 단추야.

꼬지마 쁘루뜨꼬프의 몇몇 직유법들은 그 표현력이 매우 풍부하다.

> 산책하고 있는 다른 노인네는 대담하게 모래시계에 비교하겠다.

늘 그랬듯이 고골에게서는 이러한 직유의 더욱 생생한 표현들을 볼 수 있다. 중편 《코》에서 이발사의 아내는 자신의 남편을 '잘 구워진 건빵', '멍청한 통나무'라고 부르며 욕한다. 《결혼피로연》에서 뽀드꼴레신은 꼬취까료프에 대해 다음과 같이 말한다.

---

3) 발랄라이까 : 우끄라이나의 민속 악기임. 만돌린계의 3현 악기로, 삼각형으로 되어 있음. 현을 손가락 끝으로 타서 연주하며, 음색이 감상적이고 우울함.

"미친 풀로 배를 채웠나보군, 나무토막 같으니라고."
"이건 여편네 신발 한 짝이지 인간이 아니라니까."

《광인일기》에서 뽀쁘리신은 자신의 상사에 대해 다음과 같이 이야기 한다.

"그가 무슨 국장이야? 그는 국장이 아니라 병마개야, 그 이상은 아무것도 아니라고. 병을 틀어막는 병마개 말이야."

사물을 통해 나타내어지는 인간의 얼굴은 그 의미를 상실하게 된다.

이것은 기숙사에서 물병 주둥이라고 불리는 그런 얼굴이었다(《죽은 혼》, 6장).

《광인일기》에서 과장의 얼굴은 약병과 비슷하게 그려진다. 이반 이바노비치의 입은 V형과 좀 비슷하게 생겼고, 이반 니끼포로비치는 잘 익은 자두같이 생긴 코를 가지고 있다.

고골의 작품이 항상 그렇듯이 이 모든 경우에서 사회풍자는 마치 없는 듯하다. 사회적 성격이 드러나는 것은 서술에서이다. 그러나 사물을 통한 인물의 표현은 직접적 정치풍자로서도 행해진다. 루이 18세 시대에는 그의 얼굴을 잘 익은 서양배의 모양으로 나타낸 프랑스의 풍자잡지들이 유행이었다. 그런 식으로 그의 축 처진 양 볼과 위로 갈수록 약간 좁아지는 얼굴이 표현되었던 것이다.

얼굴뿐만이 아니라 사물의 세계를 통하여 표현된 인간의 몸매도 희극적일 수 있다.

아가피야 페도세예브나는 머리에 부인용 머리두건을 쓰고 있었으며, 코에는 사마귀가 세 개나 있었고, 노란 꽃무늬가 그려진 커피색 망

> 토를 두르고 있었다. 그녀의 몸매는 나무통 같았는데, 이 때문에 그녀의 허리를 찾기란 거울 없이 코보기만큼이나 어려웠다. 그녀의 두 다리는 짧았는데, 그 모양이 베개 두 개 같았다.[4]

몸매의 부드러움과 둥글둥글함에도 불구하고 아가피야 페도세예브나는 꽤나 권세욕이 강한 여자로 표현되고 있다. 《죽은 혼》에서는 뜨거운 꿀물팔이가 다음과 같이 그려지고 있다.

> 붉은 동으로 만든 사모바르 주전자가 세워져 있고 그의 얼굴도 사모바르 주전자처럼 붉었기에, 타르처럼 검은 그의 턱수염만 아니었다면 멀리서는 창가에 사모바르 주전자 두 개가 세워져 있는 것처럼 보일 지경이었다.

《이반 표도로비치 쉬뽀니까와 그의 백모》에서 그리고리 그리고리예비치는 다음과 같이 묘사되어 있다.

> 그리고리 그리고리예비치는 침대에 누웠는데, 거대한 깃털이불이 다른 깃털 위에 깔려있는 것처럼 보였다.

이와 살뜨이꼬프-셰드린의 《현대목가》에 나오는 한 인간의 형상을 대조해보면 흥미롭다.

> 그는 쉰 살가량 된 남자였는데, 심하게 활동적이고 완전히 타원형으로 생긴 사람이었다. 그 남자의 전체를 이루는 것은 숨겨진 기계장치에 의해서 작동하는 실로 서로 이어진 다양한 타원형들이었다. 중심에는 주요 타원형인 배가 위치해 있었는데, 이 배가 흔들거리기

---

4) 이것은 고골의 중편소설 《이반 이바노비치와 이반 니끼포로비치가 싸운 이야기》의 한 부분임.

> 시작하면 다른 모든 타원형들 및 자잘한 타원형들이 움직이기 시작했다.

이 묘사는 베르그송의 이론을 직접적으로 그리는 듯하다. 베르그송은 다음과 같이 말한다.

> 한 인격이 사물과도 같은 인상을 남길 때마다 사람들은 매번 웃는다.

그러나 바로 이 예가 베르그송 이론의 불충분함 또한 폭로하고 있다. 사물을 통한 인간의 표현이 베르그송이 확신하고 있는 것처럼 매번 우스운 것은 아니다. 이러한 표현이 우스울 때는 그 사물이 내적으로 인간과 대비될 수 있으며, 사건이 그 인간의 어떤 단점을 나타내고 있을 때이다. 살뜨이꼬프-셰드린의 묘사에서는 인간과의 관계가 끊겼기 때문에 희극적 감동을 불러일으키지 못하는 사물만을 볼 수 있다.

베개, 나무통, 깃털이불을 통하여 뚱뚱한 사람들이 묘사된다면, 몸이 마른 것은 다른 연상들을 불러일으킨다.

> 이쑤시개처럼 마른 사람(고골).

몸이 여윈 쥐바낀에 대해 꼬취까료프는 다음과 같이 말한다.

> "담배를 몽땅 털어낸 담배쌈지랑 똑같다니까."

《쉬뽀니까》에 나오는 노파는 다음과 같이 특징지어지고 있다.

> 그때 키 작은 노파가 안으로 들어왔는데, 작은 부인용 머리두건 모자를 쓴 커피포트를 꼭 닮아 있었다.

인간은 자신의 동작 때문에도 우스울 수 있다.

> 한 가지 예를 더 들어 드리지요. 그는 걸을 때 항상 양팔을 흔듭니다. 이제는 고인이 되신 타 지역 배심원 데니스 베뜨로비치도 그를 뒤에서 보고 항상 '보시오, 보시오, 저기 풍차가 걸어가고 있소'라고 하셨지요(고골).

고골의 작품에서는 아주 이상한, 그러나 그와 동시에 놀랍도록 정확한 비유들을 발견할 수 있다. 쉬뽀니까는 꿈에서 미래의 부인을 보게 되나 그는 그녀의 외모를 포착할 수가 없다.

그는 부인이 아예 사람이 아니라 어떤 모직물인 꿈을 꾸기도 했다.

주목할 만한 점은 고골의 작품에서 볼 수 있는 외양적으로 비현실적인 이러한 비유들이 꿈(《쉬뽀니까》, 《초상화》)이나 광인 또는 병자의 환각(《네프스끼 대로》, 《광인일기》)의 묘사를 통해서 주어진다는 것이다. 고골의 작품에서 이런 식으로 환각의 세계가 실제인 것처럼 표현되고 있다고 한다면 이따금씩 현실세계가 완전히 비현실적으로 표현되어 있을 때도 있다. 언급된 이 두 세계의 혼합은 희극화를 목적으로 사용되었다. 그러나 고골의 작품에서 이것은 주로 비극적인 성격을 띠게 된다. 아까끼 아까끼예비치가 유령으로 변해버리는 《외투》에서 이를 확인할 수 있다. 고골의 작품에서는 사람들만 사물과 비슷한 것이 아니라 사물들도 사람처럼 되어버린다는 사실이 이와 관련되어 있을 수도 있다. 여기에서 옛 기질의 지주들이 사는 집에 있던 삐걱거리는 문을 떠올리게 된다.

> 나는 이 문이 왜 노래를 불러댔는지는 말할 수가 없다. 그러나 모든 문들이 자신만의 목소리를 가지고 있다는 것은 훌륭한 일이다. 침실로 가는 문은 가장 가는 최고음으로 노래를 불렀으며, 식당으로 가

> 는 문은 베이스 톤으로 목쉰 소리를 냈다. 현관의 문은 어떤 이상한, 덜그럭거리며 신음하는 듯한 소리를 냈는데, 귀 기울여 보면 끝내는 매우 선명하게 '어이구머니나, 얼어 죽겠어요' 하는 소리가 들렸다.

노즈드료프의 소형 오르간도 이에 속하는데, 이 소형 오르간은 피리 하나가 꽂혀있으며 절대로 잠자코 있으려 하지 않는 원기 왕성한 오르간으로 다른 악기들은 더 이상 연주되지 않고 있을 때에도 홀로 소리를 낸다. 꼬로보치까의 집에 있는 시계의 쉬쉬거리는 소리는 치치꼬프에게 뱀이 내는 소리를 떠오르게 했다.

> 그러나 그는 위를 쳐다보고 벽시계가 이제 소리를 울리려 한다는 것을 알아차리고 맘을 놓았다.

사물이 일반적인 개념으로서의 사람이 아닌 특정 인물을 닮아 있으면 희극성은 더욱 커진다. 꼬로보치까의 텃밭에 있는 과일나무들에 까치 등의 새들을 막기 위한 망이 쳐진다.

> 이와 같은 이유로 양팔을 벌리고 선 몇몇 허수아비들이 긴 막대들에 세워졌으며, 이 허수아비들 중 하나에는 주인마님의 부인용 머리두건이 씌워졌다.

지금까지의 모든 예에서 인간의 외모에 대해 살펴보았다. 외모는 표현되고 있는 사람의 본질을 나타낸다. 치치꼬프, 소바께비치, 노즈드료프, 쁠류쉬낀 등과 같이 고골에 의해 창조된 뚜렷한 시각적 형상들은 모두 등장인물 묘사일 뿐만 아니라 마치 살아 있는 사람들인 양 독자들이 볼 수 있는 유형들이다. 이들은 그 시대의 사회적이고 심리적인 범주들을 대표하고 있다. 추상적으로 생각해보면 매우 뚱뚱하거나 마른 사람들, 옷을 평범하지 않게 입었거나 풍차나 사모바르 주전자 혹은 돼지를 닮은 사람들도 충분히 존경할 만한 인물일 가능성이 있다. 그러나 이러한 고찰이 삶에서는 옳은 것이 되겠지만 위에서 예로 든 것과 같이 외양적인 면들이 작가가 만들어낸 형상들의 열등성을 드러내고 있는 문학작품에서는 그렇지가 않다. 여기에 이와 같은 유형의 희극성이 갖는 심오한 풍자적 의미가 있다.

둔중한 사람이 사물처럼 표현된다면 활동적인 사람은 자동기계처럼 표현된다. 여기에서 베르그송의 견해를 다시 인용할 수 있다.

> 인간 신체의 자세, 몸짓, 움직임은 신체가 사람들에게 단순한 기계를 잘 떠올리게 할수록 우습다.

이 견해는 잘못된 것이다. 기계장치와 같이 정확하게 심장이 뛰고 폐가 호흡하지만 이것은 우습지 않다. 간질병 환자의 리드미컬한 발작은 우습기는커녕 무섭다. 움직이는 자동기계는 우스운 것이 아니라 무서운 것이 될 수 있다. 예전에 민속학박물관 내에 위치하고 있었던 뾰뜨르 화랑에는 밀랍으로 만들어진 얼굴을 한 뾰뜨르 대제가 의자에 앉아 있는 모양의 조형물이 있었다. 이 안에는 기계장치가 숨겨져 있었다. 방문객들이 이 조형물 앞에 멈춰서면 직원이 페달을 밟았고 뾰뜨르는 자신의 키가 다 드러나도록 일어섰다. 이것은 방문객들에게 극심한 공포와 놀라움을 불러일으켜서 결국은 이 이벤트가 사라지게 되었다.

기계장치와 같은 인간은 항상 우스운 것이 아니라 사물이 우스울 때와 같은 조건하에서 우습다. 《한 도시 이야기》[5]에 나오는 특별시장들 중 한 사람은 이렇게 묘사되어 있다.

> 열정은 그의 본성을 구성하는 요소들 중에서 빠져버렸으며 가장 정확한 기계장치처럼 변함없이 작동하는 불굴의 의지로 대체되어 있었다.

5) 《한 도시 이야기》 : 19세기 러시아 소설가 살뜨이꼬프-셰드린이 쓴 단편의 제목임.

이 경우 기계장치로서의 사람의 묘사는 우스운데, 이러한 묘사가 이 사람의 내적 본질을 폭로하고 있기 때문이다.

상기된 모든 예들은 인형극이 가지는 희극성의 유형을 나타내고 있다. 인형은 본질적으로 사물이다. 그러나 극에서 인형은 마치 인간의 영혼을 가지고 있는 듯이 움직이는 사물이다. 인형극의 원칙은 동작의 자동성에 있다. 이 동작들은 인간의 동작을 따라하는 동시에 이로써 인간의 동작을 패러디하고 있다.

이와 같은 이유 때문에 인형극으로는 인간의 비극을 표현할 수가 없다. 그러한 노력이 있었던 것은 사실이다. 예를 들어 괴테는 《빌헬름 마이스터의 편력시대》에서 성서의 장면들을(예를 들어 다윗과 골리앗의 대결) 표현하고 있는 인형극을 묘사하고 있다. 이 장면들은 현대어로 표현하자면 그로테스크한 인상을 주고 있으나 희극적인 목적은 추구하지 않고 있다.

민중인형극에서 《파우스트》가 공연되었고 괴테도 이런 종류의 연극을 보았다. 이러한 연극은 희극성을 추구하지 않았다. 대신에 이 연극은 그리 기분 나쁘지는 않은 면이 있는데, 공포 및 선이 이기고 악은 죗값을 치른다는 기쁨을 불러일으키려 애썼다. 현대인에게 있어 인형극에서 비극을 본다는 것은 이미 불가능한 일일 것이며 비극은 희극적으로만 받아들여질 것이다. 인형극에서 적의 가슴을 찌른 단검은 현대 관객에게 웃음을 불러일으킬 뿐이다. 오브라스초프[6] 나 제멘니[7] 가 자신의 인형극에 라신[8] 의 것이든 셰익스피어의 것이든 그 누구의 작품이라도 비극을 올린다는 것은 상상할 수가 없는 일이다. 러시아 민중인형극은 항상 희극적인 작품만 올리며 그것도 무의식적이 아니라 고의적으로 그렇게 한다. 그러

6) S. V. 오브라스초프 : 20세기에 활동한 러시아 배우이자 인형극 감독임.

7) E. S. 제멘니 : 20세기에 활동한 러시아 인형극 감독임.

8) 라신 : 17세기에 활동한 프랑스 극작가임. 샹파뉴 지방의 라 페르테밀롱 출생으로, P. 코르네유, J. B. P. 몰리에르와 함께 3대 고전극작가의 한 사람으로 불림.

나 민중인형극의 희극성은 동작의 자동성뿐만이 아니라 음모와 행위의 진행에 의해서도 불러일으켜진다. 인형들의 행위가 기계적인 경우도 있다. 인형들은 기계장치처럼 정확하게 서로 머리를 몽둥이로 때린다. 살뜨이꼬프-셰드린의 단편 중 하나인《아무짝에도 쓸모없는 인간들의 인형 만들기》는 인형들에 의해서 불러일으켜진 희극적 인상에 근거하고 있다. 이 작품에서는 인형들을 만드는 즉시 인형극을 펼쳐 보이는 인형 만들기의 장인이 묘사되고 있다. 인형 중 하나는 뇌물을 받는 8등관을 표현하고 있다.

> 한 손은 허벅지에 얹혀있고 다른 한 손은 마치 무엇인가를 성급히 그리로 집어넣는 듯이 바지주머니에 찔러 넣었다. 양 다리는 가위 모양으로 꼬아 섰다.

다른 등장인물은 '뇌물을 들고 오는' 농부였다.

> 그의 품속으로부터 암탉들, 거위들, 오리들, 칠면조들, 새끼돼지들이 고개를 내밀었으며 한쪽 주머니에서는 젖소 한 마리가 모습을 나타내기도 했다.

이 젖소가 음매하고 운다. 8등관은 이 농부에게 달려들어 순식간에 이 모든 것을 빼앗아버린다. 그는 발싸개와 나무껍질 신을 벗도록 농부에게 강요하기까지 하며 그 속에서 농부가 숨겨두었던 돈을 발견한다.

농부를 착취하는 것처럼 삶에서는 전혀 우습지 않은 것이, 풍자를 목적으로 모든 수단들을 사용하는 인형극의 무대 위에서는 우스워진다.

제11장

# 직업 비웃기

앞서 사람을 외양 중심으로 살펴보았으니 이제는 활동 중심으로 보아야 할 필요가 있겠다. 몇몇 직업들은 풍자적으로 나타낼 수 있다. 이러한 경우 그 직업의 활동은 외적 발현으로서만 묘사되는데 이로 인해 그 직업의 내용은 의미를 상실하게 된다. 이 가장 뚜렷한 예들을 고골의 작품에서 찾을 수 있다. 아까끼 아까끼예비치 바쉬마치낀은 다음과 같이 묘사되어 있다. 그는 정서가로 일하지만 그의 온 관심이 집중되어 있는 것은 자신이 정서하고 있는 텍스트의 의미나 내용과는 아무 상관없이 정서하는 과정 그 자체이다. 독자는 이런 면에서만 그를 보게 된다. 이 때문에 그는 처량하고 웃긴다. 한 사람의 업무가 아닌 전 기관의 업무를 묘사할 때도 이 표현의 원칙이 사용된다.

> 깃털 펜들의 소리가 얼마나 컸는가 하면, 마른 나뭇가지들을 실은 몇 대의 짐마차들이 바싹 마른 낙엽들이 4분의 1아르신[1]에 걸쳐 쌓여 있는 숲을 지나가는 것 같았다.

이 경우 고골은 사실 그의 희극적 문체답지 않게 과장법을 추가하여 사

1) 아르신 : 구 러시아의 척도단위로, 1아르신은 71.12센티미터를 나타냄.

용하고 있다. 어떤 활동을 희극적이거나 풍자적인 모습으로 보여주는 것은 이 활동 자체가 특별한 지적 노력을 필요로 하지 않는 경우, 그리고 모든 관심이 이 활동의 외적 형태에만 쏠려 있는 경우에 쉬워진다. 예를 들어 중편소설 《코》에 나오는 이발사 이반 야꼬블레비치가 그런 방식으로 표현되어 있다. 이 작품에는 그가 어떻게 꼬발료프 소령을 면도하고 있는지 자세히 묘사되어 있다. 면도의 전 과정이 묘사되어 있는데 이 과정이 이발사에게도 손님에게도 얼마나 큰 만족을 안겨주고 있는지 나타나 있다.

> 꼬발료프가 앉았다. 이반 야꼬블레비치는 그에게 냅킨을 씌우고 면도솔을 이용하여 순식간에 그의 턱 전체와 양 뺨의 일부를 상인들의 생일잔치에 나오는 크림으로 변화시켰다.

이후 소령이 가까스로 되찾은 자신의 코에 손을 대지 못하게 하는 장면과 이반 야꼬블레비치가 "신체의 후각 담당 부위를 누르지 않고 면도하는 일의 어려움"에도 불구하고 모든 어려움을 이겨내어 성공적으로 끝까지 소령을 면도하는 모습이 묘사된다.

유머문학과 조형예술에서 특히 인기 있는 직업들이 있다. 요리사라는 직업이 이에 속한다. 이는 앞서 거론되었던 음식에 대한 이야기와 연관이 있다. 이 직업의 표현은 칭찬하는 듯한 희극성의 어조를 띠고 있다. 《마차》에는 수석주방장의 업무가 묘사되어 있으며 《외투》에는 여주인이 요리하는 모습이 묘사되어 있다.

> 문은 활짝 열려 있었다. 그것은 여주인이 어떤 생선을 요리하면서 부엌에 바퀴벌레조차도 보이지 않을 만큼의 연기를 피워댔기 때문이었다.

활동이 주로 신체적인 면들만을 지니고 있는 경우에 그 활동은 내용을 담고 있기 때문에 무의미해질 수가 없다. 이 경우 활동의 과정에 대한 늘어난 관심은 비범한 장인적 기술과 자신의 일에 대한 탁월한 장인정신의 묘사로 이어진다. 이미 언급된 이발사 이반 야꼬블레비치가 그러한 사람이다. 《죽은 혼》 2부에 나오는 나사(羅紗) 장수도 그러한 사람이다. 그는 판매대를 양 팔로 지탱하고 서서는 유쾌하게 요동친다. 그는 나사뭉치를 능란하게 탁자에 던지고 치치꼬프의 코앞에다 나사뭉치를 바짝 갖다 댄다.

> 가격이 협상되었다. 요술쟁이의 지팡이와도 같은 쇠자가 그 즉시 치치꼬프를 위한 연미복과 바짓감을 찢어냈다. 상인은 옷감에 가위자국을 낸 후 양손으로 능란하게 나사를 쭉 찢어냈으며 그 후에는 그지없이 아첨 떠는 모양새로 치치꼬프에게 절을 했다. 나사는 즉시 돌돌 감겨서는 능란하게 종이로 포장되었다. 두루마리가 가는 삼노끈 밑에서 돌기 시작했다.

미미하게나마 창작의 성격을 띠는 노동은 그 성질상 희극적으로는 표현될 수 없다. 이에 상응하는 것으로는 《외투》에 나오는 재봉사 뻬뜨로비치의 묘사가 있다. 그는 훌륭한 장인으로서 고골은 그의 일뿐만 아니라 그의 인성 및 형상, 그리고 재봉사들이 특징적으로 가지고 있는 직업의 외적 형태들 중 몇몇의 희극적인 면들을 독자들에게 보여주고 있다.

> 아까끼 아까끼예비치는 외투를 재봉사인 뻬뜨로비치에게 가져가보아야겠다고 결정했다. 그는 애꾸눈과 곰보자국투성이인 얼굴에도 불구하고 관리복을 비롯하여 온갖 종류의 바지와 연미복들을 물론 술에 취해 있지 않을 때에 꽤나 성공적으로 수선해내고 있었는데 뒷계단으로 갈 수 있는 4층 어디엔가 살고 있다.

맨다리를 꼬고서 탁자에 앉아 독자에게 엄지발가락을 보여줄 때 그는 우습다. 여주인의 표현대로 어제 '애꾸눈 악마가 질 나쁜 독주를 퍼마셨기' 때문에 그는 실을 바늘에 꿰지 못하고 있다. 그러나 그가 보자기에 싸여진 훌륭하게 재봉된 외투를 아까끼 아까끼예비치에게 조심스럽게 들고 올 때 그는 더 이상 우습지 않으며 독자의 마음을 끌어당기고 있다.

땅에서의 힘든 육체노동만을 인정하는 농부들은 재봉사의 수고에 전혀 가치를 두지 않는다. 농부는 육체적 힘만을 존중한다. 이 때문에 힘이 약한 재봉사의 여위고 가벼운 모습은 전 유럽 구비문학에서 비웃음의 표적이 되었다. 그는 바람에 날려갈 듯 가벼웠다. 늑대들이 그를 추격했지만 그는 빠르고 능란했기 때문에 나무 위에 올라가 목숨을 구한다. 자신의 모든 결점들에도 불구하고 그는 기지가 있었으며 때로는 용감해 보이기까지 했다. 그를 잡기 위해 늑대들이 서로 등에 올라타며 나무 위를 향했을 때 그가 소리친다.

"맨 밑에 있는 놈이 가장 많이 맞을 줄 알아."

밑에 있던 늑대는 겁을 먹고 달아났으며, 늑대 피라미드는 무너져 내렸다. 그림형제의 이야기인 《용맹한 재봉사》는 재봉사에 관한 전 유럽의 구비문학 중 가장 유명하고 사랑받는 이야기에 속한다. 〈어떻게 재봉사는 악마들을 다루고 나름대로 싸우며 황금으로 가득 찬 오두막을 얻고 모든 악마들을 죽였는가〉라는 제목의 러시아 민간목판화가 있다. 그림 밑에 재봉사가 어떻게 작은 악마들을 물리쳤는지에 대한 시로 된 이야기가 있다. 사실 여기에는 직업에 대한 풍자는 없다. 재봉사의 육체적 허약함은 그의 기지 및 영리함과 대조함으로써 웃음을 주고 있다.

전 세계의 풍자작가들이 즐겨 사용하는 등장인물 중 하나는 의사인데, 특히 민중극과 유럽의 초기희극에서 그러하다. 할러퀸[2] 및 판탈로네[3] 와

2) 할러퀸 : 이탈리아의 코메디아 델라르테(이탈리아의 즉흥적인 민중희극)에 등장하는 정형화된 인물임.

함께 의사는 이탈리아 코메디아 델라르테에 항상 등장하는 인물이었다. 당시의 무식한 환자들은 의사의 겉으로 드러나는 진료나 행위만을 보았지 그것들이 지니고 있는 의미는 알아차리지도, 이해하지도 못했고 믿지도 않았다.

민중드라마 《막시밀리안 황제》에서 의사는 관객들에게 다음과 같이 자신을 소개한다.

> 나는 능숙하게 치료하오.
> 죽은 이들에게서 피를 뽑아내오.
> 나는 이빨들을 뽑아내고 두 눈을 긁어내오.
> 저 세상으로 보내버리오. …

이 의사는 마구 때리거나 거름을 먹으라고 권하는 등의 방법으로 노인들을 치료한다. '네덜란드 의사와 착한 약사'가 그려진 목판화들이 있는데 그는 자신이 노인들을 젊은이로 만들어주고 있다며 자랑한다.

뻬뜨루쉬까 인형극에서 의사는 전신에 검은 옷을 걸치고 커다란 안경을 끼고 있다. 뻬뜨루쉬까는 의사의 머리를 때린다. 희극적 등장인물인 의사는 몰리에르의 작품에서도(《날아다니는 의사》, 《할 수 없이 의사가 되어》, 《꾀병환자》) 종종 볼 수 있다. 《할 수 없이 의사가 되어》에서 의사 행세를 해야만 하는 스카나렐은 라틴어 단어들을 이어 붙여 암호 같은 뜻 모를 말들을 해댄다. 《꾀병환자》에서 의사는 꾀병환자로부터 능숙하게 돈을 뜯어낸다. 이 희극은 관장기사 여덟 명과 약사 여섯 명, 조교수 한 명, 외과의사 여덟 명이 춤추는 발레로 끝을 맺는다.

여기에서 희극적 효과를 얻어내는 방법들은 충분히 명료한 것들로 이론적인 설명을 필요로 하지 않는다.

고골의 유머는 다른 성격을 지닌다. 만일 몰리에르의 작품에서 의사들

---

3) 판탈로네 : 16세기 이탈리아의 코메디아 델라르테의 전형적인 등장인물임.

이 거대한 관장기 등이 달린 특별한 의상을 입고 다닌다면, 즉 직업의 외적이거나 다회반복적인 발현(발레) 을 통해 의사들을 보이고 있다면, 고골의 작품에서는 의술에서의 구습이 조롱당하고 있다. 중편 《코》에 나오는 의사를 떠올려볼 수 있는데, 그는 소령이 찾아와 이제는 완전히 매끄러워진 코가 있었던 자리를 보여주자 "냉수로 더 자주 씻어내시오"라고 충고한다.

똘스또이는 의사들을 좋아하지 않았으며 몇몇 작품에서(《전쟁과 평화》에서 나따샤의 병, 《이반 일리이치의 죽음》 등) 의술을 조심스레 주어진 치료비를 자신의 주먹에 꽉 쥐기 위한 협잡술로 표현하고 있다. 이러한 묘사들이 가지는 희극성은 무의식적인 것이다. 똘스또이는 지향한 바 없지만 그의 의지와는 다르게 희극적 표현이 이뤄졌다.

고골은 선생이라는 직업도 슬쩍 건드렸다. 《검찰관》에 나온 역사 강사는 후에 관용구가 되었다. 이 강사는 알렉산더 대왕에 대해 이야기하면서 너무나도 열중한 나머지 "강단을 뛰쳐나가 걸상을 집어 들더니 있는 힘을 다해 바닥을 내리쳤다." 학자들도 고골에게 있어 예외일 수 없었다. 《죽은 혼》에서 고골은 두 명의 부인이 나누는 대화를 통해 학술분야에서 하나의 조심스러운 가정이 믿기 어려울 정도로 부풀려져서는 이로부터 거짓 진리들이 생겨나고 이 진리들이 강단에서 온 세상으로 퍼져나가게 되는 과정을 보여주고 있다. 고골은 학자들의 사회가 갖는 몇몇 부정적인 면들을 날카롭게 지적한 후 이를 조롱했다. 《검찰관》의 첫 막에서 장학관 루까 루끼치 흘로뽀프는 다음과 같이 말한다.

> "하나님, 학술분야에 종사하지 않게 해 주십시오! 온갖 사람들이 끼어들어서는 자신도 똑똑하다는 것을 보여주고 싶어 하기에 모든 것이 무섭습니다."

위의 내용에서 보면 직업을 비웃는 방법이 원칙적으로 인간생활의 다른 모든 면들을 비웃는 것과 전혀 다르지 않다는 것을 알 수 있다.

고골이 다른 러시아 풍자작가들과 마찬가지로 어디에서도 농부의 경작 노동을 건드리지 않았다는 것은 주목할 만하다. 농노농민의 힘든 노동은 표면적 행위만이 관찰되는 경우에조차도 상식적인 사람에 의해서는 희극적으로 받아들여질 수가 없다.

제12장

# 패러디하기

지금까지 언급한 경우들은 본질적인 측면에서 '숨겨진 패러디하기'로 볼 수 있다.

패러디가 무엇인지는 다들 알고 있지만 패러디의 본질을 학문적으로 정확하게 정의 내린다는 것은 결코 단순한 일이 아니다. 보레프는 희극적인 것에 관한 자신의 전문서적에서 다음과 같은 정의를 내리고 있다.

> 패러디하기란 모방에서의 희극적 과장으로, 어떤 현상의 형태가 갖는 고유하고 개별적인 특성들을 과장되고 반어법적으로 재생산하는 것이다. 이러한 재생산은 그 현상의 희극성을 폭로하거나 현상의 내용을 평가 절하한다(보레프, 208).

이 정의를 숙고해보면 이 정의가 동어반복에 근거하고 있음을 알 수 있다.

> 패러디하기란 모방에서의 희극적 과장이다. … 이 과장이 희극성을 폭로한다.

그러나 도대체 어디에 웃음을 불러일으키게 하는 희극성이 있는지는 언급되어 있지 않다. 패러디는 개별적인 특성의 과장으로서 관찰되고 있다. 그러나 패러디가 항상 과장을 내용으로 담고 있는 것은 절대로 아니다. 과장은 희화(戱畫)의 특징이지 패러디의 특징은 아니다. 패러디가 개별적 특성들을 포괄한다고들 말하지만 본 연구에서 관찰한 바에 따르면 이는 확증되지 않고 있다. 사회규범적으로 부정적인 현상들도 패러디될 수 있다. 이 문제를 해결하기 위해 몇몇 자료들을 자세히 살펴본 후 결론을 내리도록 하자.

패러디하기는 모든 삶의 현상이 갖는 외적 특성들의(사람의 태도, 예술적 기법 등) 모방이기에, 패러디되는 것의 내적 의미는 완전히 흐려지거나 부정된다. 모든 것은 완벽하게 패러디될 수 있다. 사람의 행위, 몸동작, 걸음걸이, 얼굴표정, 말, 직업적 습관들, 은어가 패러디될 수 있으며 사람뿐만 아니라 사람이 만들어낸 모든 물질적인 것들도 패러디될 수 있다. 패러디하기는 정신적인 요소의 발현이 가지는 외적 형태 뒤에는 아무것도 없으며 공허만이 존재할 뿐이라는 사실을 보여주고자 노력한다. 어릿광대가 서커스 여자기수의 우아한 동작을 모방하는 것은 항상 웃음을 불러일으키는데 이는 우아함과 우미함이 있는 듯 보이지만 실은 우아함은 없고 그에 반대되는 꼴불견이 있기 때문이다. 이렇듯 패러디는 패러디되는 대상의 내적 불충분성에 대한 폭로의 수단이다. 그러나 어릿광대가 하는 패러디는 패러디되는 대상의 공허함뿐만 아니라 그가 모방하고 있는 긍정적 성질들이 어릿광대 자신에게 없다는 점도 폭로하고 있다.

체호프는 자신의 단편 《재판전야》에서 충분히 패러디로 볼 수 있는 처방전을 다음과 같이 전하고 있다. 참한 여자 환자와 함께 우편역에서 밤을 보내고 있는 사람이 이 처방전을 작성하는데, 그는 자신을 의사라 속이면서 여자를 검진하고 있다. 처방전은 다음과 같다.

| | |
|---|---|
| Rp. | |
| Sic transit | 0.05 |
| Gloria mundi | 1.0 |
| Aquae destillatae | 0.1 |

두 시간마다 한 큰술씩
스옐로바야 부인께 의사 자이체프.

여기에는 처방전의 모든 외견을, 모든 외적 사항들을 갖추고 있다. 빈정대는 단어인 rp. 〔즉 처방전(*recipe*)이니 다음과 같이 하시오〕, 라틴어 표시들, 양과 비율을 나타내는 소수들, 복용법이 있으며 약을 증류수에 녹여야 하며 얼마나 먹어야 하는지, 그리고 누구에게 처방이 내려졌으며 처방전을 작성한 이는 누구인지도 표시되어 있다. 처방전을 구성하는 가장 중요한 것인 약품표시만이 없을 뿐이다. 라틴어 단어들은 약을 의미하는 것이 아닌 라틴어 관용구들이다.

Sic transit : 이렇게 사라져간다
Gloria mundi : 세상의 영화

만일 여기에 실제로 패러디가 있다면 그 패러디의 의의는 내적 내용이 없는 상태에서 현상의 외적 특성들이 반복되거나 인용된다는 데 있다. 본 연구를 통해 이미 밝혀진 바와 같이 바로 여기에 희극성의 유형이 가지는 본질이 있다. 이 경우에 희극성은 이야기가 계속됨으로 더욱 강해진다. 처방전을 쓴 사람은 부인이 둘이라는 죄목으로 재판을 받게 되는데, 그가 의사인 척하며 검진했던 그 여자는 알고 보니 이 재판을 맡게 된 검사의 부인이었다는 사실이 밝혀지게 된다. 이때 '시크 트란시트(*sic transit*) …' 라는 관용구는 처방전의 작자에게 매우 적절한 것임을 알게 된다. 처방전의 작자의 이름 자이체프[1] 역시 여자 환자의 이름 스옐로바야[2] 부인과 마찬가지로 체호프가 다 이유가 있어서 지은 것임을 알게 된다.

그러나 혹시 이 경우가 특징적인 경우가 아닐 수도 있지 않을까? 그러니 다른 예를 들어보자. 선생이 수업을 설명하면서 활발히 제스처를 취하고 있다. 학생 중 한 명이 칠판 옆 선생의 등 뒤편에서 반 아이들을 향한 채 벌을 서고 있다. 선생의 뒤에서 이 학생은 그의 모든 몸짓들을 따라한다. 이 학생은 선생처럼 양팔을 흔들어대는가 하면, 이 선생이 어떤 사람인지, 그리고 선생이 어떤 표정을 짓는지 매우 잘 알고 있기에 훌륭히 그의 표정을 짐작하여 따라한다. 다른 학생들은 선생의 말을 듣는 것을 그만두고 그의 흉내를 내고 있는 칠판 옆의 개구쟁이만을 쳐다보게 될 것이다. 학생은 선생의 모든 표면적 동작들을 반복하여 선생의 말이 담고 있는 내용을 무의미하게 만들고 있다. 이 경우 받아들이는 사람들의 눈앞에서 어떤 현상의 외적 특성들을 반복함으로써 그 현상의 의미를 가리는 행위가 패러디가 된다. 이 경우는 패러디하기의 수단이 동작이라는 점이 앞의 경우와 다르기는 하지만 패러디하기의 본질은 똑같다.

《미스터 핏킨의 병원 모험》이라는 영국의 희극영화에서 간호사 복장으로 갈아입은 배우가 병원에 잠입한다. 자신이 남자라는 사실을 숨기기 위해 그는 여성의 걸음걸이를 매우 비슷하고 능숙하게 모방한다. 남자는 하이힐을 신고 다니면서 약간 과장되게 엉덩이를 흔들어댄다. 관객들은 그의 모습을 뒤에서 보게 되고 모든 이들의 웃음보가 터진다.

미학을 주제로 하는 다양한 강의에서는 문학적 패러디가 가장 자주 언급되며 이에 대한 적절한 정의들을 내린다. 문학에서 패러디가 출현한다는 것은 패러디되는 문학사조가 소멸되기 시작했다는 것을 보여준다. 그러나 문학적 패러디는 패러디하기의 한 경우이다. 문학적 패러디들은 이미 고대 그리스·로마시대부터 존재해왔다. 그 예로 《일리아드》의 패러디인 《쥐와 개구리의 전쟁》이 존재한다. M. 바흐찐은 중세에 문학적 패러디가 얼마나 확산되어 있었는가에 대해 매우 세밀하게 저술하고 있다

1) 자이체프 : 자이체프라는 성은 토끼를 뜻하는 러시아어 '자이츠'에서 왔음.
2) 스옐로바야 : 러시아어 '스옐라'는 '먹어치웠다'를 뜻함.

(바흐찐, 34). 꼬지마 쁘루뜨꼬프는 1940년대의 러시아시에서 관찰할 수 있는 스페인 색조에 몰두하는 경향을 비웃고 있다.

능가할 수 없는 패러디의 거장은 체호프였다.[3] 확신에 차있는 사실주의자인 체호프는 빅토르 위고의 낭만주의적으로 격앙되어 있는 문체와 쥘 베른[4]의 공상과학소설을 패러디했으며 탐정소설 등도 패러디했다. 이러한 경우에는 정말로 작가의 개인적 문체가 패러디되고 있다. 그러나 이와 동시에 개인적 문체는 작가가 속해 있는 사조의 특징이기도 하다. 새로운 사조의 미학적 관점에서 볼 때 이 사조가 조롱당하고 있는 것이다.[5] 현대 문학의 단점들 역시 조롱되고 있다.

패러디는 사회풍자를 위한 가장 강력한 수단 중 하나이다. 이를 뒷받침하는 매우 생생한 예들을 제시하고 있는 것이 바로 구비문학이다. 전 세계와 러시아의 구비문학에서 교회예배와 교리문답서, 기도문들에 대한 수많은 패러디를 볼 수 있다.

패러디는 패러디가 패러디되는 것의 내적 약점을 폭로시킬 때에만 우습다.

작품의 작가에 반대하는 것이 아니라 정치사회적 성격의 현상들에 반대하기 위하여 전반적으로 알려져 있는 작품들의 형태를 풍자적 목적으로 사용하는 경우와 패러디는 구분되어야 한다. 예를 들어 뿌쉬낀의 《기념비》나 레르몬또프의 《자장가》는 웃음의 대상이 될 수 없다. 1905년 뿌쉬낀과 레르몬또프의 작품형태를 모방한 다양한 많은 풍자들이 유행했었다. 그러나 이것은 뿌쉬낀과 레르몬또프의 작품에 대한 풍자가 아니다.

---

3) 참조 : 예를 들어 《날아다니는 섬들》, 《스웨덴 성냥》, 《천 하루 밤》, 《소설들에서 무엇을 가장 자주 보게 되는가》 등이 있음. — 원주.

4) 쥘 베른 : 19세기~20세기에 걸쳐 활동한 프랑스 과학 소설가이며, 'SF의 아버지', '공상과학소설의 선구자'로 불리는 작가임.

5) 참조 : P. 베르꼬프. 《18세기~20세기의 러시아 패러디 역사 중에서》. 문학 문제. 5권. 1957년. 220~268쪽. — 원주.

바로 여기에 풍자와 문학적 패러디의 차이가 있다. 1905년의 〈신호〉라는 잡지에 다음과 같이 시작되는 소네트가 실렸었다.

사형집행인이여, 민중의 사랑을 소중히 여기지 말라!

이 소네트에는 '뜨레뽀프에게 바침'(뜨레뽀프는 상트페테르부르크의 특명전권총독이었다) 이라는 헌사가 붙어 있다. 풍자는 뿌쉬낀이 아니라 뜨레뽀프를 반대하고 있다. N. 셰부예프[6] 의 짧은 시 〈저널리스트에게〉(〈산꼭대기〉[7] 를 모티브로 삼고 있음) 는 황제가 발표한 성명서에 있던 언론의 자유에 대한 거짓 약속에 대해 이야기하며 기자들에게 황제를 믿지 말라고 경고하고 있다.

조금만 더 기다려라,
너도 감옥살이하게 될 테니! (민중시적 풍자, 403)

이러한 예들은 패러디가 아니다. 이미 만들어져 있는 문학형태를 원작자의 의도와는 다른 목적으로 사용하는 것을 풍자적 개작이라고 한다면 이 예들은 **풍자적 개작**이라고 부르는 것이 더 맞을 것이다. 풍자적 개작은 항상 희극성이라는 목적을 추구하며 풍자를 목적으로 매우 자주 사용된다.

---

6) N. 셰부예프 : 19세기에 활동했던 러시아 시인임.

7) 〈산꼭대기〉 : 레르몬또프가 지은 짧은 시의 제목임.

제13장

# 희극적 과장

다양한 과장법이 패러디하기와 밀접하게 연관되어 있다. 몇몇 이론가들은 이 과장법에 특별한 결정적 의미를 부여한다. Z. 뽀츠깔리스끼는 다음과 같이 말한다.

> 희극적 과장의 문제는 희극적 형상과 희극적 상황의 구체적 묘사와 구현이라는 중요한 문제이다(뽀츠깔리스끼, 19).

Yu. 보레프가 이와 비슷한 생각을 밝힌 적이 있다.

> 풍자에서의 과장과 첨예화는 더욱 일반적인 법칙성의 발현이다. 이 법칙성은 일상자료들을 왜곡시키려 하는 경향이 있다. 이것은 풍자적으로 조롱당할 만한 현상들의 가장 본질적 결함을 폭로하려 한다(보레프, 363).

니콜라이 하르트만은 매우 단호하게 표현하고 있다.

> 희극성에는 항상 과장이 관계되어 있다(하르트만, 646).

이 정의가 옳긴 하지만, 이것만으로는 불충분하다. 과장은 단점을 폭로할 때만 우습다. 만일 그렇지 않다면 과장은 더 이상 희극성의 영역에 들지 않게 된다. 이는 과장의 세 가지 주요 형태인 희화, 과장, 그로테스크를 살펴봄으로써 알 수 있다.

희화의 본질은 여러 차례 설득력 있고 올바르게 정의되어왔다. 하나의 특징, 하나의 부분이 선택된다. 희화되는 대상의 다른 모든 특성들이 배제되어 존재하지 않게 될 때 선택된 부분은 과장되어 특별한 관심을 끌게 된다. 신체적 현상의(큰 코, 큰 배, 대머리) 희화는 정신적인 현상의 희화나 성격의 희화와 전혀 다르지 않다. 희극적이고 희화적인 성격묘사는 사람의 한 가지 특성이 선택되어 마치 유일한 특성인 것처럼 과장되어 묘사된다는 데에 있다.

희화에 대해 가장 훌륭한 정의를 내린 것은 뿌쉬낀이다. 고골은 이에 대해 다음과 같이 말한다.

> 시각을 벗어나는 그 모든 사소한 것들이 모두의 눈에 거대하게 보일 수 있도록 삶의 저속함을 이처럼 선명하게 보여줄 능력과 저속한 인간의 저속함을 이렇듯 강렬하게 그려낼 능력은 아직까지 단 한 명의 작가도 가졌던 바가 없었다고 뿌쉬낀은 항상 나에게 말했었다.

뿌쉬낀은 여기에서 후대의 전문적인 철학가들이 말할 것들을 천재적으로 예기하고 있다. 베르그송의 공식적 표현은 다음과 같다.

> 희화예술은 때로 알아차리기 불가능한 이 특성을 낚아채서 그 크기를 과장시켜 모든 사람들의 눈에 보이게 만드는 데 있다(베르그송, 28).

여기에서 주어지고 있는 정의는 좁은 의미에서의 정의이다. 보다 넓은 의미에서는 앞서 언급했던 동물이나 사물을 통한 사람의 묘사와 패러디하기의 모든 종류들 또한 희화의 영역에 들어갈 수 있다.

여기에서 희화와 관련된 예들을 들지는 않겠다. 희화의 본질에 대한 뿌쉬낀의 정의가 옳다는 것을 확인하고 싶다면 아무 풍자잡지라도 한 권 펼쳐보는 것만으로 충분하다. 희화는 묘사되는 것을 항상 약간 (때로는 본질적으로) 왜곡한다. 때문에 벨린스끼는 고골이 《검찰관》과 《죽은 혼》에서 보여주는 모습들은 절대로 희화가 아니라고 여겼다. 이는 사실적인 모습들로 삶에서 직접 옮겨 온 것들이다. 벨린스끼는 희화 그 자체에는 부정적인 견해를 가지고 있었다. 그러나 특정 희화가 조잡하고 사실적이지 않기 때문에 예술적이지 않을 때에만 희화 자체를 부정적으로 보고 있는 벨린스끼의 손을 들어 줄 수 있다.

뿌쉬낀도 희화에 부정적이었지만 벨린스끼와는 다른 이유 때문이었다. 라린가(家)의 무도회에 오네긴이 나타났을 때를 떠올려 보자.

> 기인일세, 성대한 연회에 오고도 화가 나 있다니.

이곳의 모든 것이 오네긴의 마음에 들지 않는다. 그는 '화가 나서는' 자신을 오게 만들었던 렌스끼에게 복수하리라 맹세한다.

> 이제는, 미리 자축하면서,
> 그는 마음속으로 그리기 시작했다
> 모든 손님들의 희화를.

희화화되어야 할 사람들이 아닌 이들을 희화할 때 이는 비도덕적인 행위가 된다. 뿌쉬낀은 악의 없이 비웃으면서, 그러나 진실을 희화적 수준으로까지 왜곡하지는 않으면서 라린가의 무도회를 묘사한다.

과장의 다른 종류는 과대이다. 과대는 희화의 변형이라고 볼 수 있다. 희화에서는 특징적인 한 부분이 과장되고, 과대에서는 전체가 과장된다. 과대는 긍정적인 성질들이 아닌 부정적인 성질들이 강조될 때에만 우습다. 이러한 점은 민중서사시에서 잘 드러나고 있다.

많은 민족들의 초기 서사시에서 과장법은 영웅화의 한 방법이었다. 야꾸찌야인[1]의 서사시는 영웅을 다음과 같이 묘사하고 있다.

> 그의 몸통 둘레는 5사젠[2]이었다. 어깨가 6사젠일 정도로 몸집이 컸다. 허벅지 둘레는 3사젠이었다.

러시아 서사시에는 외모가 아니라 전투 중에 드러나는 영웅의 힘이 과장되어 나타난다. 일리야 무로메츠[3]는 방망이를 휘두른다. 혹은 타타르인의 양다리를 쥐고서 무기처럼 휘둘러 적군 전부를 혼자서 때려눕힌다. 여기에서 과장법은 유머적 뉘앙스를 풍기지만 희극성을 목적으로 하고 있지는 않다. 바실리 부슬라예비치가 어떻게 자신의 친위대를 모으는가에 대한 묘사에서는 더욱 강한 유머가 보인다. 그는 가치 있는 이들을 선발하기 위하여 마당에 거대한 포도주통 마흔 개와 양동이 한 통 반 용량의 술잔을 둔다. 이 술잔을 단번에 들이킬 수 있는 이들만 친위대에 들였다. 뿐만 아니라 술통 옆에는 바실리 부슬라예비치가 직접 거대한 느릅나무를 들고 서 있었다. 그의 친위대가 되고자 하는 이는 그가 이 느릅나무로 머리를 내려치는 것을 이겨내야만 했다. 그리고 이를 해낸 젊은이들이 있었다.

긍정적 영웅의 초인적 힘은 인정하는 미소를 떠오르게 할 수는 있어도 웃음을 유발시키지는 않는다.

부정적 인물들을 묘사하는 경우에도 과장법이 사용된다. 대지가 흔들릴 정도로 큰소리로 코를 골거나 백조 한 마리 내지는 커다란 둥근 빵 덩

---

1) 야꾸찌야인 : 시베리아 민족 중의 하나임.

2) 사젠 : 미터법 채용 이전의 고대 러시아의 길이 단위로 1사젠은 약 2.134미터임.

3) 일리야 무로메츠 : 러시아 고대 서사시에 등장하는 영웅으로 용을 무찌르고 마을에 평화를 찾아준 업적으로 유명함.

어리를 단번에 입에 집어넣는 거대하고 굼뜬 적은 풍자적 과장법의 견본이다. 러시아 서사시에서 과장법은 적들의 묘사에 쓰이면서 비하의 수단으로 사용된다. 예를 들어, 알료샤와 뚜가린에 대한 영웅서사시[4] 에서 블라지미르가 베푸는 연회에 앉아 있는 괴물 뚜가린은 과장되어 묘사되고 있다.

> 뚜가린의 키가 3사젠이었던가,
> 양어깨는 널찍하고,
> 두 눈은 부리부리하네.

그는 걸어 다니기 힘들 정도로 뚱뚱하다. 그의 머리는 초대형이다. 연회에서 그는 백조 고기 한 마리 혹은 커다란 둥근 빵 덩어리를 통째로 집어 들어서는 입안에 쑤셔 넣는다. 여기에서 과장법은 풍자를 목적으로 하고 있다.

19세기 문학에서 과장법은 점차적으로 사라져간다. 가끔 농담을 위해 과장법이 쓰일 뿐이다. 예를 들어 고골은 직접적인 풍자를 위해서는 과장법을 쓰지 않는다. 과장법을 쓰기에는 그의 문체가 너무나도 사실적이지만 희극성의 강화를 위해 고골은 어쩌다 한 번씩 과장법을 사용하기도 한다.

> 이반 니끼포로비치의 통바지가 얼마나 넓었는가 하면, 만일 그 바지에 바람을 불어넣는다면 창고들과 건축물을 포함한 농가 전체가 다 들어갈 수 있을 정도였다.
>
> 관리는 파이 9개를 단번에 먹어치웠으며 열 번째 파이는 주머니에 집어넣었다.

---

4) 알료샤와 뚜가린에 대한 영웅서사시 : 알료샤 뽀뽀비치 역시 러시아 고대 서사시에 등장하는 영웅으로 괴물 뚜가린을 무찌름.

고골의 수식이 풍부한 산문에서는 과장을 볼 수 있는 일이 드물다. 그 예로 드네쁘르강(江)[5]에 대한 묘사를 들 수 있다.

드네쁘르강 한가운데까지 날아갈 수 있는 새는 드물다.

그러나 이 과장에서 고골이 문학적 성공을 거두었다고 보기는 어렵다.

영웅화를 위한 것이든 비하적인 것이든 과장법은 마야꼬프스끼의 시학에서 새로이 살아났으며 이러한 예는 수없이 많다.

과장의 극한적 최고 단계는 그로테스크이다. 그로테스크에 관하여 상당히 중요한 문학서적들이 있으며,[6] 그로테스크의 본질을 매우 복잡하게 정의 내리려 한 시도들도 있었다(《평면의 위치이동》[7]). 이와 같은 복잡성은 근거 없는 것으로 밝혀졌다. 그로테스크에서는 과장된 것이 괴물같이 변해버릴 정도로 심하게 과장을 한다. 이러한 과장은 사실성이라는 범위를 완전히 벗어나서 환상의 영역으로 넘어가버린다. 이런 면에서 그로테스크는 공포물에 가깝다. 보레프는 그로테스크에 대한 올바르고 단순한 정의를 내리고 있다.

그로테스크는 희극적 과장과 첨예화의 최상급 표현이다. 이것은 주어진 형상이나 작품에 환상적인 성격을 부여하는 과장이다(보레프, 22).

A. S. 부쉬민[8]은 과장이 반드시 필요한 것은 아니라고 생각한다. 그

---

5) 드네쁘르강 : 우끄라이나의 끼예프를 흐르는 강임. 고골은 우끄라이나 출생임.

6) 그로테스크에 관한 문학서적들 : 가장 많은 자료를 담고 있는 책들 중 하나는 K. F. 플뢰겔이 쓴 《재미있고 그로테스크한 것에 대한 이야기》임(1788년 판, 1862년 판, 1914년 판이 있음). — 원주.

7) 《평면의 위치이동》 : 19세기~20세기에 활동했던 러시아 문학연구자 Y. 준젤로비치가 그로테스크를 정의하기 위해 내세운 이론임.

가 내린 그로테스크에 대한 정의는 다음과 같다.

> 그로테스크는 자연이나 사회에서 볼 수 없는 인공적이고 환상적인 조합물이다(부쉬민, 50).

단순한 과장과 그로테스크 사이의 경계는 완전하지 않다.

앞서 예로 들었던 야꾸찌야 서사시에 나오는 주인공에 대한 묘사는 그로테스크적인 수준으로 과장되어 있다. 뚜가린의 대식(大食)은 그로테스크로 정의될 수 있다. 유럽문학에서 전형적인 그로테스크 일색은 과도하게 많은 갖가지 것들을 과장되게 묘사해 놓은 라블레의 소설 《가르강튀아와 팡타그뤼엘》이다.

그로테스크는 민중의 희극성 예술에서 고대부터 즐겨 쓰이던 형태이다. 고대 그리스 희극의 가면들은 그로테스크적이다. 희극에서의 과격한 비절제성은 비극의 절제성 및 위엄성과 대립한다.

그러나 과장이 그로테스크의 유일한 특성은 아니다. 그로테스크는 현실적으로 가능한 세계의 범주 밖으로 사람들을 끌어낸다. 고골의 중편소설 《코》는 그 주제로 보았을 때 그로테스크이다. 이 소설에서는 코가 네프스끼 대로를 자유롭게 활보하고 다닌다. 중편소설 《외투》는 아까끼 아까끼예비치가 유령이 된 순간부터 그로테스크적인 성격을 띠게 된다.

그로테스크가 우스워지는 것은 다른 모든 희극적인 것들과 마찬가지로 정신적인 요소를 차단하고 단점들을 드러낼 때이다. 인간내면의 정신적 요소가 파괴될 때 그로테스크는 무서워 진다. 이 때문에 미치광이들의 묘사가 지독하게 우스울 수 있다. 셰프첸꼬[9]는 자신의 작품에서 정신병원

---

8) A. S. 부쉬민 : 20세기에 활동한 소비에트 문학평론가임.

9) T. G. 셰프첸꼬 : 19세기에 활동한 우끄라이나의 농노 출신 국민시인이자 화가로, 농노제의 폐지를 주장하였음. 우끄라이나 문학 및 리얼리즘 회화의 창시자임.

에서 환자들이 4인조로 춤을 추고 있는 장면을 묘사하고 있다. 속옷을 입고 취침용 작은 모자를 머리에 쓴 남자 몇 명이 가장 즐거운 모양새로 크게 몸동작을 하며 침대들 사이에서 4인조 춤을 추고 있다. 높은 수준의 문학성과 표현력이 특징적인 이 장면은 끔찍한 인상을 남긴다.

마지막으로, 고의적으로 무서운 것도 희극성의 영역 밖에서 그로테스크적인 성격을 가질 수 있다. 여기에 속하는 예로는 고골의 《무서운 복수》와 교회 안에 있는 관이 제자리를 벗어나 공중을 날아다니는 묘사가 있는 중편 《비이》의 마지막 페이지들을 들 수 있다.

회화의 영역에서는 무서운 그로테스크의 예로, 반란이 일어난 스페인에서의 나폴레옹 테러를 때로는 환상적으로, 때로는 완전히 자연주의적으로 표현하고 있는 고야[10]의 판화들을 들 수 있다.

그로테스크는 예술에서만 가능하며 삶에서는 불가능하다. 그로테스크의 필수조건은 표현되는 공포에 대한 얼마간의 미학적 태도이다. 기록을 목적으로 카메라로 촬영된 전쟁의 공포는 그로테스크적인 성격을 가지고 있지 않으며 가질 수도 없다.

---

10) 고야 : 18세기~19세기에 걸쳐 활동한 스페인 화가임. 그의 다양한 유화·소묘·판화는 당대의 격변하는 역사를 반영하고 있음. 동판화 연작인 《전쟁의 참화》는 나폴레옹 침략의 공포를 생생하게 기록하고 있음. 대표작으로는 《옷을 벗은 마하》와 《옷을 입은 마하》가 있음.

제14장

# 모욕당하는 의지

지금까지 희극적인 형상들과 어떠한 형상을 우스운 모양새로 만들 수 있도록 도와주는 몇몇 수단들에 대해서 이야기했다. 이제부터는 몇몇 희극적인 상황, 줄거리 및 행위들에 대해서 이야기해보도록 하겠다. 이제 새롭고 매우 광범위한 연구영역으로 들어가 보자. 연극, 영화, 서커스, 무대예술에서는 희극적 줄거리들이 사용된다. 희극적 주제들 덕분에 어마어마하고 다양한 유머문학과 풍자문학 및 서술 구비문학의 상당수가 존재하는 것이다.

가능한 자료들을 모두 사용하기는커녕 가장 자주 볼 수 있는 경우들을 대충 세어볼 수 있는 가능성도 전혀 없다. 그러나 이것이 반드시 필요한 작업은 아니다. 사실을 파악하기 위해서는 선명하고 명시적인 예들을 인용하는 것으로도 충분하다.

사람이 작은 불행들을 겪게 될 때, 갑자기 폭우를 맞게 될 때, 혹은 시장바구니를 엎지른다거나 바람에 모자가 날아갈 때, 또는 어딘가에 걸려 넘어질 때 주위 사람들은 웃는다. 이 웃음은 약간 잔인하다. 이 웃음의 성격은 불행의 정도에 따라 달라지며 다양한 사람들이 다양한 식으로 반응한다. 한 부류의 사람들이 웃는 경우에 다른 부류의 사람들은 도와주러 뛰어온다. 이 두 가지가 동시에 일어나기도 한다. 웃으면서 도와줄 수도 있다. 캐나다의 유머작가 리콕은 이러한 웃음을 허용하기 힘든 웃음이라고 여겼다. 그는 다음과 같은 예를 들었다. 스케이트 선수가 피겨스케이팅을 하다가 갑자기 빙판 속으로 빠진다. 사실 이 경우는 그 자체로는 전혀 우습지 않다. 왜냐하면 빙판 속으로 빠진 사람은 죽을 수도 있기 때문이다. 그러나 이런 경우조차도 우스울 수 있다고 리콕에 반대하는 주장을 펼 수도 있다. 디킨즈는 《픽윅 클럽의 유서》에서 어떻게 미스터 픽윅이 얼어붙은 못의 빙판 위에서 스케이트를 타다가 갑자기 빙판 속으로 빠져버렸는가에 대해 서술하고 있다. 빙판 위에는 그의 중절모만이 남아 있다. 그러나 어떠한 끔찍한 일도 일어나지 않는다. 물에 젖고 겁먹은 미스터 픽윅은 힘들게 숨을 헐떡이면서 빙판 밑에서 올라왔으며, 사람들은 그를 집으로 데려다주고 몸을 녹이고 옷차림을 단정히 할 수 있도록 도와준다. 아무런 불행도 일어나지 않았다. 이 경우에서 사람들은 예상치 못한, 삶의 평화로운 흐름을 깨는 어떤 불쾌한 일을 겪게 된다. 사전에 절대로 알 수 없었던 어떤 원인들이 **예상치 못한 인간의지의 모욕**을 일으킨 것이다. 모욕당하는 의지가 모두 우스운 것은 아니다. 위대하거나 영웅적인 어떤 시도의 좌절은 우스운 것이 아니라 비극적이다. 반면 사소하고 일상적인 인간사에서의 사소한 정황들에 의한 실패는 우습다.

이러한 원칙은 영화에서 자주 사용되는데, 이 경우 보통은 어떤 갈망이나 열망이 있다는 점이 강조된다. 사람들은 그냥 걸어가거나, 그냥 차를 타고 가거나, 그냥 즐기는 것이 아니라 무엇인가를 원하거나, 무엇인가를 하고 있거나, 무엇인가를 시작하고 있는데, 예상치 못했던 방해물이 그들의 모든 계획을 망쳐버리는 것이다.

채플린의 영화 중 한 편에서 주인공은 그 자신처럼 가난한 아가씨와 도시 근교에 상자들과 다양한 판자들로 오막살이를 세운다. 아침에 그는 팬티차림에 어깨에는 수건을 걸치고 배를 두드리면서 씻기 위해 집 밖으로 나온다. 집 옆으로 작은 만을 형성하고 있는 개울이 흐른다. 작은 다리도 있다. 그는 물에 뛰어들었으나 개울은 아주 얕은 것으로 판명된다.

타박상을 입고 물에 젖은 그는 절뚝거리면서 자신의 오막살이로 돌아온다. 여기에서 웃음은 불행을 겪은 한 소박하고 작은 인간에 대한 동정을 없애버리지 않는다. 채플린의 다른 영화들처럼 이 경우는 우스운 동시에 슬프다.

어떠한 슬픔도 섞이지 않고 정반대로 남의 불행을 약간은 기뻐하는 희극성이 생겨나는 것은 사소한 일상의 것이 아닌 이기적이고 보잘것없는 의향과 열망이 사람을 움직일 때이다. 외부 상황들에 의해 만들어진 불행은, 이 경우 열망의 보잘것없음과 인간의 초라함을 폭로하며 합당한 벌의 성격을 띤다. 만일 이 모욕이 등장인물이나 관객, 독자들이 예상치 못한 채 느닷없이 일어나게 될 때에는 희극성이 가중된다.

이렇게 모욕당하는 의지에 관한 고전적 예는 《검찰관》의 2막에서 보쁘친스끼가 문에서 엎어질 때이다. 보쁘친스끼는 시장과 흘레스따꼬프가 무슨 이야기를 하는지 엿듣고 싶어 한다. 그러나 그가 너무 힘껏 문에 기댄 바람에 문이 갑자기 떨어져나가 버린다. '보쁘친스끼는 문과 함께 무대로 날아간다'라고 고골은 묘사하고 있다. 보쁘친스끼의 시도는 실패로 끝났다.

어떤 경우에는 실패가 마치 본인의 탓이 아닌 것 같다. 그러나 이것은 그렇게 보일 뿐이다. 사실 실패를 부르는 것은 바로 어떠한 선견지명이나 관찰력의 부족, 상황판단에서의 무능력으로, 이는 동기와는 상관없이 웃음을 불러일으킨다. 자신의 몸값을 치르고 자유롭게 되고자 하는 열망은 전혀 우습지 않다. 채플린의 영화에서 희극성은 신체의 강조와(자신의 배를 두드리는 것) 이제 곧 망가질 더없이 좋은 기분에 의해서 가중된다. 그럼에도 불구하고 관객은 완전히 본능적으로 웃는다. 보쁘친스끼가 엎어진 경우에서도 어떤 경망함과 근시안을 볼 수 있다. 보쁘친스끼는 문이 자신의 무게를 감당해내지 못하리라는 것을 생각하지 못했다. 그러나 여기에서 실패는 보쁘친스끼의 비밀스러운 의도들이 매우 흉하다는 것을 명백히 드러내고 있다. 이 경우는 두 배로 우습다. 보쁘친스끼는 자신의 근시안뿐만 아니라 엿들으려는 자신의 의도에 의해서도 벌을 받은 것이기 때문이다.

위의 예들에서 모욕을 불러일으킨 것은 인간 외적 원인들이지만, 동시에 이 모욕은 인간의 본성에 숨어 있는 순전히 내적 원인들이 부른 것이다. 의지는 순전히 내적 원인들에 의해서도 모욕당할 수 있다. 더 정확히 말하자면 내적 원인들은 기반을 마련하는 것이고, 외적 원인들은 마치 이들이 외부로 표출할 수 있게 하는 활동무대나 모티브로 작용하고 있는 것과 같다. 수많은 우스운 일화에서 볼 수 있는 사람의 방심도 이에 속한다. 약간 역설적으로 말하자면, 방심은 얼마간의 집중의 결과이다. 오직 한 가지, 어떤 생각이나 걱정에 빠져 있을 때 사람은 자신의 행동에 주의를 기울이지 않고 자동적으로 행동하게 되며, 이는 완전히 예측 불허한 결과들을 야기한다. 교수들의 방심함에 대해서는 모든 이들이 잘 알고 있다. 이러한 방심함은 자신의 생각에 완전히 빠져 있는 학자들이 주위에서 일어나고 있는 일들을 알아차리지 못하는 데에서 생겨난다. 이는 물론 단점이며, 바로 이 점이 무의식적으로 웃음을 불러일으킨다. 여기에서 혁명이 일어나기 얼마 전 대학교수 Iv. Iv. 라쁘쉰에게 일어났던 우스운 일화를 떠올려볼 수 있는데, 그는 학생들 사이에서 선량함으로 인기가 많았으며 철학과 심리학 분야의 대가였다. 그는 국제회의에 참석하기 위해 비엔나로 출장을 갔다. 아침에 비엔나의 호텔에서 그는 자신의 기억에 전날 저녁 침대 헤드에 걸어두었던, 미리 잘 다려 놓은 예복바지를 입으려고 했다. 그런데 바지가 없었다. 하인이 자신의 결백함을 맹세했기에 불쾌함은 사라졌다. 국제회의를 마치고 난 후 교수는 저녁 늦게 러시아 상트-페쩨르부르그에 있는 자신의 집으로 돌아와 즉시 잠자리에 들었다. 아침에 눈을 뜬 교수는 침대머리에 걸려있는 새로 잘 다려진 자신의 바지를 발견했다. 즉시 호텔로 사죄하는 전보가 발송되었다.

일상에서는 이런 경우가 꽤 자주 있으나, 이로써 유발되는 웃음이 유쾌하긴 하지만 다소 피상적인 까닭으로 문학에서는 드물게 사용된다.

고골의 작품에서는 다른 작가들의 작품에서 보다 더 자주 방심과 관련된 경우들을 볼 수 있다. 그의 작품에서 이런 경우들은 항상 방심에 이르게 하는 근심의 보잘것없음을 때로는 그 졸렬함과 함께 폭로한다.

시장은 중절모를 쓰려고 했지만 중절모 대신 모자상자를 잡는다. 이렇게 된 까닭은 그가 어떻게 하면 검찰관을 더 잘 속일 수 있을까 하는 생각에 푹 빠져 있기 때문이다. 이 경우 시장이 자기 자신의 실수를 알아차리고 분노하여 그 상자를 바닥에 집어던지게 되면 관객들은 웃는다.

방심과 관련된 경우들은 고골의 더 이전 작품들에서는 이토록 선명히 드러난 사회풍자적 성격을 띠고 있지 않으며, 전 인류적 심리학의 영역에 더 근접해 있었다. 폭로도 다른 식이다. 주인공은 자신의 실수를 알아차리지 못하고 있지만 관객이나 관찰자는 그 실수를 이미 보고 있으며, 이들은 주인공이 피해갈 수 없을 당황스러운 일을 미리부터 즐기고 있다. 중편소설 《이반 표도로비치 쉬뽀니까와 그의 백모》에는 다음과 같은 일화가 있다. 바실리사 까쉬빠로브나는 비록 결혼은 아직까지 머나먼 이야기였지만 쉬뽀니까를 장가들이고자 했고, 손자들을 보게 되기를 염원했다.

> 절대로 주방 하녀에게 맡기는 적이 없는 생과자 만들기를 하면서, 그녀는 종종 공상에 빠져서는 자신의 옆에 파이를 달라고 떼쓰는 어린 손자가 있다고 상상하며 가장 좋은 생과자 조각을 그에게 내밀곤 했다. 집 지키는 개는 이 기회를 놓치지 않고 달콤한 생과자 조각을 낚아챘는데, 큰소리로 쩝쩝거리면서 먹는 그 소리에 그녀는 제정신을 차렸고, 개는 생과자를 먹어치운 대가로 부젓가락으로 항상 얻어맞았다.

방심이 모욕당하는 의지의 유일한 원인은 결코 아니다. 많은 희극에서 사람은 상황이 자신보다 더 강하게 작용하기 때문에 자신의 의지에 반하여 행동을 하게 된다. 그러나 상황의 위력은 동시에 이러한 상황들에 패하게 되는 사람들의 약함과 불안정성을 증명하기도 한다. 셰익스피어의 희곡 《헛소동》에서 베아트리체는 모든 남자들을 매우 다양한 표현들을 동원하면서 욕하지만, 이 작품은 그녀가 시집가는 것으로 끝을 맺는다.

A. N. 오스뜨로프스끼의 희극 《늑대와 양》에서 부자인 지주귀족이자 확신에 찬 독신주의자인 르이냐예프는 자신에게 구애하기를 강요하는 탐욕스러운 모험녀 안피사의 그물에 걸려든다. 그녀는 그의 목에 매달려 사람들이 방으로 들어오는 바로 그 순간에 눈을 감는다. 르이냐예프는 눈물을 글썽거리며 이제 장가가게 생겼다고 고백한다. 이와 비슷한 경우를 체호프의 유머극 《곰》에서 볼 수 있다.

여성에 대한 경멸을 공공연히 말하고 다니던 악명 높은 여성 혐오자는 채권자의 자격으로 찾아가서는 죽여버리기 위해 결투신청을 했던 여성을 처음 만나는 순간 그녀에게 청혼을 하게 된다.

모자상자를 잡은 시장의 경우에서, 겉으로 보기에는 행동의 어떤 자동성에서 모욕당하는 의지가 나타나고 있다. '기계적으로'라는 말은 여기에서 매우 정확하게 요점을 뜻하고 있다. 그러나 자동성이 가능한 것은 동작에서뿐만이 아니라 인간 활동과 행동의 많은 다른 영역들에서이다. 자동성이 발현되는 영역들 중 하나는 언어의 자동성이다. 서두르다가 혹은 성급히 굴다가 혹은 흥분하거나 염려해서 인간은 그가 말하려고 했던 것이 아닌 것을 말하며 이로써 웃음을 유발한다. 수없이 많은 예들이 있다. 여기에 고골의 작품 중에서 몇 가지 예를 들어보도록 하겠다.

시장의 명령들 중에는 다음과 같은 부분이 있다.

> "모든 이들이 손에다 거리에서 … 제기랄, 거리에서 빗자루에서 들도록 하라! 그리고 선술집으로 가는 전 거리를 쓸도록 하라, 깨끗이 쓸도록 하라!"

이와 같은 기법을 체호프의 단편 《까마귀》에서도 볼 수 있다. 이 작품에서 군(軍) 서기는 자신이 모시는 장교와 친분이 있는 행동이 경박한 여자들을 사교계에서 만나게 된다. 그는 겁을 먹고 말을 제대로 하지 못한다. '전 군의 의무로'라고 말하는 대신에 그는 '전 유죄의 군으로 … 전 유죄의 … 군의 전체성으로'라고 말한다.[1]

위의 예들에서 모욕당하는 의지는 인간 안에 숨겨진 어떤 열등성의 결과로, 이 열등성은 갑자기 폭로되어 웃음을 유발한다. 이러한 단점들은 어느 정도 인간 자신의 잘못이다.

그러나 웃음은 인간 자신은 아무 잘못도 없으나, 자연에 가장 합목적적인 시각에서는 권장되지 않는 단점들에 의해서도 유발될 수 있다.

이런 것으로는 귀먹음, 시력장애, 언어장애 등의 신체적, 또는 정신물리학적 단점들이 있다. 이들은 다양한 실패 및 오해를 유발한다.

체호프의 단편 중 이런 내용이 있다. 한 사람이 사랑고백을 하려 했는데, 갑자기 딸꾹질이 시작되는 바람에 모든 것이 수포로 돌아가고 말았다는 것이다.

문학에서 이런 기법은 비교적 드물게 사용된다. 여기에서 《지혜의 슬픔》에 나오는 뚜고우호프스끼 공작을 떠올릴 수 있다. 백작부인인 노파는 그와 차츠끼에 대해 이야기하려 했으나 공작이 아무것도 듣지 못하고 동물 울음소리 같은 비분절음만을 냈다.

제대로 듣지 않는 것은 귀먹음과 같은 역할을 할 수 있다. 《결혼피로연》에 다음과 같은 장면이 있다.

> 줴바낀 : 누구와 지금 대화를 나누고 있는 건지 제가 좀 물어봐도 괜찮겠습니까?
> 이반 빠블로비치 : 회계검사관 이반 빠블로비치 야이치니차입니다.
> 줴바낀 : (제대로 듣지 않고) 네, 저도 좀 먹었습니다.[2]

---

1) '전 군의 의무로'로 말하는 대신에 '전 유죄의 군으로' : '의무'라는 뜻의 '뽀빈노스찌'는 '유죄의'라는 뜻의 '뽀빈느이'와 발음이 비슷함.

2) 이반 빠블로비치의 성인 '야이치니차'는 달걀부침을 뜻하는 러시아 단어와 같은 말임.

구비문학에서는 귀가 어두워서 다양한 오해들을 사게 되는 부부나 노인들에 관한 우스운 일화들이 많이 있다.

정신물리학적 단점들은 그 자체로서뿐만 아니라 전혀 뜻밖의 결과들 때문에도 우스울 수 있다.

러시아 옛날이야기들 중에 혀짤배기 아가씨 세 명에 대한 우스운 일화가 있는데, 그들은 어머니가 충고한 대로 맞선 장소에서 잠자코 있어야만 했다. 그러나 아가씨들은 참지 못하고 자신들의 단점을 내보였으며, 신랑감은 그들로부터 도망가 버린다. 눈이 나쁜 신붓감에게도 같은 일이 벌어진다. 그녀는 미리 문지방 위에 놓아 둔 바늘을 발견하여 시력이 매우 좋은 체했었다. 그러나 그 후 식탁에 앉아 식탁 위로 기어오른 고양이를 때렸는데, 이것은 고양이가 아니라 버터그릇이었다.

제15장

# 바보 만들기

지금까지 보아왔던 모든 예에서 웃음의 원인은 조롱당하고 있는 대상의 특성들 속에 숨어 있었다. 뜻하지 않게 실패를 불러일으킨 것은 그들 자신이다. 즉 한 사람이 행동한다. 그러나 실패나 의지의 모욕은 누구든 다른 사람에 의해 고의적으로 생겨났을 수도 있다. 이와 같은 경우에서는 두 사람이 행동한다. 러시아어에는 이런 종류의 행동들을 나타내기 위한 다른 나라 언어로는 옮겨질 수 없는 표현력이 풍부한 단어가 있는데, 바로 '바보 만들기'이다.

예술적 풍자문학과 유머문학에서 바보 만들기는 매우 자주 볼 수 있다. 두 등장인물의 존재는 충돌과 투쟁, 음모를 전개할 수 있는 가능성을 준다. 각각의 인물들은 주변에 지지자 혹은 적대자 그룹을 둘 수도 있다. 투쟁은 긍정적인 중심인물과 부정적인 중심인물 사이에서, 혹은 두 명의 부정적인 인물들 사이에서 가능하다. 이전 경우들에서는 갑작스럽고 예상치 못했던 인상들에 의해 희극성이 유발되었다고 했을 때, 바보 만들기 기법은 여러 막으로 된 희극이나 어느 정도 긴 분량의 통속소설에서 볼 수 있다. 바보 만들기는 자기 스스로의 잘못으로 인해 받게 되는 모욕이다.

바보가 되는 이의 적대자는 어떤 것이든지 그의 단점이나 부주의를 이용해서 이 단점을 사람들 눈에 드러나도록 해 모두의 웃음거리가 되게 한다. 바보가 된 사람이 아무 잘못이 없는 것 같은데도 불구하고 사람들의 비웃음을 사는 경우도 있다.

희극적 주제들을 분석해보면 바보 만들기가 핵심적인 역할의 한 부분을 맡고 있다는 것을 알 수 있다. 바보 만들기는 민중인형극과 누구도 두려워하지 않으며 항상 승리하는 뻬뜨루쉬까 인형극에서 위세를 펼치고 있다. 바보 만들기는 이탈리아의 코메디아 델라르테와 서유럽의 오랜 고전희극들에서 많이 확산되어 있다. 셰익스피어의 희극들에서도 바보 만들기를 볼 수 있다. 바보 만들기는 희곡에서 매우 유리한 기법이다. 고골이나 A. N. 오스뜨로프스끼와 같은 위대한 러시아 희극작가들이 음모희극이라 불리는 것에 높은 관심을 보인 것에는 다 이유가 있다. 고골은 지오반니 지로의 희극 《곤경에 빠진 아저씨》 번역에 적극적으로 참가했다. A. N. 오스뜨로프스끼는 셰익스피어, 골도니[1]의 희극들과 세르반테스의 막간극들을 번역했다. 이 모든 것은 러시아의 삶과 그 어떤 관계도 없었지만 희극작법의 정수를 보여줌으로써 흥미를 끌었다.

몰리에르의 희극구성을 체계적으로 연구해보면 여기에서 검토되는 원칙에 의거하여 그중 몇몇이 만들어졌다는 사실을 알 수 있다. 이 점은 예를 들어 《조르주 당댕 혹은 바보 취급받은 남편》이라는 희극에서 극명히 드러난다. 이 희극에서는 귀족인 부인과 그녀의 친척들이 지주귀족의 딸에게 허영심에서 장가들려 했던 착하지만 영리하지 않은 농부를 바보로 만들고 있다. 이 희극의 마지막 말인 '조르주 당댕, 네가 이걸 원했던 거야!'는 프랑스에서뿐만 아니라 전 세계에서 관용구가 되었다. 여기에서

---

1) 골도니 : 18세기에 활동한 이탈리아 극작가로, 이탈리아의 기존 극형식인 코메디아 델라르테를 새롭게 바꾸었음. 가면을 쓴 판에 박힌 인물들을 사실적인 인물로 대체시켰고, 느슨한 구성과 반복적인 줄거리를 빈틈없이 짜인 구성으로 바꿨으며, 진부한 내용의 소극을 유쾌하고 자연스러운 분위기로 새로이 재창조함. 이러한 혁신 때문에 그는 이탈리아 사실주의 희극의 창시자로 여겨짐.

바보 만들기 원칙은 극명하나, 이러한 원칙은 몰리에르의 거의 모든 희극들의 근간에 감춰진 채로 존재한다. 바보 만들기는 옛 희극에서뿐만이 아니라 후기희극에서도 근간의 한 축을 이룬다. 폰비진[2]의 《미성년》의 근간에도 바보 만들기가 있는데, 쁘로스따꼬바 부인은 자신의 모든 시도들이 실패하는 것을 맛본다. 같은 원칙에 입각하여 고골의 모든 희극들이 만들어졌다. 《검찰관》에서 시장은 바보가 되는데 본인의 잘못 때문이다. 마지막 장에서 시장은 소리친다.

> "모든 세상, 모든 그리스도교여, 어떻게 시장이 바보가 되었는지를 보시오, 보란 말이오!"

고골의 《결혼피로연》에서 이 기법의 사용은 확실히 드러난다. 그의 《노름꾼》에서도 마찬가지이다. 《검찰관》에 깊이를 부여했던 사회풍자를 제거한 이 희극의 완성은 이 극이 '기만당한 기만자' 종류의 희극기법을 사용한 고전적 경우라는 점으로 설명된다. 전문 사기꾼은 그 자신보다 더욱 노련한 사기꾼들에게 기만당한다.

A. N. 오스뜨로프스끼의 많은 희극들 또한 바보 만들기 원칙에 근거하고 있다고 말할 수 있다. 희극 《자기 사람들은 고려해줍니다》에서 고상한 사기꾼이자 장사꾼 삼손 실르이치 볼리쇼프[3]는 자신의 채권자들을 속이기 위해 자기 자신을 지불능력이 없는 사람으로 선언한다. 그는 자신의 재산을 사위에게 이전한다. 그러나 사위는 볼리쇼프 자신보다 더 심한 사기꾼으로 밝혀지는데, 사위는 장인을 감옥에 가두도록 해놓고 장인의

---

2) 폰비진 : 18세기에 활동한 러시아 극작가임. 문화적으로 허세를 부리며 특권인 양 야비하게 구는 귀족계층을 풍자한 폰비진은 18세기 러시아의 으뜸가는 극작가로 평가되고 있음.

3) 삼손 실르이치 볼리쇼프 : 삼손은 성서에 나오는 힘이 센 인물이고, '실르이치'는 러시아어로 힘이 세다는 뜻을 가지고 있으며, '볼리쇼프'는 러시아어로 몸집이 크다는 뜻을 담고 있음.

돈을 자기 멋대로 자유롭게 사용한다. 볼리쇼프의 운명이 자신의 잘못으로 그렇게 된 것이 아니었다면 그의 운명은 비극적이라고 할 수 있었을 것이다. 볼리쇼프는 기만당한 기만자이다. 여기에서 자기 자신의 잘못으로 바보가 되는 것은 부정적인 인물이다. 그러나 긍정적인 인물도 성격, 기질, 신념에서 자신과 정반대인 사람들 가운데 있다가는 이와 같은 상황에 빠질 수 있다. 희곡 《지혜의 슬픔》의 줄거리를 살펴보자. 자신의 가슴에 어떤 이상들과 큰 사랑을 품고 모스크바에 도착한 차츠끼는 모든 착각들로부터 깨어나게 된다. 희극 마지막에 그는 소리친다.

"자, 나는 완전히 정신 차렸소!"

바보가 된 것은 긍정적 인물이었으나, 폭로된 것은 그의 단점이 아닌 그가 잘못 알고 있었던 사람들의 단점이었다. 러시아 희극 줄거리 분석에 너무 깊이 빠져버리는 것은 지나친 일일 것 같다. 바보 만들기는 유일하지는 않지만 이러한 줄거리의 **근본적 전형**이다.

바보 만들기가 주요한 줄거리의 축을 형성하는 또 다른 영역은 희극적, 그리고 서술적 구비문학이다. 온갖 종류의 우스운 민중일화, 해학소설, 짧은 풍자이야기, 우화시, 동물들에 대한 이야기, 풍자이야기가 이에 속한다. 바보 만들기 원칙사용의 형태와 종류에 따라서 이야기들을 특수 종류들로 나누어 이들의 줄거리 목록을 체계화할 수도 있을 것이다. 체계화는 줄거리의 학술적 지표의 근간이 될 수도 있을 것이나, 이 책은 이와 같은 작업을 위한 자리가 아니다. 다만 이야기에서는 항상 예외 없이 교활한 사람과 익살꾼들이 도덕적으로 정당화되며, 청중이나 독자의 모든 호감은 그의 편이지 속은 사람의 편이 아니라는 점은 강조할 필요가 있다. 구비문학적 풍자에서 가장 중요한 기법은 바보로 놔두기인 것이다.

유럽민족의 동물에 관한 이야기들에서 주인공은 교활한 여우이다. 다른 민족들에게서는 다른 동물이 있을 수 있겠지만 반드시 까마귀, 원숭이, 해달 등과 같이 교활하다고 여겨지는 동물들이다.

여우에 관한 러시아 이야기들에서 여우는 자기 주변의 모든 이들을 기만하는 것으로 서술된다. 여우는 죽은 체하여 농부의 짐수레에서 생선을 훔친다. 물고기를 잡기 위해 얼음구멍에 꼬리를 넣으라고 늑대에게 충고한다. 꼬리는 얼어붙었고, 농부들은 늑대를 죽인다. 다른 동물들과 함께 구덩이에 빠진 여우는 곰을 설득하여 곰이 자기 자신의 내장을 먹어치우도록 한다. 곰은 자신의 배를 가르고서 죽어가고, 여우는 곰을 먹어치우고 구덩이로부터 빠져나온다. 여기에서 여우의 모든 장난들을 다 열거하지는 않겠다. 여우 자신이 기만당하거나 벌을 받게 되는 내용의 이야기들도 있기는 하다. 여우는 수탉을 불러 그의 가장 큰 죄인 일부다처를 자기에게 고백하러 내려오라고 한다. 수탉은 내려왔고 여우는 그를 잡아 가져간다. 수탉은 여우에게 성체성사용 밀떡 만드는 여자로 변장시켜 주교만찬에 데리고 가주겠다고 약속한다. 여우는 수탉을 놓아주었고, 수탉은 나무위로 올라가 여우를 비웃는다. 이 이야기는 앞서 밝혔다시피 구비문학이 아닌 문학적 기원을 가지고 있으며 17세기 작품이다. 그러나 바보 만들기 원칙은 발휘되고 있으며, 여기에서 바보 만들기는 두 배로 증가되었다.

기만자의 역할은 여우만이 아니라 모두를 놀라게 하는 수고양이나, 아무것도 두려워하지 않으며 자신의 노래로 더 강한 동물들에게 공포를 불러일으키는 수탉과 같은 다른 동물들도 할 수 있다.

우습다는 말의 협소한 의미에서 볼 때 이 이야기들은 사실 우습지 않다. 이 이야기들은 큰 웃음을 불러일으키지 않기 때문이다. 그러나 이 이야기들에는 매우 특정적인 민중유머가 배어 있다. 청자는 기만자의 편인데, 민중이 기만에 찬성하기 때문이 아니라 기만당한 사람이 멍청하고 어리석으며 둔감한 사람으로 기만당할 만한 사람이기 때문이다.

능수능란한 도둑들에 대한 일단의 많은 이야기들의 줄거리는 바보 만들기 원칙에 근거하고 있다. 이야기 속의 도둑은 결코 형법상의 죄인처럼 그려지지 않는다. 그는 자기 일을 하고 있는 유쾌한 배우이다. 그는 새의 배 밑에서 달걀들을 훔쳐낼 수 있을 정도나, 지주나리를 바보로 만들기 위해서만 자신의 기술을 사용한다. 그의 기술에 대해 알게 된 지주나리는 그를 시험해보기 위해 자신의 생각으로는 해낼 수 없을 것 같은 과제물을 직접 그에게 제시한다. 밤에 도둑은 지주나리와 그의 부인이 누워있는 침대시트를 훔치고, 마구간에서 지주나리가 가장 아끼는 종마도 훔쳐낸다. 모든 파수꾼들을 속인 그는 '구교도 지도자'인 성직자까지도 훔쳐 자루에 넣어서는 이 자루를 대문에 걸어놓는다.

다른 유형의 도둑들도 있다. 이들은 장사꾼 할머니들을 도둑질하는 병사들이다. 장사꾼 할머니가 시장으로 버터를 실어간다. 병사는 두 명이다. 그들 중 하나가 할머니를 멈춰 세워서는 농담을 하고 있는 사이, 다른 병사가 짐수레에서 버터를 훔쳐낸다. 할머니는 시장에 도착하고 나서야 버터가 사라진 것을 발견하게 된다. 기만자들은 황제를 위해 봉직하면서 몇 해 동안이나 착취를 당했던 병사들이며, 기만당한 사람은 시장에서 장사하는 부자이며 멍청한 할머니이다. 민중은 병사들이 옳다고 생각한다.

이러한 이야기들의 다른 일단은 어릿광대들에 대한 이야기들이다.

이 이야기들 중 하나는 다른 일곱 명의 어릿광대를 희롱한 한 어릿광대에 관한 이야기이다. 이 광대는 죽은 이들을 살려내는 재생채찍을 가지고 있다고 다른 일곱 광대들을 속였다. 그는 부인과 마치 서로 싸우는 것처럼, 자기가 부인을 칼로 찌르는 것처럼 짰는데, 사실 찌른 것은 미리 숨겨놓은 피가 담긴 주머니였다. 그런 다음 그는 부인을 채찍으로 때렸고 부인은 살아난다. 그는 채찍을 많은 돈을 받고 팔게 된다. 채찍을 산 사람은 자신의 부인을 죽이고 채찍으로 그녀를 살리려 한다. 사기꾼은 그를 비웃는다. 이야기는 일련의 유사한 장난들로 이뤄져 있다. 어릿광대의 적들은 그에게 복수하고 그를 멸망시키려 노력하지만 그는 항상 아무 탈 없이 빠져나간다.

현대인에게는 이런 이야기들이 어떤 수수께끼로 여겨진다. 여기에서 웃음은 냉소적이며 마치 아무 의미도 없는 듯이 보인다. 그러나 구비문학에는 그만의 법칙이 있다. 청중은 이 이야기들을 현실로 생각하지 않는다. 이것은 이야기이지 실화가 아니다. 승자는 그가 승리하고 있기 때문에라도 옳으며, 이야기는 어릿광대의 장난에 희생되는, 쉽게 남을 잘 믿는 이 멍청이들을 불쌍히 여기지 않는다. 이 이야기들은 사회풍자적 성격을 쉽게 얻는다. 성직자나 지주귀족이 기만당하고, 이들을 기만하는 것은 날품팔이 농부이다. 날품팔이 농부는 성직자를 망하게 하고 죽이기까지 하며, 그의 아이들을 불구로 만들고 조각조각 베어버리며, 그의 부인과 딸을 욕보이거나 성직자의 아내를 낭떠러지로 던져버리기도 한다. 서사시에서의 타타르족이든, 나폴레옹에 관한 역사적 노래들에서의 프랑스인들이든, 이야기 속의 지주들과 성직자들이든, 민중이 구비문학에서 자신의 적들에게 조금의 동정심이라도 보이는 경우가 없었던 것과 마찬가지로 이 농부도 모든 짓들을 행함에 있어 조금의 동정심도 보이지 않는다.

뿌쉬낀의 《발다》[4] 와 같은 유형의 이야기들에서 일꾼 발다는 성직자와 주인뿐만 아니라 악마들까지도 기만한다. 그러나 일꾼은 엄격히 말해서 성직자는 기만하지 않고 있다. 이 일꾼은 성직자에게 꿀밤 세 대를 주기로 하고 고용되었기에, 성직자는 이 꿀밤 세 대를 맞게 되는 것이다. 예기치 않았던 사실은 이 꿀밤들이 엄청 강했다는 것뿐이었다. 성직자는 자신의 탐욕 때문에 벌을 받은 것이었다.

이야기로서의 구비문학에서 사용되는 형태의 바보 만들기는 별로 성공적이지 못한 풍자기법이다. 바보 만들기의 사용은 화자가 갖는 바보 만들기에 대한 부정적 태도를 보여주는데, 그 원인을 가끔 눈치 챌 수가 있다. 왜냐하면 화자 자신이 이에 대해 알릴 필요가 있다고 생각하기 때문이다.

---

4) 발다 : 이 작품의 주인공 이름으로, '멍청이'라는 뜻을 가진 러시아어임.

바보가 된 사람을 민중들이 미워하는 이유가 그의 사회적 위치와 관계된 것일 때에만 이 원인들이 분명하게 드러난다. 그러나 정확한 의미에서의 풍자는 여기에 없다.

고골이 서술적인 작품들에서 바보 만들기 기법을 사용하는 경우 그는 다른 식으로 행동한다. 고골은 표현되는 유형의 부정적 성격을 짧지만 확실하게 폭로한다. 음모 희극의 축과도 같은 이 바보 만들기 기법은 고골의 서술예술에서 더 드물게 나타나고 있으나, 이마저도 구비문학과 연관되어 있는 것들이다. 젊은이들이 마을의 지도자를 비웃는 《오월의 밤》을 예로 들 수 있다. 이들은 그의 창에 돌을 던지고 그의 창 아래에서 조소적이며 불손한 노래를 부른다. 그가 주동자를 잡아내려고 하자 젊은이들은 그의 부인의 자매가 범인인 듯 꾸민다. 장난들은 보복적 성격을 띠고 있는데, 그가 권력을 남용하고 자기 멋대로 일을 시키기 때문이다. 그가 저지른 다른 죄들도 있다.

> 마을지도자는 애꾸눈이었는데, 대신에 그의 하나밖에 없는 눈은 악당과 같아서 멀리서도 예쁘장한 여자 이주자를 볼 수 있었다.

고골은 훌륭한 민속학자였기에 이와 같은 행동들이 크리스마스 주간에는 허가되었으며, 젊은이들이, 특히 구세대의 지역관리들처럼 그들이 별로 좋아하지 않던 사람들에게 보복을 하던 시절이 있었다는 것을 잘 알고 있었다.

> 이 장난들의 예를 하나 들어보자면, 말똥을 분뇨에 녹인 다음 농민 중 한 사람의 집 창이나 문을 두드려 집주인이 머리를 내밀면, 다른 젊은이가 분뇨에 빗자루를 적셔 집주인의 얼굴을 쓸고 지나갔다. …[5]

---

5) 참조 : V. 쁘로쁘. 《러시아의 농민축제들》. 레닌그라드, 1963년. 122쪽. 이 외 이 책에 표시된 문헌들. — 원주.

대문을 얼마나 망쳐놓았는가 하면 문을 열 수가 없을 지경이었으며, 지붕에서 벽난로 굴뚝으로 물을 붓거나 건초나 얼음으로 막아서는 집안 벽난로에서 연기가 나게 하거나 했다. 이 풍습은 매우 오랜 역사를 가지고 있으며, 이 풍습이 고대 앗티카[6] 희극의 기원에서 어떤 역할을 했을 가능성도 있다. 중요하지 않은 일에서 누군가를 반드시 속여 그를 비웃어야 하는 날로 여기는, 언젠가부터 매우 확산된 4월의 장난들이 의식적 기원을 가지고 있을 수도 있다.

이와 관련하여 완전히 무고하거나 때로는 매우 좋은 사람들에게 행해지지만 그럼에도 불구하고 웃음을 유발하는, 가끔은 매우 잔인하기까지 한 농담과 장난들을 반드시 살펴보고 가야 한다. 이에 관한 매우 특징적이며 풍부한 표현의 예로 전 세계로 퍼져나간 작품인 빌헬름 부쉬[7]의 《막스와 모리츠》가 있다. 막스와 모리츠는 재봉사가 건너갈 작은 다리에 약간 톱질을 해놓은 다음 재봉사가 물에 빠지자 기뻐하거나 선생의 담배 파이프에 화약을 넣어서는 그가 얼굴에 심하게 화상을 입게 하는 등의 짓을 한다. 다른 종류의 유머들에서는 거의 없는 남의 재액에 대한 기쁨이 여기에서는 바로 눈앞에서 적나라하게 펼쳐진다. 이 때문에 위와 같은 종류의 유머는 보기가 흉하다. 그럼에도 불구하고 이런 종류의 유머는 항상 선만을 추구하는 것이 절대로 아닌 인간의 본성에 깊이 뿌리박고 있다. 독자는 이 모든 장난들을 저지르고 있는 막스와 모리츠에 본능적으로 공감한다. 막스와 모리츠가 장난치고 있는 사람들이 방자하고 멍청하며 안목이 좁은 독일 부르주아 계층에 속해 있는 사람들이기 때문으로, 이

6) 앗티카 : 그리스 남동부 아테네 주변의 국가명으로 근대적 연극양태의 기원임.

7) 빌헬름 부쉬 : 19세기~20세기의 독일 화가이자 시인임. 재치 있고 풍자적인 압운시가 딸린 드로잉으로 유명함. 그의 양식은 극도의 단순성으로 유명하며 수많은 미술가들에 의해 모방되었는데, 쉽게 그은 선 몇 개만으로 복잡하게 뒤틀린 형상과 순간적 움직임을 잘 표현했다는 평을 들음.

사람들은 정직하게 일하기는 하지만(재단사, 제빵사, 선생) 답답하고 케케묵은 독일 소시민의 세계에서 살고 있다. 이 소시민들은 장난꾸러기들의 장난 때문에 평온을 잃게 되나 벌을 받고 난 다음에는 다시 평온을 찾게 된다.

영어로 이러한 종류의 장난들을 '실용적 장난들'(*practical jokes*)이라고 한다. 러시아에서는 이와 같은 장난들이 드물게 사용되지만 미국의 일상생활에서는 꽤 자주 사용되는데, 미국인들이 더 현명하게는 즐길 줄 모르기 때문이다. 캐나다 작가인 리콕은 자신의 《유머단편집》에서 한 장난꾸러기에 대해 쓰고 있는데, 기숙사에 나타난 그는 '어느 날은 토마토수프에 손톱을 넣기도 하고 어느 날은 좌석에 양초 칠을 해놓거나 핀을 꽂아두는' 등의 짓을 했다. 베개를 엉겅퀴로 채워놓거나 옆 사람의 단화에 살아있는 독 없는 뱀을 숨겨두는 것이 재치 있는 짓으로 여겨졌다. 리콕은 이 장난꾸러기에 대해 다음과 같이 적고 있다.

> 어느 날 저녁 그는 복도에 가로로 줄을 달아 팽팽하게 잡아당겨 놓고 징을 쳐서 기숙사에 사는 사람들을 점심식사에 불러들였다. 한 노인은 서두르다가 다리가 부러졌다. 우리는 웃겨서 죽을 뻔했다(리콕, 194).

리콕은 자신의 글에서 이런 종류의 유머를 몹시 비난하고 있다. 그러나 선한 유머만 존재할 수 있다는 그의 결론은 의심할 여지없는 실수이다. 국립중학교에서 공부한 이들은 학생들이 몇몇 선생들에게 행한 장난들에 대해 많은 것을 말할 수 있을 것이다. 그러나 본질적으로는 이와 같은 학생들의 행동이 선생의 잘못이었는데, 학생들과 잘 지낼 줄을 몰랐기 때문이다. 당시의 모든 학교들은 학생들과 선생들 간의 전쟁에 신경을 쏟아붇고 있었다. 이 장난들은 생생함과 원기발랄함의 자연스러운 반응으로서 설명될 수 있었다. 또한 교육환경의 멍청함, 불공평함, 무료함 및 명민한 학생들의 눈을 피하지 못한 오만가지 부도덕함에 대한 경멸의 자연스러운 반응으로서 설명될 수 있다. 학생들이 사랑하고 존경했던 선생들은 절대로 이와 같은 장난의 희생양이 되는 경우가 없었다.

이와 같은 행동들에 대해 사람들이 내리는 현대의 도덕적 평가가, 바보가 된 사람들이 이 행동들에 내리는 평가와 항상 일치하는 것은 아니다. 리콕이 이야기한 경우들에서 아무 잘못도 없이 바보가 된 사람들이 큰 불행을 겪게 되었기 때문에 사람들은 이 장난꾸러기들을 혐오스럽게 생각한다. 그러나 사람들은 삶에서나 문학에서 그들이 좋아하지 않거나 해로운 사람들, 혹은 완전히 혐오스러운 사람들이 바보가 되어졌을 때에는 이런 종류의 장난을 친 사람들에게 공감하는 경향이 있다. 이와 연관하여 N. 셰프초프[8]의 단편 《상금》은 매우 흥미롭다. 남편이 아내와 장모에게 그가 오천 루블을 땄다고 농담을 한다. 처음에 남편은 이 농담을 한 것에 대해 후회한다. 그러나 곧 부인, 장모와 다른 친척들은 탐욕을 드러내게 되고 남편은 자신의 친척들이 어떤 성격을 가지고 있었는지에 대해 그제야 눈을 뜨게 된다.

8) N. 셰프초프 : 20세기에 활동한 까자흐스딴 유머작가임.

제16장

# 비논리

내적이고 외적인 원인들에 의해 의지가 모욕을 당하기도 하지만 머리가 모자라서 모욕을 당하게 되는 경우들도 있다. 사람이 멍청한 경우에, 그리고 최소한의 바른 관찰을 통하여 원인과 결과를 연결시키지 못하는 경우에 웃음이 유발된다.

삶에서와 마찬가지로 예술적 문학작품들에서도 비논리는 이중적인데, 사람들이 황당무계한 것을 이야기하든지 멍청한 행동들을 일삼든지 하기 때문이다. 그러나 면밀히 관찰해보면 이러한 구분은 피상적 의미만을 가질 뿐이라는 것을 알 수 있다. 두 경우가 모두 하나로 귀착될 수 있다. 한 경우에서는 말로서 나타나는 옳지 못한 사고의 진행을 보여주고 있다. 다른 경우에서는 옳지 못한 추론이 말로서 나타나는 것이 아니라, 웃음의 원인이 되는 행동으로 드러나는 것을 보여준다.

비논리에는 드러나는 것과 숨겨진 것이 있다. 드러나는 경우, 비논리의 발현을 보거나 듣는 이들에게 이 비논리는 그 자체만으로 희극적이다. 숨겨진 경우에는 폭로가 필요하다. 바로 이 폭로의 순간에 웃음이 터진다.

행동하고 있는 주체에게는 보통 이 주체가 자신의 멍청함의 결과를 자신이 스스로 느끼게 되는 경우에만 폭로가 일어난다. 화자의 판단에 근거가 빈약하다는 사실을 폭로하고 있는 대담자의 재치 있는 답변은 관찰자, 관객, 독자에게 이 화자의 비논리를 폭로한다.

삶에서 비논리는 아마도 가장 자주 보게 되는 희극성의 유형일 것이다. 결과와 원인을 연결시키는 능력이 없는 경우는 매우 널리 퍼져 있으며 생각보다 자주 만나게 되는 경우들이다. 여기에서 이미 인용된 바 있는 체르느이셰프스끼의 말을 떠올려볼 필요가 있다.

> 멍청함은 사람들이 비웃는 주요 대상이며 희극적인 것의 주요 원천이다(체르느이셰프스끼, II, 187).

희극의 본질을 정의하기 위해 멍청함의 의미를 강조하는 다른 이론가들도 있다. 칸트는 큰 웃음을 야기하는 모든 것에는 '이성에 반대되는 무엇인가가 반드시 있다'(칸트, V, 352) 라고 말했다. 장 폴은 다른 설명들과 함께 희극적인 것을 '감각적으로 지각되는 한없이 비이성적인'(장 폴, 139) 것이라고 정의한다. 도브롤류보프[1] 는 등장인물들의 멍청함을 희극의 근본적 원칙이라고 여겼다. 만일 시장과 흘레스따꼬프가 더 똑똑했다면 희극은 없었을 것이다.

> 희극은 … 모욕[2] 을 주기 위해 사람의 성가신 일들을 드러내놓는데, 바로 그 사람의 멍청함으로 생겨나고 유지된 어려움들을 피하기 위해서이다(도브롤류보프, I, 392).

D. 니꼴라예프[3] 는 도브롤류보프가 여기에서 실수하고 있다고 여긴다. 니꼴라예프는 생물학적인 멍청함에 문제가 있는 것이 아니라 시장이

---

1) N. A. 도브롤류보프 : 19세기에 활동한 러시아 비평가이자 사회평론가임.
2) 모욕 : 도브롤류보프는 모욕이라는 단어 대신에 '조소'라는 단어를 사용하고 있음. — Yu. 라스까조프의 주석.
3) D. 니꼴라예프 : 웃음과 풍자의 관계를 연구한 소비에트 어문학자임.

사회적으로 부정적인 유형이라는 데 문제가 있다고 여기고 있다.[4] 그러나 멍청함은 웃음을 유발시키기 위한 수단이며 고골이 쓴 것은 논설이 아닌 희극이다. 멍청함과 사회적 유해성은 서로가 서로를 제외하지 않고 있는데, 멍청함은 유해성의 폭로수단이기 때문이다. 불리스[5]는 이에 대해 다음과 같이 말하고 있다.

> 본질적으로 보았을 때 유쾌한 유머적 웃음은 바보가 되지 않기 위한 독특한 방어수단이며, 언뜻 보기에는 중요하지 않아 보이지만 사회적 규범으로 있었다면 심각한 재앙이었을 실수들과 결함들을 걸러내주는 사회요소이다(불리스, 19).

물론 끊임없는 멍청함은 재액이었겠지만 고골은 멍청함과 싸우고 있는 것이 아니다. 그는 안똔 안또노비치와 같은 시장들과 관리들을 만들어내는, 그리고 흘레스따꼬프와 같은 지주자식들을 만들어내는 사회제도들과 싸우고 있는 것이다. 이들의 멍청함은 조롱을 위한 풍자희극적 수단인 것이다.

비논리의 발현은 희극적인 것이 따르는 법칙과 같은 법칙을 따르는데, 희극적인 것의 다른 발현들도 마찬가지이다. N. 하르트만은 자신의 저서 《미학》에서 다음과 같이 말하고 있다.

> 우스운 것은 단순한 무식함이 아니라 아직까지 밝혀지지 않은 무식함이다(하르트만, 619).

그러나 이것은 틀린 말이다. 숨겨진, 그 누구도 눈치 채지 못한 무식함

4) 니꼴라예프는 시장이 어리석다기보다는 어리석은 상황에 처해 있다고 말하고 이것은 아직 사회적으로 부정적인 유형을 의미하지는 않는다고 말함(니꼴라예프, 129). — Yu. 라스까조프의 주석.

5) A. 불리스 : 웃음을 연구한 소비에트 어문학자임.

은 우스울 수 없다. 웃음이 나오는 것은 멍청한 사람의 말이나 행동에서 숨어 있던 무식함이 갑자기 발현될 때이다. 다시 말해 그 무식함이 모든 사람들에게 명백해지고 감각적으로 지각할 수 있는 형태로 튀어나올 때이다. 다른 정의도 내릴 수 있는데, 희극적 비논리는 생각의 내용은 앞서는 생각의 메커니즘이라고 할 수 있다.

이런 조건은 학자가 계산에서 실수를 하거나 의사가 오진을 하는 등의 경우에서는 존재하지 않는다. 두뇌의 실수는 기계적 비논리가 아니기 때문에 우습지가 않다.

위의 경우 엄격한 체계화가 본질을 밝혀내는 것은 아니기 때문에 이를 파고들지는 않을 것이며, 다만 다양한 성격의 몇몇 모범적인 예들을 들도록 하겠다.

고골의 작품에서는 이와 같은 종류의 희극성을 매우 자주 보게 된다. 이미 치치꼬프에게 죽은 혼들을 양보할 준비가 되어 있는 꼬로보치까는 소심하게 말한다.

"어쩌면, 살림살이에서는 어떻게든 필요한 경우가 생기지 않을까요?"

이 말은 치치꼬프의 참을성을 완전히 앗아가 버린다. 흘레스따꼬프, 보쁘친스끼, 도쁘친스끼, 노즈드료프, 꼬로보치까 등과 같은 고골의 많은 주인공들은 단어들을 제대로 연결해서, 일어났던 일을 조금이라도 이해할 만하게 이야기할 줄을 모른다. 보쁘친스끼는 그가 흘레스따꼬프를 처음 보았던 것을 이야기하면서 이 이야기에다가 라스따꼬프스끼, 꼬로쁘낀, 그리고 '위경련'이 있는 뽀체추예프라는 사람을 엮어 넣는다. 그리고 하려 했던 이야기와는 아무 상관도 없는, 자신이 어디서('파이를 팔고 있는 가게 근처에서') 어떻게 도쁘친스끼를 만났는가에 대한 것을 자세하게 묘사하고 있다. 보쁘친스끼는 이 도시에 온 남자가 검찰관이 확실하다는 것을 명백하게 드러내고 있는 것 마냥 자신의 추리를 연결고리로 엮어내고 있다. 흘레스따꼬프의 도착에 관한 보쁘친스끼의 이야기는 지리멸렬함과 조리 없음의 본보기와도 같다. 그는 주된 내용을 구분할 줄 모른다. 대체로 고골의 작품에 나오는 인물들의 고찰과정은 가장 의외적인 것들이다. 부인 두 명은 죽은 혼이 뜻하는 바가 치치꼬프가 현지사의 딸을 데려가고 싶어 한다는 것을 의미한다고 생각한다. 우편전문가는 치치꼬프가 꼬이낀 선장이라고 했다가, 뒤에 가서야 꼬뻬이낀이 한쪽 팔과 한쪽 다리가 없는 불구자인데 치치꼬프는 건강하다는 것을 상기해낸다. 나무랄 데가 없지는 않은 자신의 어떤 행동들을 변명하기 위해서 사용될 때 비논리는 특히 선명하게 드러난다.

하사관 미망인에 대한 시장의 말이 이에 속한다.

그녀는 자기 자신을 채찍질했다.

《검찰관》에 나오는 의원의 말도 이에 속하는데, 이 의원은 항상 보드카 냄새를 풍겼으며, 본인의 설명에 따르면 이는 '어렸을 적에 엄마가 그에게 타박상을 입혔는데, 그때부터 그에게서 보드카 냄새가 나기 시작한 것'이었다. 이반 이바노비치와 이반 니끼포로비치의 싸움에 대한 중편소설에서 농민아낙네는 바람을 쐬어주기 위해 이반 니끼포로비치의 무명 통바지와 그 밖의 헌 옷가지들뿐만 아니라 소총도 가지고 나오는데, 이것은 무의식적 유추에 근거한 행위의 비논리를 보여주는 전형적 예이다.

희극적인 노파들은 희극에서 종종 멍청하게 등장한다. A. N. 오스뜨로프스끼의 희극 《진실이 좋지만 행복은 더 낫다》에서 죽었다고 생각했던 사람이 살아 있다는 소식을 듣게 되자 마브라 따라소브나는 이 사람에 대해 다음과 같이 말한다.

"절대로 그가 살아 있을 수는 없어. 왜냐하면 내가 벌써 이십여 년 동안이나 그의 영혼의 평안을 위해서 교회에 기도를 부탁드리고 있거든. 그러니 지금까지 그의 영혼이 세상을 떠나지 못하고 있을 수는 없지 않겠어?"

논리는 유추가 인식적 의미는 없다고 가르치고 있지만, 삶에서는 바로 이런 종류의 판단을 특히 자주 보게 된다. 아이는 가장 먼저 유추로 생각하며, 한참이 지난 후에야 자신을 둘러싼 현상들의 진짜 원인들에 대해 숙고하는 방법을 배운다. 예를 들어보자. 할머니가 손자에게 샐러드를 주고 그 샐러드 위에 샐러드유를 끼얹는다. 소년이 묻는다.

"할머니, 할머니는 나한테도 샐러드유를 끼얹을 거야?"

추꼬프스끼[6]는 자신의 책 《두 살부터 다섯 살까지》에 아동의 언어창작에 관련된 자료들을 모아놓았다. 아동 논리학에 관련된 자료들을 모아 보는 것도 이에 못지않게 흥미로울 것이다. 아이들의 논리에서는 최초의 순수한 어떤 사색적 탐색들의 증거가 되는 한편 현상들을 연관시키고 세상을 이해하려는 어떤 노력들의 증거인 것들이, 어른들의 논리에는 우스꽝스러운 실수들일 뿐이다.

비논리는 광대극에서 즐겨 사용된다. 보리스 뱌뜨낀[7]은 자신의 작은 강아지 마뉴네치까를 짧고 굵은 선박용 밧줄로 무대에 데리고 오르는데, 이는 즉시 관객들의 즐거운 웃음을 불러일으켰다. 이 예는 헤겔의 이론을 직접적으로 확증하고 있는 듯하다.

목적과 수단의 … 온갖 대비들이 희극적일 … 수 있다.

---

6) K. I. 추꼬프스끼 : 19세기~20세기에 활동한 소비에트 작가, 번역가, 문학 연구자임. 러시아 아동문학의 창시자라고 말할 수 있음.

7) B. P. 뱌뜨낀 : 소비에트 시절의 유명한 서커스극단 배우, 광대이자 소비에트 공로배우임.

굵은 밧줄은 작은 강아지를 묶고 다니기에는 완전히 부적절한 수단이다. 수단과 목적의 대비는 웃음을 불러일으킨다.

이와 유사한 모든 경우들에서 비논리는 마치 표면에 드러나 있는 듯하며, 관객이나 청중 혹은 독자를 위해 확연히 드러나는 멍청한 행동이나 말로서 자신을 폭로시키고 있는 듯하다. 그러나 비논리는 숨어서 금방 눈에 띄지 않을 수도 있다. 누군가가 비논리를 알아차리고는, 그 멍청함을 즉시 폭로하여 웃음을 불러일으킬 수 있는 어떤 항변으로서 비논리를 드러낼 수 있다.

이러한 항변들은 관찰력과 재능을 필요로 한다. 이 항변들은 멍청함의 발현에게 주는 날카로운 지혜의 답변이다. 이런 답을 할 수 있는 능력은 재치의 한 종류이다. 버나드 쇼가 실제로 겪었던 일인 것처럼 쓰여 있는 다음의 경우는 널리 알려져 있다. 그는 다음 내용의 편지를 받았다.

> 저는 영국에서 가장 아름다운 여자이고 당신은 가장 똑똑한 남자입니다. 제 생각에, 우리는 아이를 가질 필요가 있을 것 같군요.

버나드 쇼는 다음과 같이 답장을 보냈다.

> 만일 우리 자식이 나의 아름다움과 당신의 머리를 타고난다면 어찌할 거요?

이와 유사하지만 조금 다른 우스운 이야기가 잡지 〈학문과 삶〉(1966, No. 3)에 게재되었다.

> 몹시 화가 난 숙녀 : "흥, 만일 제가 당신 아내였다면, 당신의 모닝커피에 독을 탔을 거예요!"
> 신사 : "만일 내가 당신 남편이었다면, 난 기꺼이 그 독을 마셨을 거요!"

희극성을 강화시키기 위한 예술적 기법으로서의 비논리는 구비문학에서 특히 자주 볼 수 있다. 구비문학에서의 비논리는 하나의 체계라고 말할 수 있다.

부분적으로 고전문학(초서, 보카치오)으로 이동하고 있었던 파블리오,[8] 자르뜨,[9] 해학소설, 쉬반끄[10] 들의 선집들이 유럽 전역에서 출판되기 시작했던 중세와 문예 부흥기 및 인본주의 시대부터, 오늘날까지도 수많은 자료들을 가져다주는 학술탐험들에 이르기까지 이들 구비문학은 그 삶을 지속하며 불멸의 것으로 남아 있다. 동양에서는 얼뜨기인 척하는 유쾌한 재치꾼 나스레지나라는 인물이 창조되었다. 이 인물은 근동 지역 모든 나라들을 휩쓸었으며 오늘날까지도 인지도를 잃지 않고 있다. 모든 구비문학작품들이 균등하게 재치 있고 우스운 것은 아니지만, 여기에서도 진정한 걸작들을 발견할 수가 있다.

잠깐 러시아의 구비문학에 대해 이야기해보도록 하자. 바보와 멍청이들, 그리고 얼뜨기들에 대한 다양한 이야기들은 그 수가 어마어마하다. 그러나 삶 속에 수많은 바보들이 있고 민중이 이 바보들을 비웃으려 하기 때문에 그러한 것은 아니다. 이는 명백하거나 폭로되는 멍청함이 건전하고 만족감을 주는 웃음을 유발시킨다는 점으로서 설명된다. 이 웃음은 멍청이들을 힐난하지만, 이 이야기들이 의식적인 풍자적 경향을 가지고 있으며 멍청함과의 적극적인 투쟁이라는 목표를 따르고 있는 듯이 생각하고 있는 몇몇 연구자들의 견해는 결코 옳은 것으로 받아들일 수 없다. 이야기적인 구비문학들 중에서 바보가 주인공인 몇몇 유형들이 있다. 이 이

---

8) 파블리오 : 12세기~13세기에 프랑스에서 유행한, 운문으로 된 짧은 이야기임. 놀림감 남편, 실속 없는 아내, 욕심 많은 게으름뱅이 신부를 등장인물로 하여 웃음을 주는 내용으로 8음절의 짧은 시구로 되어 있으며 현재 약 150편이 전해져옴. 근대 단편소설의 시조라고 볼 수 있음.

9) 자르뜨 : 17세기 러시아에서 있었던 문학작품의 한 종류로 짧은 유머이야기임.

10) 쉬반끄 : 13세기~17세기에 독일 문학에서 유행했던 짧은 풍자이야기임.

야기들 중 한 종류는 어떤 지역주민들에 관한 것이다. 고대 그리스에서 이것은 압데라의 주민들이었으며, 독일인은 쉬바벤 지역의 사람들이 약간 어리석다고 생각한다. 쉬바벤 지역 사람 일곱 명들에 관한 민중서적은 가장 재미있는 민중서적들 중 하나이다. 이와 같은 서적들에 관해 젊은 날의 엥겔스는 다음과 같이 적고 있다.

> 이 재치, 이 계획과 실행의 자연스러움, 신랄한 비웃음과 항상 함께 하며 이 비웃음이 지나치게 악해지지 않도록 만들어주는 선량한 유머, 깜짝 놀랄 만한 상황의 희극성, 이 모든 것은 참으로 우리 문학의 상당부분을 능가할 만한 능력을 가지고 있다(마르크스, 엥겔스, I).

러시아에서는 어쩐지 야로슬라프주(州)의 옛 뽀세호니예 마을 사람들이 약간 어리석다는 평을 받고 있다. 그러나 이러한 평이 구비문학이 아닌 V. 베레자이스끼의 저서《재미있는 단어집이 첨부된 고대 뽀세호니예 주민들의 우스운 이야기들》(1798년) 로부터 유래하고 있을 가능성이 있다. 단 한 권의 러시아 이야기 선집에서도 뽀세호니예 사람들이 나오지 않고 있으며, 이들에 대한 언급이 없다. 이 얼뜨기들에 대한 주제는 본질적으로 멍청한 행동에 관한 이야기이다. 이들은 소금을 밭에 심고 암탉의 젖을 짜려 하며 등불을 자루에 넣어 가지고 다니고 말에 멍에를 씌우는 대신 말을 멍에에 몰아넣으며 바지 위로 뛰어들어 바지를 입고 자신이 올라타고 있는 큰 나뭇가지를 베어내는 등의 짓을 한다. 이들은 정기시장에서 소총을 사서는 잘 쏘아지는지를 확인하기 위해 탄약을 장전한다. 이 얼간이들 중 하나가 총구멍을 들여다본다. 그는 총알이 어떻게 날아가는지를 보고 싶은 것이다. 이 모든 것은 본 연구에서 앞서 행위의 비논리라고 불렀던 종류의 경우에 해당된다.

위의 예들에서 우둔함은 집단적인 현상이라고 말할 수 있다. 이 우둔함에는 한 지역의 모든 주민들이, 혹은 몇 사람이 동시에 연관되어 있다. 이야기의 다른 유형은 각기 다른 사람들의 멍청한 행동에 관한 이야기들이다. 동정심은 깊지만 멍청한 농부아낙이 짐수레 위에 앉아서는 말이 덜 힘들도록 화물의 일부를 자신의 무릎에 얹어놓고 있다. 이 이야기들은 민중적 우스운 이야기들의 하나로 볼 수 있다. 그러나 더욱 발전된 줄거리들도 있다.

한 이야기에서 형제는 도시에 나가 장을 봐오라고 바보를 보낸다.

> 이바누쉬꼬[11]는 모든 것을 사들였다. 책상도 샀으며 숟가락들도, 찻잔도, 소금도 샀다. 온갖 것들로 짐수레를 가득 채웠다.

모든 일이 다 잘된 듯했다. 그러나 이야기 속 바보들에게는 한 가지 특징이 있는데, 바로 **동정심이 깊다**는 것이다. 이 동정심은 이들이 완전히 비이성적인 행동을 하도록 부추긴다. 이 이야기에서 말은 여위었고 힘이 다 떨어져가고 있다.

> 이바누쉬꼬는 생각했다. 말도 다리가 네 개인데 책상 역시 다리가 네 개니까, 책상은 자기 스스로 뛰어올 것이 아닌가!

주인공은 책상을 들어서는 길에 세워둔다. 그 후 그는 모든 식품들로 까마귀들을 먹이고 나무 그루터기들이 얼어 죽지 않도록 항아리를 씌워주는 등의 일을 벌인다. 그는 형제에게 매를 맞는다.

여러 면에서 이 이야기는 매우 흥미롭다. 바보는 세상을 왜곡해 보고 있으며 옳지 않은 결론들을 도출한다. 이로써 바보는 청중들을 웃기고 있다. 그러나 그의 내적 동기들은 매우 훌륭하다. 그는 모두를 불쌍히 여기며 자신의 마지막 남은 빵조각까지도 내어줄 준비가 되어 있는데, 이와 같은 이유로 본인의 뜻과는 상관없이 사람들의 공감을 얻고 있다. 이 바보가 똑똑한 사람 여럿보다도 더 나은 것이다.

---

11) 이바누쉬꼬 : 이반이라는 이름의 애칭임.

이야기 《지독한 바보》는 이와는 전혀 상관이 없어 보인다. 어머니는 아들에게 다음과 같이 말한다.

"아들아, 가서 사람들과 좀 부대껴 보는 게 어떻겠니? 그러면 현명해질 거야."

아들은 완두콩에 도리깨질을 하고 있는 농부 두 명에게 다가가서는 그들에게 자신의 몸을 비비기 시작했다. 아들은 농부들에게 얻어맞았다. 어머니는 아들에게 다음과 같이 가르쳤다.

"그 사람들에게 말해주지 그랬니. 좋은 사람들이여, 하나님께서 도와주실 겁니다! 콩이 손으로 다 못 옮길 정도로, 수레로 다 못 옮길 정도로 많아질 겁니다."

바보는 장례 행렬을 만나게 되고, 어머니가 가르쳐주신 말을 내뱉는다. 그는 다시 얻어맞았다. '전야와 안식향'12) 이라고 말해야 한다는 어머니의 가르침을 그는 결혼피로연에서 써먹었고(전야 = 추도식), 그는 다시 매를 맞았다. 이 이야기는 매우 인기 있으며 많은 다른 형태로 널리 알려져 있다. 이 바보는 친절하고 호의적이며 모든 이들이 바라는 대로 해주고자 한다. 그러나 그는 항상 더디고 과거를 현재에 적용시킨다. 그 모든 친절함에도 불구하고 바보는 모든 사람들에게 분노를 일으키며 그들로부터 구타당한다. 레닌은 현재에서 방향을 잡지 못하며 이미 지난 과거에 기준을 두고 있는, 모든 일을 시기적절하게 하지 못하는 활동가들의 성격묘사를 위해 이 이야기를 인용하곤 했다.

다른 예를 들어보자. 아가씨가 대걸레를 빨기 위해 강으로 가고 있다. 다른 편 강변에는 그녀의 약혼자가 살고 있는 마을이 있다. 그녀는 아이

---

12) '전야와 안식향' : 옛날 러시아에서는 장례식에서 '전야와 안식향'이라고 말함으로써 애도의 뜻을 표했음.

가 태어날 것과 그 아이가 얼어붙은 강으로 놀러나가서는 깨진 빙판 밑으로 떨어져 물에 빠져 죽는 것을 상상한다. 그녀는 울부짖으며 통곡하기 시작한다. 아버지, 어머니, 할아버지, 할머니와 동네사람들이 와서 그녀의 이야기를 듣고 같이 울부짖기 시작한다. 이 울부짖음을 듣고 약혼자가 온다. 무슨 일인가를 알고 난 후 그는 자신의 약혼녀보다 더 멍청한 사람이 있나 찾아보려 세상으로 길을 떠난다. 대부분의 경우 이 약혼녀보다 더 멍청한 사람을 세상에서 찾아 볼 수 있다.

바보에 대한 많은 줄거리들은 바보 만들기 모티브와 결합한다. 바보에 관한 이야기들은 능수능란하고 교활한 놈들에 관한 이야기들과 떼어 놓을 수가 없다. 노파의 아들이 죽었다. '마침내 저세상에서 온' 병사가 찾아와 이 노파의 집에서 하룻밤 묵게 해달라고 청했다. 그는 노파의 죽은 아들에게 전해주겠다며 루바쉬까[13] 와 아마포 및 온갖 물건들을 챙긴다. 노파는 병사를 믿었고, 병사는 노파의 아들을 위한 선물들을 가지고 떠난다.

마법적 이야기의 주인공인 바보 이반은 다른 현상을 보여준다. 그는 처음에만 바보이다. 바보 이반은 벽난로 위에 앉아 있다. '그는 재와 콧물에 더럽혀져 있었고', 사람들은 그를 비웃는다. 그러나 후에는 바로 이 바보가 자기 형제들보다 더 똑똑했던 것으로 밝혀지며, 이야기들에서 볼 수 있는 다양한 영웅적 공적들을 세우게 된다. 여기에는 나름의 철학이 담겨 있다. 마법적 이야기들의 주인공에게서는 가장 중요한 것들을 볼 수 있는데, 심적 아름다움과 정신력이 바로 그것이다.

그렇지만 멍청이에 관한 이야기들 역시 그 나름의 철학을 가지고 있다. 바보들은 결국 청중들의 호감과 동정을 불러일으킨다. 러시아 이야기들에 나오는 바보는 덕성을 지니고 있으며, 이는 피상적 사고력의 존재보다 더 중요하다.

---

13) 루바쉬까 : 넓은 러시아식 상의임.

제17장

# 거짓말

비논리와 멍청함이 희극적 감동을 불러일으키게 되는 조건들을 연구함으로써 다른 문제도 풀 수 있다. 이는 왜, 그리고 어떤 조건 하에서 사람의 거짓말이 우스워지는가에 대한 문제이다. 이 질문에 대답하기 위해서는 희극적 거짓말이 각기 다른 두 가지의 유형으로 나뉠 수 있음을 염두에 두어야 한다. 첫째로 거짓말쟁이가 거짓을 진실인 것처럼 말하며 상대방을 속이려드는 경우가 있다. 《검찰관》에서 흘레스따꼬프가 거짓말하는 장면에서 이와 같은 경우를 볼 수 있다. 둘째로 거짓말쟁이가 청자를 속이려 애쓰지 않는 경우도 있는데 그 이유는 속이는 것이 그의 목적이 아니기 때문이다. 여기에서 거짓말쟁이의 목적은 상대를 즐겁게 하는 것이다. 뮌하우젠[1]이 나오는 단편들과 그 밖의 온갖 종류의 유쾌한 허구들이 이런 경우이다.

첫 번째 예를 보자. 기만적 거짓말들이 항상 희극적인 것은 절대로 아니다. 다른 인간적 결점들과 마찬가지로 거짓말이 희극적이기 위해서는 그 거짓말이 사소한 것이어서 비극적 결과들을 초래하지 않아야만 한다. 그리고 이후 이 거짓말이 폭로되어야만 한다. 폭로되지 않은 거짓말은 희극적일 수 없다.

---

1) 뮌하우젠 : 18세기 독일 작가 R. E. 라스페가 쓴 모험담의 주인공임.

거짓말을 할 때 한 사람은 말하고 다른 이들은 듣는다. 청중들만이 거짓을 눈치 채고 이를 인식하게 되며 거짓말쟁이는 여전히 자신의 기만이 성공했다는 확신에 가득 차 있는 경우가 있다. 이 경우 청중들은 거짓말쟁이의 말을 즐거이 듣고 기뻐한다. 왜냐하면 거짓말쟁이는 모든 이들이 자신의 말에 속아 넘어가고 있다고 믿고 있지만 사실 그들은 거짓말쟁이의 속을 꿰뚫어보고 있기 때문이다. 이러한 상황에서의 희극성은 느닷없이 터져 나오는 것이 아니며 몇 분간 지속될 수는 있으나 폭소를 불러일으키지는 않는다. 거짓말쟁이는 바보가 된 상태로 남아 있으나 본인은 이를 알지 못한다. 그는 끝까지 아무 벌도 받지 않는다. 두 번째 예에서는 상황이 다르다. 청중들 중 누군가가 거짓말쟁이의 정체를 즉각적으로 폭로시키는 말을 던지게 되고 이는 모든 참석자들의 폭소를 불러일으킨다(또는 불러일으킬 수 있다). 이 경우 거짓말쟁이는 바보가 된 상태로 남아 있으면서 자신의 거짓말에 대한 벌을 받게 된다. 희극성의 다른 예들과 마찬가지로 숨겨졌던 것이 갑자기 명백해지는 폭로의 순간에 웃음이 터져 나오게 된다. 여기에서는 극히 소수의 예들만을 들어보이도록 하겠다.

홀레스따꼬프의 오만스러운 거짓말이 펼쳐지는 장면에서 청중은 두 부류로 나뉜다. 한 부류는 무대 위에 서 있다. 시장과 그의 공범자들이다. 믿을 준비가 되어 있기에 홀레스따꼬프의 거짓말도 이들에게는 우습지가 않다. 만일 그가 진실을 말한다면 이 진리가 그들에게는 위험한 것이다. 다른 부류는 극장에 앉아 있는 관객들이다. 이들에게 있어 홀레스따꼬프의 거짓말은 명백한 것이기에 우습다. 관객들의 눈에서 홀레스따꼬프의 거짓말은 그 난센스로서 거짓말과 거짓말쟁이를 함께 폭로하고 있다. 700루블짜리 수박, 파리에서 건너온 수프, 3만 5천 명의 급사 등이 우스운 것은 그 난센스 때문만이 아니라 이로써 홀레스따꼬프가 자신이 누구인지를 보여주고 있으며 자신의 진정한 본질을 드러내고 있기 때문이다. 자신의 마구간에 분홍색과 하늘색 털을 가진 말들이 있었던 것 마냥 이야기하는 노즈드료프는 이런 유형의 거짓말쟁이에 속한다. 이 밖에도 두 사람이 다 자동적으로 거짓말을 하는데 이는 거짓말을 시작했다 하면은 멈출 수가 없기 때문이다. 《결혼피로연》에 나오는 아가피야 찌호노브나의 신랑감 후보들 중 한 사람도 그러하다. 이 후보는 탈락되었는데, 중매쟁이 페끌라는 그에 대해 다음과 같이 말한다.

"말만 했다 하면 거짓말을 해. 그런 사람은 보면 알 수 있지."

비록 자신의 사상에 대한 발언을 자주 하지는 않았지만 고골은 희극성의 대가였을 뿐만 아니라 위대한 이론가이기도 했다. 흘레스따꼬프에 대해 말하면서 고골은 다음과 같이 적고 있다.

> 흘레스따꼬프는 거짓말을 하면서 이 거짓말 속에 있는 그대로의 자신의 모습을 나타내고 있다.

이 말은 미학자들이 내놓는 수많은 장황한 논의들보다 더 정확하다. 거짓말쟁이는 자신에 대해 말하면서 자신의 본질을 드러낸다. 그는 자신의 거짓을 다른 사람들이 알아차리도록 하고 있으면서도 그 자신은 이를 눈치 채지 못하며 다른 이들 역시 이를 눈치 채지 못할 것이라고 생각한다. 이 모든 것은 희극적인 것의 일반적 법칙이 갖는 특수한 경우라고 이해할 수 있다. 그러나 이것이 다가 아니다. 흘레스따꼬프의 거짓말이 갖는 희극성은 무의식적 자기폭로에만 있지 않다. 고골은 다음과 같이 말을 잇고 있다.

> 거짓말한다는 것은 진리를 말할 때에만 나올 법한 진리에 가까운 어조로 자연스럽고 순진하게 거짓을 말함을 뜻한다. 그리고 바로 여기에 거짓말이 가지는 희극적인 모든 것이 있다(《'검찰관'의 첫 공연 후 작가가 쓴 편지의 한 단락》).

이 말로써 고골은 거짓말의 희극성이 가지는 특징적 본질을 정의내리고 있다. 고골에 따르자면 타산적 거짓말은 우습지가 않다. 거짓말이 타산적이면 타산적일수록 그 거짓말은 덜 우스워지게 된다. 그렇기에 거짓말의 희극성이 가질 수 있는 최상급은 전혀 타산적이지 않은 거짓말, 즉 거짓말쟁이가 자기 자신을 폭로하게 되는('있는 그대로의 자신의 모습을 나타내고 있는') 거짓말이다.

위의 조건을 따를 경우(또한 심각한 결과가 우려되지 않는 경우에) 타산적 거짓말도 희극적일 수 있다. 예를 들어 소바께비치는 자신이 팔아먹은 죽은 농민들이 살아 있다고 눈 한번 깜짝하지 않고 거짓말을 해댄다. 시장은 가짜 검찰관에게 자신이 도시의 질서유지를 위하여 얼마나 애쓰고 있는가를 장황하게 설명한다. 꼬취까료프는 신랑감 후보들에게는 아가피야 찌호노브나에 대한 거짓말을 늘어놓고 아가피야 찌호노브나에게는 신랑감 후보들에 대한 거짓말을 한다. 이런 식으로 그는 모든 이들을 제쳐버리고 전장을 탈취하는 데 성공한다.

이 모든 예에서 거짓말쟁이는 다른 극중 인물들에게 실체가 폭로되지 않은 상태로 남아 있다. 이는 문학작품의 특징이다. 화자나 극작가는 극장의 관객이나 이야기를 읽고 있는 독자에게 거짓말쟁이의 죄를 폭로한다.

삶에서는 상황이 다르게 펼쳐지는 경우가 더 많다. 사람들은 거짓말쟁이의 죄를 폭로하고 그 앞에서 비웃는다. 웃음이 터지는 것은 폭로의 순간이다. 이런 경우들은 문학작품에서도 표현될 수 있다. 자두를 몰래 먹어치운 소년에 관한 레프 똘스또이의 이야기가 그 예가 될 수 있다. 누가 자두를 먹어치웠느냐는 아버지의 질문에 소년은 침묵을 지키며 자신의 죄를 부정한다. 아버지는 자두를 씨가 있는 채로 먹어치운 사람은 죽게 된다고 말한다. 그러자 소년은 다음과 같이 말한다.

"씨는 뱉어버렸어요."

모두 웃기 시작했고, 소년은 울기 시작했다. 이와 같은 예들이 상세한 이론적 설명을 필요로 하지는 않을 것이다. 뮌하우젠의 이야기와 같은 유형의 단편들이 가지는 희극성을 설명하는 것이 더 어려운 일일 것이다. 쇼펜하우어는 이 단편들을 자신의 '보이는 것과 생각하고 있는 것의 명백한 불일치'(쇼펜하우어, II, 186)라는 이론에 포함시키고 있다. 보이는 것은 남작의 이야기, 즉 일어나고 있는 일을 가리킨다. 생각하고 있는 것은 이 이야기들의 불가능성에 대한 의식이다. 쇼펜하우어에 따르면 이 불일치가 웃음을 유발시킨다. 이러한 종류의 모든 불일치가 희극적인 것은 아니라는 사실을 우리는 이미 알고 있다. 하지만 쇼펜하우어는 도대체 어디에 희극성이 있는가에 대해서는 설명하지 않고 있다. 뮌하우젠 남작의 이야기가 불러일으키는 웃음은 비웃음의 영역에 들지 않는다. 흘레스따꼬프의 거짓말은 거짓말쟁이의 부정적인 면을 폭로하고 있다. 이와는 반대로 뮌하우젠 남작의 거짓말은 이야기의 주인공이 가지고 있는 재치로 인해 주인공에 대한 호감을 독자에게 불러일으킨다. 뮌하우젠 남작이 주는 희극성은 성격의 희극성에 속한다. 이에 대해서는 차후에 다시 언급될 것이다. 그런데 이것이 다가 아니다. 뮌하우젠의 유형만 우스운 것이 아니라 그의 이야기들도 우습다. 뮌하우젠이 이야기하고 있는 허구의 대부분은 구비문학적 기원을 가지고 있다. 이 이야기들에서 주인공은 해결방법이 전혀 없어 보이는 극한 상황에서도 빠져나갈 구멍을 찾아내는 자신의 능력으로써 청중들을 놀라게 하고 있다. 예를 들어 뮌하우젠은 마치 자기 자신이 본인의 머리카락을 잡아당겨 늪에서 빠져나온 것처럼 이야기를 하는데, 그는 완전히 진지하게 이 이야기를 한다(여기에서 고골의 이론이 다시금 증명되고 있다). 이와 비슷한 것을 러시아 이야기에서 볼 수 있다. 한 사람이 자신의 목까지 차오르는 늪에 빠졌다. 이야기는 이 사람의 머리에 오리가 둥지를 틀고 알들을 낳는 것으로 전개된다. 늑대가 달려와서 이 알들을 먹어치운다. 화자는 늑대의 꼬리를 자신의 팔에 감은 후 소리를 질러 늑대에게 겁을 준다. 깜짝 놀란 늑대는 앞으로 내달리면서 화자를 늪에서 건져 올리게 된다.

그러나 다른 종류의 허구들도 있다. 이러한 허구들에서는 행운이나 기지를 찾아볼 수가 없다. 여기에서 이야기되는 것은 젤리로 만들어진 강둑과 우유가 흐르는 강들, 텃밭에서 자란 거대한 채소들, 바다를 넘어 저세상으로 건너뛰는 것 등이다. 이러한 경우에 거짓말은 풍자도, 폭로도 목적으로 삼고 있지 않다. 여기에서 화자나 청중들은 거짓말쟁이에게 전혀 관심이 없다. 그들이 관심을 두고 있는 것은 줄거리이다. 줄거리는 완전히 명백하고 명료한 비논리에서 만들어지고 있다. 그리고 이와 같은 원인들은 청중들에게 유쾌한 미소와 만족스러운 웃음을 불러일으키기에 충분하다.

제18장

# 언어를 통한 희극성

웃음을 불러일으키는 원인들에 따라서 자료들을 정리하면 결국에는 희극성의 수단 연구와 일치하게 되는데, 이렇게 자료들을 정리하면서 우리는 이제 관찰의 폭을 넓혀 언어를 통한 수단들을 연구해볼 필요가 있다.

이 연구영역이 더없이 폭넓고 특수한 연구들을 필요로 한다는 사실은 명백하다. 다른 경우들에서와 마찬가지로 본 연구에서도 선별된, 특히 예증적 자료들만을 사용하도록 하겠다.

언어는 그 자체로서 우스운 것이 아니라 화자의 정신적 특징 몇몇과 화자가 가지는 사고의 불완전성을 보여주고 있기 때문에 우습다. 앞에서 이미 비논리가 어떻게 표현수단들을 통하여 자신을 드러내고 있는가를 살펴보았다.

언어는 희극성과 비웃음을 위한 수단들의 가장 풍부한 무기고이다. 여기에서 이 수단들 중 가장 중요한 것들만 살펴보도록 하겠다. 신소리, 역설 및 이와 관련된 갖가지 재치 있는 말들이 여기에 속한다. 이밖에도 문체와 관련된 모든 문제들이 집중적이고 특별한 연구를 필요로 하고 있다.

신소리에 대한 많은 저술들이 있다. 독일미학에서 신소리는 '위트'(*Witz*)라는 명칭으로 관찰되고 있다. 그러나 독일어 '위트'는 프랑스에서 차용된 신소리를 뜻하는 러시아어 '깔람부르'(*calembour*)보다 더 광범위한 뜻을 지니고 있다. '위트'는 재치 그 자체로 이해된다. 그러나 신소리는 재치의 부분적이며 특수한 경우를 일컫는 말이다.

매우 많은 양의 문헌이 존재하긴 하나 신소리의 개념이 이미 완전히 파악되었다고 말할 수는 없다.

이베르고르스뜨는 희극적인 것에 대한 자신의 책에서 신소리에 관한 여덟 가지 다양한 정의들을 인용하고 있다. 그 후로 재치 및 신소리에 대한 전문서적들이 출간되었으며(피셔[1], 프레이드[2], 윌리스[3]), 이 개념들을 정의하고 있는 공동저술들이 발표되었다. 여기에서 이 정의들을 전부 열거하지는 않고 소비에트 학문에서 볼 수 있는 최근자료들만을 살펴보도록 하겠다. 보레프는 다음과 같은 정의를 내리고 있다.

> 신소리는 말장난이다. 신소리는 재치의 한 유형이다. 이것은 본원적 언어수단들의 사용에 바탕을 두고 생겨난 재치이다(보레프, 1964, 225).

위와 같은 정의를 내리는 것은 이 문제가 학계에서 연구되지 않았기 때문이다. 이것은 정의라기보다는 특성묘사라는 것을 쉽사리 알아차릴 수 있다. 신소리라는 개념이 재치보다 더 광범위한 개념으로 등극하고 있는 것이다. 이것이 옳기는 하지만, 신소리와 마찬가지로 재치라는 개념도 설명되지 않은 채로 남아 있다. 신소리는 본원적 언어수단들의 사용에 바탕을 두고 생겨난다고 하지만, 정확히 어떤 수단들인지는 언급되지 않고 있다.

---

1) 피셔 : 18세기~19세기 초 독일 철학사가임. 신칸트파 제창자의 한 사람으로 주요 작품으로는《근세 철학사》가 있음.

2) 프레이드 : 19세기 영국 정치가 · 시인임. 가벼운 시로 유명함. 주요 작품으로는《계절이여 잘 자거라》,《붉은 어부》등이 있음.

3) 윌리스 : 19세기~20세기 초 미국 소설가임. 주요 작품으로는《벤허》,《백색의 신(神)》등이 있음.

셰르비나는 자연성과 지향성을 신소리의 주요 특징으로 들고 있다.

> 신소리적 재치의 가장 보편적 특징들은 대조원칙, 자연성과 지향성, 그 사고의 재치와 진실성이다(셰르비나, 25).

이 정의는 너무 애매모호해서 수용하기가 힘들다.

이러한 상황들에 비추어볼 때, 자료들을 검토하기에 앞서 신소리의 정의를 먼저 내리는 것이 좋을 듯하다.

이론 관련 저술들 외에도 신소리라는 개념을 사심 없이 단순하게 정의해 놓은 러러사전이 있다. S. I. 오조고프[4]의 《러시아어사전》에서는 다음과 같은 정의를 내리고 있다.

> 신소리 : 비슷하게 발음이 나지만 의미상으로 다른 단어들을 희극적으로 사용하는 데 근간한 농담

I. V. 레힌과 F. N. 뻬뜨로프 교수가 감수한 《외국어사전》에서는 다음과 같은 정의를 볼 수 있다.

> 신소리 : 다른 의미를 갖고 있으면서 소리상으로는 유사하다는 것에 근간하고 있는 말장난

이와 같은 정의들에서 모든 것이 다 말해진 것은 아니지만, 주된 생각은 명백하다. 이 정의는 본질적으로 신소리를 전의된 뜻을 사용하는 대신 원래의 뜻을 사용하는 것으로 이해하게 만든다. 몇몇 이론가들은 이러한 이해를 부정한다. 셰르비나는 다음과 같이 말한다.

---

4) 오조고프 : 소비에트의 위대한 러시아어학자임.

> 단어가 가지는 원래의 뜻과 전의된 뜻 사이의 경계는 조건적이며 유동적이다(셰르비나, 28).

> 단어가 가지는 '원래의 뜻과 전의된 뜻을 대조하는 것'이 신소리의 근간이라는 생각은 옳지 않다(셰르비나, 29).

그는 고골에 대한 자신의 논저에서 이와 같은 대조법을 사용하고 있었던 V. V. 비노그라도프를 반박하고 있다.

단어가 가지는 원래의 뜻과 전의된 뜻의 경계가 항상 확실한 것은 아니라는 생각은 옳지만, 이것이 신소리의 일반적인 정의를 반박하기 위한 논거는 아니다. 자료들을 검토해보면 신소리의 일반적인 정의가 옳다는 것을 알 수 있다. 여러 가지 예를 통해 이 사실이 옳음을 알 수 있다. 여기에서 주장되는 희극이론의 관점에서 볼 때, 위와 같은 신소리의 정의는 신소리를 설명할 수 있는 가능성을 부여하고 있다. 둘 혹은 그 이상의 뜻들을 가지고 있는 단어들이 있다. 이러한 뜻들은 동등한 위치에 있지 않다. 어떤 뜻들은 보편적이며 추상적인 듯한, 어떤 광역적 의미를 가지고 있으며, 다른 뜻들은 더욱 협소하며 구체적인, 실용적 의미를 가지고 있다. 후자는 단어가 가지는 '문자 그대로의' 의미라고 불리는데, 별로 성공적이지 못한 표현이다. 신소리 혹은 말장난은, 대화를 나누고 있는 한 사람이 이 단어를 광역적이거나 일반적인 의미로 이해하고 있고, 다른 사람은 일반적인 뜻에 보다 협소한 혹은 문자 그대로의 뜻을 들이대고 있을 때 생겨난다. 이로써 신소리는 웃음을 불러일으키게 되는데, 상대의 추론을 무너뜨리며 이 추론이 근거 없다는 것을 보여주기 때문이다. 여기에서 제시되는 희극이론의 관점에서 볼 때 말장난의 희극성은 희극성의 특수한 한 경우로, 다른 모든 종류의 희극성들과는 원칙적으로 구분되지 않는다. 다른 경우들에서 관심이 인간활동의 정신적인 면에서 그 활동의 외적인 형태로 옮겨갈 때 희극적 감동이 일어나는 것과 마찬가지로, 신소리에서 웃음이 생겨나는 것은 우리의 의식 속에서 한 단어의 보다 일반적인 뜻이 이 단어의 피상적이고 '문자 그대로의' 뜻으로 대체되는 경우이다.

신소리는 완전히 무의식적으로 생겨나기도 하지만 의도적으로 만들어질 수도 있는데, 이를 위해서는 특별한 재능이 필요하다.

두세 가지 예를 들어보도록 하겠는데, 이 예들의 이론적 해석에 열중하거나 이것들을 분류하려 애쓰거나 하지는 않을 것이다. 신소리의 종류는 수없이 많으며 다양하다. 다음은 엿들은 대화이다.

"이게 뭔가?"
"호박어란[5] 일세."
"흠, 흥미롭군. 도대체 어디서 호박이 알을 낳는단 말인가?"

기자의 아들이 자신의 아버지에 대해서 다음과 같이 말한다.

"사람들이 우리 아빠에 대해서 말하기를, 아빠의 펜은 원기왕성하대요.[6]"

아빠가 타자기를 들여놓자 아들은 다음과 같이 묻는다.

"이제 사람들은 너희 아빠의 타자기는 원기 왕성하구나, 라고 하겠죠?"

스레쩬스끼의 저술에서는 아이들이 어른들의 대화를 어떻게 재현하고 해석하는지를 보여주고 있다.

"아빠는 모든 치마의 뒤꽁무니를 쫓아다녀.[7]"

---

5) 호박어란 : 호박범벅을 말함. 러시아어로 어란은 '이끄라'인데, 채소를 재료로 해서 만든 범벅을 러시아에서는 '어란'이라고 부름.
6) 러시아에서 '원기 왕성한 펜'이란 '글솜씨가 좋다'라는 뜻임.

"엄마는 요즘 하루 종일 아빠에게 톱질을 해댄다니까[8]"(스레젠스끼).

'당신은 분홍색 안경을 통해서 세상을 보시는 군요'[9] 라는 관용구에서 '안경'은 전의된 뜻으로 사용되고 있으며 웃음을 불러일으키지 않는다. 그러나 '당신은 분홍색 코안경을 통해서 세상을 보시는 군요'라고 말한다면 이것은 앞에서 언급된 원인들에 의해서 희극적으로 받아들여질 것이다.

단어의 협소하고 구체적인, 문자 그대로의 뜻을 재빨리 찾아내어 사용하고, 이 뜻을 상대가 말하고자 하는 더욱 일반적이며 광범위한 의미로 대체시킬 줄 아는 능력은 재치의 한 종류이다. 재치는 일정한 재능을 필요로 한다. 체르느이셰프스끼는 두 대상이 뜻하지 않게, 그리고 재빨리 가까워지는 것이 재치라고 정의하고 있다. 이러한 능력은 명민함을 필요로 한다. 바이런이 대단한 재치꾼이었다는 사실은 유명하다. 1821년 4월 28일 토마스 무어[10] 에게 보낸 편지에서 그는 다음과 같이 적고 있다.

> 노엘양은 정말로 위험스러울 정도로 아픕니다. 그러나 걱정하지 마십시오. 지금 그녀는 다시금 위험할 정도로 건강합니다(바이런, 203).

어린 학생이 서비스업체에 다음과 같은 요청을 한다.

"아줌마, 제 숙제 좀 해주세요"(〈악어〉,[11] 30, V, 1965).

---

7) 러시아에서 '모든 치마의 뒤꽁무니를 쫓아다닌다'는 '바람둥이다'라는 뜻임.

8) 러시아에서 '톱질하다'라는 동사는 '귀찮게 잔소리를 해댄다'라는 뜻으로도 쓰임.

9) 러시아에서 '분홍 안경을 통해서 세상을 보다'라는 말은 모든 일들을 지나치게 긍정적으로만 보는 사람을 나타낼 때 쓰임.

10) 무어 : 18세기~19세기에 활동한 아일랜드의 시인이자 풍자가이며, 작곡가·음악가임. 바이런과 셸리의 친구였음.

11) 〈악어〉 : 소비에트 풍자잡지명임.

이와 같은 모든 예들에서 신소리는 어떤 결점들을 폭로하고자 하지 않고 있다. 신소리는 악의 없는 농담처럼 사용되고 있다. 그러나 모든 예들을 따로따로 잘 살펴보면, 첫눈에는 잘 드러나지 않지만 이와 같은 결점들이 있기는 있다는 것을 알 수 있다. 바이런의 '노엘양이 위험할 정도로 건강하다'는 신소리는 이 숙녀의 공격적 성격을 암시하고 있다. 바로 바이런의 장모에 대한 이야기이다. 그렇기는 하나 이 신소리가 가지고 있는 희극성과 숨겨진 풍자적 경향은 이러한 해석 없이도 명백하다. 그러나 신소리가 악의 없고 선량한 농담의 성격만을 가질 수 있는 것은 아니며, 신랄하며 굉장히 유효한 도구가 될 수도 있다. 비웃음적 웃음의 다른 종류들과 마찬가지로 신소리는 사람을 절망시킨다. 신소리가 비웃음을 살 만하지 않은 무엇인가를 향해 있다면 신소리는 부적절하게 사용되는 것인데, 이는 모욕적 성격을 지니고 있기 때문이다. 이런 이유로 몇몇 사상가들과 이론가들은 그 성질상 신소리에 대해 부정적 태도를 가지거나 경멸하기까지 한다. 예를 들어 철학자 피셔는 신소리에는 '경건한 기관이 부족하다'라고 말했다. 해커[12]는 신소리가 도덕성이 결여된 채로 실현된다고 생각했다. 괴테마저도 자신의 경구들에서 다음과 같이 주장하고 있다.

> 그 무엇에도 존경심을 느끼지 못한다면, 재치가 있어도 절대로 예술은 될 수 없다.

그러나 예문들이 보여주다시피 신소리는 그 자체로는 도덕적이거나 비도덕적이거나 할 수 없다. 모든 것은 신소리의 사용방법과 신소리의 목적에 달려있기 때문이다. 신소리는 삶의 부정적 현상들에 대항하는 재치 있고 예리한 풍자수단이 된다.

---

12) 해커 : 19세기에 활동한 독일의 혁명적 공화주의 정치가임. 1848년 혁명을 통해 독일에 공화적 정부형태를 확립할 것을 요구한 급진세력을 이끌었음.

마야꼬프스끼가 겪었던 경우가 여러 번 예로 들어지는데, 이는 정말로 매우 예시적이다.

혁명 전 어느 날 마야꼬프스끼가 대중들 앞에 나섰을 때, 청중들 중 한 사람이 항의의 표시로 벌떡 일어서서는 나가버렸다. 마야꼬프스끼는 낭독을 멈추고 다음과 같이 말했다.

"대열에서 멀찍이 벗어나는 이 인물은 대체 뭐지?"

'대열에서 멀찍이 벗어나는'이라는 표현은 '비범한', '다른 이들보다 뛰어난'이라는 뜻을 가지고 있다. 그러나 마야꼬프스끼의 신소리에서 '대열'이라는 단어는 이 단어의 협소하고 사물적인 의미에서 사용되는데, 바로 콘서트홀의 좌석대열을 뜻하고 있는 것이다. 신소리는 보통 상대의 추론을 소멸시키고, 그 추론을 부정으로 이끌어간다. 낭독 중에 나가버린 그 사람은 아무 말도 하지 않았다. 그러나 그의 행동은 마야꼬프스끼를 인정하지 않는다는 것을 의미했다. 마야꼬프스끼는 추론이 발현되는 외적 형태들로 관심을 돌림으로써 이 형태들의 내적 의미를 소멸시켰다. 적대자는 자신의 내적 허망함 및 소소함과 맞닥뜨리게 되었다. 마야꼬프스끼의 추론 속에 들어 있는 비꼼은 이를 촉진시키고 있다. 마야꼬프스끼는 자신의 적대자를 말로써('대열에서 멀찍이 벗어나는') 칭찬한 후, 이 말에 이면적 의미를 부여했다. 일이초 가량 기다린 후 마야꼬프스끼는 다음과 같이 덧붙였다.

"면도하러 갔나보군."

이로써 그는 자신의 일격을 마무리 지었다. 자신의 적대자가 가지고 있는 외모적 결점을 지적한 것이다. 이 결점은 갑자기 모든 사람들의 눈에 들어오게 되었으며, 그를 향한 마야꼬프스끼의 부정적 평가를 돋보이게 했다.

> 모든 장군들이 나면서부터 살이 찐[13] 것은 아니다(꼬지마 쁘루뜨꼬프).

꼬지마 쁘루뜨꼬프의 이 신소리는 '충만한 장군'이 황제군사관직 서열상 최고위 장군의 관직을 나타내고 있다는 데에 근거하고 있다. 그러나 '충만한'은 '뚱뚱한'이라는 뜻도 가지고 있다. 한 개념을 다른 개념으로 슬쩍 바꿔놓음으로써 희극적 의미도, 그리고 풍자적 의미도 얻을 수 있다. 그리하여 독자는 뚱뚱하고 위엄스러우며 거만한 황제군의 장군을 단번에 떠올리게 된다.

풍자를 목적으로 말장난을 사용하거나, 단어의 의미를 문자 그대로 이해하는 것은 구비문학에서 자주 볼 수가 있다. 찔리 에이렌쉬삐겔리[14] 에 대한 독일 민중서적에 담겨 있는 우스운 이야기들 거의 모두는 이 구비문학에 뿌리를 두고 있다. 이와 함께 이 이야기들의 줄거리는 주인을 바보로 만드는 내용을 담고 있다. '마차를 기름칠을 해라'라는 명령을 일꾼은 완전히 말 그대로 실행한다. 찔리는 바퀴용 기름을 마차의 굴대에뿐만 아니라 주인나리가 앉게 될 실크좌석에도 칠한다. 독일에서처럼 한 시리즈로 묶이진 않았지만, 러시아 구비문학에서도 이러한 줄거리들을 볼 수 있다.

신소리와 비슷한 것으로 역설이 있다. 역설은 그 안에서 술어가 주어에 반하거나 형용사가 정의되어지고 있는 단어에 반하게 되는 추론을 말한다. 예를 들어보자.

> 모든 영리한 사람들은 바보들이며, 바보들만이 영리하다.

---

13) 러시아어로 '뽈느이'는 '가득 찬', '충만한', '완전한'이라는 뜻인데, '살이 찐'이라는 뜻으로도 사용됨.

14) 찔리 에이렌쉬삐겔리 : 독일 구비문학에 나오는 주인공의 이름임.

첫눈에 보기에 이런 추론은 의미가 없어 보이지만 이 말에서 어떤 의미를 찾아볼 수 있다. 어떤 매우 정교한 의미가 역설이라는 수단을 통하여 암호화되어 있다고까지 말할 수 있다. 이러한 역설의 거장으로는, 예를 들어 오스카 와일드[15] 가 있었다. 그의 논문 〈거짓말의 몰락〉에는 모든 진실은 거짓이고, 진실한 것은 거짓밖에 없다는 역설이 스며들어 있다. 때로는 역설이 신소리와 굉장히 가깝기도 한데, 이는 다음의 예를 통하여 알 수 있다.

> "모든 이들이 찰스가 지독한 심기증환자[16] 라고 말합니다. 그런데 대체 이게 뭘 뜻하는 거요?"
> "심기증환자는 자신이 아프다고 느낄 때에만 컨디션이 괜찮은 사람을 말하는 거죠."

신랄한 비웃음도 역설의 형태로 표현되어질 수 있다. 탈레랑[17] 의 다음 격언은 유명하다.

> 언어는 생각을 감추기 위해 주어진 것이다.

무의식적인 역설들도 있는데, 여기에서 희극성은 역설들 안에 감추어진 비논리에 근거하고 있다.

---

15) 오스카 와일드 : 19세기 아일랜드 극작가, 소설가, 시인, 단편작가로 프리메이슨 회원이었음. 날카롭고 약삭빠른 재치로 유명하며, 런던의 후기 빅토리아 시대 사람으로 가장 성공한 극작가일 뿐만 아니라, 그 시대의 가장 알려진 유명인 중 하나로 평가됨.

16) 심기증 : 근거 없이 자신이 큰 병에 걸린 것처럼 생각하는 정신병적 증상을 말함.

17) 탈레랑 : 18세기~19세기 프랑스 정치가・외교관임. 프랑스 대혁명과 나폴레옹 시대를 거쳐 부르봉 왕정복고, 루이 필리프 통치에 이르기까지 줄곧 고위 관직을 지낸 정치적 생명력으로 유명함.

체호프의 단편 단막극 이야기《바보여자, 혹은 퇴역함장》에서 퇴역한 함장은 매파를 부른다. 그가 원하는 신붓감은 부자이지 않고, 아름답지 않고 똑똑하지 않은 여자로서, 바보라도 괜찮았다.

> "바보여자는 나를 사랑해주고, 존경해주고, 나의 권위를 알아줄 것이 아닌가?"

매파는 다음과 같이 답했다.

> "바보들이야 많지. 하지만 모두 똑똑한 바보라네. … 모든 바보들에게는 저만의 머리가 있어. 자네는 완전히 바보를 원하나?"

체호프의 단편《상업고문관의 딸》에 이와 유사한 역설이 있다. 장군과 상업고문관이 술을 마신다. 고문관이 추태를 부리기 시작하자 장군이 그에게 다음과 같이 말한다.

> "그만두지 못해! 온갖 추태에도 저만의 예의범절이 있는 법이야."

이 예에서 역설은 무의식적이다. 의외의 대조가 있을 때 고의적 역설들이 우스워진다. 역설은 재치의 한 종류이다. 역설은 '자신의 뒤로 위대한 미래를 가진다.' 역설은 비웃음을 나타내고 있다. 역설의 이러한 유형은 풍자적으로 사용될 수 있다. 풍자적 역설의 예를 살뜨이꼬프-셰드린의《한 도시 이야기》의 "계몽을 위한 전쟁" 장에서 볼 수 있다.

> 바로 이때에 마치 농담처럼 프랑스에서 혁명이 일어났으며, '계몽'이 유용한 것은 비계몽적 성격을 가질 때뿐이라는 것이 모든 이들에게 명백해졌다.

반어법은 역설과 매우 유사하다. 반어법을 정의내리는 것은 그리 힘든 일이 아니다. 역설에서는 서로를 배제하는 개념들이 그 불합치성에도 불구하고 합해지게 되는데, 반어법에서 한 개념을 말로서 내뱉으면서 염두에 두고 있는 것은 그에 반대되는 다른 개념이다. 긍정적인 무엇인가를 말하면서, 그에 반대되는 부정적인 무엇인가를 생각하고 있다. 반어법은 이렇게 말로 내뱉는 누군가에 대한(또는 무엇인가에 대한) 결점들을 은연중에 폭로한다. 반어법은 비웃음의 한 종류로, 바로 이 점이 반어법의 희극성을 정의하고 있다.

결점은 그에 반대되는 장점을 통하여 나타나는데, 이로써 결점은 구분되고 강조된다. 반어법은 특별나게 비웃음적인 억양을 수단으로 쓰게 되는 회화체에서 더욱 생동감있게 표현된다.

반어법의 형태는 삶에서도, 문학작품에서도 매우 다양하다. 여기에서는 선별된 예들만을 제시하도록 하겠다. 고골의 작품에서 전통적인 예들을 찾아볼 수가 있다. 이반 이바노비치와 이반 니끼포로비치의 다툼에 관한 중편에서는 미르고로뜨의 광장이 묘사되는데, 이 광장에는 웅덩이가 있다.

> "놀라운 웅덩이입니다! 당신에게만 보이는! 이 웅덩이가 광장을 거의 점령하고 있군요. 매우 아름다운 웅덩이입니다!"

반어법에서 특성적인 감탄어조가 여기에서 사용되는 것은 전형적이다. 그러나 반어법은 이러한 어조 없이도 충분히 잘 드러날 수 있다. 고골의 《네프스끼 대로》에 다음과 같은 문구가 있다.

> 때때로 석회에 더럽혀진 장화를 신고 일터로 서둘러가고 있는 러시아 농부들이 이를[18] 건너다니는데, 깨끗하기로 유명한 예까쩨리나

18) 이것은 거리를 가리킴. — 원주.

> 운하도 이 석회로부터 벗어날 수는 없었다.

체호프의 편지들에서도 비웃음적 반어법들을 종종 볼 수가 있다. 다음과 같은 예가 있다.

> 굶주리고 있는 사람들을 도와주기 위한 일은 매우 잘 진행되고 있소. 보로네쉬에서 우리는 현지사댁에서 점심식사를 했으며, 매일 저녁을 극장에서 보내었소.

구비문학에서도 반어법을 풍자적으로 사용하고 있다. 연극 《지주와 아포니까》에서 지주귀족은 농부에게 자신의 마을에 대해서 물어본다.

> 지주귀족: 그래, 나의 농부들은 부자인가?
> 아포니까: 부자입니다요, 나리! 일곱 농가에 통틀어 도끼는 하나인데, 그마저도 도끼자루가 없습지요.

이런 식으로 모든 대화가 이뤄지고 있다. 아포니까는 자신의 지주귀족을 조롱하며 그를 웃음거리로 만들고 있다. 몇몇 이러한 연극을 러시아 구비문학에서 볼 수 있다. 하인은 '모든 상황이 다 좋은' 것처럼 말하면서 지주귀족에게 그가 완전히 망했다는 사실을 알리고 있는 것이다(아파나시예프, 414).[19]

위에서 인용한 모든 신소리, 역설, 반어법 예문들에서 희극성은 순수언어적 수단들에 의해 표현되는 만큼, 이 수단들에 의해 제제를 받고 있다.

그러나 희극적 목적을 위해 언어 그 자체로서의 언어, 즉 언어의 음성 성분이 주로 사용될 수 있다.

---

19) 참조 : P. N. 베르꼬프의 책 《18세기~19세기 러시아 민중드라마》에 있는 주석. 모스크바. 1953년. 317~318쪽. — 원주.

희극성은 말의 내용에서 말의 표현을 위한 외형적 형태로 주의가 옮겨짐으로써 얻어지는데, 이렇게 됨으로 언어는 의미를 잃기 때문이다. 이와 관련하여 **말의 생리학적 화법**이라 불릴 수 있는 현상을 건드려볼 필요가 있다. 이 수단은 화자의 말이 의미를 잃어버린 것처럼 비분절음이나 비분절 소사, 비분절 단어들만을 사용하여 말을 표현하고 있다. 말의 극한 빈곤현상 그 자체는 우습지 않지만, 다른 수단들과 결합하면 각각의 인물묘사에서의 희극성이 증강된다. 말의 무의미화는 말의 내용을 희생시켜 말의 과정으로 관심을 돌리는 수단으로 이뤄진다.

《검찰관》에서 시골 의사 흐리스찌안 이바노비치 기브네르는 러시아어를 몰랐기에 자신을 향한 모든 말들에 애매한 우물거림으로 대답한다.

> 그는 부분적으로는 '이'와 비슷하며, 부분적으로는 '요'와 비슷한 소리를 낸다.

아까끼 아까끼예비치에 대해 고골은 다음과 같이 적고 있다.

> 아까끼 아까끼예비치가 자신의 생각을 표현함에 있어 대부분을 전치사와 부사, 그리고 마침내는 결코 어떠한 의미도 지니지 않는 낱말들을 사용했다는 것을 알아야 할 필요가 있다.

궁핍한 언어는 화자의 특성을 드러낸다. 오스뜨로프스끼의 희곡 《늑대와 양》에 나오는 노파 안피사 찌호노브나를 예로 들 수가 있는데, 이 노파는 절대로 무엇인가에 대해 설명할 줄을 몰랐으며, '글쎄요 … 저는 좋은 것 같군요 …' 혹은 '그렇다면야, 됐네요' 등의 말로만 의사를 표현한다. 화자의 특성을 드러내는 언어의 궁핍함과 빈곤함이 이에 상응한다. 이 예에서 언어는 충분히 음절로 나뉘고 연관되어 있지만, 그 어떤 내용도 담고 있지 않다.

"아가씨, 여름에는 파리가 너무 많군요."

쉬뽀니까가 말한다. 백모는 그를 이 지주귀족 아가씨와 단둘이 남도록 남겨두었는데, 그와 이 아가씨를 결혼시키기 위해서였다.

"너무 많군요."

아가씨가 대답한다. 그리고 이들은 더 이상 아무 말도 하지 못했다.

이와 비슷한 장면이 《결혼피로연》에서 아가피야 찌호노브나와 꼬취까료프를 반드시 결혼시키고 싶어 하는 뽀드꼴레신 사이에 벌어진다. 둘 다 무슨 말을 해야 할지를 모른다. 대화는 다음과 같은 말들로 한정된다.

"마님, 어떤 꽃을 가장 좋아하시는지요?"

"어떤 여름이 될지 알 수가 없군요."

그러나 아가피야 찌호노브나는 이 만남에 매우 만족한다.

"그 사람과 대화를 나누는 건 정말로 기분 좋은 일이야."

"그의 말을 좀더 듣고 싶은걸."

소비에트 문학에서 이러한 성격묘사 수단은 일리프와 뻬뜨로프에 의해 《12개의 의자》(XII장)에서 매우 능숙하게 사용되었다. 이 작품에서는 자신을 매우 매력적이라고 생각하고 있으며 사람 잡아먹는 귀여운 엘라라고 불리는 아가씨가 묘사된다. 그녀의 어휘는 항상 서른 개의 단어와 표현으로 이뤄지며 생활의 모든 다양한 경우들에서 사용된다.

모든 곳에서 시와 때에 상관없이 사용되는 단어와 표현들로는 '무례하시군요', '호호', '탁월하게', '음울하게', '제게 어떻게 살라고 가르치지 마세요', '그럴까요!', '등에 하얗게 칠이 묻었군요' 등이 있다.

이러한 현상에 반대되는 것으로 속이 빈 능변이 있는데, 여기에서 내용의 궁핍함은 단어의 부족이 아니라, 반대로 생각을 익사시켜버리는 단어의 풍요함으로써 감추어지고 있다. 고골의 작품에 나오는 이반 이바노비치의 능변은 다음과 같이 묘사되고 있다.

> "하나님 맙소사, 정말로 말을 잘하는군! 이 느낌은 머릿속을 헤집어 놓거나 뒤꿈치를 손가락으로 살살 훑고 지나가는 것과만 비교할 수 있겠어."

여기에서 말을 하는 과정은 화자와 청자에게 생리학적인 만족을 주고 있으며, 의미는 필요로 하지 않고 있다.

《도박사들》[20] 에 나오는 사기꾼 우쩨쉬쪨리느이[21] 의 능변은 그의 사기행각을 숨기기 위한 연막으로 쓰인다.

언어적 수단으로써 창조되는 희극성의 영역에 속하고 있는 것들은 다양한 전문적 혹은 신분적 은어들이다. 이 경우 희극성은 언어적이지만은 않다. 이 희극성은 앞서 다름의 희극성에 관한 장에서 살펴보았던 희극성의 유형에 수반된다. 이상하거나 평범하지 않은 말은 이를 사용하는 사람을 다른 이들로부터 구분시키며, 이상한 옷이나 익숙하지 않은 행동거지 등과 마찬가지로 그를 특별하게 만든다. 신분에 따른 언어나 은어는 그 신분에 속하지 않은 사람들의 눈에는 의미가 없는, 이해하지 못할 단어의 집합으로 보이며, 때로는 (희곡에서) 정말로 그러하다. 이와 같은 수단은 종종 풍자적 색조를 띠게 된다. 이러한 수단은 이미 전기 유럽희극 문호들의 작품세계에서 볼 수 있었다. 셰익스피어의《윈저의 명랑한 아낙네들》은 치안판사와 성직자가 서로에게 포올스타프에 관한 불평을 늘어놓는 장면으로 시작된다. 판사는 사무적이고 법률적인 언어로 얘기하는데, 그는 자신도 잘 이해하지 못하며 시도 때도 없이 사용해대는 라틴어 법률 용어들로 말을 과하게 치장한다. 성직자는 모든 사건들을 신학적 개념들

---

20) 《도박사들》: 고골의 희곡 제목임.
21) 러시아어에서 '우쩨쉬쪨리느이'는 '위로가 되는'이라는 뜻을 가지고 있음.

로 바꾸며, 이에 걸맞은 은어들로서 말을 한다.

몰리에르는 가끔 의사들을 표현하곤 하는데, 이 의사들의 대사에 라틴어들이 들어간 온갖 의학적 암호문들을 집어넣는다. 의술에 대해서는 아무것도 모르는, 의사 옷으로 갈아입은 농부인 가짜 의사도 이런 대사를 읊어댄다(《할 수 없이 의사가 되어》). 그의 '의학' 라틴어 뒤로는 의술에 대한 무지가 숨겨져 있다.

러시아 문학에서 가장 훌륭한 사무언어 패러디 중 하나는 고골의 작품에서 이반 이바노비치가 미르고로뜨 군 재판소에 이반 니끼포로비치를 밀고한 내용이다. 여기에서 사무적 문장법과 문체는 본인의 욕설과 번갈아 사용되는데, 이는 이반 이바노비치의 저급하고 밀고장이적인 성질을 드러내고 있다.

체호프의 칼럼 〈숱한 페이지들〉(고문헌 탐구)은 이와는 다른 성격을 지니고 있다. 이 칼럼에는 조롱할 만한 개별적 인물들이 없다. 여기에서는 촌장, 지방자치기관장, 경찰서장, 지방 의사, 선생, 성홍열 때문에 학교를 닫아야 할지를 결정하는 민중학교 장학관 간의 서신왕래가 인용되고 있다. 이 수필은 지연하기 일쑤인 관청일에 대한 풍자이다. 체호프 자신이 의사였고 농촌 학교의 일들을 보았기 때문에 여기에 적힌 모든 것이 문자 그대로의 일이며 사실이라는 것은 의심할 필요가 없다.

학자의 언어도 패러디될 수 있다. 《계몽의 열매》에서 똘스또이는 허식적인 학자의 언어로 심령술을 옹호하고 있는 교수의 말을 패러디하고 있다. 체호프의 이야기 《이반 마뜨베이치》[22]에서 유명한 모 러시아 학자가 자신의 비서에게 논문내용을 받아쓰게 하고 있다.

> "본질은 … 쉼표 … 말하자면 몇몇 주요 형태들이 … 다 썼소? 형태는 그 원리의 본질로서 유일하게 설명되며 … 쉼표 … 원리는 이 형태 내에서만 표현되고 구현된다."

---

22) 《이반 마뜨베이치》: 체호프가 1886년에 쓴 단편임.

이 학자의 비서는 평범하고 가난한 청년이다. 그러나 그는 이 학자가 논문내용 불러주는 것을 잊어버릴 정도로 독거미들을 어떻게 잡는지에 대해, 그리고 자신의 인생에서 벌어졌던 온갖 사건들에 대해 흥미롭게 이야기한다. 이 학자가 보여주고 있는 학문보다 삶이 더 흥미롭고 중요한 것이다.

체호프의 이야기 《장군이 참석한 결혼피로연》(이후 희곡 《결혼피로연》으로 개작되었음) 에서 결혼피로연에 초대된 장군은 알고 보니 장군이 아니라 레부노프-까라울로프라는 성을 가진 퇴역한 해군이었다. 그는 자신이 아직 지휘하던 시절의 회상들로 손님들의 귀를 먹먹하게 했다. 그의 이야기는 손님들이 알아들을 수 없는 특수용어들로 도배되어 있었는데, '최상 돛', '밧줄'과 '뱃줄', '트러스'[23] 와 '튤레탄트' 등이 있다. '장군이 참석한 결혼피로연'이라는 제목은 출판인에 의해 붙은 제목이며, 체호프는 이 이야기에 '하찮은 협박'이라는 제목을 달았다.

다른 경우들에서 전문용어의 희극성은 학술용어의 무의식적 희극성과 일치한다. 학자들은 단어의 의미에만 주의를 기울이다가 그 단어를 발음할 때 내는 소리를 간과하게 된다. 다른 모든 사람들은 의미를 이해하지 못하여 소리만을 듣게 되는데, 그리하여 이 단어는 금방 우스운 것이 되어버린다.

언어적 실수들이 생각의 결점들을 폭로할 경우, 이 실수들은 희극적이 될 수 있다. 이 경우 실수들은 비논리에 가깝다. 체호프의 《바보여자, 혹은 퇴역함장》에서 퇴역한 함장은 자신에 대해 다음과 같이 말한다.

> "시력의 관점에서 나를 본다면 나는 누구인가? 고독한 사람[24] 이지. … 무슨 동의어야, 그 이상이 아니지."

---

23) 트러스 : 아래 활대 중앙부를 돛대에 고정시키는 쇠붙이.

24) '고독한 사람'을 뜻하는 러시아어 '보브일'은 비버를 뜻하는 '보브르'와 발음이 비슷함.

다른 실수들은 화자의 비교육성과 비문화성을 폭로함으로써 우습다. 르이끌린[25] 의 유머작품 《낯익은 모든 얼굴들》에서 다음과 같은 말을 읽을 수 있다.

> "내 벽에 걸려 있는 정물화를 당신이 보았더라면 좋았을 텐데. 그 그림엔 쥐어짜진 레몬, 다이어트 달걀들, 그리고 건과일이 있소."

언어적 수단들로서 얻는 희극성의 영역은 매우 풍성하며 다양하다. 개별적 단어들의 희극성에 대한 문제를 건드리면서, 희극과 유머작품의 작가들이 자신의 주인공에게 붙이는 이름들을 반드시 다뤄야만 할 것이다.

희극적 이름들에 대해서는 하나의 완전한 연구논문을 작성할 수도 있을 것이다. 여기에서는 가장 간략한 관찰들로만 국한하기로 하겠다. 희극적 이름들을 몇몇의 다양한 종류들로 정해둘 수 있다. 작가는 이것들 중 하나의 도움으로 자신이 표현하고 있는 주인공들의 특성을 암시한다.

이러한 이름들의 대가는 셰익스피어였으나 그는 이 방법을 드물게, 그리고 조심스럽게 사용했다. 예를 들어 희극 《서까래 장식》에는 크리스토퍼 슬라이라는 이름의 술에 취한 주석 도금공이 나온다. 'Sly'는 '교활한', '교활한 사람'을 뜻한다. 다른 희극들에는 'Shallow'(얕은), 'Simple'(얼뜨기, 우둔한), 'Starveling'(굶고 있는, 깡마른) 등이 있다.

18세기 러시아 희극에서 이와 같은 원리는 폰비진에 의해 《미성년》이라는 작품에서 계속 사용되게 된다. 따라스 스꼬찌닌,[26] 쁘로스따꼬바[27] 부인, 꾸쩨이낀,[28] 츠이피르낀,[29] 브랄리만[30] 이 바로 그러한 인

25) 그리고리 예피모비치 르이끌린 : 소비에트 작가(1894~1975) 임.

26) 러시아어로 '스꼬지나'은 가축을 뜻함.

27) 러시아어로 '쁘로스딱'은 얼뜨기를 뜻함.

28) 러시아어로 '꾸쩨이니끄'는 성직자 출신을 경멸조로 부르는 말임.

29) 러시아어로 '찌프라'는 숫자라는 뜻임.

30) 러시아어로 '브랄리만'은 거짓말쟁이를 뜻함.

물들이다. 부정적 유형들의 이름만이 우스운데, 이들의 이름은 결점을 강조하기 때문이다. 긍정적 주인공들의 이름은(《미성년》의 쁘라브진,[31] 스따로둠,[32] 밀론[33]과 《조장》의 도브롤류보프[34]) 우습지가 않다. 고골은 이름들을 매우 적당히, 그리고 조심스럽게 사용하고 있다. 《쉬뽀니까》에서 문법선생의 이름은 니끼포르 찌모페예비치 제예쁘리차스찌예[35]이다. 고골의 작품에서 인물의 성격은 때때로 이름 속에 암호화되어 있으며, 폰비진의 작품에서처럼 문자 그대로 언급되지는 않는다. 흘레스따꼬프,[36] 스끄보즈닉[37]-드무하노프스끼,[38] 제르쥐모르다,[39] 소바께비치,[40] 마닐로프[41] 등의 이름은 분명히 이 이름을 지닌 이들의 성격을 나타내고 있다. '라스'라는 음절을 의미강화를 위한 접두사로 본다면 라스따꼬프스끼도 이런 종류의 이름이다(따꼬프스끼[42]-라스따꼬프스끼). 참모장교 부인 뻴라게야 그리고리예브나 뽀또치나의 이름도 이와 같이 포착하기 쉬운 희극성을 주고 있다(《코》).

대조의 희극성은 부정적 인물이 어떤 긍정적 성질의 이름으로 불릴 때 얻어진다. 《도박사들》에서 사기꾼 중 한 명의 이름은 우쩨쉬쩰느이[43]

---

31) 러시아어로 '쁘라브다'는 진실을 뜻함.
32) 러시아어로 '스따로둠'은 고풍을 존중하는 사람을 뜻함.
33) 러시아어로 '밀르이'는 사랑스러움을 뜻함.
34) 러시아어로 '도브로'는 선을 뜻하고, '류보프'는 사랑을 뜻함.
35) 러시아어로 '제예쁘리차스찌예'는 '~하면서' 혹은 '~한 후'를 나타내는 특수 품사인 부동사를 뜻함.
36) 러시아어로 '흘레스따찌'는 함부로 막 지껄이다를 뜻함.
37) 러시아어로 '스끄보즈냑'은 외풍을 뜻함.
38) 러시아어로 '무하'는 파리를 뜻함.
39) 러시아어로 '제르쥐 모르다'는 낯짝을 지탱하라는 뜻임.
40) 러시아어로 '소바까'는 개를 뜻함.
41) 러시아어로 '마니지'는 유인하다를 뜻함.
42) 러시아어로 '따꼬프스끼'는 '그런'을 뜻함.
43) 러시아어로 '우쩨쉬쩰느이'는 위안을 주는 이라는 뜻을 갖고 있음.

이다.

희극적 이름의 다른 종류는 동물, 특히 사물의 이름으로 불릴 때이다. 이때 작용하는 희극성의 원인은 앞서 이미 언급되었다. 절대로 기대하지 않았던 이름들을 볼 수 있다. 셰익스피어의 작품에서는 플루트, 팔꿈치, 엉덩이, 와인 거품 등으로 불리는 인물들을 볼 수 있다. 고골은 이 방법을 폭넓게 사용하고 있다. 꼬로보치까[44] 나 뾰뜨르 뻬뜨로비치 뻬뚜흐,[45] 이반 꼴레소[46] 등으로 최소한의 예를 들 수 있다. 고골의 작품에서 인물들은 이반 빠블로비치 야이치니차[47] 나 아르쬬미 필리뽀비치 제믈랴니까[48] 처럼, 음식의 이름으로도 불릴 수 있다. 때로 이름들은 사물을 상기시키기도 하는데, 희극성은 이로 인해 강화된다. 이러한 이름들로는 육군중위 꾸프쉰니꼬프[49] 나 꼬로비[50] 끼르삐치,[51] 네우봐좌이[52]-꼬르이또[53] 등과 같은 농노들의 이름이 있다.

그리고 끝으로, 몇몇 이름들의 희극성은 같은 소리들의 집적에 근거하고 있는데, 자음들이 특히 그렇다. 자음소리는 의미를 떠나 그 자체만으로도 희극적이며, 이름을 우습게 만든다. 예를 들어 도데[54] 의 타라스콩

---

44) 러시아어로 '꼬로보취까'는 작은 상자를 뜻함.
45) 러시아어로 '뻬뚜흐'는 수탉을 뜻함.
46) 러시아어로 '꼴레소'는 바퀴를 뜻함.
47) 러시아어로 '야이치니차'는 계란부침을 뜻함.
48) 러시아어로 '제믈랴니까'는 딸기를 뜻함.
49) 러시아어로 '꾸프쉰'은 물 항아리를 뜻함.
50) 러시아어로 '꼬로비'는 암소의, 라는 뜻이 있음.
51) 러시아어로 '끼르삐치'는 벽돌을 뜻함.
52) 러시아어로 '네우바좌이'는 존경하지 말라는 뜻임.
53) 러시아어로 '꼬르이또'는 구유를 뜻함.
54) 알퐁스 도데 : 19세기 프랑스 작가임. 주로 프랑스 남부지방의 인물과 생활을 익살스럽고 정감 있게 묘사한 것으로 사람들의 기억에 남아 있음. 주요 작품으로는 《동생 프로몽과 형 리슬레르》, 《타라스콩의 타르타랭이 겪은 놀라운 모험》 등이 있음.

에서 온 타르타랭이나 디킨즈의 미스터 픽윅이 그러한 이름들이다. 고골의 작품에서는 이러한 이름들을 자주 볼 수 있다. 아까끼 아까끼예비치 바쉬마치낀,[55] 빠벨 이바노비치 치치꼬프,[56] 표도르 안드레예비치 률류꼬프[57] 등이 그러하다.

모사적 인물들은 거의 같은 이름으로 명명된다. 보쁘친스끼와 도쁘친스끼, 이반 이바노비치와 이반 니끼포로비치, 끼파 모끼예비치와 모끼끼포비치가 그러하다. 고골의 작품에서는 이름이 종종 부칭을 반복한다. 시장은 안똔 안또노비치로 불리며, 그의 딸은 마리야 안또노브나이다. 아름과 부칭의 소리는 성에서도 반복될 수 있는데, 뾰뜨르 뻬뜨로비치 뻬뚜호가 그러하다.

이름의 소리적인 면은 외국이름의 사용이나, 매우 드물게 쓰이는 러시아이름의 사용으로 강조된다. 《결혼피로연》의 발따자르 발따자로비치 줴바낀이 그러하다. 《죽은 혼》에는 다음과 같은 부분이 있다.

> 스이소이 빠프투찌예비치와 마끄도날리드 까를로비치라는 사람들도 나타났다(《죽은 혼》, VIII장).

외국 성은 폴란드어, 그루지야어, 영어로 된 성처럼 러시아인들이 발음하기 힘든 것일 때 희극적 인상을 풍긴다. 현지사댁에서의 무도회에서 춤을 추는 사람들 중 다음과 같은 성들이 불린다.

> 그루지야 공작 치쁘하이힐리드제프, 영국인 꾸꾸, 뻬르후노프스끼, 베레벤도프스끼(VIII장).

---

55) 아까끼 아까끼예비치 바쉬바치낀 : 고골의 작품 《외투》에 나오는 주인공의 이름임.

56) 빠벨 이바노비치 치치꼬프 : 고골의 작품 《죽은 혼》에 나오는 주인공의 이름임.

57) 표도르 안드레예비치 률류꼬프 : 고골의 작품 《검찰관》에 나오는 퇴직 관리의 이름임.

살뜨이꼬프-셰드린의 《현대목가》에는 끄셰쁘쉬출리스끼라는 성이 나온다. 체호프의 이야기 《알비온의 딸》에서는 침착한 영국부인이 묘사되고 있다. 이 부인은 낚싯바늘로부터 벗어나기 위해 벌거벗은 채로 물에 기어들어가고 있는 주인에게 관심을 주지 않은 채 평온하게 낚시질을 하고 있다.

> "그녀의 이름이 뭔 줄 알아? 우일리까 차를리조브나 뜨파이스! 쳇…! 말 한마디 섞기 힘들다구!"

희극적 이름은 상황, 성격, 혹은 음모가 주는 희극성을 강화시키기 위해서 사용하는 보조적인 문체적 방법이다.

고골의 작품에서는 종종 희극적 명부들이 등장하는데, 여기에는 희극적 이름들을 창조하기 위한 가능한 모든 경우들을 동시에 사용했다. 단지 이 희극적 이름들을 보여주기 위해서 이러한 명부들이 서술에 포함된 것이다. 이반 이바노비치와 이반 니끼포로비치의 다툼에 관한 중편소설에서 시장의 모든 손님들의 이름이 열거되는데, 이 중에는 따라스 따라소비치, 예프쁠 아낀포비치, 예프찌히 예프찌히예비치, 엘레페리 엘레페리예비치 등이 있다.

《외투》에서 신생아의 이름은 러시아 정교의 교회력에 따라서 짓는다. 어떤 날에는 모끼, 소시, 호즈다자뜨라는 이름을 줄 수 있고, 또 어떤 날에는 뜨리필리, 둘라, 바라하시라는 이름을 줄 수 있다. 산모는 아기아빠의 이름을 따르고자 했고 아기에게 아까끼라는 이름을 준다.[58] 《죽은 혼》에서는 노즈드료프 지인들의 이름이 언급되는데, 그중에는 2등 대위 뽀첼루예프와 육군중위 꾸프쉰니꼬프가 있다. 고골은 치치꼬프가 사들인 죽은 농노들의 이름이 기재된 명부에 특별한 의미를 부여하고 있다. 치치꼬프는 부동산등기증권을 사기 전에 도시에서 이 명부들을 다시 한

58) 이 이름들은 모두 러시아 정교 성인들의 이름임.

번 훑어보고 나서는 놀랐다. 이 이상한 이름들의 열거에서는 어떤 운율까지도 느껴졌기 때문이다.

체호프의 작품에서 이름들은 그 이름을 지닌 사람들의 특성 및 사회적 위치와 관련되어 있다. 예를 들어 새신랑 에빠미논뜨 막시모비치 아쁠롬보프,[59] 해군 중령 레부노프-까랄울로프,[60] 산파 즈메유끼나,[61] 상인 쁠레프꼬프,[62] 선술집 주인 사모쁠류예프,[63] 지주들인 가주낀[64]과 쉴로흐보스또프,[65] 극단주 인주꼬프,[66] 좋은 식성을 가진 초대받지 않은 손님들인 드로비스꿀로프[67]와 쁘레끄라스노프꾸소프[68] 등이 있다.

모든 작가들은 이 점에서도 각자의 문체가 있다. 이름의 희극성은 그 종류가 다양하지만, 대부분 위에서 정의된 희극의 범주들에 들어간다. 이름들은 보통 희극성을 불러일으키기 위해 동반되는 방법이지 주요한 방법은 아니다. 성격, 음모, 충돌 등의 묘사가 주요 방법이다. 여기에서 언급된 방법들의 총체는 작가의 언어적 스타일의 영역에 들어간다. 유머작가를 포함한 작가들의 문체에 관한 연구는 여기에서 다룰 과제가 아니다. 이와 같은 작가들의 언어는 그 작가의 희극성을 구성하는 가장 본질적 부분이다. 작가가 지닌 재능의 정도는 '방법들로써' 뿐만 아니라 언어로써도 판가름 난다. 예를 들어 고골의 천재성은 그가 희극성의 대가라는

59) 러시아어로 '아쁠롬브'는 자신감을 뜻함.
60) 러시아어로 '까라울'은 파수꾼을 뜻함.
61) 러시아어로 '즈메야'는 뱀을 뜻함.
62) 러시아어로 '쁠레복'은 뱉어낸 가래나 침을 뜻함.
63) 러시아어로 '사모'라는 접두사는 '자기의'를 뜻하며, '쁠류누찌'는 '침을 뱉다'는 뜻임.
64) 러시아어로 '가주까'는 살모사, 독사를 뜻함.
65) 러시아어로 '쉬찌'는 '꿰매다'라는 뜻이고, '흐보스뜨'는 꼬리라는 뜻임.
66) 러시아어로 '인주끄'는 칠면조라는 뜻임.
67) 러시아어로 '드로쁘'는 '부서진 조각'이라는 뜻이고, '비스끄비뜨'는 비스킷을 뜻함.
68) 러시아어로 '쁘레끄라스노'는 '매우 좋게'라는 뜻이고, '프꾸스'는 '맛'을 뜻함.

사실에서뿐만 아니라 독자가 끊임없이 감탄할 만한 언어를, 더 정확하게 말하자면 언어적 스타일을 그가 지니고 있다는 사실에서도 알 수 있다. 고골의 문장은 항상 쉽사리 알아볼 수가 있다. 다른 것들은 다 제외하고라도 그의 말은 완전한 자연스러움과 격의 없음, 그리고 소박함으로 구별된다. 그는 절대로 독자를 웃기려고 서두르는 법이 없다. 이것이 바로 그만의 어투이다. 그러나 희극들에는 작가의 특성적 어투가 없다. 등장인물들이 말한다. 만일 이들이 생기 없고 단조로운 언어로 말한다면, 희극은 감화력을 잃게 될 것이다. 등장인물들은 자신들의 특성에 맞게, 게다가 명료한 언어로 말해야만 한다. 언어의 선명함이란 무엇인가를 간략하게 정의내리자면, 이를 위한 가장 중요한 요구사항은 색채와 표현력이 될 것이다. 통상적으로 일상생활에서의 지식인계급이 꽤나 무미건조하게 표현된다는 것은 잘 알려져 있는 사실이다. 무미건조함은 지식인계급이 추상적 범주들에 관한 사고를 하며, 이에 걸맞게 말을 한다는 데서 나타난다. 반대로 과거의 중산층 및 육체노동을 하는 서민들은 자주 생생하게, 풍부한 표현력으로 말을 한다. 이들의 말은 시각적인 형상들로서 정의된다. 이러한 말은 조건적으로 민중의 말이라고 부를 수 있는데, 유머 작가는 이 말의 모든 특성과 세세함을 획득하게 되었을 때에야 목표를 이룰 수 있다. 19세기에서 20세기의 희극에서는 바로 이런 서민들이 중점적으로 대두되었다. 작가들이 그들의 말을 엿들어 낼 수 있었던 것이다.

고골 외에도 자신이 그려내는 평민들의 풍부하고 생생한 말의 대가로는 오스뜨로프스끼가 있었다. 두 가지 예를 들어보이도록 하겠다. 무미건조하게 말하는 사람이 '그는 네 짝이 아니다'라고 할 부분에서, 오스뜨로프스끼의 작품에 나오는 노파는 다른 식으로 말한다.

"그와는 카드릴[69]을 추기 힘들걸."

69) 카드릴 : 네 사람이 한 조가 되어 춤추는 스퀘어 댄스임.

남편이 아내를 방에서 내쫓고 싶을 때, 그는 '방문 밖으로 나가'라고 말하지 않고, '건널목 차단기 너머로 행진'이라고 말한다. 이 두 가지 예를 관찰해보면 무미건조한 말은 개념들을 사용하며, 생생한 말은 시각적 형상들을 이용한다는 것을 알 수 있다.

위의 짧은 소견들로 마무리를 하도록 하겠다. 본 연구에서 중요했던 것은 희극성의 중요한 요소들 중 하나로서 언어의 표현력을 보여주는 것이었다.

제19장

# 희극적 성격

이 장에서는 희극성의 또 다른 큰 영역을 살펴보기로 하겠는데, 희극적 성격이 바로 그것이다. 엄격히 말하자면, 사실 희극적 성격 그 자체는 없다는 점을 여기에서 일단은 알고 있어야 할 필요가 있다. 성격이 지니는 모든 부정적 특성은 일반적으로 희극적 효과가 만들어지는 방법들로서 우스운 모습으로 보일 수 있다.

희극적 성격들을 그려내기 위한 주요 방법들로는 어떤 것들이 있는가?

아리스토텔레스는 희극이 사람들을 '현재 있는 그대로보다 더 나쁘게' 표현한다고 말한 적이 있다. 다시 말해서, 희극적 성격을 만들어내기 위해서는 어떤 **과장**이 필요하다는 뜻이다. 19세기 러시아 문학에서의 희극적 성격들을 연구해보면, 이 성격들이 희화원칙에 따라 만들어졌다는 것을 알 수 있다. 앞에서 보았듯이 희화는 어떤 한 특징이 선택되어 과장됨으로써 모든 사람들의 눈에 들어오게 만드는 것이다. 희극적 성격들의 묘사에서는 성격의 어떤 한 가지 부정적 특성이 선택되어 과장되며, 이로써 독자나 관객의 주된 관심을 끌게 된다. 헤겔은 희화의 성격을 다음과 같이 정의하고 있다.

> 희화에서는 일정한 성격이 매우 과장되는데, 과도할 정도로 끌어낸 특성이 된다.

바로 이런 식으로 고골의 희극적 인물들이 창조되었다. 느끼함의 화신인 마닐로프, 무례함의 화신인 소바께비치, 방탕함의 화신인 노즈드료프, 인색함의 화신인 쁠류쉬낀 등이 있다.

그러나 과장이 성격적 희극성의 유일한 조건은 아니다. 아리스토텔레스는 희극성에서 부정적 특성이 과장된다는 것뿐만 아니라, 이 과장이 일정한 경계와 척도를 요구한다는 점도 지적하고 있다. 부정적 성질이 장해로까지는 발전하지 말아야 하며, 이러한 성질이 관객에게 고통을 불러일으켜서는 안 된다고 아리스토텔레스는 말하고 있다. 말하자면 혐오나 증오를 불러일으켜서는 안 된다는 것이다. 우스운 것은 사소한 결점들이다. 일상생활에서(전쟁에서는 그렇지 않지만) 우스울 수 있는 이들은 겁쟁이들, 잘난 척하는 이들, 아첨쟁이들, 성공주의자들, 시시한 사기꾼들, 현학자들, 모든 종류의 형식주의자들, 수전노들, 탐욕가들, 허영심이 많은 이들, 자기를 과신하는 이들, 젊게 차리고 다니는 노인들과 노파들, 포악한 부인들, 부인 손에 꽉 잡혀 사는 남편들 등이다.

만일 이런 식으로 간다면, 인간결점들로 가득 찬 목록을 만들어서는 문학작품에서 인용된 예들로 보여주게 될 것이다. 앞에서 말했듯이 이미 이런 노력들이 있었다. 파멸적 욕망만큼이나 크게 확대된 결함들, 결점들은 희극이 아닌 비극의 대상이 된다. 그런데 이 경계가 항상 명확한 것은 아니다. 몰리에르에 의해 희극적 성격으로 표현되고 있는 돈 주앙은 비극적으로 파멸한다. 어디에 비극의 매듭을 이루는 비도덕성과 희극에서 볼 수 있는 결함 사이의 경계가 있는가를 논리적으로 정립하는 것은 불가능한데, 이는 작가의 재능과 솜씨에 달려있기 때문이다. 동일한 특성이라도 적당하게 과장된 경우에는 희극적이 될 수 있고, 비도덕성의 수준으로까지 과장되면 비극이 될 수 있다. 이는, 예를 들자면 두 상인, 즉 고골의 《죽은 혼》에 나오는 쁠류쉬낀과 뿌쉬낀의 《인색한 기사》에 나오는 남작을 비교해보면 잘 드러난다. 남작의 인색함은 엄청난 정도가 된다.

내 힘으로 할 수 없는 것이 무엇인가?
그런고로 나는 악마와 같이 세상을 지배할 수 있다.

남작은 인색함 외에도 황금만능주의라는 음울한 철학과 자신이 세상을 지배할 수도 있다는 인식을 가지고 있다. 그에게는 독특한 공명심이 있다. 게다가 그는 악당이다. 그의 인색함은 끔찍하기 이를 데 없는 범죄들과 연관된 결점이다. 그는 사람들을 절망과 파멸로까지 이끌어가는 고리대금업자이다. 특별히 가치가 더 있는 금화들을 선별해내면서, 그는 어떤 수단들로서 자신이 이 금화들을 얻게 되었던가를 회상한다.

그래! 여기에 보관된 모든 것을 위해서 흘린
모든 눈물과 피와 땀이
땅속으로부터 갑자기 쏟아져 나온다면
노아의 대홍수가 다시 일어나겠지. 그러면 나는
충직한 나의 이 지하저장고에서 목메어하겠지.

쁠류쉬낀은 남작과는 정반대로 소심한 사람이다. 고골은 그에게 인색함 외에 그 어떤 다른 특성도 부여하지 않았다. 이는 성격표현의 희극적 과장을 위함이다. 그에게는 어떠한 철학도, 권세욕도, 공명심도 없다. 그는 황금이 아닌 농산물을 축적하고, 귀금속이 아닌 폐품을 모은다. 다리 아래서 낡은 신발밑창들을 주워 들이며, 녹슨 못들과 도자기 파편들을 모은다. 이에 걸맞게 그의 외양이 묘사되어 있다. 치치꼬프는 처음에는 그를 창고관리 아줌마로 오해한다. 그 후 이 창고관리 아줌마가 면도한다는 것을, 그것도 꽤나 드물게 한다는 것을 알아차리게 된다.

왜냐하면 뺨 아랫부분에서 올라오는 그의 턱 전체가 마구간에서 말들을 닦아낼 때 사용하는 철사로 만든 솔을 닮아 있었기 때문이다.

이 모든 것이 웃음을 불러일으키지만, 쁠류쉬낀이라는 인물은 그럼에도 불구하고 완전히 희극적이지는 않다. 이 인물을 가까이서 들여다보면 그가 피로 얼룩진 범죄를 저지르는 것은 아니라는 사실을 알 수 있으나, 농민들은 그가 소름끼치며 끔찍한 처지에 있다고 생각한다. 농가들에는 지붕이 없고, 건물들에는 첨단(檐端)과 긴 막대기만이 솟아나와 있다. 창문은 헝겊 조각으로 틀어 막혀 있으며, 사람들은 배고픔을 못 이겨 도망가서는 돌아오지 않았다.

고골의 모든 인물들 중 쁠류쉬낀은 어쩌면 가장 덜 희극적이며 가장 많이 불쌍한 인물일 것이다. 그러나 고골은 언제나 정도가 지나치지 않는다. 조금만 더 나아갔다면, 이 인물은 아마 전혀 우습지 않아졌을 것이다.

고골이 가끔은 자신이 그려낸 인물형들의 희화들을 완화시키기도 한다는 사실은 흥미롭다. 예를 들어 뾰뜨르 뻬뜨로비치 뻬뚜흐는 식도락가처럼 표현되고 있다. 이는 그의 주된 성질이다. 그러나 또한 그는 손님을 환대하는 사람인데, 이는 그의 부정적 성질을 없애주는 것이 아니라 이 성질들이 더욱 사실적이며 그럴듯하게 보일 수 있는 삶의 배경을 만들어 주고 있다. 《죽은 혼》에 나오는 다른 몇몇 주인공들도 마찬가지이다. 고골은 자신이 그토록 혹독하고 정의롭게 조소했던 현청소재지의 관리들에 대해서 다음과 같이 적고 있다.

> 그렇지만 사실을 말하자면 그들 모두는 착한 사람들이었으며, 서로간에 화합하며 살고 있었다. 그들은 서로에게 매우 친밀하게 대했으며, 그들의 대화에는 어떤 특별한 소박함과 정겨움이 묻어 있었다.

좀더 밑으로 내려가서 고골은 이 말을 이어가고 있다.

> 허나 대체적으로 그들은 선하며 손님접대를 잘하는 사람들이었다. 이들과 함께 식사를 하거나 저녁에 둘러앉아 카드놀이를 했던 사람이라면, 어떤 점에선가 이들과 비슷해지곤 했다.

홀레스따꼬프는 뜨랴삐치낀에게 보내는 편지에서 도시 주민들에 대해 같은 것을 적고 있다. 모든 인물들을 우스꽝스럽게 묘사하고 나서 그는 덧붙인다.

그렇지만 사람들은 손님접대를 잘하고 선량한 사람들이라네.

문학역사학자들은 (내가 아는 한) 절대로 위의 말을 인용하지 않는다. 왜일까? 어쩌면 옛 현청소재지 사회생활의 모든 보기흉한 모습들을 금방 독자들에게 보여주었던 고골이 이 부분에서는 자신의 말에 모순이 되어 자신의 본래 주장을 말살시키고 있는 것은 아닐까? 물론 아니다. 여기에서 나타나고 있는 것은 고골의 실수가 아니라, 그의 원칙이다. 자신의 부정적 성질들에도 불구하고 고골의 인물들은 살아 있는 사람들이다.

벨린스끼는 이 인물들에 대해서 다음과 같이 말했다.

이 인물들이 나쁜 이유는 그들이 교육을 잘못 받아 무식하기 때문이지 천성 때문은 아니다(벨린스끼, VI, 359).

완화된 모습은 희화성을 낮추고 표현되는 유형들을 그럴 듯하게 만들어주고 있다. 완화 역시 희극적 과장과 마찬가지로 정도가 지나쳐서는 안 된다. 고골은 희극적 인물들의 긍정적 성질에 대해서 매우 드물게 언급하며, 만일 언급한다 해도 가볍게, 지나치듯이 한다. 소바께비치는 매우 훌륭한 주인으로, 그의 농부들은 안락한 삶을 누리고 있다. 마닐로프의 태도에는 마음에 드는 구석이 있다. 쁠류쉬낀은 언젠가 전혀 다른 사람이었던 때가 있었다. 꼬로보치까는 다양한 특성들의 혼합으로, 주로는 어리석음과 극단적인 절약으로서 이뤄졌으나 이것이 다는 아니다. 꼬로보취까를 표현하고 있는 기법은 《죽은 혼》에 나오는 다른 지주들을 표현하고 있는 기법과는 약간의 차이가 있다.

고골은 부정적 인물들의 긍정적 성질들을 만들어내고 있지 않은데, 이는 이 성격들의 희극성을 잃게 했을 것이기 때문이다. 그러나 한 작품에서 고골은 이러한 성질을 만들어 준 적이 있다. 《옛 기질의 지주들》이 바로 그 작품이다.

만일 쁠류쉬낀이 그 너머로는 추악함이 시작될 희극성의 최하단이라면, 아파나시 이바노비치와 뿔리헤리야 이바노브나는 그 너머로 전원시가 시작될 희극성의 최상단과도 같다.

부정적 인물을 이렇듯 약간 완화시켜 표현하는 것이 고골만의 특성은 아니다. 예를 들어 파무소프는 19세기 초 모스크바에 거주하는 러시아 지주귀족이지만, 어쩌면 그 자신에게는 전혀 내버려진 자가 아닐지도 모른다. 그렇기에 그는 문학적으로 충분히 가당한 인물이며, 그의 형상은 실재적이고 사실적인 형상으로서 받아들여지고 있는 것이다. 희극적 인물들의 묘사에 예상되는 긍정적 성질이 전혀 없을 경우, 이러한 형상들의 예술성과 설득력은 보다 완화되어 묘사된 인물들 보다 현저히 낮다. 예를 들어 스깔로주쁘는 화학적으로 깨끗한 희화의 견본이라고 말할 수 있다. 살뜨이꼬프-셰드린의 많은 주인공들이 그러하다. 이들은 매우 뚜렷한 캐릭터이지만, 단편적 희화에 머물러 있다.

그러나 성격의 희극성을 강화시키는 한 가지 조건, 한 가지 가능성이 더 존재하고 있다. 희극에서 모든 등장인물들은 항상 어떤 음모에 휩싸여 있으며, 대다수의 작가들은 성격묘사를 위한 수단으로 음모를 이용할 수 있다. 고골의 작품에서 흘레스따꼬프는 시장이나 다른 등장인물들과 마찬가지로 음모 희극의 주인공일 뿐만 아니라, 뚜렷하게 표현된, 상당히 확정적 성격, 혹은 심리학적 유형이다. 《결혼피로연》에서도 이 점은 명백한데, 이 작품의 내용은 비실비실하고 허약하며 우유부단한 뽀드꼴레신과 진취적이며 원기 왕성한 꼬취까료프라는 두 성격의 대립에 의해 지탱되고 있다. 여기에서 음모와 성격은 완전한 하나가 된다.

그러나 이것은 희극성의 필요불가결한 특성은 아니라 위대한 재능의 특성이다. 예를 들어서 몰리에르의 작품에서는 이러한 일체화를 볼 수가 없다. 베르그송은 몰리에르가 희극적 성격을 가장 중심에 두며, 그의 희극들에 붙은 제목들로서 주인공의 성격을 알 수 있다고 슬쩍 언급한 바가 있다. 실제로, 《구두쇠》, 《인간혐오자》와 같은 제목들은 주인공의 성격을 직설적으로 표현하고 있다. 그의 다른 희극들은 주요 등장인물들의 이름을 따서 지어졌다. 그러나 이 이름들은 어떤 나쁜 성질의 구현인 양 보통명사화 되었다. 《타르튀프》는 위선자, 표리부동한 사람, 《돈 주앙》은 방탕아, 《소시민귀족》은 야심가, 《꾀병환자》는 심기증의 화신을 나타내는 등이다. 이와 같은 관점에서 볼 때 몰리에르의 희극들은 전형적 성격희극이지 음모희극은 아니다. 그러나 희극을 음모희극과 성격희극으로 나누는 것은 옳지 않다. 왜냐하면 어떤 투쟁에 근거하고 있는 행위를 음모라고 할 때 모든 희극들에는 성격도 있고, 음모도 있기 때문이다. 문제가 되는 것은 음모가 등장인물들의 성격과 어떤 상관관계에 놓여 있느냐 하는 것이다. 고골의 작품에서 이 관계는 완전히 유기적이며, 태곳적 관계이다. 몰리에르의 작품에서는 항상 그런 것은 아니다. 몰리에르 작품에서의 음모는 꽤나 단조롭다고 했던 벨린스끼의 지적은 옳다. 대개 음모는 중심인물과 사랑에 빠진 남녀의 대비로, 부정적이며 작위를 가지고 있는 인물이 이 남녀의 결합을 방해한다. 이들은 이 부정적 인물을 바보로 만들며 자신들의 목표를 달성해간다. 이들은 자신의 적을 직접 속이지는 못하는데, 속일 줄을 모르거나 속이길 원치 않는 것이다. 이 일을 대행해주는 것은 이들의 하인, 교활한 이, 사기꾼으로, 이들의 행위가 모든 음모를 끌어간다. 희극적 효과를 얻기 위한 방법 중 하나로서의 바보 만들기는 앞에서 이미 살펴보았다. 부정적 인물들의 음모는 실패로 돌아가며, 이들은 자신의 성격이 지닌 모든 부정적 특성들을 두드러지고 가시적인 형태로 발견하게 된다.

지금 러시아 문학과 서유럽 문학의 모든 희극적 성격들을 열거하지는 않겠다. 여기에서 필요한 것은 일반적 유형학이며, 그 원칙이다.

희극적 성격의 문제는 해결되었으나 아직은 갈 길이 멀다. 지금까지 관찰한 모든 유형들은 부정적 성격들이었다. 긍정적 성질들을 가볍게 살짝 혼합시켜줌으로써 이 성격들은 실제로 있을 법한 것들로 되었으나, 그렇다고 해서 본질이 변한 것은 아니다.

그러나 삶을 유심히 들여다보거나 뛰어난 문학작품들을 정독해보면, 부정적 특성을 지니고 있지 않은 것 같은데도 불구하고 우스운 희극적 인물들이 존재한다는 사실을 쉽사리 알아차릴 수 있다. 사람들은 이들을 비웃지만 동시에 이 인물들에게 의심할 여지없는 호감을 느낀다. 간단히 말해 희극적 인물들에는 부정적인 이들뿐만 아니라 긍정적인 이들도 있다는 것이다.

왜 그런가? 이는 본 연구에서 주장되는 웃음이 부정적 성질의 폭로로 유발된다는 이론에 모순되는 것은 아닐까? 혹은 이것이 조소가 아닌 다른 종류의 웃음인 것은 아닐까? 언뜻 보기에 이론적 관점에서도, 예술작품에서도, 긍정적 유형들은 부정적으로는 될 수가 없을 것만 같다. 폰비진의 작품에서 모든 등장인물들은 긍정적 인물들과 부정적 인물들로 확연히 구분된다. 《검찰관》에서는 단 한 명의 긍정적 인물도 없다. 오스뜨로프스끼의 작품들에서 대다수의 주인공들은 부정적 인물들이다. 물론 결말 부분에 가서 갑자기 정신을 차리는 상인들이 나오는 희극도 있다. 이 희극은 좋은 결말을 맺게 되는데, 이는 모욕을 당하던 주인공들과 마찬가지로 관객들도 바라던 바였다. 그러나 이런 경우 결말은 어느 정도 갑작스러운 면이 있으며, 본질적으로 이 같이 부정적 인물들의 성격으로부터 나오기는 힘들다고 볼 수 있다. 《가난이 흠은 아니다》에서 가정의 폭군인 고르제이 또르체프는 희극의 마지막에 가서 다음과 같이 말한다.

"이제 나는 다른 사람이 되었다."

그리고 예전에 자신이 반대했던 집사에게, 이 집사와 자신의 딸이 원하던 대로 딸을 시집보낸다. 부정적 유형의 인물이 긍정적으로 변하는 그 순간에 희극은 막을 내려야만 한다.

그럼에도 불구하고 긍정적이면서 희극적인 주인공이나 희극적 성격은 여전히 가능하다.

이 문제를 해결하기 위해서는 삶에서는 완전히 부정적인 사람들도, 완전히 긍정적인 사람들도 존재하지 않는다는 사실을 염두에 둘 필요가 있다. 고질적 범죄자들에게도 마음속 깊은 곳 어딘가에는 인간적인 면이 숨어 있을 수 있다. 이와는 반대로 반드시 선한 행동만 하는 사람들은 자주 사람들의 본능적 반감을 불러일으키는데, 이들이 교훈주기를 즐겨하는 경우 더욱 심하다. 모든 사람에게는 긍정적 성질도, 부정적 성질도 아우르는 매우 다양한 성질들이 다양한 비율로 섞여 있다.

희극적 유형들은 꽤나 다양하다. 예를 들어 나타나자마자 즉시 유쾌한 기분을 불러일으키는 사람들이 있다. 사람들로부터 미소와 호의를 불러일으키게 하는 긍정적 성질 중의 하나는 주변사람들에게 전염되는 항시적이며 줄어들지 않는 유쾌함을 가지고 있는 어떤 낙관주의이다. 이런 사람들은 절대로 음울해하는 법이 없으며, 항상 좋은 정신 상태를 가지고 있고, 선량하며 작은 것에도 만족을 느끼고, 특별히 추구하는 바는 없으나 순간을 즐길 줄 안다. 이러한 유형의 인간들은 그들에게 도덕적 결점이 있는지 없는지와 상관없이도 우스울 수 있을 것만 같다. 헤겔은 '자신에 대한 흔들리지 않는 신뢰'(헤겔, II, 303)가 희극적 인물의 가장 중요한 특성이라고 여겼다. 이런 종류의 인물들에 의해서 유발되는 웃음은 100퍼센트 조소는 아니다. 대개 이는 다음에 살펴보게 될 단순히 즐거운 웃음이다. 그러나 이로써 어떤 일종의 인물들에 의하여 유발된 웃음이 끝까지 설명된 것은 아니다. 이 인물들의 낙관주의는 사람들을 기쁘게 하는데, 웃음을 불러일으키는 것도 바로 이 낙관주의이다. 희극성에 대한 다른 예들에서와 마찬가지로 낙관주의 그 자체는 우습지 않다. 이를 확인해보기 위해서는 메치니꼬프의 《낙관주의 평론》을 읽어보는 것만으로도 충분하다. 원숙한 낙관주의는 생철학으로, 이 철학은 때로 삶의 힘겨운 실패들에도 불구하고 만들어진다. 낙관주의는 어떤 성격적 힘의 결과로, 희극성을 불러일으키지 않는다. 희극성을 불러일으키는 낙관주의는 전혀 다른 기초들에 기반하고 있다는 사실은 쉽게 알 수 있다. 더 정확히 말하자면, 낙관주의는 그 무엇에도 기반을 두지 않고 있다. 이는 인생을 매우 쉽게 살게 하는 종류의 낙관주의이다. 말하자면 낙관주의는 자신 안에 갇혀있는 것으로, 극히 주관적이며 개인적인 성격을 띠고 있다. 낙관주의의 원천은 매일매일 일어나는 사소한 일들이다. 그럼에도 불구하고 일상생활에서의 낙관주의는 꽤나 기분 좋고 유익한 것이다. 이 낙관주의는 사람들로부터 무의식적 웃음을 불러일으킨다. 그러나 이와 동시에 이렇듯 선량한 자기만족과 이토록 순진한 인생의 기쁨은 꽤나 피상적이며 견고하지 못하다. 이는 동시에 유약함이기도 하다. 웃음이 폭발하는 것은 이 유약함이 갑자기 발견되고 징벌되는 때이다. 이렇게 선량하고 세상만사에 만족하는(자기 스스로에게도 물론 만족하고 있으며) 유쾌함은 웃음을 준비시키고 있지만 아직 웃음을 유발시키지는 못하고 있다. 때때로 뛰어난 광대들은 이 점을 매우 잘 이해한다. 이런 광대들은 만족감에 가득 차서는 빛이 나는 모습으로 무대에 등장한다. 예를 들어, 카랑 다슈[1]는 목욕탕에라도 가는 듯이 목욕통과 마사지용 자작나뭇잎다발을 들고서는 매우 만족스러운 빛으로 무대에 등장했었다. 보리스 뱌뜨낀은 강아지를 앞세우고서는 낙천적인 휘파람을 불거나 크게 고함을 치며 등장했었다. 이러한 풍요로움과 온화함은 이제 곧 이 얼뜨기들을 엄습하여 미소 정도가 아니라 큰 웃음을 불러일으킬 예기치 못한 불행들과 대조적 배경을 이룬다. 그러나 이 유형은 그에게 일어나는 사건들과 상관없이 그 인물 자체만으로도 물론 희극적이다. 그에게 일어나는 불행들은 이미 이 유형에게 주어져 있는 희극성을 강화시키는 것이다. 대개의 경우 이는 모욕을 겪는

---

1) 카랑 다슈 : 19세기~20세기 초 유명한 프랑스 희화작가 엠마누엘 푸와레의 필명임. 모스크바에서 태어나서 자랐으나 파리에 정착함.

비논리이나, 이것이 반드시 필요한 것은 절대로 아니다.

그리하여 앞에서 언급된 성격들이 주는 희극성은 긍정적인 성질 그 자체의 존재에 근거하고 있는 것이 아니라, 이 성질들의 유약함, 그 불충분한 결점들에 근거하고 있다는 결론을 얻을 수 있다. 이러한 불충분함은 이 성격들이 자신의 소소함과 다사다망함을 드러내면서 어떻게 처신하고 있는지, 그리고 이 불충분함이 갑자기 뚜렷하게 폭로될 때 어떻게 폭소를 유발하는지에서 드러난다.

희극적인 낙관론자들의 유형에 관해 언급하면서 팔스타프를 빼놓을 수 없다. 그는 관객들을 잘 웃기고 즐겁게 해주는 순박한 광대들보다 훨씬 더 복잡하다. 어떤 한 가지 성질만을 구현하는 희극적 인물(소바께비치)들과는 달리 팔스타프 유형은 수없이 다양한 많은 특성들을 내재하며, 그로써 그의 생명력과 사실성이 결정된다. 그의 주요 성질 중 하나는 무너지지 않는 자신에 대한 믿음과 자신에게 일어나는 불행들에 대한 태연함이다. 어떠한 경우에도 그는 항상 낙천적이며 유쾌하다. 셰익스피어는 이 인물형을 매우 아꼈으며, 《헨리 4세》(1부와 2부)와 《윈저의 명랑한 아낙네들》에서 두 번에 걸쳐 이 인물을 사용했다.

팔스타프는 부정적인 성격이지만, 이 경우 부정적 특성들은 그 자체만으로도 웃음을 불러일으키는, 낙천적이고 절대로 음울해하지 않는 인간의 유형에 편입되고 있다. 이로써 팔스타프 유형은 동종계열 중 유일한 표현력과 색조를 획득한다. 셰익스피어에 관한 문헌들에서 수차례 팔스타프의 성격묘사가 이뤄졌다. 팔스타프의 가장 훌륭한 성격묘사는 뿌쉬낀에 의해 주어졌는데, 뿌쉬낀은 이 형상에 감탄했었다. 《연회에서의 담화들》(*Table-talk*)에서 그는 다음과 같이 말한다.

> "어쩌면 그 어디에서도 셰익스피어의 다방면적 재능이 팔스타프에서 드러난 것 같은 그런 다양함과 함께 나타나지는 않았을지도 모른다. 서로 연관되어 있는 팔스타프의 결점들은 고대의 떠들썩한 주연처럼

> 웃기고 추한 사슬을 구성한다. 팔스타프의 성격을 분석하다보면, 그의 주요 특성이 공명심이라는 것을 알 수 있다. 아마도 젊어서부터 난폭한 싸구려 여자의 뒤꽁무니 따라다니기 취미는 그에게 있어 으뜸가는 일이었을 것이다. 그러나 그의 나이는 벌써 쉰을 넘었고, 그는 뚱뚱해지고 노쇠해졌다. 과식과 술은 확실히 그 안의 비너스를 죽여버렸다. 둘째로 그는 겁쟁이다. 하지만 젊은 난봉꾼들과 일생을 보내면서 끊임없이 그들의 조소와 장난에 매어 있던 그는 자신의 부족함을 애매하고 조소적인 불손함으로 가리고 있다. 그는 습관적으로, 그리고 계획적으로 자화자찬한다. 팔스타프는 전혀 멍청하지 않으며, 반대로 그는 가끔은 좋은 사회에서 살아보기도 한 사람이 가지는 몇몇 습관들도 가지고 있다. 그는 어떠한 법칙도 따르지 않는다. 그는 아낙네처럼 유약하다. 그는 자신의 정부들을 위해 독한 스페인 와인(*the sack*)과 기름진 만찬, 돈을 필요로 한다. 그는 이것들을 구하기 위해서라면 명백히 위험한 일만을 제외하고 그 어떤 것이라도 할 준비가 되어 있다"(뿌쉬낀, VIII, 66).

팔스타프가 때로는 자신의 적들을 신랄한 대사들로 쓰러뜨리기도 하지만 희극적 인물이 대개 그렇듯, 때로는 패배하고 모욕을 당하기도 한다는 것을 위의 내용에 덧붙일 수 있다. 그는 자신의 기름을 짜내버리겠다는 위협을 당하기도 한다. 《윈저의 명랑한 아낙네들》에서 그는 동시에 두 명의 유부녀에게 연애편지를 썼다가 실패를 맛보게 된다. 이 부인들이 자신의 남편에게 정절을 지킨 것이다. 처음에 그는 더럽고 냄새나는 속옷들이 담긴 바구니에 숨었다가 그 속옷들과 함께 물속으로 던져지며, 그 다음에는 뚱뚱한 아낙네로 변장하고 도망치려 해보지만 사람들에게 붙잡혀서는 두들겨 맞게 된다. 줄거리는 구비문학적이지만, 팔스타프는 완전히 셰익스피어적 유형이다. 이러한 유형은 희극적인 동시에 풍자적이기도 하다. 이 유형은 라블레가 만들어낸 형상들과 닮아 있다.

뿌쉬낀은 셰익스피어를 몰리에르에 대비시켜가면서 팔스타프에 관해 논하고 있다. 몰리에르가 창조해낸 성격들은 단편적이다.

> 몰리에르가 만들어낸 위선자는 위선을 떨면서 자기 은인의 부인 뒤꽁무니를 쫓아다닌다. 그는 위선을 떨면서 보존을 핑계로 영지를 접수한다. 그는 위선을 떨면서 물 한잔을 부탁한다(뿌쉬낀, VIII, 65~66).

이는 앞서 희화의 단편성에 관해 언급된 내용과 일치한다. 삶의 희극적 형상들 및 뚜렷한 희극적 음모들을 만들어내는 데 일종의 정상으로 존재하는 셰익스피어는 항상 다방면적이다.

삶에서의 낙천주의가 희극적으로 해석될 수 있는 유일한 긍정적 성질인 것은 아니다. 이러한 종류의 다른 성질로 기지와 교활성, 삶에 대한 적응력, 어떤 어려운 상황에서도 방향을 잡고 빠져나갈 수 있는 능력이 있다. 자신의 굼뜬 적대자들을 모욕당하게 하는 희극의 몇몇 주인공들이 이와 같은 성질들을 지니고 있다. 적대자들은 항상 부정적 유형들이며, 그렇기에 이들을 실패로 몰아가는 약삭빠른 주인공은 긍정적인 동시에 희극적이기도 한 주인공의 성격을 얻게 된다. 유형의 다른 종류 중 하나가 이탈리아와 프랑스의 옛 희극들에 등장하는 민첩한 하인들이다. 예를 들어 골도니의 희극 《두 주인을 섬기는 하인》에 나오는 트루팔리디노와 보마르셰[2]의 《세빌리아의 이발사》에 나오는 피가로가 이에 속한다. 사람들은 비극에서는 패자에게, 희극에서는 승자에게 동조한다. 희극에서는 재치 있고 영악하며 음모 진행자의 절대로 기죽지 않는 성격을 증명해주는 투쟁방법이기만 하다면, 설사 그 방법이 전혀 나무랄 데 없는 것은 아닐지라도 이 방법으로써 얻은 승리는 관객에게 만족을 안겨준다. 민첩한 하인들은 몰리에르가 집필한 대다수의 희극들에서 볼 수 있다. 몰리에르의 작품들에는 대개 두 세대의 인물들이 있는데, 바로 구세대 인물들과

---

2) 보마르셰 : 18세기 프랑스 작가임. 지금도 참신함을 유지하고 있는 2편의 뛰어난 희극 《세비야의 이발사》와 《피가로의 결혼》을 썼음.

신세대 인물들이다. 구세대는 부정적 유형들(구두쇠, 위선자, 인간혐오자)로 나타나며, 신세대는 긍정적 유형들로 나타난다. 신세대들은 사랑하고 결혼하고 싶어 하지만, 구세대들은 신세대들에게 이를 허락하지 않는다. 신세대 주인들의 유쾌하며 교활한 구석이 있는 하인들은 자신의 주인들은 승리하도록, 많은 결점들을 지닌 구세대들은 모욕을 당하도록 만든다.

더욱 상세한 설명은 필요 없을 것이다. 전통적 극예술에서 희극적인 동시에 긍정적인, 민첩하고 유쾌한 하인들의 일정한 유형들을 볼 수 있다는 것을 지적하는 것만으로도 충분할 것이다.

이러한 유형은 조금 다른 형태로 희극에서뿐만 아니라 옛 악한소설들에서도 나타나고 있다. 이 소설들의 주인공은 하인이나 떠돌이, 혹은 병사로, 자신의 주인을 기만하며 어려운 상황을 벗어나 항상 승자로 남는다. 이런 종류의 주인공들은 몰리에르가 저술한 희극에 나오는 하인들과는 달리 자기 자신을 위하여 자신의 주인들 및 세상의 강자들에 맞서 투쟁한다. 이 투쟁은 사회적 성격을 띠게 되는데, 이로써 악한소설은 광대들에 관한 이야기와 닮아 있다. 이 경우 성격은 주로 바보 만들기로 귀착되는 음모와 밀접하게 결합하고 있다.

16세기에 희극적 악한소설(《토르메스의 라사리요》,[3] 1554년)이 창조되고 발전을 이룬 나라는 스페인이다. 돈키호테와 산초 판사의 형상이 창조된 곳도 스페인이다. 돈키호테에 관해서는 숱한 미학서들과 문학사서들에서 수도 없이 이야기되었기에, 여기에서는 이미 저술한 내용들을 반복하지 않고서 짧게 언급할 수 있으리라 생각한다. 본 연구에서 관심을 가지고 있는 것은 긍정적 주인공들이 주는 희극성의 문제이다. 이러한 주인공들의 유형은 사람들의 성격이 각기 다른 만큼이나 다양하다. 그 지향의 고결함과 사고방식의 드높음으로 볼 때, 돈키호테는 뚜렷하게 긍정적

3) 《토르메스의 라사리요》: 1554년 에스파냐의 부르고스·아르카라 드 에나레스와 벨기에의 앙베르에서 출판된 작자 미상의 소설임.

인 인물이다. 그러나 삶에 대한 자신의 완전한 부적응력 때문에 그는 우습다. 이 점에서 그는 삶에서 성공가도를 달리고 있으며 자신과 자신이 충성하고 있는 이들의 안녕을 위해서 성공적으로 투쟁하고 있는 사기꾼들 및 책략가들에 극단적으로 대립하고 있다. 돈키호테는 자신의 긍정적 성질들이 아닌, 부정적 성질들 때문에 희극적이다. 그의 고결함이 아닌 이런 성질들이 돈키호테라는 형상을 세계적으로 유명하게 만들었다. 돈키호테의 모든 주요 모험들은 희극적인 종류의 모험들이다. 산초 판사라는 인물도 소설의 희극성에 한몫하고 있다. 고결함은 돈키호테의 모든 모험들에 희극성뿐만 아니라 의미심장함과 깊이도 부여하고 있다. 이런 종류의 결합은 전 세계 문학에서 유일무이한 것이다. 이 작품에서의 희극성은 결국에 가서는 비극적 성격을 띠게 된다.

본 연구에서는 위와 같은 짧은 관찰들에 국한하기로 하겠다. 디킨즈의 미스터 픽윅 및 다른 주인공들에 대해서, 찰리 채플린과 그가 만들어낸 감동적인 희극 주인공들에 대해서, 차펙[4]이 창조한 용감한 병사의 형상에 대해서, 그리고 매우 많은 다른 이들에 대해서 더 이야기할 수도 있겠으나 이는 연구를 너무나 멀리로 끌고 가버릴 것이다. 본 연구에서 중요했던 것은 무엇으로써, 어떠한 경우들에서 긍정적인 주인공들이 희극적인가 하는 것이었으며 이는 인용된 예들을 통해서 대략적으로 판명이 났다.

---

4) 카렐 차펙 : 20세기 체코 소설가임. 1920년 기술의 발달과 인간의 사회관계를 다룬 소설 《로섬의 만능로봇》에서 로봇이라는 단어를 처음 사용했음.

# 제20장

# 역할 바꾸기

칸트는 자신의 사상을 다음과 같이 자신이 직접 요약해서 표현해 놓았다.

> 웃음은 긴장하며 걸고 있었던 기대가 아무것도 아닌 것으로 갑작스럽게 변해버리는 것에서 '생겨나는' 일시적인 흥분상태이다(칸트, V, 352).

이 말은 자주 인용되는데 항상 비판을 목적으로 한다. 장 폴은 부드럽고 섬세하게 자신의 비판을 드러냈다.

> 기대가 갑자기 아무것도 아닌 것으로 되어버리는 데 희극적인 것이 있다는, 희극적인 것에 대한 칸트의 새로운 정의는 반박당할 수 있는 많은 근거들을 지니고 있다(장 폴, 128).

칸트도 부정하고 있고, 장 폴도 부정하고 있는 쇼펜하우어는 더욱 단호한데 그는 다음과 같이 적고 있다.

> 희극적인 것에 대한 칸트와 장 폴의 이론은 잘 알려져 있다. 내 생각에 이들의 실수를 증명한다는 것은 시간낭비이다(쇼펜하우어, II, 181).

쇼펜하우어는 이 이론을 실제 사실에 적용시키려 하는 모든 이들이 이론의 근거가 미약하다는 사실을 금방 확인하게 될 것이라고 여긴다. 몇몇 다른 작가들도 이와 같은 생각을 표명하고 있다.

그러나 사례에 대한 비교연구는 칸트의 이론은 전체적으로 옳으며 단지 약간의 보충과 수정을 요할 뿐이라는 사실을 보여주고 있다. 아마도 웃음이 나는 것은 '긴장하며 걸고 있었던 기대' 너머의 일인 것 같다. 웃음은 완전히 예기치 않게 나올 수도 있다. 그러나 가장 중요한 것은 이것이 아니다. 칸트가 말하고 있는 이뤄지지 않은 기대는 희극적일 수도 있으나 희극적이지 않을 수도 있다. 칸트는 희극적인 것의 특성을 정의내리지 않았다.

이뤄지지 않은 기대들은 어떤 조건 하에서 웃음을 불러일으키고 어떤 조건 하에서는 웃음을 불러일으키지 못하는가? 예를 들어 만약에 어떤 아가씨가 신랑을 이상적이거나 어쨌든 간에 점잖고 정직한 사람으로 생각하면서 시집을 갔는데 사실 신랑은 정직하지 않고 비굴하며 추하게 행동한다면 여기에 우스운 점은 없다. 이뤄지지 않은 기대가 웃음으로 이어지지 않은 것이다.

칸트의 이론은 이뤄지지 않은 기대가 심각하거나 비극적인 결과로 이어지지 않을 때에만 웃음이 생겨난다는 조건을 필요로 한다. 칸트의 이론은 이 책의 이전 장들에서 언급했던 내용들에 전혀 모순되지 않고 있다. 이 이론을 숙고해보면 이 이론의 본질은 일종의 폭로라는 것을 알 수 있다. 칸트의 생각은 확대해석을 허용하는데, 사람들이 웃게 되는 것은 무엇인가가 있는 줄 알았는데 알고 보니 아무것도 없을 때라는 것으로 표현될 수 있다. 여기에서 '무엇인가'는 다른 이들이 중요하고 의미 있으며 긍정적인 사람으로 받아들이고 있는 사람이다. '아무것도'는 실제로 드러나는 이 사람의 모습이다. 《검찰관》에서의 음모는 이러한 점에 근거하고 있다.

> "여러분, 놀라운 일입니다! 우리가 검찰관이라고 생각했던 관리가 검찰관이 아니었습니다!"

시장을 필두로 한 관리들은 흘레스따꼬프를 중요 인사로, 즉 장관들 및 공사들과 허물없이 대화를 나누는 장군이자 "전권을 부여받은 위인"이라고 생각하고 있었다. 그런데 그가 "전권을 부여받지도 않았고 위인도 아닌" "하찮은 인간"이자 "넝마 같은 인물"이라는 사실이 갑자기 밝혀진 것이다. 사실 《죽은 혼》의 줄거리도 이와 같은 원칙에 근거하고 있다. 치치꼬프를 백만장자인 부자로 생각한 사람들은 모두 그에게 반해버린다. 그러나 그는 사실 '모두를 기만한' 교활한 놈이자 사기꾼이었다.

> "이건 정말이지 선례가 없을 정도로 당혹스러운 일이군요."

《검찰관》에 나오는 꼬로쁘낀 부인의 이 말은 《검찰관》에서도, 《죽은 혼》에서도 동일하게 적용될 수 있는 말이다.

다음의 말을 쓴 D. P. 니꼴라예프는 옳았다.

> 자신을 실제의 자신이 아닌 다른 사람으로 사칭하고자 하는 갈망이 바로 웃음을 유발할 수 있는 가능성을 만든다(니꼴라예프, 56).

윌리스는 더욱 뚜렷하게 표현하고 있다.

> 아마도 '그것이면서도 아닌 것'이야말로 온갖 희극적인 현상들의 가장 공통적인 뼈대일 것이다(윌리스, 11).

유레네프도 이와 동일한 생각을 말하고 있다.

> 사건들은 기대했던 바와는 달리 흘러가고 주인공은 생각했던 사람이 아닌 것으로 밝혀진다(유레네프, 1964a, 97).

이러한 원칙은 오래전에 만들어졌으며, '한 사람 대신 다른 사람'이라고 의역될 수 있는 'qui pro quo'라는 명칭을 얻었다. 옛 희극에서 널리 사용되었던 변장이라는 모티브는 타인의 모습으로 등장하여 자신을 다른 사람으로 받아들이게 하는 것으로 역시 이 원칙에 근거하고 있다. 보통 이런 행위들은 기만을 동반한다. 《검찰관》에서 흘레스따꼬프는 본의 아니게 기만자가 되기는 하지만 이것이 변장의 본질을 바꾸는 것은 아니다.

고전적인 옛 희극에서 기만자는 고의로 자신의 적대자가 오해에 빠지게 한다. 기만의 이러한 형태는 바보 만들기의 특수한 예이다.

여기에서는 한두 가지의 예만을 들도록 하겠다. 몰리에르의 《암피트리온》에서 제우스는 테베의 장관인 암피트리온의 부인 알크메네를 사랑하게 된다. 암피트리온이 전쟁에 나가 있는 동안 제우스는 남편의 얼굴을 하고 알크메네를 찾아온다. 남편이 전쟁에서 돌아오자 제우스의 기만이 드러난다. 제우스는 암피트리온에게 경쟁자는 자신, 즉 신이었으며 그가 헤라클레스라는 아들을 보게 될 것이라면서 그를 달랜다. 상황 그 자체는 우습지 않을 수도 있었다. 부부의 권리를 찬탈하는 것은 다양하게 받아들일 수 있다. 그러나 모든 행위는 현실이 아닌 상상 속에서 일어나고 있다. 망신당한 신은 사라져야만 했다. 진실이 승리하고 남편이 승리했으며 모든 일은 순조롭게 끝이 났다.

셰익스피어의 《십이야》에서 등장인물들은 닮아서 분간이 어려운 쌍둥이 오빠와 여동생이다. 여동생은 남자로 변장한다. 객석의 모든 이들의 웃음을 불러일으키는 수많은 오해들은 여기에 근거하고 있다.

'한 사람 대신 다른 사람'이라는 뜻의 'qui pro quo' 원칙은 주로 옛 서유럽 고전희극에서 실현되고 있으나 러시아 문학에서도 이 원칙을 맞닥뜨리게 된다. 예를 들어 뿌쉬낀의 《농부아씨》가 있는데 이 작품에서 지방의 귀족아가씨는 농민처녀로 변장을 한다. 그로 인해 이웃지주 아들은 오해를 하게 된다. 이 오해는 순조롭게 풀리게 되고, 사건은 결혼식으로 끝을 맺는다.

어떤 사람이 자신을 다른 사람으로 사칭해 웃음을 불러일으키는 내용을 담고 있는 줄거리는 문학 전체에 널리 퍼져 있다. 소비에트 문학도 마찬가지이며 이를 증명하기 위한 수많은 예를 제시할 수 있다. 조셴꼬[1]의 희극 《범포로 만든 서류가방》에서의 사건은 서로 유사한 오해들의 덩어리에 근거하고 있다. 사칭이 주는 희극성도 동일한 원칙에 근거하고 있다. 일리프와 뻬뜨로프의 《12개의 의자》에서 오스따쁘 벤데르는 체스를 어떻게 두는지도 모르면서 위대한 체스선수를 사칭하고 다닌다. 《황금 송아지》에서 사람들은 오스따쁘 벤데르와 그의 패거리가 타고 있는 차를 자동차 경주에서 가장 우수한 차라고 생각하며 가는 곳마다 이들을 존경과 선물로 맞이한다. 오스따쁘는 기만이 탄로 나서 그로 인해 차를 타고 재빨리 무대에서 사라지게 되기 전까지 선수권 우승자로 사칭하고 다니면서 이런 상황을 약삭빠르게 이용한다.

인용된 예들에서 기만자는 실제의 자신보다 더 높고 더 저명한 누군가로 사칭하고 다닌다.

그러나 이와 반대의 경우도 가능한데, 그런 대로 저명한 어떤 인물이 실제의 자신보다 더 낮은 누군가로 사칭하고 다니는 것이다. 위대한 러시아 유머작가들 중 몇몇이 이렇게 속이며 장난치기를 좋아했다. 마리야 빠블로브나 체호바는 자신의 오빠인 안똔 체호프에 관해 다음과 같이 이야기하고 있다.

> 우리가 모스크바로 돌아갈 때 기차 안에서 오빠가 어떻게 나를 괴롭혔었는지는 절대로 잊을 수가 없다. 내가 V. N. 게리예의 고급과정 강습소에서 수강생으로 있었을 때 강의를 했었고, 내가 시험을 보기도 했던 스또로줸꼬 교수가 우리와 한 기차에 타고 있었다. 나는 이 사실을 오빠에게 알리며 가능한 얌전히 있어 줄 것을 부탁했다. 그러나 오빠는 온갖 즉흥적인 장난들을 일부러 고안해내기 시작하면서

1) 조셴꼬 : 소비에트 풍자작가로, 독특한 회화체와 속어를 재치 있게 구사했음.

> 나를 공포에 질리게 했다. 갑자기 오빠는 자신이 어떤 백작부인 댁에서 요리사로 일한 적이 있었다면서 부엌에서 어떻게 다양한 요리들을 만들어냈던가에 대해서, 주인나리들이 자신을 얼마나 칭찬했었으며, 그들이 얼마나 자신에게 선량했었던가에 대해서 밑도 끝도 없이 큰소리로 이야기하기 시작했다. 우리와 함께 가고 있었던 첼로 연주자 M. R. 세마쉬꼬가 오빠에게 장단을 맞추어, 그도 마치 어떤 나리들을 모셨던 시종인 체했다. 그들은 서로에게 자신이 일하면서 겪었던 특별한 어떤 일화들을 이야기해댔다(체호바, 87).

고골의 삶에도 이와 유사한 경우들이 있었다.

'한 사람 대신 다른 사람' 원칙은 '저거 대신 이거'로 더욱 폭넓게 표현될 수도 있다. 이에 매우 가까운 것으로 '기대되었던 내용 대신 공허'로 짧게 요약될 수 있는 현상이 있다. 이 원칙은 셰익스피어가 자신의 희극들 중 하나에 《헛소동》이라는 제목을 붙이면서 표현했던 것에 매우 가깝다.

너무 멀리 나가버릴 염려가 있으므로, 여기에서 이 복잡한 음모의 분석에 들어가지는 않겠다. '헛소동' 원칙은 현대희극에서는 사라져가고 있는데, 생활 속에서 이러한 현상을 보기가 힘들기 때문이다. 이런 경우를 우리가 볼 수 있는 것은 사소한 원인에 의해 유발된 굉장한 대소동이 일어날 때이다. 체호프의 《말(馬)의 성(姓)》을 예로 들 수가 있겠다. 이 원칙은 몇몇 희극영화들의 근간에 자리 잡고 있다. 희극영화 《33》에서 치과의사는 한 환자의 이가 모든 사람들과 마찬가지로 서른두 개가 아니라 서른세 개라는 사실을 발견한다.

이 일은 과장되어 퍼져나갔기에 이 환자는 저명인사가 되었다. 그에 대해 학위논문을 쓰는 이들이 있는가하면, 박물관은 그의 두개골을 사들여 놓는다. 어디를 가든지 사람들은 존경으로서 그를 맞이하며 대접한다. 이 영화는 몇몇 과장들이 눈에 거슬리기는 하나, 주요 상황은 희극적이다. 영화는 다음과 같은 결말을 맺는다. 주인공의 이 하나가 상하게 되어 그 이를 뽑게 되고, 이로써 한 개의 치아뿌리에 두 개의 이가 나 있었던 사실이 드러난다. 이는 있을 수 있는 일이었으며, 주인공의 이가 서른세 개가 아니라 다른 모든 사람들과 마찬가지로 서른두 개밖에 없었다는 사실이 밝혀지게 된다.

위와 같은 줄거리들은 사실적인 줄거리들보다 환상적인 줄거리들에 더 어울린다. 이러한 줄거리들은 이야기에서 종종 볼 수 있다. 가장 순수한 형태로의 '헛소동'원칙은 아마도 몇몇 점입가경식의 이야기들에서 나타나고 있는 것 같다. 이런 종류의 이야기인 《동정심 많은 처자(處子)》를 다시 살펴보자. 아가씨가 대걸레를 빨기 위해 강으로 간다. 강 건너편의 마을에는 그녀의 약혼자가 살고 있다. 이는 아가씨가 다음과 같은 생각을 품도록 만든다.

> '저 마을로 시집가면 사내아이를 낳게 되겠지. 아이가 스무 살이 되었을 때 얇은 얼음 위를 건너가다가 물에 빠지고 말거야.'

그녀는 울기 시작한다. 노파가 와서 따라 울기 시작한다. 그 다음에는 할아버지가 오게 되고, 이들은 모두 함께 울부짖기 시작한다. 약혼자가 (또는 다른 이가) 사연을 알게 되고, 그는 세상에 자신의 약혼녀보다 더 멍청한 사람이 있는지를 알아보려 길을 떠나게 된다. 그리고 대개의 경우는 그런 사람을 발견하게 된다.

여기에서 원인의 사소함과 그로 인해 일어난 대소동간의 대비는 약혼녀의 멍청함을 폭로하기 위해 사용되고 있다. 이런 종류의 대비는 그 자체로 희극적이며, 이 때 우둔함이 반드시 강조되는 것은 아니다. 이야기 《깨진 달걀》에서는 달걀이 깨지는데, 할아버지가 할머니에게 이에 대해 이야기하자 할머니는 울어버린다. 깨진 달걀에 관한 소식은 온 마을에 퍼지고, 굉장한 소동이 일어나게 된다. 할아버지는 울고, 할머니는 통곡하며, 암탉은 꼬꼬댁거리고, 대문은 삐걱거리고, 거위들은 소리를 질러대고, 집사는 종을 울려대고, 성직자는 책을 찢는다. 마을이 불타버리는 것으로 이야기는 끝을 맺는다. 깨진 달걀이 보통달걀이 아닌 황금달걀이어서 소동이 일어나게 되었다는 이야기도 있다. 그러나 이것이 사건의 본질을 바꾸지는 않는다.

몇몇 이론가들은 이와 같은 경우들을 점점 커지다가 끝내는 감당이 안 될 정도로 커져버려서는 탁하고 터지게 되는 거품에다 비교하기도 한다. 이 경우 비교는 매우 성공적으로, 그리고 생생하게 사건의 본질을 나타내고 있다.

제3부

# 다른 유형의 웃음들

제21장

# 선의의 웃음

지금까지 살펴본 것은 단 한 가지 종류의 웃음이었다. 이 종류의 웃음이 가지고 있는 특성은 그 안에 비웃음당하는 사람이 가진 어떤 결점들로 인한 직접적 혹은 숨은 조소가 존재한다는 것이다. 이는 생활에서도 예술 작품에서도 가장 널리 퍼져 있으며 가장 자주 볼 수 있는 웃음의 종류이다. 그러나 이것이 웃음의 유일한 종류는 아니며 웃음과 희극성의 본질에 대해 어떤 결론을 도출하기 전에 가능한 한 모든 종류의 웃음을 살펴보아야 한다는 것은 분명한 일일 것이다.

또한 우리 주변의 사람들에게서 어떠한 결점들이 드러났기 때문에만 웃는 것이 아니라 다른 원인들에 의해서도 웃을 수 있음은 명백한 사실이며 이 원인들이 도대체 어떠한 것들인지는 확인해볼 필요가 있겠다. R. 유레네프가 작성한 웃음의 종류 목록이 앞서 인용된 적이 있다. 이 목록은 흥미롭고 풍부한 내용을 담고 있지만 다소 무질서하며 학술적인 목적을 따르지 않고 있다. 목록의 내용이 분류되어 있지도 않다.

완전히 양적인 면에서 관찰해보았을 때 조소가 굉장히 자주 나타나는 인간의 주요한 웃음종류이며 다른 유형의 웃음들은 현저히 드물게 나타난다는 사실을 알 수 있다. 형식논리의 관점에서 볼 때 웃음에는 두 가지 범위 또는 두 가지 종류가 있다는 결론에 도달할 수 있다. 하나는 조소를 포함하며 다른 것은 조소를 포함하고 있지 않다. 이러한 정의는 한 특징의 존재여부에 따른 분류이다. 이 경우 분류는 형식적으로뿐만 아니라 본질적으로도 옳은 분류가 된다. 몇몇 미학서에서 이와 같은 구별을 두고 있다. 레싱은 《함부르크 희곡》에서 다음과 같이 적고 있다.

> 웃는 것과 조소하는 것은 절대로 같은 것이 아니다.

그러나 여기에서 경계는 확연하게 나뉘지 않고 모호하다. 이제는 바로 여기에 주의를 기울여야 한다.

앞서 우리는 조롱당하고 있는 결함이 비도덕성의 성격을 띠지 않으며 혐오감을 불러일으키지 않을 때에만 웃음이 가능하다는 사실을 확인했다. 따라서 중요한 것은 정도를 아는 것이다. 예를 들어 결함이 너무도 사소한 것이라서 사람들의 웃음이 아닌 미소를 불러일으킬 수도 있다. 이런 종류의 결함은 사람들이 매우 사랑하고 존중하며 호감을 느끼고 있는 사람에게서 나타날 수도 있다. 긍정적인 평가와 인정을 받고 있는 사람의 작은 결점은 비난을 불러일으키지 않을 뿐만 아니라 사람들의 사랑과 호감을 더욱 강화시킬 수도 있다. 사람들은 이런 이들의 결점들을 기꺼이 용서한다. 이것이 바로 선의의 웃음이 가지고 있는 심리학적 기반이다. 이제 이것에 관심을 기울여야 할 때이다.

여기에서 관찰되는 것은 비웃음 고유의 빈정거림 및 놀부심보적 요소들과는 다른 부드럽고 온순한 유머이다. 불리스는 다음과 같이 말하고 있다.

> '유머'라는 용어는 작가가 웃음의 대상 편에 서 있을 때 반드시 필요한 용어이다(불리스, 19).

'유머'라는 개념은 미학서적들에서 수차례 정의되었다. 광의적 의미에서 유머는 희극적인 것을 지각하고 창조해낼 수 있는 능력이다. 그러나 여기에서 언급되는 것은 이것이 아니다. N. 하르트만은 다음과 같이 적고 있다.

> 물론 '희극적인 것'과 '유머'는 서로가 밀접하게 관련되어 있으나 절대로 일치하지 않으며 형식적으로도 서로 비슷하지 않다(하르트만, 604).

유머는 사람을 대하는 태도에서 사소한 결점들의 외적 발현 너머로 긍정적인 내적 본질을 짐작할 수 있는 일종의 심적 상태이다. 이 종류의 유머는 호의적인 어떤 선량함으로서 발생하게 된다.

선의의 웃음에는 매우 다양한 뉘앙스와 발현형태가 있을 수 있다. 그중 하나는 '우정 어린 희화'라고 부르는 것이다. 물론 이와 같은 희화의 대상이 되는 이들이 항상 결과에 만족하는 것은 절대로 아니다. 이오시프 이긴이 매우 흥미로운 경우를 이야기해주고 있다.

> 대다수의 배우들이 희화를 보고 미소를 짓거나 농담을 던졌다. 그런데 까쨔 아줌마만이 (레닌그라드[1] 사람들은 E. P. 꼬르차기나-알렉산드로프스까야[2]를 이렇게 불렀다) 손수건으로 눈물을 훔쳤다.
>
> 나는 생각했다.
>
> '그럴 리가 없어. 까쨔 아줌마가 정말 화났다구?'
>
> 그러나 그녀는 내 옷소매를 만지작거리면서 흐느끼며 말했다.
>
> "이 사람아, 너무 마음 쓰지 마시게. 관객들이 우리 배우들을 알고

---

1) 레닌그라드 : 레닌그라드는 러시아의 두 번째 도시로 오늘날의 상뜨뻬쩨르부르끄를 말함. 상뜨뻬쩨르부르끄는 뾰뜨르 대제가 건설한 도시로 1924년 레닌이 죽자 그의 이름을 기념하여 레닌그라드로 명명됨. 그 후 1991년 11월 7일 사회주의 개혁의 와중에서 시민들의 요구에 따라 본래 이름인 상뜨뻬쩨르부르끄를 되찾음.

2) 꼬르차기나-알렉산드로프스까야 : 소비에트의 유명 여배우임.

> 있는 건 우리가 무대에 오르는 동안, 우리가 살아 있는 동안일세. 그림이나 사진들을 통해서 그들에게 우리를 떠올리도록 해주어야 하지. … 자네, 우리를 그리시게. 물론 더 잘 그려주게, 희화를 그리진 말고. 하지만 어쩌겠나, 자네에겐 정말로 그럴 만한 능력이 없으니 말이야!"(이긴, 22)

여기에서 우정 어린 희화는 진정한 희화와 경계를 마주하고 있다. 비록 작자는 가장 좋은 의도를 가지고 있었지만 이 우정 어린 희화에 진정한 따뜻함은 물론 없었다. 이러한 의미에서 이 경우는 일반적이지 않다.

대부분의 경우 선의의 웃음은 바로 심적 따뜻함이라는 감정을 동반하고 온다. 선의의 웃음을 문학예술적으로 가장 잘 나타낸 위대한 거장들로는 뿌쉬낀, 디킨즈, 체호프가 있었으며 똘스또이 역시 어느 정도는 여기에 속한다. 자료들을 문학사적으로 나열하지 않고 몇몇 예만을 들어보도록 하겠다.

태어나서부터 소년 소녀가 될 때까지의 아이들이 우스울 때가 있다는 사실은 모두 알고 있다. 레프 똘스또이와 그와는 다른 형식의 체호프와 같은 위대한 작가들이 이런 점을 느끼고 예술적으로 나타내었다. 똘스또이는 절대로 유머작가가 아니다. 그는 독자가 웃도록 만드는 것을 목적으로 삼지 않는다. 그러나 그는 독자들이 연민과 찬성의 미소를 무의식적으로 짓도록 만든다. 체호프의 어린이 유형은 매우 다양하다. 이들 중 몇몇은 바니까 주꼬프처럼 비극적으로 그려져 있다. 구두장이에게 문하생으로 보내어진 바니까는 자신의 모든 불행을 써서 시골집에 부친다. 이 불행들은 어린이다운 순수한 것이기에 약간 우스운 언어로 쓰여 있다. 그러나 끔찍한 사실을 담고 있는 편지의 내용은 독자에게 충격을 던져주고 있다. 숫자 맞추기 카드놀이를 하고 있는 아이들을 그린 단편 《어린아이들》에서는 전혀 다른 성격을 볼 수 있다. 이 놀이를 하고 있는 소년들 중 한 명인 그리샤는 다음과 같이 묘사되고 있다.

> 이 작은 9살짜리 소년은 거의 빡빡머리였으며 빵빵한 양 볼에 흑인처럼 두꺼운 입술을 가지고 있었다.

가장 어린 다른 소년은 다음과 같이 묘사되어 있다.

> 부풀어 오른 공 모양의 통통한 아기인 알료샤는 숨을 헐떡이고 코로 세게 숨을 내쉬며 카드를 향해 눈을 부릅뜨고 있다.

그러나 체호프는 아이들의 외양만 묘사하고 있는 것이 아니라 그들의 심리와 성격을 상세히 탐구하고 있다. 이 경우 외양은 본질을 가리는 것이 아니라 드러내고 있는데 이 본질은 사람들로부터 질책이 아닌 미소를 불러일으키는 종류의 것이다. 이는 결점들에서도 마찬가지이다. 체호프가 묘사하고 있는 아이들은 전혀 이상적이지 않다. 그리샤는 오로지 돈 때문에 카드놀이를 한다.

> 게임에 이기고 나서 그는 탐욕스럽게 돈을 낚아채서는 즉시 주머니에 숨겼다.

그의 여동생 아냐는 돈을 따기 위해서가 아니라 이기기 위해서 게임을 하며 자기가 이기지 못하면 속상해한다. 가장 어린 알료샤는 사건들을 좋아한다.

> 겉보기에 그는 둔중한 아이였지만 마음속으로는 상당히 영악한 아이였다.

그는 싸움이 벌어질 때 행복해한다. 이 모든 것은 까칠한 교육학적 관점에서 볼 때 전혀 이상적이지 않다. 이러한 교육학의 대표로 5학년생 바샤가 내세워진다. 바샤는 아이들이 카드놀이를 하고 있는 식당으로 들어

가면서 자신에 대해 생각한다.

> '이건 정말 화나는 일이야! 아이들에게 돈을 줄 수가 있어? 그리고 또 아이들이 도박을 하도록 내버려 둘 수가 있는 거야? 훌륭한 교육이군 그래, 할 말이 없어. 정말 화나는군!'

그러나 곧 그도 카드게임에 합류하게 된다. 체호프는 아이들을 비웃었던 것과는 다른 종류의 웃음으로 바샤를 비웃고 있다. 이렇게 하여 선의의 웃음이 가지는 본질이 밝혀지게 된다. 이 선의의 웃음은 부드러운 유머로 체호프가 특히 능숙하게 다루었던 것이다.

왜 그냥 있는 그대로의 아이들의 모습이 그렇게도 자주 우스운가를 상술된 모든 내용들로서 알 수 있을까? 우리는 웃음이 정신적, 그리고 심적 삶의 외적 발현을 바라볼 때 생겨난다는 것을, 게다가 이 외적 발현이 불완전한 내적 본질을 가려버린다는 것을 보았다. 아이들을 바라볼 때 바로 이 외적 형태의 선명함이 눈에 들어오게 된다. 형태가 생생할수록 이 형태에 의해서 불러일으켜진 무의식적 희극성도 더 강해진다. 그러나 이때 외적 형태들은 내적 본질을 가리지 않으며, 반대로 이를 드러낸다. 외적 형태들은 어린이라는 존재의 본질을 구성하고 있다. 여기에서 보이는 것은 불협화음이 아닌 하모니이다. 이 통일성이 사람들을 기쁘게 한다.

선의의 웃음을 볼 수 있는 다른 고전적 예는 체호프의 《귀여운 여인》이다. 여기에서 귀여운 여인은 자신이 사랑했던 사람들을 차례로 잃게 되는 젊은 여자이다. 그녀는 마치 속이 없는 것 마냥 자신이 사랑하는 사람들을 위해서만 산다. 극단주의 부인으로 있으면서는 남편을 도와주며 그의 모든 견해들을 그대로 따른다. 남편이 죽고 난 후 그녀는 목재창고 관리인에게 시집가서 또다시 남편을 도와준다. 이제 그녀에게 있어 삶에서 가장 중요한 것은 목재가격이 되었다.

> 남편이 하는 생각들을 그녀도 했다.

그녀가 세 번째로 애착을 가진 사람은 수의사였기에 이제 그녀에게 있어 가장 흥미로운 것은 가축들의 병이 되었다. 수의사가 영원히 떠나버리게 되어 그녀는 그와 헤어져야만 하게 되었다. 그녀는 완전히 홀로 남게 된다.

> 이제 그녀에게는 아무런 견해도 없었다.

많은 세월이 흐른 후 수의사가 도시로 돌아왔을 때 그녀의 모든 사랑은 그의 9살짜리 아들에게로 옮겨진다. 그녀는 그의 공부를 도와주고 보살피며 응석을 받아준다. 이제 그녀는 소년이 공부하는 우화와 라틴어 문법이 어렵다고 말할 때 그의 견해에 공감한다.

귀여운 여인은 과연 어떤 사람인가? 긍정적 유형인가, 부정적 유형인가? 그리고 이 작품에서 체호프의 웃음은 어떤 것인가? 지적 생활의 수준으로 볼 때, 그리고 삶을 바라보는 견해에 그 어떤 자주성도 없음을 볼 때 그녀는 비웃음을 받을 만한 것처럼 보인다. 그러나 자주적 사고에서의 무능력함을 드러내는 동시에 그녀는 부드러운 여성적 사랑의 힘과 자기 자신을 희생할 수 있는 능력 및 청렴함을 발휘하게 된다. 이는 그녀의 부정적 성질들이 깊이 있고도 진실하게 사랑할 수 있는, 항상 변함없는 그녀의 능력 앞에서 빛을 잃게 할 정도이다. 체호프의 《귀여운 여인》이 그의 생전에 이해되지 않았던 것은 주목할 만한 일이다. I. I. 고르부노프-뽀사도프는 1899년 1월 24일에 체호프에게 다음과 같이 썼다.

> 《사랑스러운 여인》[3]은 정말로 고골풍이다.

고골에 대해 앞에서 언급했던 내용들에 비춰볼 때 이와 같은 견해는 전혀 말이 안 된다. 레프 똘스또이는 이 이야기를 매우 높게 평가했었다.

3) 정말로 이렇게 쓰여 있었다!—원주.

똘스또이의 딸 따찌야나 리보브나는 1892년 3월 30일 체호프에게 다음과 같이 썼다.

> 당신이 집필하신 《귀여운 여인》은 매혹적입니다. … 아버지께서는 이 이야기를 네 번 연속해서 소리 내어 읽으셨으며 이 이야기 덕에 똑똑해졌다고 말씀하셨습니다.

그러나 똘스또이 역시 이 이야기에 감탄하면서도 체호프의 의도는 알아차리지 못했다. 1905년에 똘스또이는 이 이야기의 후기를 적으면서 체호프의 이상형은 사회를 위해 공헌하는 박학하고 성숙한 여성이라고 주장했다. 마치 체호프가 이러한 이상형에 일치하지 않는 딱한 귀여운 여인을 비웃고자 했다는 듯이 말이다. 그러나 권리평등의 이상과 《귀여운 여인》의 자기희생적인 모습이 서로를 절대 배제하지 않고 있으며 체호프가 부드러운 유머조로 이 매혹적인 여성상을 미화하고 있다는 것은 명백한 일이다. 똘스또이의 말과는 반대로 체호프는 박학한 여성들을 별로 좋아하지 않았다. 단편 《분홍색 스타킹》에서 그는 정자법과 구두법을 지키지 않고 삐딱한 줄로 긴 편지를 쓰고 있는 젊은 여자를 묘사하고 있다. 남편이 이 편지를 보고 부인의 무지를 야단친다. 그녀는 조용히 울었다. 남편은 자신이 한 질책들을 후회하며 자신의 착한 아내가 지니고 있는 모든 장점들을 떠올리게 된다. 그의 아내는 정절을 지킬 줄 알며 정 많은 사람이었기에 함께 사는 데 별다른 어려움이 없었을 것이다.

> 동시에 그는 일반적으로 똑똑한 여자들이 얼마나 버거운가를 떠올리게 되었다. 그들이 얼마나 요구하는 게 많으며 엄격하고 양보할 줄 모르는가. … 그런 똑똑하고 박학한 여자들은 그대로 내버려 두라지! 순박한 여자들과 사는 게 더 낫고 더 평화로워.

선의의 웃음이 가능하다는 것을 부정하는 이론가들이 있다. 예를 들어

베르그송은 다음과 같이 썼다.

> 우스운 것은 자신의 모든 것을 발휘하기 위해서 심장을 잠시 동안 마취시킬 것을 요구하는 듯하다.

이는 타인의 불행에 대해 잠시 동안 잔인하고 무감각한 사람이 되어야만 웃을 수 있다는 것을 의미한다. 이러한 주장은 인간의 결점들이 주는 희극성과 연관된 비웃음에 대해서일 때만 옳을 뿐이지 희극성의 다른 종류들에 대해서는 아니다. 때마침 다른 이들은 이와는 반대의 주장을 하고 있다. 예를 들어 캐나다 작가 리콕[4]은 다음과 같이 적고 있다.

> 나는 항상 진정한 유머는 그 본질상 악하거나 잔인하면 안 된다고 생각했다. 나는 우리 모두에게 남의 재액을 기뻐하는, 태고로부터 내려오는 어떤 악마적 성향이 있을 수 있다는 사실을 충분히 인정한다. 이 악마적 성향은 우리와 가까운 누군가에게 재앙이 덮치게 될 때 간간히 밖으로 기어 나오게 된다. 이것은 원죄와 마찬가지로 인간본성에서 분리해낼 수 없는 감정이다. 누군가가 제발 좀 말해주었으면. 만일 무척 위엄 있고 뚱뚱한 신사인 어떤 행인이 바나나 껍질에 미끄러져 땅에 쿵하고 떨어지게 된다면 도대체 여기에서 무엇이 우스운 것일까? 그런데 우리는 이것이 우습다(리콕, 199).

그는 계속해서 다음과 같이 쓰고 있다.

> 대다수의 사람들과 마찬가지로 나는 유머가 무엇보다도 먼저 악의 없고 잔인하지 않아야 한다고 생각한다(리콕, 201).

---

4) 리콕 : 19세기~20세기 캐나다 유머작가, 교육자, 강사, 작가임. 30권이 넘는 경쾌한 내용의 단편과 수필을 썼음.

이 두 관점 모두 잘못되었으며 한쪽으로만 치우쳐 있다. 그 어떤 '심장의 마취'도 요구하지 않는 선의의 웃음은 가능하다고 베르그송의 견해를 반박할 수도 있겠지만 선의의 웃음이 유일하게 가능하고 도덕적으로 증명된 웃음이라고 생각하는 리콕 역시 옳은 것은 아니다. 웃음이 비도덕적이라는 주장은 온갖 종류의 웃음 전체를 부정적으로 대하게 할 수 있다. 헤겔이 웃음과 풍자에 대해 이런 태도를 가졌다는 사실은 앞서 언급된 적이 있다. 그러나 그 외에도 여러 사람들이 이와 같은 태도를 가졌다. 다른 사람도 아닌 괴테가 이와 같은 견해를 토로했었다. 뮐러 재상과의 담화에서 그는 다음과 같이 말했다.

> 양심이나 책임감을 가지고 있지 않은 사람만이 유머작가가 될 수 있다. 예를 들어 빌란트[5]는 회의주의자였기 때문에 유머가 있었다. 회의주의자들은 그 어떤 것도 진정으로 신중하게 받아들이지 않는다. 삶에 대해 진정으로 신중한 태도를 가지는 사람은 유머작가가 될 수 없다.

위대한 괴테의 삶과 자신의 의무에 대한 매우 진지한 태도는 존경할 만하다. 그러나 웃을 수 있는 능력이 삶과 자신의 의무에 대한 진지한 태도를 배제하고 있는 것은 절대로 아니다. 뿌쉬낀은 본질적으로 매우 진지했으며 굉장히 선한 사람이었다. 이와 함께 뿌쉬낀은 잘 웃을 줄 아는 사람이었다.

렌스끼와 올리가가 체스를 두고 있다.[6]

---

5) 빌란트: 18세기~19세기 독일 시인 · 소설가임. 독일의 볼테르라고 불리는 그는 우미하고 경쾌한 작품으로 계몽 시대에 활약했음. 주요 작품에는 서사시 《오베론》 등이 있음.

6) 렌스끼와 올리가: 뿌쉬낀이 지은 운문소설 《예브게니 오네긴》에 나오는 인물들로 렌스끼는 시인이었음.

그리고 렌스끼는 방심하여
자신의 폰(*pawn*)으로 자신의 나이트(*knight*)를 먹는다.

방심으로 인한 희극성은 앞에서 설명되었다. 그러나 이 경우는 앞서 전개되었던 이론에 맞지가 않다. 무슨 차이가 있는가? 렌스끼의 실수는 사소하거나 하찮은 염려나 동기로 인해 야기된 것이 아니다. 이와 정반대의 경우이다.

오, 그는 사랑했다네,
우리 시대에는 더 이상 하지 않는 그런 사랑을,
한 시인의 정신 나간 영혼이 사랑까지 하라고 운명 지워진 듯이.

방심하게 만드는 것은 사랑의 깊이와 힘이다. 뿌쉬낀은 이를 강조하고 있다. 라린가(家)의 무도회 묘사와 《죽은 혼》에서의 현지사댁 무도회 묘사를 비교해보면 뿌쉬낀의 선의적인 유머가 특히 분명하게 드러난다. 두 무도회 모두 유머적으로 묘사되었으며 웃음을 불러일으키고 있지만 이 웃음은 서로 다른 웃음이다. '가벼운 점프와 신발 굽, 그리고 콧수염'은 뿌쉬낀이 소설에서 일어나는 사건들의 배경을 이루고 있는 시골귀족사회를 사랑하는데 아무런 방해가 되지 않고 있다. 고골이 묘사하고 있는 현지사댁에서의 무도회는 니꼴라이 통치 시절 현청 소재 도시의 관료주의적 관리들의 생활상태가 보여주는 모든 초라함과 저급함을 폭로하고 있다. 뿌쉬낀의 웃음과는 전혀 다른 성격의 웃음을 사용했던 고골조차도 선의의 웃음이 무엇을 의미하는지를 이해하고 있었다. 고골은 《검찰관》의 상연과 관련한 논고에서 다음과 같이 적고 있다.

선하고 밝은 웃음으로 웃을 수 있는 것은 진정으로 선한 영혼뿐이다.

《옛 기질의 지주들》에서 고골은 여기에서 선의의 웃음이라고 명명하고 있는 바에 매우 가깝게 다가갔었다. 이에 대해 벨린스끼는 다음과 같이 쓰고 있다.

> 여러분들은 습관의 위력으로 연결된 후 습관이 되어버린 이 선량한 사랑에 대해 웃고 계십니다. 하지만 여러분들의 웃음은 유쾌하게 선량한 웃음으로, 이 웃음에는 화가 나거나 모욕적인 그 어떤 것도 들어 있지 않습니다.

희극적인 것에 대한 이론가인 장 폴은 자신의 책《미학입문》을 발행하고 나서 몇 년 후에《유머의 가치》라는 소논문을 집필했는데 여기에서 그는 유머가 사는 데 도움을 준다고 말하고 있다.

> 유머러스한 책을 다 읽고 난 후 당신은 세상도, 자기 자신까지도 미워하지 않게 될 것이다.[7)]

이는 삶의 기쁨을 그 안에 담고자 수많은 유머러스한 작품들을 집필했었던 작가의 말이다.

결점은 비웃음을 사는 웃음을 불러일으킨다. 결점이 아닌 다른 종류의 원인에 의해 야기되는 웃음도 있다. 이러한 웃음은 비웃음을 담고 있지 않다. 위의 내용에서 볼 수 있는 것은 이 두 종류의 웃음 사이에서 나타나는 과도기적 성격의 선한 웃음이다.

---

7) 참조 : 명시되었던 장 폴의 책 152페이지에 이와 유사한 생각이 있음. — 편집부 원주.

제22장

# 악의의 웃음

선의의 웃음을 설명하는 것은 그 정반대인 악의의 웃음을 이해하고 정의 내리는 데 도움을 준다. 선의의 웃음을 웃을 때에 본인이 사랑하는 이들의 작은 결점들은 이들의 긍정적이고 매력적인 측면들을 더욱 돋보이게 할 뿐이다. 만일 이 결점들이 있다면 우리는 이들을 기꺼이 용서해준다. 악의의 웃음을 웃을 때에 결점들은 때로는 사실이 아닌 공상적이고 지어낸 것들까지도 과장되고 부풀려져서는 악하고 선량하지 않은 감정들과 적의를 키운다. 그 어떤 고결한 충동들도 믿지 않고 모든 곳에서 오로지 거짓과 위선, 그리고 인간혐오만을 보며 훌륭한 행위의 외적 발현들 속에 훌륭한 내적 모티브들이 진정 들어 있다는 것을 이해하지 못하는 사람들이 대개 이런 웃음을 웃는다. 그들은 이러한 의도들을 믿지 않는다. 그들의 관점에서 볼 때 고결한 사람들이나 감성이 발달한 사람들은 비웃음만 사는 멍청이거나 감상에 빠진 이상주의자이다. 앞서 살펴본 다른 모든 유형의 웃음들과는 달리 악의적 웃음은 희극성과는 직접적으로도 간접적으로도 아무런 상관이 없다. 이와 같은 웃음은 공감을 불러일으키지 않는다.

자주 이런 웃음을 웃는 이들은, 예를 들자면 인생에 기만당했거나 사실은 그렇지 않은데도 불구하고 자신을 불행한 사람이라고 여기고 있는 여자들이다. 이러한 웃음은 허위의 비극적인 것이거나 때로는 희비극적인 것이다. 이런 유형의 웃음이 희극성에 의해서 발생된 것은 아니지만 그 자체로도 우스울 수 있으며 일반적으로 인간 결점들을 조롱하는 것과 같은 근거로 쉽사리 조롱될 수 있다. 체호프는 자신의 유머극 《곰》에서 바로 이런 웃음을 웃고 있다. 이 작품의 여주인공은 온 세상을, 특히 남자들을 증오하는 과부인데, 그녀는 자신의 아파트에 틀어박힌 채 죽은 남편을 애도하고 있는 중이다. 희극성을 불러일으키고 있는 것은 이 모든 인간혐오가 사실은 거짓으로, 여기에는 그 어떤 진정한 감정도 들어 있지 않다는 것이다. 빚쟁이가 그녀를 찾아 집으로 오게 되고 다툼이 일어난다. 그들 사이에는 사랑에서의 정절에 관한 논쟁이 일어나게 된다.

> 그녀 : 그래서 당신 생각에는 누가 사랑에서 정절을 지키며 변함이 없다고 생각하시는지요? 남자란 말인가요?
> 그 : 그렇소, 남자요!
> 그녀 : 남자라니! (악의적 웃음) 남자가 사랑에서 정절을 지키고 변함이 없다니 … !

이 유머극에서 '악의적 웃음'이라는 지문이 다시 한 번 더 나온다. 주인 여자가 손님의 마음에 들어 손님이 그 사실을 그녀에게 얘기한다.

> 그 : 당신이 … 마음에 듭니다.
> 그녀: (악의적 웃음) 내가 그의 마음에 든다네! 감히 내가 마음에 든다는 말을 하다니! (문을 가리킨다) 나가셔도 됩니다!

다툼은 긴 입맞춤과 청혼으로 끝을 맺는다.

체호프가 이런 유형의 웃음을 웃기는 했지만 삶에서 이런 웃음은 매우 괴로운 것이다. 악의적 웃음은 절대로 그 누구에게도 전염되지 않는다. 이 웃음은 자신의 심적 상처를 곪게 할 뿐이다. 이 웃음에 빠지게 되는 사람들의 주관적 자산이다. 이 웃음이 희극적 해석의 대상이 될 수는 있지만 그 자체는 희극성의 영역 밖에 있다. 심리학적으로 악의적 웃음은 냉소적 웃음과 유사하다. 두 웃음이 모두 악하고 적의를 품은 감정들에 의해 발생한다. 그렇기는 하나 이 웃음들의 본질은 매우 다르다. 악한 웃음은 사람들의 숨겨진 결점들과 연관이 있고 냉소적 웃음은 타인의 불행에서 느끼는 기쁨에 의해 유발된다.

앞서 우리는 주의가 결핍되고 주변 환경에 적응하지 못하거나 갈피를 잡지 못하는 방심이 초래하는 결과들을 보았다. 때로는 주변사람들에게 웃음을 불러일으키는 작은 불행들이 정말로 우연하게 어떤 이에게 일어나기도 한다. 웃음을 불러일으킬 수 있는 작은 불행들과 벌써 웃음의 단계를 뛰어넘은 커다란 불행들의 경계가 논리적으로 정의 내려지지는 않는다. 이러한 경계는 도덕적 감각으로 느껴지는 것이다. 작은 것이든 큰 것이든 간에 타인의 재액과 타인의 불행은 다른 이가 겪고 있는 감정에 공감할 수 없는 무미건조한 사람에게 냉소적 성격을 지닌 조소를 불러일으킬 수 있다. 평범한 조소 역시 잔인한 뉘앙스를 떨쳐버릴 수는 없다. 그러나 이는 뉘앙스일 뿐이다. 여기에서는 그렇지가 않다. 일어설 수 없거나 힘겹게 걷고 있는 환자나 노인들을 비웃고, 장님이 신호등에 부딪쳤을 때나 누군가가 아프게 타박상을 입었을 때나 누군가가 깊은 불행에 빠졌을 때(실연) 비웃고, 신체적 고통이 찌르는 듯이 느껴질 때 비웃는 것 등이다. 사람을 일부러 고통받게 한 후 비웃을 때 이 잔인함은 그 선을 넘는다. 광대에 대한 이야기들에서 우리는 이러한 유형의 웃음을 일부분 관찰했었다. 이 이야기들이 담고 있는 냉소주의가 누그러지는 까닭은 청자들이 이 이야기들 속의 사건들을 현실과는 상관없는 지어낸 이야기로 받아들이기 때문이다. 또한 이야기 속의 잔인한 익살꾼이 가장 자주 괴롭히고 있는 것은 민중들의 생각에 그 어떤 경우라도 조금의 동정도 줄 필요가 없는 성직자나 귀족들이다.

이러한 웃음이 영화에서 사용될 경우 상황은 더욱 난감하게 되는데 미국의 몇몇 희극영화들이 그러하다. 예를 들어 희극영화《뜨거운 것이 좋아》[1] 에는 범죄자 집단이 버스정비소를 급습하여 모든 노동자들을 담벼락에 세운 후 불꽃을 일으키면서 이들을 경기관총으로 쏘아버리는 장면이 나온다. 이것이 우스운 장면으로 여겨진다. 이러한 경우는 이미 예술과는 아무런 상관도 없다고 보아야 할 것이다.

1) 《뜨거운 것이 좋아》: 마릴린 먼로 주연의 1959년 흑백영화임.

제23장

# 낙천적 웃음

지금까지 보아온 웃음의 유형들은 웃음을 불러일으키는 이들의 어떤 사실적이거나 허위적인 크고 작은 결점들과 직접적으로 또는 간접적으로 관련되어 있었다. 그러나 다른 유형의 웃음들도 있는데 철학적으로 표현하자면 이것은 인간의 모든 결점들 밖에 있는 것으로, 인간의 결점들과는 그 어떤 관계도 없는 웃음들이다. 이러한 유형의 웃음들은 희극성으로 야기된 것이 아니며 희극성과는 아무 상관도 없다. 이 웃음들은 미학적이기보다는 심리학적 문제이다. 이 웃음들은 웃음이나 비웃음의 대상이 될 수는 있지만 자체적으로는 그 어떤 비웃음도 포함하지 않고 있다. 이 웃음들이 희극성의 문제와 직접적으로 연관되어 있는 것은 아니므로 매우 간략하게 살펴보도록 하겠다. 무엇보다도 먼저 이 웃음들은 기쁜 웃음이다. 때로는 그 어떤 이유도 없거나 정말로 사소한 원인들에 의해 생겨나는 웃음이다. 이 웃음들은 낙천적이고 유쾌한 웃음이다. 뚜르게네프는 중편소설 《아샤》에서 다음과 같이 말한다.

원인 없는 웃음이 세상에서 제일 좋은 웃음이다.

체호프는 수보린에게 다음과 같이 적고 있다.

> 당신께서 잘 알고 계시는 나따샤 린뜨바레바가 남쪽에서 삶의 기쁨과 좋은 웃음을 가지고 도착했습니다.

아기의 첫 번째 미소는 어머니뿐만 아니라 주변 모든 사람들을 기쁘게 한다. 조금 자란 후에 아이는 새해맞이 트리나 새로운 장난감, 빗물의 튀김 등과 같이 그에게 있어 선명하고 기분 좋은 온갖 삶의 현상들을 대할 때마다 기쁘게 웃는다. 이렇게 웃을 줄 아는 능력을 평생 간직하고 사는 사람들이 있다. 이렇게 웃을 줄 아는 사람들은 천성적으로 유쾌하고 낙천적이며 선량하고 유머에 마음이 쏠려있는 이들이다. 이러한 유형의 건강한 웃음이 바람직한 것이고 사회적 효용을 포함한 온갖 효용을 지닌 것임을 증명해 보인다는 것은 지극히 당연한 어떤 것을 증명하려는 것밖에는 안 될 것이다. 이 유형의 웃음은 이 웃음이 예술작품에서 표현될 수 있는 만큼만 미학의 영역에 관련되고 있다.

웃음을 주관적 웃음과 객관적 웃음으로 나누는 미학자들이 있다. 여기에서 경계를 긋기란 매우 어렵다. 그러나 이 분류가 정확하다면 단순하고 기쁨에 넘치는 모든 유형의 웃음을 주관적 웃음에 연관 지을 수 있을 것이다. 이것이 그런 웃음에 객관적 원인들은 없음을 뜻하는 것은 아니다. 그러나 이러한 원인들은 대개의 경우 단순히 모티브일 뿐이다. 칸트는 이 웃음을 '활력게임'이라고 부른다. 웃음은 모든 부정적 걱정들을 몰아내어 사라지게 한다. 웃음은 분노와 울분을 가라앉히며 침울함을 이겨내게 하고 활력 및 인생을 능동적으로 살아나가고자 하는 욕구를 향상시킨다. 이 모든 것은 꽤나 분명한 사실로 특별한 증거를 요하지 않는다.

제24장

# 의례상의 웃음

웃음이 활력과 생활력을 향상시킨다는 것은 이미 오래전에 밝혀진 사실이다. 인류문화의 여명기에 웃음은 몇몇 의례들의 필수성분이 되었다.

현대인들이 보기에는 일부러 만들어내는 인조적 웃음은 거짓웃음으로, 사람들의 비난을 불러일으킨다. 그러나 항상 그랬던 것은 아니다. 어떤 경우 당사자가 슬픔을 느끼고 있느냐 그렇지 않느냐와는 상관없이 울음이 필수적이었던 것과 마찬가지로 일부 경우들에서는 웃음이 필수적이었다. 이 유형의 웃음을 상세히 연구하는 것은 본 연구의 과제가 아닐뿐더러 이런 웃음은 이미 연구된 적이 있다.[1] 본 연구는 19세기에서 20세기의 자료들을 연구하고 있다. 그러나 이 자료들 중 몇몇을 이해하기 위해서는 과거를 돌아보아야만 한다.

활력을 높일 뿐만 아니라 불어넣는 능력 또한 웃음으로 인정되던 때가 있었다. 웃음은 문자 그대로의 삶을 불러일으킬 수 있는 능력을 뜻했다. 이는 인간의 삶에도, 식물계의 삶에도 적용되었다. 이런 점에서 데메테

---

1) 참조 : V. Y. 쁘로쁘. "구비문학에서의 의례상의 웃음"(웃지 않는 공주에 대한 이야기). 〈레닌그라드국립대학교 학술잡지〉. 1939. No. 46(여기에 이 문제에 대한 문헌이 있음), V. Y. 쁘로쁘. 《러시아 농민축제들》(6장. "죽음과 웃음". 68~105쪽). — 원주.

르[2] 와 페르세포네[3] 에 관한 고대 그리스 신화는 매우 흥미롭다. 데메테르는 비옥함의 여신이다. 명부(冥府) 의 왕 하데스[4] 는 그녀의 딸 페르세포네를 훔쳐낸다. 여신은 딸을 찾기 위해 길을 떠나지만 딸을 발견하지 못한다. 그녀는 비탄에 잠겨 더 이상 웃지 않게 된다. 비옥함의 여신이 비탄에 빠지게 되자 풀과 곡물들이 성장을 멈추게 된다. 그때 시녀 이암베[5] 가 매우 비천한 몸짓을 취하여 여신을 웃게 만들었다. 여신의 웃음과 함께 자연은 다시 소생했으며 땅에는 봄이 돌아왔다. 이는 신화의 에피소드들 중 하나이다.

인간의 사고가 땅의 비옥함과 생명체들의 번식력에 차이를 둔 적이 없음을 증명하는 수많은 증거들이 있다. 고대 그리스・로마에서 땅은 여성이라는 유기체로, 수확은 출산의 산물로 받아들여졌다. 고대 그리스・로마의 남근숭배 행렬은 모든 이들의 웃음과 즐거움을 불러일으켰다. 이 웃음 및 이 웃음과 관련된 모든 것, 또한 웃음을 불러일으킨 모든 것은 분명히 수확에 영향을 주었을 것이다. 희극의 기원을 이러한 행렬에 있다고 보는 문학이론가들과 문학역사학자들이 있다.

웃음의 삶을 전해주는 힘에 관한 개념은 고대 그리스・로마에서뿐만 아니라 다른 초기 씨족제도들에서도 찾아볼 수 있다. 고대 야꾸찌야인들은 출산의 여신인 이이예호시뜨를 숭배했다. 이 여신은 산모들을 찾아가서는 출산 시 크게 웃음으로서 이들을 도와준다. 언젠가 몇몇 민족들에게

---

2) 데메테르 : 그리스 신화에 나오는 대지의 여신임. 크로노스의 딸로 곡물의 성장과 농업기술을 관장하며, 로마 신화의 케레스에 해당함.

3) 페르세포네 : 그리스 신화에 나오는 저승의 신 하데스의 아내로, 제우스와 곡물과 땅의 여신인 데메테르의 딸임. 처녀라는 뜻을 지닌 코레라고도 함.

4) 하데스 : 그리스 신화에 나오는 명부(冥府) 의 왕임. 크로노스의 아들로 암흑의 마관(魔冠) 을 쓰면 보이지 않으며, 풍요의 여신 데메테르의 딸 페르세포네를 꾀어 명부로 데려가 아내로 삼았음. 로마 신화의 플루톤에 해당함.

5) 이암베 : 데메테르의 하녀로, 딸을 잃고 슬퍼하던 데메테르를 음담패설에 가까운 짙은 농담으로 웃겼음.

서 웃음은 성적 성숙기 도래시의 헌사의례 때 반드시 따라야하는 의식으로, 헌사되는 이의 상징적 새 탄생의 순간을 함께 했다. 웃음은 죽은 자의 부활을 촉진했다. 중세에는 부활의 웃음이라 불리는 것이 널리 퍼져 있었다. 가톨릭 국가에서는 부활절 미사시간에 신부가 신도들을 웃기기 위해 상스러운 농담을 했다. 죽어가는 신과 되살아나는 신을 믿는 종교의 근간에는 농경종교가 있다. 신의 부활은 겨울잠에서 깨어나 새로운 삶을 향하는 모든 자연의 부활을 의미한다. 자연의 부활을 촉진하는 것은 그때만큼은 모든 것을 허용해주는 방탕한 축제들이다.

이야기적인 구비문학에서 이러한 관념들의 시적 반향은 그 미소만으로도 꽃들을 피우는 황후와 같은 농경여신의 의식이다. 오늘날 시적 은유인 것들이 언젠가는 신앙의 대상으로 있었다. 농경여신의 미소는 죽은 땅에 새로운 삶을 돌려준다. 온 자연이 만개하는 봄인 4월에만 행해지는 웃음을 불러일으키는 4월의 농담들은 오늘날까지도 전해내려 온다. 이는 언젠가 웃음과 연관된 폭 넓은 의식성을 지녔었던 마지막 연결고리이다.

이 많지 않은 예들로서 아직까지 살펴보지 못한 웃음의 유형들을 충분히 설명할 수 있을 것이다.

제25장

# 방탕한 웃음

지금까지 우리는 웃음이 한 가지 강도만을 지니고 있는 것처럼 이야기해왔다. 그러나 웃음에는 옅은 미소에서 참을 수 없는 폭소의 요란한 소리까지 여러 단계가 있다. 본 연구에서는 희극성을 자아내는 수단들의 사용을 절제하는 것에 대해서도 언급한 적이 있다. 앞에서 언급된 고골에 대한 설명에서 고골의 희극성이 가지고 있는 힘과 대가적 자질 중 하나가 절제 및 정도에 대한 감각에 있다는 것을 알 수 있었다. 경계 및 절제와 정도에 대한 감각은 세계문화와 문학이 세운 업적 중 하나이다. 그 감각을 통해 어떤 현상이 희극적인 것으로 받아들여지고 그 감각이 붕괴되면 웃음이 멎게 된다. 그러나 그러한 절제가 언제 어디서나 높이 평가되었던 것은 절대로 아니다.

지금 사람들을 매료시키고 있는 것이 어떤 경계의 존재라고 한다면 이와 정반대인 경계의 부재 및 통상적으로 허용할 수도 없고 허가되지도 않은 것으로 간주되며 큰 웃음을 불러일으키게 만드는 것들에 그냥 푹 빠져버리는 것이 사람들을 매료시켰던 때도 있다. 이러한 유형의 웃음은 매우 쉽사리 비난할 수 있으며 거만스럽고 경멸조로 대할 수도 있다. 부르주아미학에서 이런 유형의 웃음은 가장 '졸렬한' 웃음의 유형에 속한다. 이는 광장의 웃음이나 광대놀음의 웃음으로 민중들의 축제와 즐거움의 웃음이다.

이와 같은 성대한 축제들로는 주로 러시아인들의 사육제와 서유럽의 카니발이 있다. 이날 사람들은 배가 터져라 먹고 마시며 온갖 유형의 즐거움들을 누렸다. 이때 웃는 것은 필수였기에 마음껏 호탕하게 웃었다. 이런 유형의 즐거움은 매우 일찍 서유럽 문학에 침투했다. 라블레는 즐거움을 표현하는 가장 탁월한 작가였다. 러시아 중세문학에서는 이 성대한 축제들을 찾아볼 수가 없는데 그것은 외형상 이러한 문학이 교권주의적 성격을 지니고 있었기 때문이다. 라블레의 진정한 활동영역은 무한하고 방자한 웃음이다. 현대인들이 항상 라블레를 긍정적으로만 받아들이는 것은 절대로 아니다. 그러나 학문이 해야 할 일은 평가하는 것뿐만이 아니라 무엇보다도 먼저 설명하고 의의를 부여하는 것이다. 바흐찐의 예를 보더라도 이 유형의 웃음은 라블레식 웃음이라고 명명할 수 있다. 이 웃음은 방자한 식도락 및 그 외의 방탕한 행동들과 함께 온다. 사람들은 식도락을 비난하기에 라블레식 웃음은 그들에게 낯설다. 그러나 이런 종류의 비난은 심리학적 성격뿐만 아니라 사회적 성격도 지니고 있다. 이 비난은 좋은 식욕이 무엇인지는 알고 있으나 끔찍스럽고 기나긴 배고픔이 무엇인지는 알지도 못하고 알았던 적도 없는 사회계층의 사람들에게 특징적으로 나타난다.

장기적 굶주림과 식량부족은 전세계 유럽농민들의 운명이었는데 특히 중세시대와 그 직후시기에 그러했다. 이러한 사회계층 사람들의 관점에서 보았을 때 그 어떤 제한이나 경계도 무시해버리고 정신을 잃을 때까지 배불리 먹고 마시는 것은 비난받을 일이기는커녕 정반대로 굉장히 좋은 일인 것이다. 성대한 축제의 날들에는 모든 사람들이 함께 이와 같은 식도락을 즐겼다. 이 성대한 축제들에는 큰소리의 축하하는 웃음소리들이 따랐다. 그러나 이 웃음은 이미 조소적이고 풍자적인 웃음이 아니었다. 이는 완전히 다른 큰소리로 호탕하게 웃는 만족스러운 웃음이었다. 아리스토텔레스부터 시작하여 오늘날의 미학강의들에 이르기까지 그 어떤 희극이론도 이 유형의 웃음에는 접근하지 않고 있다. 이 유형의 웃음은 생리학적 존재로서의 인간이 느끼는 동물적 기쁨을 표현하고 있다.

사람들이 즐거움을 즐겼던 것이 일정한 기간, 특히 동지와 사육제 기간이었다는 것은 우연이 아니다. 이는 앞장에서 살펴보았던 초기농경의 의식(儀式)적 축제들의 잔재로 이 성대한 축제의 시행은 땅이 새로운 삶과 새로운 탄생에 맞추어 깨어날 수 있도록 도와줄 것이었다.

중세초기에는 춘분에 새해를 맞이했다. 새해맞이를 9월로 옮기고 이후에 1월로 옮기게 되면서 3월의 떠들썩한 즐거움은 러시아에서는 사육제 기간에 맞춰졌고 서유럽에서는 카니발 기간에 맞춰졌다. 대금식기간이라 불리는 기간이 시작되기 전날에 전국적으로 벌어지는 방자한 식도락 풍습은 이와 같은 기원을 가지고 있는 것이다.

언젠가 다음과 같은 미신이 있었다는 점을 이에 덧붙일 수 있다.

> 새해 첫째 날 하게 되는 일을 그해 내내 하게 된다.

이는 '첫째 날의 마력'이라고 불리는 것이다. 이미 비잔티움에서 이오안 즐라또우스뜨가 이런 종류의 미신에 반항하여 일어났다. 그는 이렇게 말했다.

> 그리스도 교도들은 만일 금월의 초승달[1]을 만족스럽고 즐겁게 보내면 1년 내도록 그와 같으리라고 믿는다.[2]

이 미신은 잊힌 지 오래지만 이와 관련된 풍습들은 민중의 요구에 부응하는 것들이었기에 남아 있다.

M. M. 바흐찐은 라블레에 관한 자신의 저서에서 라블레가 만들어낸

---

1) 1월을 말함. — 원주.

2) 참조 : V. Y. 쁘로쁘. 《러시아 농민축제들》. 25쪽. — 원주.

형상들과 라블레 작품들의 문체와 내용이 방탕한 즐거움을 즐겼던 민중들의 축제들에 그 뿌리를 두고 있다고 확언했다.

대식(大食)이 구비문학에 근거하고 있는 라블레식 웃음의 유일한 요소는 아니다. 앞서 일정한 정도의 상스러움으로서 이뤄지는 희극성을 살펴보았다. 러시아 고전문학에서는 베일에 싸인 채 주어지던 것이 구비문학과 라블레의 작품과 일부 중세 서유럽 문학에서는 노골적으로 표현될 뿐만 아니라 고의적으로 강조되고 과장되기까지 하고 있다. 절대로 세상에 나올 리 없는 범주에 속하는 이야기들이 존재한다. '금지된 이야기'라고 불리는 이야기들이다. 아파나시예프는 이 이야기들 중 몇몇을 스위스에서 익명으로 출간했었다. 끼르샤 다닐로프[3]의 유명한 작품집에 절대로 출간될 일 없는 유쾌한 유머들이 실려 있다. 전문가들은 출판된 적이 없는 이 이야기들을 필사본과 학술서적들을 통해 알게 되었다. 벨린스끼는 구전을 통해 이러한 이야기들을 알게 되었다. 잘츠브룬[4]에서 고골에게 보내는 편지에 다음과 같이 적고 있다.

> 러시아 민중들은 누구에 대해 상스러운 이야기를 하고 있는가? 성직자, 성직자 부인, 성직자의 딸, 그리고 성직자의 일꾼에 대해서지.

크리스마스 주간, 사육제, 성 삼위일체의 날, 세례요한의 날과 같은 민중축제의 시기에 사람들은 방탕한 밤을 보내었다. 이 시기에 허용되는 자유 역시 과도한 음식물 섭취와 마찬가지로 의식적이고 마력적인 기원을 갖고 있다. 사람들은 증강된 성적 활발함이 땅의 비옥함을 촉진할 것이라 생각했다. 땅은 출산하는 어머니로 생각되며 경작과 파종은 생명체들의 삶이 생겨나는 것을 연상시킨다. 이와 같은 사실들은 민속학에서 널

---

3) 끼르샤 다닐로프 : 18세기에 작성되어 오늘날까지 전해 내려오는 영웅서사시 및 속요모음집의 저자라고 추정되고 있음.

4) 잘츠브룬 : 폴란드의 지명임.

리 알려져 있기에 여기에서 이를 인용하여 반복할 필요는 없다. 현재까지도 모든 곳에서 다 사라져버린 것은 아닌 고대 그리스・로마의 디오니소스 제사의식이나 사투르누스 제사의식에서 시작하여 유럽의 민중축제들에 이르는 모든 것은 일정한 발전의 연속선상 위에 있다. 방탕은 큰 웃음소리와 즐거움을 수반하고 있는데 이들 역시 자연에 마력적 영향을 끼친다고 간주되었다. 웃음소리에 땅이 만개한다는 뜻이다. 이런 유형의 웃음도 라블레의 작품에서 볼 수 있는데 M. M. 바흐찐은 이에 대해 다음과 같이 쓰고 있다.

> 보통 라블레의 작품에서는 삶의 물질적 기원이 절대적으로 우세함을, 즉 신체, 먹는 것, 마시는 것, 배설, 성생활의 형상들을 보여주고 있다(바흐찐, 48).

이제 우리는 왜 이런가를 알게 되었다. 그러나 이러한 웃음의 기원이 민중들 사이에서 이 웃음의 생명이 보존되고 오래갈 것이라고 설명하고 있지는 않다. 역사민속학적 원론은 오래전에 잊혔다. 성대한 축제들은 이것이 작황에 영향을 미친다고 생각되었기 때문이 아니라 이들이 삶의 즐거움과 기쁨을 주는 출발점이라고 생각했기 때문에 남아 있게 되었다. 그러나 이 성대한 축제들이 이토록 오랫동안 유지되는 데에는 다른 이유들도 있었다. 축제날의 방탕과 웃음은 교회와 중세 봉건시대의 모든 사회제도가 요구하고 있던 억압적 금욕주의와 부자유에 대한 어떤 반항의 표시와도 같았다. 벨린스끼가 지적한 바와 같이 러시아 구비문학에서 이런 유형의 이야기들이 주로 성직자들에 관한 이야기인 데는 다 이유가 있었던 것이다. 바흐찐은 다음과 같이 말하고 있다.

> 웃음의 형태와 발현이 가지는 무한한 세계는 교회적이고 봉건적인 중세의 공식적이며 근엄한 (그 나름의) 문화에 대립하고 있다(바흐찐, 6).

> 중세에 공식적 예식과 세계관에서 배제된 웃음은 모든 축제들을 방패삼아 비공식적이나 거의 합법적인 둥지를 틀게 되었다(바흐찐, 92).

> 사람들은 웃음 뒤에는 절대로 폭력이 있을 수 없고 웃음은 장작더미를 쌓아올리지 않으며 위선과 기만은 절대로 웃는 법이 없이 근엄한 가면을 쓰고 있고 웃음은 교리를 만들지 않고 권위적이지 않으며 웃음이 자각하는 것은 공포가 아닌 힘이다. … 그렇기에 사람들은 자연스럽게 근엄함을 믿지 않고 축제날의 웃음을 믿었다(바흐찐, 107).

이 모든 현상들은 이들을 굉장히 경멸스럽게 대했으나 이 현상들에 대한 설명은 할 수가 없었던 부르주아 미학자들을 막다른 골목에 세워버렸다. 이를 설명해보려 시도했던 이들 중 한 사람은 폴켈트였다. 그는 상스러움을 비웃으면서 사람들이 동물적 기원으로부터 벗어나게 된다고 말했다. 이 이론은 아리스토텔레스의 정화와 긴장의 완화를 나타내는 카타르시스 이론임에 분명하다. 아리스토텔레스는 이것들로서 비극이 사람들에게 주는 영향을 설명하고 있다. 비극에 관한 학설은 희극적인 것에 기계적으로 갖다 맞출 수가 있다. 앞서 인간의 신체와 관련된 모든 유형의 희극성을 설명해보려는 시도가 있었다. 희극적인 과대인 과장법도 살펴보았다. 인간 삶의 생리학적 면에 적용된 과장법은 앞서 본 바와 같이 깊은 의식적 뿌리를 가지고 있다. 한 사회계층과 한 시대에서 생리학적 현상에 적용된 과장법은 인간내면에 신체적 존재의 기쁨을 일깨우며 웃음을 증강시키지만 다른 사회계층과 다른 시대에서는 이러한 생리학적 기원의 과장법은 웃음을 유발하지 않는다.

제26장

# 끝맺음

지금까지 살펴본 자료들이 검토를 요했던 모든 자료들은 아니다. 그러나 어딘가에는 마침표를 찍어야만 한다. 반복되는 부분들이 뚜렷이 드러나기 시작하고 어느 정도의 확신 혹은 가능성이라도 가지고 결론을 내릴 수 있을 때 이 마침표를 찍을 수가 있다.

인용된 자료들을 보건대 이전까지는 대답하기 곤란했었던 일련의 질문들에 이제는 대답을 할 수 있을 것이다.

가장 중요한 질문들 중 하나는 몇 가지의 희극성과 웃음의 유형이 있는지, 그리고 이를 규정한다는 것이 가능한 일인지를 묻는 것이다.

앞서 주로 심리학적 뉘앙스에 따라 정의 내린 여섯 유형의 다양한 웃음들을 구분했다. 이 모든 유형의 웃음들은 미학적 범주와 미학 외적 범주로서 볼 수 있다. 웃음의 유형을 더 늘일 수도 있었다. 예를 들어 생리학자들과 의사들은 히스테리성 웃음을 알고 있다. 체호프는 이러한 웃음을 자신의 작품 《결투》에서 솜씨 좋게 그려내고 있다. 체호프는 위대한 작가일 뿐만 아니라 훌륭한 의사이기도 했었기에 이런 묘사를 할 수가 있었다. 간지럼 태우기가 유발하는 웃음도 순전히 생리학적 현상이다. 이 두 유형의 웃음은 미학 외적 범주일 뿐이다. 즉 이 웃음들은 비록 예술적으로 묘사되고 표현될 수는 있을지언정 희극적 효과의 창출을 위한 예술적 수단으로 사용되지 못한다는 뜻이다. 30년 전쟁[1]이 시대적 배경이 되는 그리멜스하우젠[2]의 유명한 소설 《바보 짐플리치시무스의 모험》에는 간지럼 태우기가 묘사되어 있다. 병사들은 돈이 어디에 숨겨져 있는지를 자백받기 위해 농부를 간지럼 태우기로 고문한다.

심리학적 관점에서 검토된 웃음의 유형들이 다가 아니란 것은 명백한 사실이다. 이러한 웃음의 유형들은 매우 대략적 관념을 주고 있다. 가능한 웃음의 유형과 변종들이 모두 실려 있는 완전한 목록은 본 연구의 목적에서 아무런 의미도 갖지 못한다. 본 연구에서 중요한 것은 희극성의 문제들과 직접적으로 혹은 간접적으로 관련된 웃음의 유형들이다. 여기에서는 경험상으로 작성된 목록을 필요로 하지 않는다. 단지 몇몇 주요 범주들을 확정짓는 것만으로도 충분하다. 인용된 예들을 통해 희극성과 가장 밀접하게 연관되어 있는 것이 사람들이 조소라고 부르는 유형의 웃음임을 알 수 있다. 이는 삶과 예술에서 가장 자주 보게 되는 유형의 웃음이다. 바로 이 유형의 웃음이 희극성과 공고히 연관되어 있다. 이것은 이해할 만한 일이다. 희극성은 항상 웃음을 유발하는 사람이나 사물의 드러나 있거나 숨겨져 있는 결점들과 연관되어 있다. 이것이 항상 명료하고 표면에 드러나 있는 것은 아니지만 항상 정확하게 보일 수는 있다. 이로부터 희극성의 출처는 하나밖에 없으며 그 유형과 변종들이 다양할 뿐이라는 사실을 알 수 있다. 유형들은 다양하게 정의하고 배치할 수 있다. 본 연구에서는 이 유형들을 희극성의 형태에 따라 배치했는데 이는 웃음의 원인들의 배치와 일치했다. 각각의 형태들을 이렇게 배치하여 연구한

---

1) 30년 전쟁 : 1618년~1648년까지 30년 동안 유럽의 여러 나라들이 종교와 왕조, 영토 및 통상에서의 적대관계 등 다양한 이유로 벌인 전쟁임. 이 파괴적인 전쟁은 유럽대륙 거의 전역에서 벌어졌으며, 1648년 베스트팔렌 조약으로 전쟁이 끝났을 때 유럽의 지도는 돌이킬 수 없을 만큼 변모해 있었음.

2) 그리멜스하우젠 : 17세기 헤센의 겔른하우젠 출생인 독일의 소설가임. 주요 작품으로는 《바보 짐플리치시무스의 모험》 등이 있음.

결과 모든 곳에서 이들의 본질이 대부분 동일하였기에 희극성의 단일이론이 가능하다는 것을 알 수 있었다. 다양한 해석을 내놓은 이론가들은 이 점을 어렴풋이 느끼고 있었다. 그러나 이들은 순전히 이론적이고 추상적인 전제들에만 입각하여 자신의 정의들을 내놓았다. 본 연구에서는 사례의 연구에 입각하였는데 이러한 연구는 희극성의 본질에 대한 현존하는 정의들 중 도대체 어떤 것들이 옳은 것이고 어떤 것들이 그른 것으로 밝혀졌는가를 보여주었다고 생각한다. 이제 이 점에 대해 이야기해보도록 하자.

여기에서 상세한 토론에 들어가지는 않겠다. 논쟁할 때에 현재 논의되고 있는 명제가 들어있던 저서에서 사용된 원리와는 다른 원리로 진리를 찾으려 애써야 한다. 그렇지 않은 논쟁은 무익하다. 이런 점에서 볼 때 기존에 내린 희극적인 것의 본질에 대한 정의들을 간략히 언급하고 지나갈 필요가 있다. 단점이나 실수들에 대한 비평은 이들을 피해갈 수 있도록 도와줄 것이기 때문이다. 제 1장에서 서술된 이론들 중 무엇을 받아들이고 무엇을 버려야하겠는가?

대다수의 이론가들은 형태와 내용, 그리고 외관과 본질 등의 사이에서 일어나는 모순에 의해 희극성이 결정된다고 주장한다.

꽤나 다양한 공식들이 있기는 하지만 그렇다고 문제의 요점이 변하는 것은 아니다. 미학의 여명기에도 밝혀졌던 이러한 관점들은 오늘날에도 밝혀지고 있다. 이와 같은 그들의 생각은 옳은가, 옳지 않은가?

앞서 서론에서 이러한 이론의 적법성에 대한 의혹들을 요약적으로 표현한 적이 있다. 과거의 몇몇 이론가들도 이런 의혹들을 가지고 있었다. 폴켈트는 다음과 같은 말을 슬쩍 던졌다.

> 희극적인 것에서도 내용과 형태의 일치는 옳은 규범이다.

이 문제를 옳게 해결하기 위해서는 무엇 안에서, 그리고 어디에서 이러한 모순이 드러나고 있는가를 확인할 필요가 있다. 만일 이 모순이 드러나고 있는 것이 문학작품이나 조형예술품에서라면 이 이론은 의심할 여지없이 과오이며 절대로 받아들일 수 없는 것이다. 실제로 고골의 《검찰관》이나 셰익스피어와 몰리에르, 골도니Q와 다른 많은 작가들의 희극이나 온갖 유머작품들에서 어디에 형태와 내용 간의 모순이 있는가? 반대로 이 모든 작품들에서 볼 수 있는 것은 형태와 내용의 완전한 일치이다. 고골이 《검찰관》에서 말하고자 했던 것은('내용', '본질') 이 희극의 형태('형태', '외관')로만 표현될 수 있었다. 작가의 재능이 뛰어날수록 형태와 내용의 결합이 단단해진다. '형태'와 '내용'은 주로 예술작품들을 이야기할 때 사용하는 개념이다. '외관'과 '본질'이라는 개념은 더욱 넓은 뜻으로 현상과 사물의 현세에서 우리 주변을 둘러싸고 있는 세계에 대해 말할 때 사용된다. 어쩌면 예술작품에서는 오류적인 이 학설이, 예술 속에서 반영되지 않고 있는 실제생활에서는 옳은 것은 아닐까? 이를 확인하기 위해서는 어떤 것이라도 사람들이 웃게 되는 생활 속의 경우를 예로 들면 된다. 한 사람이 달걀이 든 봉지를 들고 간다. 그런데 이 봉지가 찢어져서 달걀들이 땅에 떨어져 진창이 되어 버린다. 모두 웃는다. 다른 예들을 들 수도 있다. 이 경우 도대체 어디에 본질이 있고 어디에 외관이 있으며 어디에 이들의 모순이 있는가? 이 이론은 생활 속에서의 우스운 일들을 설명하기에도 적절치 않다.

여기에서 모순이라는 개념들의 사용에 근거하고 있는 다른 공식들을 살펴보지는 않겠다. 희극적인 것의 본질을 고상한 것과 저급한 것, 이상적인 것과 현실적인 것, 위대한 것과 사소한 것 등의 대비를 통해 정의하고 있는 이론가들이 있다. 대비들이 희극성의 본질을 설명하고 있는 것은 아니다. 앞서 이미 희극적인 것이 고상하거나 이상적인 것이 아닌 진지한 것에 대비되고 있다고 말했다. 사람이 달걀들을 떨어뜨려 깨뜨리거나 이반 니끼포로비치가 자신의 뚱뚱함 때문에 문짝사이에 끼였거나 한다면 이런 경우들은 고상하거나 비극적인 것에 대비되는 것이 아니라 이 범주

밖에 있는 것이다.

그런데 어쩌면 모순이 숨어 있는 곳이 웃음의 대상이 아니라 그 대상을 비웃고 있는 주체인 것은 아닐까? 가정은 증거가 없이는 외면당할 수 있다. 물론 사람이 자기 자신을 비웃는 경우들도 가능하다. 이때 사람은 분열되어 웃음의 주체인 동시에 웃음의 객체가 된다. 하지만 웃음을 불러일으키고 있는 것처럼 보이는 모순의 본질을 이것이 설명하고 있지는 않다. 이리하여 예술작품이든 삶의 경우이든 간에 희극성의 객체에는 모순이 들어 있지 않다. 이 모순은 웃음의 주체에도 없다. 모순으로서 웃음이 불러일으켜진 것이 아니다.

그런데 다른 종류의 모순이 있다. 이 모순은 웃음의 객체도 주체도 아닌 이 둘의 어떤 상관관계에 들어 있다. 더 정확하게 말하자면 웃음을 불러일으키는 모순은 한편으로는 웃고 있는 주체, 즉 웃고 있는 사람과, 다른 한편으로는 이 주체에 대립하면서 그 주변세계에서 드러나는 것, 즉 주체가 비웃는 대상 간에 생겨나고 있는 것이다.

만일 상관성을 웃음의 대상도 주체도 아닌 이들의 상호관계에서 찾는다면 '희극적인 것은 상관적 개념이다'라는 피셔의 생각은 옳다고 할 수 있다. 모순을 이런 식으로 이해할 때 희극성과 이 희극성으로 야기되는 웃음이 생겨날 수 있는 첫 번째 조건은 웃고 있는 사람이 당연하고 도덕적이며 바른 것에 대한 어떤 개념들을 가지고 있다는 데 있다. 더 정확히 말하자면 웃고 있는 이가 도덕적 요구라는 관점이나 그저 건전한 한 인간의 천성이라는 관점에서 보았을 때 당연하고 옳은 것으로 이해되는 완전히 무의식적인 어떤 본능을 가지고 있다는 데 이 조건이 있는 것이다. 이러한 요구사항들에는 그 어떤 위대한 것도, 고상한 것도 없다. 이것은 본능적 의무감이다. 이로써 도덕적 신념을 갖고 있지 못한 사람들은 차갑고 무감각한 사람들이며, 이렇게 둔한 사람들은 웃을 수 없다는 사실이 설명된다.

웃음의 발생을 위한 두 번째 조건은 사람들을 둘러싸고 있는 세계에,

사람들의 내부에 존재하는 본능적 의무감과 모순되고 이에 일치하지 않는 무엇인가가 있다는 것이 관찰된다는 것이다. 간단히 말하자면 사람들의 일상생활에서 관찰되는 몇몇 단점들이 웃음을 유발시킨다는 것이다.

이 두 시초들 사이의 모순은 희극성의 생성과 희극성으로 유발되는 웃음을 위한 본질적 조건이다.

희극적인 것은 저급하고 사소한 어떤 것의 존재, 즉 어떤 단점들의 존재로 판정된다는 주장을 펼쳤던 이론가들이 옳았었다는 결론이 이로부터 나오게 된다. 이 단점들을 연구해보면 이들이 결국에는 감정, 도덕적 상태, 느낌, 의지, 지적 활동과 같이 정신적이거나 도덕적인 단점들에 귀착하거나 이러한 단점들에 귀착될 수 있다는 것을 알 수 있다. 이때 신체적 단점들은 내적 단점들에 대한 신호나 혹은 자연스러운 모습의 인간에게 있어 합리적 비율에 대한 위반으로 간주된다.

앞서 본 바와 같이 이러한 주장들은 아리스토텔레스로부터 시작하여 오늘날에 이르기까지 수차례 제기되어 왔다. 이베르고르스뜨는 웃음을 불러일으키는 인간의 모든 단점의 목록을 작성하기까지 했다. 비록 이 목록 자체는 그 무엇도 설명하지 않고 있다 할지라도 이 목록에 대해 어떤 것도 반론할 수 없다. 비록 이 목록에 이론은 아직 없다고 할지라도 경험적으로는 모두 맞는 말이기 때문이다. 브란데스는 다음과 같이 말하고 있다.

> 그 어떤 완벽함도 절대로 웃음을 불러일으키지 못한다.

그러나 이 모든 것은 어떤 조건하에서 이러한 모순이 우스운가를 설명하기에는 아직 부족하다. 내가 의무라고 생각하고 있던 것과 지금 내가 보고 있는 것이 웃음이 아닌 전혀 다른 반응을 불러일으킬 수 있다. 사람들은 인간적 단점들을 도처에서 보게 된다. 그러나 이러한 단점들은 사람들을 웃게 하는 것이 아니라 마음 속 깊이 굉장히 실망시키고 화나게 만들며 웃음과는 절대로 결합될 수 없는 분노를 불러일으킨다.

앞서 수차례에 걸쳐 매우 심한 혐오감이나 극도의 분노를 불러일으킬 만한 범죄성과 비도덕성을 갖고 있지 않은 사소한 성격의 단점들만이 웃음을 유발한다고 말했었다. 여기에 명확한 경계는 없는데, 이 경계는 웃고 있거나 웃지 않고 있는 이의 지적 경향에 따라 달라진다. 앞서 이 모든 것에 대해 이야기했으므로 여기에서 다시 반복할 필요는 없겠다.

그러나 이것 역시도 웃음의 특성적 본질을 정의내리고 있지는 않다. 사람들은 큰 단점들뿐만 아니라 사소한 단점들도 날마다 수없이 보지만 그렇다고 해서 우리가 매일 웃는 것은 아니다. 이러한 사실은 더욱 정확하게 언제, 어떤 조건하에서 웃음이 유발되는지를 정의하며 희극성이 발생할 수 있는 조건들에 대한 더욱 정확하고 상세한 특성묘사를 해야 한다는 과제를 제시하고 있다.

자료들에 대한 연구는 인간의 내면적이고 지적인 삶이 가지고 있는 단점들을 폭로하는 것이 항상 조소를 유발한다는 사실을 보여주었다. 이 단점들은 도덕적 근간, 의지적 모티브, 지적 과정의 영역에 관계된 것들이다. 많은 경우에서 단점들은 자명하며, 특별한 폭로를 필요로 하지 않는다. 사소한 속임수, 아내에게 꽉 잡혀 사는 남편, 명백한 거짓말, 명백한 멍청함이나 추론의 황당무계함은 그 자체만으로 우습다. 이러한 것들은 그 명백함으로써 자신을 폭로하고 있다고 할 수 있다. 그러나 대부분의 경우에서 사실은 그렇지가 않다. 단점들은 숨겨져 있으며 폭로를 필요로 한다. 희극배우, 유머작가, 풍자작가의 예술성이나 재능은 조소하고자 하는 대상의 가장 좋은 면을 보여주면서 동시에 이 대상이 가지고 있는 내적 불완전성이나 불충분성을 폭로하는 것이다.

웃음이 일어나는 것은 보이는 것으로부터 그 뒤에 숨어 있는 무엇인가로의 무의식적 어떤 추리에 의해서이다. 보이는 껍데기 속으로 아무것도 없으며, 공허를 숨기고 있다는 추리도 가능하다. 웃음이 발생하게 되는 것은 이 발견이 갑자기, 느닷없이 일어날 때로, 어지간히 급작스러운 폭로성을 띠고 있는 일상적 관찰의 성격이 아닌 첫 발견의 성격을 띠고 있을 때이다. 희극적인 것에 대한 이론의 일반적 형태는 다음과 같이 나타낼 수 있다. 의식 속에서 외적이고 신체적인 조건의 껍데기를 관통하여 갑자기 드러나게 된 숨겨져 있던 단점들이 갑자기 드러남으로써 인간의 긍정적 기초들이 가려지게 될 때 사람들은 웃는다.

내적 결함의 폭로는 다양한 방법들에 의해 가능하다. 이 중 가장 중요한 것들은 이미 열거했었으며, 여기에서 반복할 필요는 없다. 결론을 내리자면, 다양한 발현형태들은 모든 형태의 조소들에 있어 공통적 단일법칙에 따르고 있으며, 이 법칙은 제시되어야만 한다.

예를 들자면 이 법칙은 신체적 결함들을 비웃고 있는 경우에 명백히 드러난다. 자세히 관찰해보면 신체적 결함에 대한 조소가 정신적 단점에 대한 조소라는 것을 알 수 있다. 언뜻 보기에는 이 신체적 결함이 반드시 도덕적이거나 내적인 모든 것에 대해 말하는 것은 아닌 것처럼 보여 질 수도 있다. 그러나 이는 논리적 판단일 뿐이다. 외적 결함은 내적 열등함의 어떤 표시임을 본능적으로 알게 된다. 외적 결함은 그 자체만으로는 우습지가 않다. 내적 결함도 그 자체만으로는 우습지 않다. 웃음이 유발되는 것은 외적 결함이 내적 불완전성이나 공허함에 대한 경종, 신호로서 받아들여질 때이다. 문학작품들을 자세히 살펴보면 작가나 스케치화가가 신체적 단점을 부여하고 있는 형상들은 그들이 도덕적이거나 내적인, 또는 사회적인 면에서 비판하고자 하는 형상들이라는 사실을 쉽사리 알 수 있다.

이런 식으로 폭로되는 결함은 주로 광의적 의미의 도덕적 단점들이다. 그러나 이런 식으로 폭로되고 웃음을 유발하는 다른 유형의 단점들도 있다.

정상적이고 건강한 인간에게는 도덕적 의무에 대한 본능 외에도 전반적인 외적, 자연적 규범에 대한 감각, 자연법칙과 이 법칙의 관점에서의 합목적성을 이루고 있는 어떤 조화에 대한 감각이 내재되어 있다. 이러한 규범들의 위반은 웃음을 불러일으키는 결함으로서 받아들여진다. 앞서 기린이 우스운 까닭이 어떤 도덕적 결함 때문이 아닌 그 불균형성 때문이라고 지적한 바 있었다. 그렇기에 우스운 것은 추한 것과 관련이 있다고 주장했던 이론가들의 생각은 옳다. 아름다운 것과 조화로운 것은 그 어떤 경우에도 우스울 수가 없다.

사소한 내적 결함들은 우스우며, 외적 단점들도 우습다. 이들을 교묘하게 결합하거나 번갈아가며 보여주는 것은 가장 높은 수준의 희극성이며, 폭소를 불러일으킨다.

사람은 부조화나 외적 추함을 보면서 완전히 무의식적으로 이것이 더욱 심하고 중요한 결함들의 지표라고 생각한다. 건전하고 일관적으로 심사숙고해본다면 이것은 전혀 그른 생각일 수 있다. 그러나 웃고 있는 사람은 심사숙고하지 않는다. 지금 웃고 있는 사람이 나중에 심사숙고해볼 수도 있는데, 만일 그때 가서 그가 느꼈던 첫 인상이 거짓으로 판명된다면 그는 더 이상 희극성을 느끼지 않게 되고, 웃지 않게 될 것이다.

이러한 결함들을 실제생활에서 보게 될 때에도, 이 결함들이 예술작품에 표현되어 있을 때에도 사람들은 웃음으로서 반응한다. 인간적 결함들의 표명에 성격의 희극성도 기반하고 있다는 것은 완전히 명백한 사실로, 특별한 증거를 필요로 하지 않는다. 성격은 외부로 드러날 때 우스워진다. 사람들은 누군가에 대해 잘 알게 되기 전까지는 무의식적으로 그를 긍정적으로 평가한다. 누군가에 대해 잘 모르고 있을 때, 사람들은 그가 어떤 긍정적 성질을 지니고 있을 것이라고 기대하거나 예상하게 된다. 그러나 이러한 기대는 이뤄지지 않는다. 사람들은 이러한 사실을 갑작스럽게 알게 된다. 누군가를 다른 사람으로 받아들인 것으로, 사람을 잘못 본 것이다. 사람들이 누군가를 도덕적인 면에서뿐만 아니라 더 넓은 의미에서도 다른 사람으로 받아들일 때, 예상되었던 고상함이 아닌 저급함이 드러나게 될 때, 같은 상황이 벌어진다. '한 사람 대신 다른 사람'이라는 뜻의 온갖 'qui pro quo'는 이에 근거하고 있다. 여객은 검찰관으로, 사기꾼은 경찰관으로 받아들여지며, 체스 두는 방법조차도 모르는 오스따쁘 벤데르는 체스 챔피언인 척하고 있는 등의 예들이 있다.

인용된 모든 경우들에서 도덕적 요소뿐만 아니라 의지적 특성에 대해서도 언급하고 있다. 강한 의지를 가지고 있다는 것은 그 자체로서 높게 평가되는 덕이다. 의지와 관련된 결함들은 이중적일 수 있다. 의지가 약할 수도 있고(부인에게 꽉 잡혀 사는 남편), 이 의지가 향하고 있는 목표가 보잘것없고 저급한 것일 수도 있다. 두 번째 경우는 사소한 부도덕이 부분적으로 발현된 경우이다. 웃음이 유발되는 것은 의지가 갑자기 모욕을 당하여 파멸을 맞은 때, 이 파멸이 그 외적 발현을 통하여 모든 이들의 눈에 보이게 되는 때이다. 여기에서 희극성의 본질은 앞서 묘사된 것과 같다.

희극성이 인간의 지적인 삶이 발현되는 때에만 가능하다고 할 때, 인간의 지적인 삶이 희극적으로 될 수 있는 조건들을 살펴보아야만 할 것이다.

사람들은 지성의 가치를 인정하며 지성이 약하거나 모자란 것을 비난한다. 지적 과정의 실수, 멍청함은 이들이 갑자기 외부로 드러날 때 우스워진다. 겉으로 드러나 버린 사고의 실수는 웃고 있는 사람의 의식이나 감정, 또는 본능으로부터 웃음의 대상이 되는 사람의 다른 모든 성질들을 밀어내버리는 것만 같다. 똑똑한 사람들도 멍청한 말과 행동을 할 수 있다. 이들이 지적이라는 것도 비웃음으로부터 이들을 구할 수는 없는데, 멍청한 말이나 행동을 하는 그 순간에는 이들의 지성이 고려되지 않기 때문이다. 비논리는 논증이나 추리의 명백한 어리석음, 혹은 지성이 모자란 결과인 바보행위들로서 자신을 드러낸다. 모든 민족들의 구비문학은 일제히 웃음을 불러일으키는 어리석기 그지없는 바보들의 행동들로서 눈에 띈다.

언어적 성격의 희극성도 다른 유형의 희극성과 같은 곳에 기반을 두고 있다는 사실은 잘 드러나지 않는다. 그러나 앞서 충분히 언급했던 바와 같이 이것은 사실이며, 여기에서 반복해 말할 필요는 없을 것이다.

삶과 예술작품에서 희극성이 발현될 수 있는 모든 경우들을 본 연구에서 다룬 것은 절대로 아니다. 공통의 경향을 보이고 있으며, 점차적으로 법칙이 드러나고 있다. 또한 희극적 현상들은 사실상 서로에게서 따로 떼어낼 수 없다는 점을 여기에서 밝혀둘 필요가 있다. 본 연구에서 이 현상들을 떼어놓았던 것은, 종종 한 경우가 도대체 어떤 유형의 희극성에 속하고 있는지를 말하기 어려울 정도로 이들이 서로 간에 매우 밀접하게 연관되어 있다는 점을 명백히 보여주기 위해서일 뿐이다. 이들은 동시적으로 몇몇 유형의 희극성에 속하고 있다. 예를 들어 한 민중유머에서는 자신이 앉아 있는 나뭇가지를 톱질하면서 행인의 경고를 듣지 않다가 땅바닥이나 물에 떨어져 버린 바보에 대해 이야기하고 있는데, 이때 볼 수 있는 것은 의지의 모욕이 뒤따르는 비논리현상이다. 이반 니끼포로비치가 우스운 까닭은 그가 뚱뚱하기 때문만이 아니라 완전히 쓸모없고 가치 없는 이유로 재판을 하러 가고 있기 때문이다. 체호프의 단편《말(馬)의 성(姓)》이 희극적인 것은 방심함 및 건망증과 동시에 이 단편이 '헛소동'의 원칙에 따라 구성되어 있기 때문이다. 작가가 재능이 뛰어날수록 그의 작품에 나타나는 모티브들은 더욱 복잡하고 다양해진다. 앞서 말했듯이 본 연구를 위한 자료들에 의하면 세계문학사에서 가장 뛰어난 거장은 고골이었다.

모든 유형의 조소들 및 이와 연관된 희극성을 꿰뚫는 공통적인 어떤 법칙이 이렇듯 점차적으로 드러나고 있다. 모든 유형의 공식들은 연구되는 현상의 본질을 축소시키고 발현형태의 모든 풍만함 및 다양함을 보여주지 못하며 뉘앙스에 그늘을 지우므로 여기에서 이 법칙의 일반적 공식을 도출하지는 않을 것이다. 본 연구에서 가능한 모든 경우들을 다 보여주지는 않았다. 왜냐하면 이는 연구를 부풀리고 난해하게 만들었겠지만, 이 연구의 설득력을 강화시키지는 못했을 것이기 때문이다. 연구과제는 이 과제에 관심 있는 이들이 보충하고 확대시켜나갈 수 있는 선별된 자료 안에서 해결될 수 있을 것이다.

몇 가지 세부사항들도 보다 정확하게 짚고 넘어가야 할 필요가 있다. 본 연구에서 인용된 모든 예들에서 주변사람들의 단점 및 이와 유사한 단점들의 발견이 웃음을 불러일으키는 것은, 이러한 발견들이 기대치 않았던 것일 때뿐이다. 이것은 희극성의 일반적 법칙들 중 하나이다. 유머가 사람들의 웃음을 불러일으키는 까닭은 재치 있는 예상 밖의 결말 때문이다. 그러나 이 유머를 두 번째, 혹은 세 번째, 네 번째 듣게 되면 더 이상 웃음이 나지 않는데, 왜냐하면 의외성이 사라졌기 때문이다. 폭소는 일종의 비약이다. 문학작품에서 이러한 비약은 때로는 어느 정도 준비된 것이기도 하다. 간혹 앞으로 일어날 일이 기대되기도 한다. 하지만 그럼에도 불구하고 웃음은 갑작스럽게 터져 나온다. 이러한 사정은 이미 오래전에 지적되었으며, 여러 차례 언급되었다.

> 웃음은 긴장된 기다림이 아무것도 아닌 것으로 갑작스럽게 변화하는 것으로부터 야기되는[3] 흥분상태이다(칸트, V, 352).

> 웃음은… 개념과 대사와의 불일치를 갑작스럽게 깨닫게 되는 것에서 생겨난다(쇼펜하우어)[4].

재치의 본질을 정의하면서 체르느이셰프스끼는 다음과 같이 적고 있다.

> 재치의 본질은… 본질적으로는 전혀 다른 범주의 개념에 속해 있는 두 대상이 갑작스럽고 재빠르게 가까워지는 것이다(체르느이셰프스끼, II, 188).

갑작스러운 웃음을 불러일으켰던 발견이나 관찰이 반복되면, 그때는 더 이상 웃음을 불러일으키지 못한다. 물론 훌륭하고 뛰어난 희극을 두 번, 혹은 그 이상 보게 될 때 사람들은 두 번째에도, 세 번째에도 웃게 된

3) 흘러나오는. — 원주.
4) 이 인용은 쇼펜하우어, II, 181에서 가져온 듯함. — Yu. 라스까조프의 주석.

다. 그러나 이 웃음은 약하고 조용한, 혼자만의 웃음이다. 이는 희극을 처음 보았을 때처럼 폭소나 요란한 웃음이 아닐 것이다. 이렇듯 약하고 조용한 웃음은 무대나 화면 속에서 일어나는 일들에 대한 미학적 만족감의 혼합체를 포함하고 있다. 이러한 웃음은 훌륭하고 뛰어난 희극만이 불러일으킬 수 있는 것이다. 처음에 희극적 상황이나 대사의 의외성으로 사람들을 웃게 만드는 저질 소극 및 보드빌을 두 번째 보게 되면 지겨움을 느끼게 된다.

의외성은 웃음이 단시간적일 수밖에 없다는 웃음의 또 다른 특성도 알도록 해준다. 예로부터의 웃음형태는 갑작스러운 폭발과 발화로, 이는 발생한 것만큼이나 빠르게 사라져 버린다. 희극성은 오래도록 지속될 수 있으나, 웃음은 모든 5막 내내 계속 지속될 수 없다. 훌륭한 희극이나 희극영화는 주기적인, 그런대로 자주 일어나는 요란한 웃음을 수반하지만, 그래도 끊임없는 웃음은 아니다. 웃음이 얼마동안이나 지속될 수 있는지를 보여줄 수 있는 틀이나 경계는 없다. 지속적 웃음이라 할지라도, 웃음은 웃음이 폭발하는 횟수의 합계로 이뤄진다. 예를 들어 사람들에게 강렬한 인상을 남긴 웃기거나 재치 있는 단어, 혹은 우스꽝스러운 멍청함이나 대사를 다양한 억양으로 반복하면서 몇 분간은 웃을 수는 있겠지만, 이 웃음이 오랫동안 지속될 수는 없다. 가끔은 웃음이 심해지면서 계속되다가 사람이 균형을 잃고, 말 그대로 '배꼽을 잡고 쓰러지는' 상황에까지 이르게 될 수도 있다. 희극성에 바닥을 데굴데굴 구르는 사람들마저 있다. 얼마동안이나 자연스럽게 웃을 수 있는가는 개인의 특성에 달려있긴 하지만, 이런 웃음은 오랫동안 지속될 수 없다. 《결혼피로연》에는 꼬치까료프가 자신이 바보로 만든 매파를 지속적으로 비웃는 장면이 나온다. 훌륭한 배우들은 웃음의 성격을 바꾸는데, 그들은 때로는 더욱 가늘고 높은 톤으로, 때로는 더욱 낮고 껄껄거리는 톤으로 웃는 등 여러 가지 방법으로 웃는다. 이 웃음은 청중들에게 전염된다. 훌륭한 배우들은 멈추어야 할 때를 안다. 배우가 조금이라도 도를 넘거나 필요 이상으로 몇 초만 더 웃어도 청중들은 웃음을 멈추어버리며, 그래도 배우가 웃기를 계속한다면 청중들은 다소 화가 난 상태로 도대체 언제 끝날 것인가 하고 기다리기 시작한다.

웃음은 오랫동안 지속될 수 없다. 오랫동안 지속될 수 있는 것은 미소이다.

본 연구에서 제시된 이론은 웃음의 문제와 관련 있는 또 다른 특수한 과제들을 해결할 수 있는 가능성을 준다. 웃음을 통한 만족감이 어디에서 기인하고 있는가에 대한 많은 연구들이 있었다. 본 연구결과에 따르면 주요한 두 웃음인 조소와 희소(喜笑)는 각기 다른 방식으로 설명되어야만 한다. 사람은 누군가를 비웃으면서 그와 자기 자신을 무의식적으로 비교하는데, 그에게 있는 단점이 자신에게는 없다고 생각한다. 처음으로 이러한 설명은 한 것은 홉스[5]였다. 그는 희극적인 것으로부터 얻어지는 만족감의 원인을, 조롱당하고 있는 이의 약점에 대한 조롱하는 이의 우월감에서 찾고 있다. 홉스와 별개로 다른 학자들도 이러한 주장을 펼쳤었다. 체르느이셰프스끼는 매우 뚜렷하게 이 관점을 표현하고 있다.

> 멍청한 사람을 비웃으면서 … 나는 그 순간에 내가 그보다 훨씬 더 우월한 것처럼 보인다. 희극적인 것은 사람들에게 그들의 자부심을 일깨워준다(체르느이셰프스끼, II, 194).

만족감을 이루는 성분들 중 하나는 '나는 너 같지 않다'는 것이다. 똑똑한 사람이 멍청한 사람을 비웃고 있다. 만일 멍청한 사람이 똑똑한 사람을 비웃고 있다면, 이 순간 멍청한 사람은 비웃음 당하고 있는 다른 사람보다 자신을 더 똑똑한 사람이라고 간주한다. 이는 다른 나쁜 성질들도

---

5) 홉스 : 16세기~17세기 영국 철학자이자 정치 이론가임. 초기 자유주의와 절대주의의 중대한 이론적 전제가 되는 개인의 안전과 사회계약에 관한 저서로 유명함.

마찬가지이다. 사람들은 남들이 이런 나쁜 성질들을 가지고 있을 것이라고 의심하면서도, 자신은 그럴 리가 없다고 생각한다. 이는 몇몇 이론가들에 의해서 주장되어왔는데, 무슨 이유에서인지 이들은 우월감을 바리새인적이라고 표현하고 있다. 예를 들어 데 그로스[6]는 다음과 같이 적고 있다.

> 모든 희극적인 것들은 우리는 이 사람 같지 않다는 기분 좋은 바리새인적 감정을 사람들에게 불러일으킨다.

그러나 이 만족감 안에 바리새인적인 그 무엇도 없다. 다른 이에게는 없는 어떤 도덕적인 면이 나에게는 있으며, 이는 세상에 필요한 부분이라는 생각이 이 만족감의 근저에 깔려있다. 이러한 만족감은 자기 자신이 웃음의 대상이 되자마자 사라져버린다. 다음은 《검찰관》의 마지막 장면에서 시장이 관객들에게 한 말이다.

> 무얼 비웃으시는 거요? 자기 자신들이나 비웃으시게!

이 말은 희극성의 효과를 금방 없애버린다. 흘레스따꼬프의 편지를 읽는 장면에서도 무엇인가 비슷한 점이 있다. 그가 적은 편지는 소리 내어 읽혀지며 사람들의 손을 거친다. 이 편지를 읽고 있던 사람에게 편지내용이 우스워보였던 것은 자신과 관련된 내용이 나오기 전까지였을 뿐이다. 우체국장은 편지를 읽다가 갑자기 말을 더듬기 시작한다.

> 이런, 이 부분에선 나에 대해서도 무례하게 써놓았군.

그러나 사람들은 계속 편지를 읽었으며, 이제는 우체국장이 조롱당한 이가 되었다.

---

6) 그로스 : 19세기~20세기 독일 심리학자임.

본 연구 자료에 따르면 이러한 만족감의 기반에 자리 잡고 있는 것은 바리새인적 감정이 아니라 의무적 본능이다. 이 감정은 바리새인적 감정과는 반대로 깊은 도덕성을 가진다. 사람들은 악이 폭로되어 모욕당하고 대가를 치르는 것을 보면서 이로부터 만족과 희열을 느낀다. 이를 놀부 심보라 할 수 있겠으나, 이 놀부 심보는 동시에 승리를 거두고 있는 정의감이기도 하다. 다른 설명들도 있었다. 사람은 웃을 때 긴장이 풀리는 듯한 느낌을 받게 되는데, 이것이 만족감을 느끼게 해준다는 것이다. 이러한 관점을 특히 강조했던 이는 폴켈트였다.

> 긴장으로부터 자유로워진다는 것은 마음이 가벼워진다는 것을 뜻하기도 한다.

희극에서의 음모진행, 혹은 어느 정도 긴장한 채 신랄한 결말을 기다리게 되는 유머로서 일부러 준비된 희극적 결말이 예상되는 경우에만 이 이론은 어느 정도의 현실성을 지닌다. 그러나 대개의 경우 웃음은 전혀 기대하고 있지 않을 때 유발되며, 희극적 결말이 미리 예기되는 부분에서조차도 갑자기 상황이 변해버릴 수 있다는 것을 우리는 이미 알고 있다.

이러한 모든 설명들은 우월감과 도덕적 만족감, 긴장의 완화를 통하여 부분적인 설명만을 하고 있을 뿐이지, 완전한 설명은 주고 있지 않다. 이 문제에서의 발전을 위해서는 조소뿐만 아니라 다른 유형의 웃음들도 살펴보아야하는데, 무엇보다도 먼저 낙천적 웃음을 보아야 한다. 이 웃음은 자신의 존재에 대한 격앙된 기쁨에 대한 생리학적 반응이다. 이 웃음 자체는 도덕성의 요소들과 연관되어 있지 않다. 조소에서는 도덕성의 승리가, 기쁨의 웃음에서는 활력과 삶의 기쁨이 사람들을 기쁘게 한다. 대개의 경우 이 두 유형의 웃음은 하나로 합쳐진다. 항상 승자만이 웃으며, 패자는 웃는 법이 없다. 도덕적인, 즉 정상인 사람의 평범하고 건강한 웃음은 그가 진리라고 믿는 것이 승리했다는 표시이다.

희극적인 것에 대한 이론의 특수한 문제들 중 하나는 웃음의 전염성이다. 이 전염성은 무엇으로 설명될 수 있는가?

이미 수차례 지적한 바와 같이 사람들은 그들이 지적 시각이나 관심을 정신적인 현상에서 이들의 외적 발현 형태로 돌리는 순간에 웃으며, 이러한 형태들은 그들이 바라보거나 관찰하고 있었던 이들의 결점을 폭로한다. 웃음은 이러한 관심이동의 강한 신호이다. 다른 이들도 이 신호를 듣자마자 시선을 옮기게 되며, 이들 역시 보지 못했던 것을 갑자기 보고 웃기 시작한다. 그러나 전염성이 있는 것은 조소와 낙천적 웃음뿐이다. 이 웃음은 사람들을 단결시키는 어떤 집단적 감정을 항상 나타내고 있다. 냉소적 웃음은 개인적 웃음으로, 집단의 도덕적 본능에 부응하지 않고 대립하고 있는 한 인간의 승리를 표현한다. 이러한 웃음은 혐오감과 분노를 불러일으키며, 전염성을 특성으로 갖지 않는다. 이 웃음은 희극적인 것의 영역에 들지 않는다. 웃음은 웃음의 대상이 되는 이의 인간적인, 그렇기에 사회적인 불완전성을 확인하고 있는 듯하다. 웃음은 감추어져 있던 단점을 갑자기 모두의 눈에 들어오도록 만든다.

웃음이 기쁨을 주고 활력을 높이며 보잘것없는 것으로 여겨지는 모든 것의 패배를 의미한다면, 유머작가들과 풍자작가들이 실생활에서는 절대로 유쾌한 사람들이 아니며, 반대로 종종 음울하고 사람을 싫어하는 면을 보이는 것은 무엇으로 설명해야 할까? 《제르좌빈의 글》에서 벨린스끼는 다음과 같이 적고 있다.

> 대부분의 위대한 희극작가들이 우울증 경향을 보이는 신경질적인 이들이며, 타인으로 하여금 눈물이 날 정도로 웃게 만드는 사람들은 입가에 미소를 띠는 일이 거의 없다는 사실을 모두 잘 알고 있다(벨린스끼, VI, 11).

벨린스끼의 이러한 견해가 반드시, 그리고 항상 맞는 것은 아니지만 많은 경우들에서 옳은 것으로 나타난다. 그러하기에 유머작가들이 우울해질 수 있는 가능성 자체에 대한 설명이 요구된다.

조소는 결함들을 갑자기 발견하게 됨으로써 불러일으켜진다. 조소는 폭발적으로 일어날 수 있으며, 단시간적이다. 사람은 잠깐 동안 웃고 나서 자신의 정상적인 상태로 돌아오게 된다. 항시적이고 끊임없는 웃음은 불가능하다. 그러나 웃음이 사람들의 단점들에 대한 반응이라고 한다면, 그때는 항시적 웃음이 있다고 가정할 수 있다. 어떤 사람은 삶에서 보잘것없고 시시한 것들만 볼 것이고, 이런 것들은 결함이므로 그에게 우습게 보일 것이기 때문이다. 삶에서 모든 나쁜 것들을 볼 수 있고 확대시켜 나타낼 수 있는 재능 및 특성에 완전히 물들어 있는 것이 아니라면, 이러한 특성을 타고난 사람은 비록 힘이야 들겠지만 그래도 아직 상황이 완전히 비극적인 것은 아니다. 일시적으로 전문가가 된 유머작가의 심적 체험들이 오 헨리의 단편《유머작가의 고백》에 매우 뚜렷하게 묘사되어 있다. 천성이 재치 있고 쾌활한 사람이 전문 유머작가가 된다. 그는 출판사와 1년간 계약을 맺는다. 모든 곳에서 항상 웃고 기지를 보이며, 약속한 글을 써야만 한다는 필요성이 점차적으로 그를 억누르기 시작한다. 그는 자신의 쾌활함을 잃어가고 그의 부인은 그를 두려워하며 아이들은 그를 피한다. 그의 재능은 곧 바닥을 보이게 되고, 출판사 사장은 계약을 연장하지 않는다. 그는 유머작가라는 직업을 버리고 장례사무소의 공동사장이 된다. 이 순간부터 그는 다시금 쾌활한 사람이 되었으며, 가족의 평화도 즉각적으로 회복되었다.

오 헨리가 묘사하고 있는 유머작가는 아마도 커다란 유머적 재질을 소유하고 있지는 않았던 것 같다. 그러나 작가가 자신의 재능과 천재성 때문에 평생을 삶의 이면을 표현하며 이로써 사람들을 웃기는 일을 해야 한다면, 이 천재성은 비극적 숙명이 되고 만다. 바로 이것이 예술가이자 사람인 고골의 비극을 이루고 있다. 《죽은 혼》의 7장에서 그는 자신을 염두에 두고 작가의 고달픈 인생에 대해서 다음과 같이 쓰고 있다.

> 작가는 우리의 삶을, 이 세상의, 당장은 고달프고 지루한 길에 우글거리는 차갑고 깨어진 일상적 성격들은 물론, 강력한 힘으로서 엄격한 칼날의 전 깊이를 끌어안고 있는 하잘것없는 모든 것의 무섭고도 놀랄 만한 진창을 밖으로 드러내고 있다. 칼날은 모든 이들의 눈앞에서 이들을 부각시켜 선명하게 보여주고 있다.

그 자신이 조롱했었던 러시아를, 실은 깊이 사랑하고 있다는 것이 고골의 비극이었다. 벨린스끼는 희극 《지혜의 슬픔》[7]에 대해서 매우 심도 있는 지적을 한 적이 있다. 그는 다음과 같이 적고 있다.

> 모든 이들은 두 가지 시력을 가지고 있다. 외적으로 명확한 것만을 볼 수 있는 신체적 시력과 사상의 본질로부터 흘러나오는 필요불가결한 것과 같은 내적으로 명확한 것을 관통하는 정신적 시력이 바로 그것이다(벨린스끼, II, 215).

벨린스끼의 표현을 빌자면 비웃을 때 사람들은 '신체적 시력'으로써 세상을 외적인 면에서 바라보고 있다. 웃고 있는 이는 세상을 외적이고 물질적인 면에서 보고 난 다음 내면적인, 즉 희극적이지 않은 쪽으로 넘어간다. 시선을 옮기는 것과 마찬가지이다. 작품들을 자신의 살과 피로서 창조하면서, 이 작품들에 자신의 희극적 천재성과 재능을 퍼부으면서, 고골은 후에 자신의 시선을 되돌려 치치꼬프들과 흘레스따꼬프들로만 가득 차 있지는 않은 세상을 표현하고자 했었다. 그러나 그는 그럴 수 없었다. 바로 여기에 고골 비극의 상당 부분이 존재하고 있다. 그는 시장처럼 소리쳤을 수도 있겠다.

> 아무것도 보이지 않아. 웬 돼지주둥이들 외에는 아무것도 보이지가 않아.

---

7) 벨린스끼는 고골의 《검찰관》의 시장에 대해 이야기하고 있음. —Yu. 라스까조프의 주석.

제27장

# 대가적 자질

본 연구에서 우리는 희극성과 그 형태의 본질을 검토해보았다. 이 연구는 이론적 성격의 연구이다. 언뜻 보기에 오늘날 희극적인 것에 대한 이론은 불필요한 것으로 보일 수도 있다. 그러나 사실은 그렇지가 않다. 모든 종류의 옳은 이론들은 학술적이고 인식적인 의미뿐만 아니라 실무적이고 실용적인 의미도 지니고 있다.

러시아에서 유머적이고 풍자적인 문학 및 희극적 연극과 영화, 그리고 무대공연과 서커스는 많은 인기와 사랑을 받고 있다. 이러한 것들에는 사회적 지지가 뒤따르는데, 왜냐하면 아직 근절되지 않은 우리 인생과 생활의 단점들이 이들 안에서 풍자적으로 표현되고 있기 때문이다. 예술은 이러한 단점들을 근절시키는 데 도움을 준다.

모든 유형의 현대예술이 내세우는 주요한 요구사항들 중 하나는 사상적 기원과 예술적 기원의 일치이다. 사람들은 높은 예술성 안과 밖에서 고상한 사상성을 생각한다. 그러나 예술작품들에서 이러한 일치가 잘 지켜지는 것은 아니다. 이러한 뒤처짐의 원인 중 한 가지는 문학작품이 가지는 본연적 예술의 측면 및 문학작품의 연마와 완성을 경시하는 데 있다. 이는 희극적 창작의 영역에서 희극성의 특성적 법칙들을 이해하지 못하는 것으로 나타나며, 그렇기에 이 희극성을 사용할 줄 모르는 결과를 초래하게 된다. R. 유레네프의 다음과 같은 생각은 옳다.

> 불행의 원인들 중 하나는 극예술의 거장들이 자신의 관객들을 웃게 만드는 데 쓰이는 법칙, 기법, 방법, 수단들을 망각하는 데 있다(유레네프, 1964b, 29).

러시아에서 풍자작품들의 발전을 방해하는 원인들 중 하나는 작가, 발행인, 편집장, 연출자, 감독, 비평가, 평론가가 때때로 지침으로 삼고 있는 몇몇 이론적 전제들에 있다. 희극적인 것이 두 유형으로 나뉜다는 이론이 이러한 전제들에 속한다. 앞서 이 이론에 대해 부분적으로 언급한 적이 있다. 그러나 이는 미학의 역사적, 방법론적 제 문제들과 관련해서였다. 여기에서는 이에 대해 현대적인 방법으로 설명해보도록 하겠다.

희극성이 두 유형으로 나뉜다는 이론은 러시아에서 매우 널리 알려져 있다. 19세기 미학과 비교해보면 이 이론은 부분적으로 변형되었고, 부분적으로 이 문제에 관한 부르주아적 해석을 그대로 지속해나가고 있다.

간략히 떠올려 보자면, 부르주아 미학에서 이 이론은 미려한 것에 대한 개념에 포함되고 있으며, 미학연구에 관한 희극성의 어떠한 '고급' 유형들을 증명하고 있다. 또한 이 이론은 무식한 대중들의 유흥을 위한 내용이 없고 조잡한 광대놀음인 '저급한' 유형들도 증명하고 있다. 희극적인 것의 이러한 유형은 미려함의 영역 밖에 있으며, 미학연구에 해당되지 않는다.

이 이론은 현대생활 속에서 변형되었다. 고급유형의 희극성은 풍자적 희극성 및 이와 관련된 웃음이 되었다. 이러한 유형의 희극성으로서 유발된 웃음은 사상적이고 가치 있으며 필요한 웃음이다. 그러나 다른 유형의 희극성도 있는데, 풍자와는 상관이 없는 유머적 웃음이 바로 그것이다. 이러한 유형의 희극성으로 유발된 웃음은 사회적 경향성이 없으며, 이 웃음은 비(非)사상적이고 피상적이며 자연적인 광대놀음식 웃음으로 저급한 웃음이다. 이 이론에 따르면 풍자와 유머는 각기 다른 현상으로, 이 둘은 종종 대립된다.

풍자적인 웃음과 풍자적이지 않은 웃음이 있다는 것은 맞는 말이다. 그러나 이 이론의 다른 모든 주장들은 오류이다.

첫 번째 오류는 풍자와 유머가 구분되며, 이들이 다양한 유형의 희극성에 근거하고 있다는 것이다. 그러나 풍자작품들에서와 풍자적이지 않은 작품들에서의 희극성에 대한 계획적 연구는 이 두 가지 경우에서의 희극적 기법들이 완전히 일치한다는 결론을 도출한다.

이 이론은 풍자의 수단들을 빈약하게 만든다. 희극적인 것이 두 유형으로 나뉜다는 이론은 목적과 수단을 구분하지 못한다는 꽤나 기초적인 논리적 오류를 범하고 있다. 희극성을 얻기 위한 기법들의 저장고이자 목표인 풍자적 폭로는 이 목표를 달성하기 위해 사용되는 수단이자 도구가 된다. 이 점에서 볼 때 D. 니꼴라예프의 책제목인 《풍자의 무기인 웃음》(1962년)은 매우 정확한 표현이다. 만일 '웃음'이라는 단어를 '희극적인 것들'로 바꾼다면 의미가 변하지 않으면서도 더욱 정확한 표현으로 될 것이다.

희극성은 수단이며, 풍자는 목적이다. 희극성은 풍자 밖에서 존재할 수 있지만, 풍자는 희극성 밖에서는 존재할 수 없다.

이러한 경향의 이론가들이 저지르는 또 다른 오류는 단순하고 평범하며 풍자적이지 않은 웃음에는 사회적 의미가 없다는 주장이다. 이러한 경향의 대표자 중 한 사람은 Yu. 보레프이다. 희극적인 것에 관한 그의 저서에는 희극성의 두 가지 유형에 대한 극명한 대립이 담겨 있다. 그는 '희극적인 것'이라는 개념과 '우스운 것'이라는 개념을 분리시키고 있다. 이미 헤겔을 비롯한 다른 이들이 이러한 분리를 시행한 적이 있다. 보레프는 이러한 분리에 공공적이고 사회적인 개념을 도입하고 있다. 희극적인 것은 사회적인 의미를 지니며 이는 미학적인 개념으로, 교육적인 의미를 지닐 수 있다. 우스운 것은 반대로 미학 외적 범주로 자연적, 혹은 기초적 범주라고 말할 수 있으며 교육적이고 사회적인 의미는 지니지 않고 있다.

> 이는 장날의 광대놀음이자 익살이고 어릿광대짓이다.
> 이는 가장 원시적 웃음이다.

그러나 보레프의 논증을 들여다보면, 그가 본질적으로 자신의 이론을 부정하게 되는 수많은 조건들을 달아야 함을 발견하게 된다. 예를 들어 그는 자신이 '기초적 웃음'이라고 부르는 것에 대해 다음을 인정하여야만 한다.

> 이 유형의 웃음은 사회적 색조를 거의 지니지 않는다.

그러나 '거의 지니지 않는다'는 말은 어느 정도는, 그리고 어떤 상황에서는 지닌다는 말이다. '거의'라는 개념은 학문적이지 않은 개념이다. 만일 '저급한' 유형의 희극성이 사회적 색조를 가질 수 있고, 또 가지고 있다면 그때는 어느 정도로, 언제, 어떤 조건하에서 이런 유형의 희극성에 사회적 색조가 들어 있게 되는지, 혹은 들어 있지 않게 되는지를 정확하게 관찰하여야만 한다. 이와 관련하여 광대극들에 대한 언급이 나온다. 보레프는 극단적으로 광대극을 반대하고 있으나 곧장 다음과 같은 조건을 달고 있다.

> 소비에트 서커스에서 광대극은 풍자적 폭로를 위한 무기가 된다.

이 말에는 논의의 근거에 있었어야 할 점이 포함되어 있는데, 바로 광대극은(이와 함께 다른 '저급한' 혹은 '피상적' 유형의 희극성도) 수단이며, 목표는 폭로라는 것이다. 보레프는 또한 매우 예술적인 작품들에서의 소극적 요소들의 존재도(즉 '저급한' 유형의 희극성의 존재도) 부정하지 못하고 있다. 이에 대해 그는 다음과 같이 말하고 있다.

> 예술가들은 주요 희극적 상황의 심화와 첨예화와 희극적 성격들의 폭로를 위해서 단순히 희극적인 것들을 매우 자주 사용한다. … 여관에서 시장과 홀레스따꼬프가 처음으로 대화하던 순간 도쁘친스끼와 보쁘친스끼가 떨어졌던 것을 떠올려보자(보레프, 1957).[1]

단순히 희극적인 것이 희극성의 심화를 위해 사용되고 있다는 주장은 동조를 얻지 못할 것이다. 아마도 여기에서 이야기되어야 할 것은 심화가 아니라 강화에 대해서일 것이다. 자신과 타협한 보레프는 더 멀리 나아간다. 그는 희극성의 두 가지 유형을 '자연적으로 희극적인 것'과 '사회적으로 희극적인 것'으로 나눈다. 그러나 이 부분에서 예기치 않게 다음과 같은 내용이 나오게 된다.

> 원숭이의 우스운 찡그린 얼굴이나 강아지의 우스운 행동은 자연적으로 희극적인 것이 아니다. 이러한 것들에는 항상 어떤 사회적 내용이 담겨 있다.

도대체 무엇이 원숭이의 찡그린 얼굴이 가지는 사회적 내용인지에 대해서는 언급되지 않고 있다. 보레프는 독자가 무엇을 비웃어야만 하고, 무엇은 비웃으면 안 되는지를 정의내리려 하고 있다. 다음과 같은 그의 말은 전적으로 옳다.

> 소비에트 문학에서는 단점의 비판과 결함의 근절을 통하여 우리의 소비에트 질서를 강화시키는 웃음이 필요하다(보레프, 1957).

---

1) '도쁘친스끼와 보쁘친스끼'라고 원문에서도 적혀 있음. 그러나 《검찰관》 연극을 보거나 책을 읽어본 사람이라면 모두 알고 있을 테지만, 엿듣다가 떨어지게 되는 것은 보쁘친스끼 한 사람임. 두 사람이 동시에 떨어지게 만들었다면 그다지 예술적이지 않았을 것임. 도쁘친스끼와 보쁘친스끼가 떨어지는 장면에 대한 각주는 논문 "희극적인 것과 이를 표현하기 위한 예술적 수단들"(보레프, 1958, 307)에서도 반복되고 있음. — 원주.

그러나 여기에서는 어떤 굉장히 중요하며 본질적인 것이 증명되지 않고 있는데, 바로 풍자가 희극적이고 우스워야만 한다는 것이다. 우습지 않은 풍자는 자신의 사회적 기능을 수행할 수가 없는데, 왜냐하면 독자와 청자들로부터 필요한 반응을 이끌어낼 수 없기 때문이다. 이 말이 옳다면, 희극적 효과를 달성하기 위한 수단들을 정확히 연구해야만 할 것이다. 풍자이론은 풍자의 주요 수단인 희극적인 것에 대한 이론 없이는 성립할 수 없다.

희극적인 것의 두 가지 유형에 대한 연구는 대개 미학적 희극성과 미학외적 희극성에 관한 연구를 동반한다. 그러나 이러한 나누기를 모든 이들이 지지하는 것은 절대로 아니다. 리만또프의 관점은 보레프의 관점에 대립하고 있다. 그는 다음과 같이 적고 있다.

> 예술에서 희극적인 것은 삶에서 희극적인 것의 반영이다(리만또프, 53).

같은 것에 대해 유레네프는 다음과 같이 말하고 있다.

> 희극예술은 삶 속에 포함된 희극적인 것에 근거하고 있다(유레네프, 1964a, 94).

삶 속에서 웃음이 미학영역에 들어가지 않는다는 것은 형식적으로는 옳다. 그러나 인공적으로 자신을 삶으로부터 분리시키는 미학은 앞서 언급했었던 추상성을 반드시 지니게 된다. 투박하게 말하자면, 인용된 관점은 다음과 같이 묘사될 수 있다. 예를 들어 어떤 사람이 사과자루를 지고 가다 떨어뜨려서 온 사방으로 사과들이 흩어지게 된다면, 이는 우습지 않다. 그러나 같은 일이 무대 위나 희극영화 속에서 벌어지게 된다면, 그때는 벌써 미학적인 경우가 된다. 이러한 경우는 우스운 것이 아니라 희극적이 될 것이다. 그러나 이는 '저급하고', '피상적이며' 사상성이 없는 희극적 희극성이다.

만일 반대로 관리나 성직자, 혹은 다른 부정적인 인물이 떨어졌다면 이는 고급형태의 웃음인 폭로적이고 사상적인 웃음을 불러일으킨다. 인용된 예들은 어떤 점에서는 다르지만, 또 어떤 점에서는 일치한다. 모든 경우들에서 사실은 단 하나로, 이 경우들이 구분되는 것은 사례가 어떤 범위에서 행해지거나 보였는가에 달려 있다. 희극성의 본질에 대한 문제를 해결하기 위해서 우선이 되는 것은 사례이며, 이 사례의 사용은 부차적이다.

보레프가 발언한 사상들은 다른 이론가들에 의해서도 언급된 바 있다. 우스운 것은 가치가 없는 유형의 예술이며, 가치가 있는 유형의 예술은 희극적인 것이다. 리만또프는 다음과 같이 말했다.

> 우스운 것이 희극적이 되는 것은 사회적 내용으로 채워질 때이다(리만또프, 45).

D. 니꼴라예프는 다음과 같이 적고 있다.

> 현실에서 단순히 희극적인 것 외에 다른 유형의 희극적인 것도 존재하는데, 바로 사회적으로 희극적인 것이다. 이는 현실이 지니고 있는 모순들의 발현이기는 하지만, 이 모순들은 일반적이고 사회적인 것들이다. 사회적으로 희극적인 것은 인간사회에서 일어나는 심원한 과정들을 다루고 있다(니꼴라예프, 22).[2)]

이와 같은 생각은 교과서들에도 실려 있다. 희극의 발전에 관한 문제를 조명하면서, G. 아브라모비치는 '이런저런 유형의 희극 기초에 대하여, 혹은 피상적 희극이나 사회적 주제를 대상으로'(아브라모비치, 330) 언급

---

2) 니꼴라예프는 실제로 사회적으로 희극적인 것이 단순히 희극적인 것보다 사회를 위해 더 중요하다고 여겼음. — Yu. 라스까조프의 주석.

하고 있다. 사회적 주제 및 일명 피상적 희극은 결코 서로를 배제하지 않고 있는데, 이는 러시아 고전주의 희극을 예로 들어보아도 알 수 있다.

미학에 관한 소비에트 시절의 연구들은 풍자와 유머를 구분하려는 경향을 보인다고 말할 수 있다. 이 연구들에 따르면 풍자와 유머는 다른 유형의 희극성과 사회적 의미를 지니고 있다. 풍자가 없는 희극들은 반동적이기까지 하다. 위의 교과서에서 아브라모비치는 다음과 같이 적고 있다.

> 완전히 오락적인 희극을 만드는 것은 관객들을 사회생활의 긴요한 문제들로부터 멀어지게 하며 희극에서 그 특유의 사상적이고 도덕적인 감격적 어조를 없애버리는 반동 작가들을 위한 수단으로서 사용되어 왔다(아브라모비치, 300).

만일 어느 대학생이 이 문구를 읽고 난 후 양심적으로 숙고한다면, 그는 반동 작품들의 목록에 《윈저의 명랑한 아낙네들》, 《십이야》, 《헛소동》과 같은 셰익스피어의 희극들을 포함하게 될 것이다. 엄격히 말하자면 많은 다른 대문호들의 희극들과 마찬가지로 셰익스피어의 모든 희극들은 반동적으로 분류될 것이다.

오락적 희극을 용인하기 어려움과 그 해악에 대한 생각, 또한 이와 관련한 풍자와 유머의 대립은 현재 많은 이론가들을 비롯한 극예술 실천가들(감독, 배우)의 반대에 부딪히고 있다. 이미 벨린스끼는 논문 《성(性)과 종(種)에 의한 시의 분리》에서 풍자의 근본에는 '심오한 유머가 있어야만 한다'(벨린스끼, III, 335)고 말했었다. 그는 《문학이라는 단어의 일반적 의미》라는 논문에서 더욱 날카로운 표현을 한 바 있다.

> 유머는 낡은 것을 부수고 새것을 준비하는 저항심의 가장 강력한 도구이다(벨린스끼, VI, 546~547).

다음과 같은 엘리즈베르그의 생각은 의심할 여지없이 옳다.

> 풍자에 희극적 감정 및 웃음을 대립시키는 이론은 이미 오래전에 낡았다. 희극의 다양한 발현 및 모든 색조는 풍자 안에서 풍자의 주요한 폭로적 과제들에 항상 순응한다(엘리즈베르그, 1958, 282).

불리스는 《웃음 연구실에서》라는 자신의 저서에서 매우 단호하고 설득력 있는 논거로서 풍자와 유머의 대립에 반대하고 있다.

> 그토록 날카롭고 단호한 풍자와 유머의 구분은 근거 있어 보이지 않는다(불리스, 18).

이러한 대립에 반대하는 논거들 중 하나는 다음과 같다.

> 단순한 익살꾼과 풍자가 사이의 차이는 이들의 '웃음을 불러일으키는' 작품들이 거의 도식으로 전개될 정도로 미미하다(불리스, 13).[3)]

'도식'이라는 단어가 어쩌면 그리 적절하지 않을 수도 있겠지만, 생각 자체는 의심할 여지없이 옳다.

단순하고 사심 없는 유쾌한 웃음의 사회적 의미를 부정하는 생각도 지지를 얻지 못하고 있다. 현실이라는 조건하에서 보통의 기쁜 웃음, 특히 집단적 웃음은, 의심할 여지가 완전히 없는 사회적 의미를 지니고 있다. 민중극장, 서커스, 무대공연, 영화, 어릿광대들과 이들의 무대극과 같은 직접적 즐거움의 모든 종류들을 옹호해야 할 필요가 있겠다. 수천 명으로 이뤄진 무리의 사람들이 즐거워하고 만족한 채로 서커스 관객석을 나설

---

3) 불리스는 풍자와 유머의 대립에 대해서는 18쪽에서 쓰고 있고, 13쪽에서부터는 일상적인 익살꾼과 직업적인 풍자작가를 대조시키고 있음. '희극적 현상의 도식'은 훨씬 이전인 11쪽에서 나타나며 쁘로쁘는 이 개념을 자신의 문맥 속에 완전히 소화시키고 있음을 뒤에서 볼 수 있음. — Yu. 라스까조프의 주석.

수 있을 정도로 사이좋고 유쾌하게 웃어대도록 만드는 어릿광대들은 매우 일정하며 사회적으로 유익한 기능을 수행하고 있다. 이러한 기능은 폭로적 주제와 연관되어 있을 수도 있고, 그렇지 않을 수도 있다. 사람들은 고리끼의 회상록을 통해 레닌이 어릿광대예술을 높이 평가했다는 사실을 알고 있다. 런던에서 고리끼와 레닌은 민주주의 연예공연장을 함께 방문했었다. 고리끼는 다음과 같이 쓰고 있다.

> 블라지미르 일리이치[4]는 기묘한 행동의 어릿광대들을 쳐다보며 기꺼이, 그리고 다른 이들도 함께 웃고 싶어질 만큼 웃어댔는데, 다른 모든 것은 무관심하게 관람했다.[5]

풍자적 경향을 가지고 있지 않더라도 유쾌한 웃음은 사회적으로 유용하며 필요하다. 왜냐하면 이러한 웃음은 삶의 기쁨을 불러일으키고 좋은 분위기를 창조하며 이로써 활력을 증강시키기 때문이다. A. V. 루나차르스끼는 1920년에 다음과 같은 글을 남겼다.

> 나는 자주 웃음소리를 듣는다. 얼마 전 적들이 갈라놓은 배고프고 추운 나라에서 우리는 살고 있다. 그러나 나는 자주 웃음소리를 듣게 된다. 거리에서 웃고 있는 얼굴들을 나는 본다. 유쾌한 연극공연장이나 영화관에서 노동자들과 붉은 군대병사들로 이뤄진 무리가 웃어대는 소리를 나는 듣는다. 사람들이 피를 흘리고 있는 전장으로부터 수천 킬로 떨어진 곳에서도 나는 자지러지는 듯한 웃음소리를 들었다. 이는 우리들 안에 힘의 여유분이 넉넉히 들어 있다는 것을 보여주는데, 웃음은 힘의 징후이기 때문이다. 웃음은 힘의 징후일 뿐만 아니라, 힘 그 자체이기도 하다.… 웃음은 승리의 징후이다(루나차르스끼, III, 76).

---

4) 블라지미르 일리이치 : 레닌의 이름과 부칭임.

5) 이것은 수필 《블라지미르 일리이치 레닌》에 실려 있는 에피소드임. ― 편집부 원주.

전장에서 수천 킬로 떨어진 곳에서 병사들이 웃었던 유형의 웃음이 어떤 것인지, '단순한' 것인지, '피상적인' 것인지, '저급한' 것이지 혹은 반대로 '미학적인' 것인지, '고급의' 것인지를 여기에서 판단하려 하지는 않겠다. 다음과 같은 속담이 있다.

> 사람들을 웃게 하는 이를 위해 온 세상이 존재하는 것이다.

이와 유사한 금언들의 예는 수도 없이 들 수 있다.[6] 웃음은 투쟁의 도구로서 중요하지만, 활력을 촉진하는 삶의 기쁨의 발현으로서도 웃음 그 자체는 중요하다.

> 우스워진 것은 위험할 수 없다(볼테르).
>
> 무엇인가를 우스워지게 만드는 것은 삶의 신경 그 자체에 상처를 내는 것이다(루나차르스끼).
>
> 좋은 웃음은 영혼을 치유한다(고리끼).
>
> 그 사람이 농담을 이해하지 못한다면 다 틀렸다고 쓰시오! 그가 아무리 똑똑하다 할지라도 그때는 이미 제대로 된 머리는 아닌 거요(체호프).

이고르 일리인스끼는 사상이 있는, 그리고 사상이 없는 웃음에 관한 문제에 대하여 매우 날카로운 발언을 했다. 그는 이 둘을 대립시키지 않으며 풍자로서 유머를 깔보지도 않는다. 그는 다음의 문구를 진하게 표시해 두었다.

---

6) 참조 : V. 달. 《러시아 민중속담》. 1957년(《웃음, 농담, 오락》 편. 867~871쪽). — 원주.

> 희극은 소비에트 인민들 안에 장점을 키운다.

그는 수준 높은 시민희극의 권리에 관해 애매하지 않고 확실하며 명백하게 말하고 있다. 또한 같은 정도로 직설적으로, 또한 애매하지 않게 다음과 같이 말한다.

> 모든 형태와 유형의 우스운 것들 및 모든 장르의 극예술이 필요하다.
>
> '가볍다'는 이유로 보드빌을 비판하는 것, 중요한 삶의 교훈을 담고 있지 않다고 해서 농담을 비난하는 것, 유머작품들 속의 유머와 싸우는 것. 내가 보기에 이 모든 것은 극심한 위선이다.[7)]

이는 사상희극을 전복시키기 위해서가 아니라, '웃음의 도구'를 변명하기 위해서 발언된 것이다.

희극성 자체의 가치를 이론적으로 부정하는 것은 배우들뿐만 아니라 감독들도 곤란한 상황에 처하게 만들며, 이들의 창조가능성을 마비시킨다. N. 아끼모프는 다음과 같이 적고 있다.

> 나는 우리의 예술이론가들이 희극의 제반문제라는 영역에서 막다른 길목에 한참이나 들어서 있다는 것을, 또한 희극적 재능을 가진 이들이 백 명 나타난다고 해도 예술의 요람 곁에 서 있는 박식한 무리들을 이들이 뚫고나가 관객들 앞에 설 수 있는 기회는 조금도 없다는 것을 확신하고 있습니다(아끼모프, 357).

그러나 이러한 발언들은 엄격히 풍자와 유머를 구분하려는 이들에게 별 영향을 미치지 못하고 있다. 예를 들자면 터키 유머작가인 아지즈 네

---

7) 이고리 일리인스끼. 《웃음의 도구》. 신문 〈쁘라브다〉. 1964년 7월 5일. — 원주.

신의 단편집에 실린 출판사로부터의 머리말에 다음과 같은 부분이 있다.

> 아지즈 네신의 단편들은 훌륭하고 재치 있으며, 가장 중요한 것은 시민적이고 매우 사회적이라는 것이다(네신, 2).

이 작가의 성공은 '무엇보다도 먼저 당면성과 절박성'으로서 설명되고 있다. 그러나 당면성, 절박성, 시민성이 가장 우위에 있으며 이것이 주요하고 가장 중요한 것이라면 도대체 무엇이 덜 중요한 것이라는 말인가? 덜 중요한 것은 필시 '흥미로움'과 '재치', 즉 희극성과 그 예술적 수단들일 것이다.

이 머리말을 쓴 이들은 일반적으로 널리 퍼져 있는 관점을 표현하고 있다. 예술작품에는 사상적 내용의 전 영역이 속하는 어떤 '더욱 중요한 것'과 예술적 기교 및 예술적 형태의 전 영역이 속하는 어떤 '덜 중요한 것'이 있다는 것이 바로 이 관점이다. 사람들에게 중요한 것은 개별적인 이것이나 저것이 아니라, 고상한 생각의 구현 속에 담겨 있는 고상한 예술성이다. 별로 예술적이지 않거나 완전히 예술적이지 않은 작품은 이 안에 표현된 사상들의 확산과 강화를 촉진시키지 못한다. 이를 가능케 하는 것은 진정으로 예술적인 작품뿐이다. 예술적 설득력은 사상적 설득력의 최우선적 조건들 중 하나이다. 대가적 자질이 뛰어날수록 사상적 영향력도 커진다.

그러나 일반적인 실수들 때문에 작품을 비평하는 것만으로는 불충분하다. 전문적인 이론가는 몇몇 실수만이라도 정확하게 지적해 이 실수들이 다시는 반복되지 않도록 해주어야만 한다. 이 부분을 살펴보도록 하자. 유머작가와 풍자작가의 수많은 실수들이 희극적인 것과 그것에 대한 기술을 모르거나 잘 이해하지 못하는 것에서 초래된다. 몇몇 예를 들어 이를 증명해보이도록 하겠다.

앞서 웃음이 어떤 폭발적 성격을 가지고 있으며 오랫동안 지속될 수 없다고 말한 적이 있다. 이와 함께 어떤 과정들이 웃고 있는 사람의 의식과 지각 속에서 진행되는지를 보았다. 웃고 있는 사람이 비록 웃음이 일어날 준비과정을 알고 있었다 하더라도, 그에게 있어 웃음은 갑자기 찾아오는 것이다. 처음 웃음을 불러일으킨 현상이 반복되었을 경우에는 왜 웃음을 불러일으키지 못하는가에 대해서도 설명하였다. 이러한 명제들로부터 일련의 예술적 법칙들이 도출된다.

이러한 법칙들 중 하나는 짧아야 한다는 요구이다.

유머작품의 저자들이 가장 자주 행하는 실수들 중 하나는 작품이 너무 길다는 것이다. 유머는 장황함과 공존할 수 없다는 사실은 오래전에 확인되었으며, 미학 비평가 및 이론가들에 의해서 자주 언급된다. 장 폴이 쓴 《미학》에 다음과 같은 말이 있다.

> 간략함은 재치의 혼이자 육체이며, 그 자체이기까지 하다(장 폴, 190).

현대의 소비에트 미학자들 및 외국 미학자들도 이와 같은 말을 하고 있다.

> 풍자에서 간략함은 재능의 누이 정도가 아니라 재능 그 자체, 그 본질이며, 어쨌든 간에 재능의 필요불가결한 조건이다.

> 유머단편의 힘은 그 간결성에 있다. 유머단편은 소총의 공이치기 용수철처럼 압축되어 있어야만 한다. … 말수가 많은 것은 우리 유머문학계의 불행이다. 이는 비단 유머문학계만의 문제는 아니다(불리스, 26).

어떤 때에는 동일한 기법이나 다양한 형태로 표현된 동일한 희극적 에피소드가 여러 번 반복되는 것이 장황함이 되곤 한다. 앞서 처음에는 재미있었던 우스운 일화가 반복될 경우 우습지 않은 경우를 설명했었다. N. 하르트만은 이에 대해 다음과 같이 말하고 있다.

> 만일 … 절정의 지점이 옮겨졌다면 희극성도 소멸한다. 또한 이 지점에서 길게 머물러서는 안 된다. 한 번 나왔던 낙하동작도 두 번 나와서는 안 된다(하르트만, 634).

민중풍자 이야기는 항상 짧고 우습다. 짧고 우스운 단편의 거장은 체호프였는데, 그의 전집 중 단 한 권에서도 이야기가 장황한 경우는 절대로 찾아볼 수가 없다. 예를 들어 오 헨리와 같은 많은 외국작가들도 마찬가지이다. 그러나 일부 현대작가들은 희극성과 그 강화수단을 추구하는 와중에 반복법을 사용하게 되고, 이로써 효과를 강화시키는 것이 아니라 약화시키고 있다. 이와 함께 풍자의 칼날 또한 무뎌진다. 빈말이 되지 않게 하기 위하여 한 가지 예만이라도 들어보도록 하겠다. 앞서 이미 언급했던 터키 유머작가 아지즈 네신의 저서 중 《의술 이야기》라는 단편이 있다. 부자인 수전노로 묘사되는 화자의 삼촌은 배가 아프기 시작하지만 정확히 어느 부위가 아픈 건지 말하지 못한다. 그의 지인 중 한 사람이 기적을 일으키는 마법사 교수를 추천한다. 교수는 환자에게 위궤양이라는 진단을 내린다. 수술을 해보니 위궤양은 발견되지 않았다.

> 그는[8] 덧붙였다.
> "그럼에도 불구하고 환자로부터 받은 치료비는 보상해야겠지. 수고가 쓸모없어지면 안 되지 않겠나!"
> 그리고 삼촌의 위 절반을 잘라내었다.

여기에 이르기까지의 이 단편의 전체 쪽수는 단 두 쪽이었다. 이 단편

8) 그는 의사를 가리킴. — 원주.

은 진정 희극적이다. 부르주아 국가들에서의 유료 의료서비스와 낮은 의료수준을 가진 의사들의 탐욕이 이 단편의 사상적 내용인데, 이는 그 어떤 반발도 불러일으키지 않는다. 이 유료화는 커다란 악이며 남용될 소지를 가지고 있기 때문이다. 이제 여기에 희극적이고 뜻밖인 결말을 덧붙이면 단편이 완성된다. 그러나 작가는 그렇게 하지 않는다. 실패적인 수술 에피소드는 다음과 같이 아홉 차례 더 반복된다.

(1) 다음 의사가 신장병을 오진하였음에도 불구하고 한쪽 신장을 떼어내 버린다.
(2) 환자에게서 굳은살을 떼어낸다.
(3) 그 다음에는 맹장염을 오진하게 되고, 환자에게서 맹장을 잘라낸다.
(4) 장축염(腸軸捻)을 오진한 다음 의사는 환자의 창자 일부를 잘라낸다.
(5) 환자에게서 편도선을 잘라낸다.
(6) 내분비학자가 환자를 반쯤 거세한다.
(7) 눈썹을 포함한 환자의 모든 체모를 밀어버린다.
(8) 환자의 이를 몽땅 뽑아버린다.

이 모든 수술들은 완전히 똑같은 표현들로서 동일하게 묘사되고 있다. 독자는 금방 싫증을 내게 되며, 단편의 줄거리들에 더 이상 웃지 않게 된다. 오히려 그는 작가를 비웃고 있다. 이제야 희극적 결말이 도래한다.

(9) 환자는 파리로 가게 되며, 그곳에서 프랑스 의사는 진짜 병명을 밝혀낸다. 환자의 목구멍에 칫솔에서 빠져나온 털 뭉치가 걸려있었다. 이것을 빼내고 나자 환자는 건강을 되찾았다.

장황하고 반복된다는 주요 단점 외에도 이 단편에는 희극성의 법칙을 깨뜨린 다른 경우들이 있으나, 이에 대해서는 후에 이야기하도록 하겠다. N. 하르트만의 다음 발언은 옳다.

> 얻은 희극성을 강압적으로 지탱해나가는 것은 희극성을 말살시킨다(하르트만, 634).

외국인들이 러시아어를 이상하게 발음하는 것은 우습다. 그러나 이것이 몇 쪽에 걸쳐 묘사되고 있을 때는(이런 경우가 존재한다) 그 책을 구석에 집어던져 버리고 싶어진다. 말이 나온 김에 덧붙이자면 영국인, 독일인, 프랑스인, 그리고 그 외의 외국인들은 각기 다른 식으로 러시아어의 발음을 꼰다. 종종 작가들은 이 점을 알지 못하는데, 그들은 몇 쪽에 걸쳐서 외국인들이 러시아어를 되는 대로 망가뜨리도록 무자비하게 강요한다. 이는 독자로부터 웃음 대신 노여움을 불러일으킨다.

그건 그렇고, 여기에서 외국어교사들이 가끔 저지르는 실수를 지적할 수 있다. 이 실수는 교사들이 외국어를 가르치면서 농담과 우스운 일화들을 학생들에게 과도하게 주입시킬 때 일어난다. 한두 가지의 농담은 수업진행에 생기를 불어넣고 느슨해진 주의력을 일깨운다. 그러나 우스운 일화를 읽어주는 것이 체계화 되어버리고, 가끔 학생은 우스운 이유를 금방 깨닫지도 못하고 있다면, 이는 문법보다 더 학생을 지치게 만들어버린다. 연이은 두세 가지의 우스운 일화들은 잘, 그리고 유익하게 받아들일 수 있지만, 열댓 가지의 우스운 일화들은 받아들이는 것이 불가능해져버린다.

산문에 대해 언급된 것들은 극예술에도 적용될 수 있다. 관객을 웃는 상태로 오랫동안 잡아둘 수는 없다. 관객들에게 야기하게 되는 감정의 종류들은 다양화시켜야 한다.

이는 희극영화에도, 무대 위에서의 희극에도 관련된다. 관객들을 오랫동안 미소 짓게 할 수는 있어도, 웃게 할 수는 없다. 유레네프는 이와 관련하여 다음과 같이 말하고 있다.

> 관객들은 계속 웃으면서 지치게 된다. 다시 웃기 시작하기 위해서는

> 얼마동안 동정이나 노여움, 연민이나 불안, 호기심이나 두려움과 같은 다른 감정들을 느껴야만 한다. 그런 후에 관객은 다시 웃고, 즐거워하고, 기뻐할 수 있는 준비가 된다(유레네프, 1964b, 227).

신인작가들이 있는 연극동아리나 세미나에서는 희극이론 실습을 위해 오스뜨로프스끼의[9] 희극들 중 한 편을 위의 관점으로 분석해보는 것을 권하고 싶다. 여기에서 이론적 판단들에 근거하여 가정되는 것들을 오스뜨로프스끼를 비롯한 다른 위대한 극작가들은 본능적으로 알고 이해했다.

그럼에도 불구하고 서술의 간략함은 절대적 법칙이 아니다. 이는 유머단편, 우스운 일화, 단편을 위한 법칙이다. 그러나 유머적 성격을 지닌 더 많은 산문들이 여전히 존재한다. 이것들이 간략함의 법칙을 깨뜨리는 것은 아닐까? 이 질문에 대답하기 위해서는 이러한 작품들의 구성을 눈여겨보아야 하며, 그런 다음 이들의 수법에 주의를 돌려야 한다. 이때 산문들과 희곡들이 각기 다르게 이뤄진다는 것을 눈치 챌 수가 있다. 규모가 큰 산문들은 공통의 희극적 음모를 가지지 않는다. 이러한 작품들의 구성원칙들 중 하나는 주인공이 여기저기로 이동하고, 떠돌아다니며, 여행한다는 것이다. 이 원칙은 전 세계 문학에서 오래전부터 잘 알려져 있다. 예를 들어 아풀레이우스[10]의 《황금 당나귀》에서 이 원칙을 발견할 수 있다. 주인공은 여행을 하면서 매우 다양한 모험들을 겪게 된다. 묘사되는 모험들은 시대와 각국의 민중문화, 작가와 그 작가의 열망 및 재능의 성격에 따라 다양화될 수 있다. 여기에서는 가장 위대한 다양성이 주요 원칙의 일치 하에 가능하다. 이러한 구성은 하나같이 다 짧은 희극적 에피소드들을 하나의 실에 꿰는 것을 가능토록 한다. 이 에피소드들은 전혀 연결되지 않은 것처럼 보일 수 있다. 이들 사이에는 외적인 연관성이 없

---

9) 혹은 다른 작가의. — 원주.

10) 아풀레이우스 : 1세기로 추정되는 아프리카 태생의 로마 작가임. 주요 작품으로는 라틴 소설 《황금 당나귀》, 《변명(辨明)》 등이 있음.

을 수도 있으며, 이들의 연속성은 변경될 수 있다.

중세후반의 독일에서는 찔리 에이렌쉬삐겔리의 모험과 일곱 명의 쉬바벤 지역 사람들의 여행에 관한 민중서적들이 만들어졌다. 이 책들의 근간을 이루고 있는 것은 따로 떨어져 있던 구비문학적 줄거리들이다. 뮌하우젠의 모험도 상당부분 이런 식이다. 《돈키호테》는 이러한 구성 원칙의 완전한 모습이 근간을 이루는 작품이다.

《죽은 혼》의 구성은 주인공의 여행에 기초하고 있다. 일리프와 뻬뜨로프가 쓴 소비에트 시절의 두 소설 《열두 개의 의자》와 《황금 송아지》가 이에 속한다. 에피소드들의 두서없음과 우연성 및 이들의 연관성은 작품 자체의 내적 전일성을 배제하지 않고 있으며, 이 전일성은 매우 다양하게 실현될 수 있다. 이와 유사한 모든 다양한 종류의 소설들을 구성하고 있는 희극적 에피소드들은 항상 간결하다.

그러나 이와 함께 작품 자체도 긴 편이어서는 안 된다. 《죽은 혼》은 길지 않은 작품으로, 단 한 쪽에서도 독자를 싫증나게 하지 않는다. 그러나 천재적인 작품인 《돈키호테》에 대해서는 같은 말을 할 수가 없다. 대개의 경우 평범한 현대의 독자는 소설의 중반부에서 책을 덮어버린다. 세르반테스의 동시대인들은 현대인들보다 더 많은 여가와 여유를 누렸다. 하지만 일리프와 뻬뜨로프의 소설들도 다소 장황한 감이 있긴 하다.

희극적이거나 유머적인 소설들이 만들어질 수 있는 또 다른 원칙은 시간에 따른 사건의 나열이다. 주인공의 여행에 근거하여 서술이 이뤄지고 있을 때에도 물론 시간이 존재하지만, 이때의 시간은 서술의 진행을 결정지을 만한 중심축을 이루고 있지는 않다. 시간에 따른 구성은 전기적 성격의 소설에서 볼 수 있는데 주인공의 삶에 대해서, 그 삶이 어떻게 흘러갔으며 주인공에게는 어떠한 일들이 벌어졌는가에 대한 서술들에서 사용된다. 예를 들어 스페인의 악한소설인 《토르메스의 라사리요》 등이 이에 속한다. 이러한 소설들의 내용은 자신의 주인들을 갈아 치우는, 그러면서 항상 그 주인들을 바보로 만들어버리는 하인의 이야기이다. 이러한 소설의 주인공은 자신의 주인들을 바꾸어가며 한 도시에서 다른 도시로 이동하기도 한다. 길이나 주막에서 이들에게 온갖 모험들과 예기치 못한 사고들이 일어나지만, 주인공은 항상 무사히 곤경에서 빠져나온다. 그러나 소설의 축을 이루는 것은 주인공의 이러한 에피소드적 여행들이 아니다. 이러한 유형적 특성을 가진 희극소설로 그림멜스하우젠의 독일소설인 《짐플리찌시우스의 모험》(《가장 위대한 얼뜨기》)이 있다. 이 소설의 내용은 30년 전쟁 시절 병사의 삶과 모험이다. 현대에 이르러 이러한 희극소설 유형의 탁월한 견본으로는 야로슬라프 하세크[11]의 소설 《용감한 병사 슈베이크의 모험》이 있다. 이 작품들의 희극성은 희극적 에피소드들에서 뿐만 아니라, 중심이 되는 주인공의 유형에서도 근거하고 있다. 이 유형은 결코 의기소침해하지 않는 민중의 한 사람이다. 그는 자신을 둘러싸고 있는 사회적 규범에 대해서는 극히 회의적 태도를 가지고 있으며, 작가는 날카로운 관찰자인 그의 눈을 통해서 세상을 보여준다.

마크 트웨인의 소설 《톰 소여의 모험》도 에피소드들의 연결고리로 이뤄져 있다.

살뜨이꼬프-셰드린의 《한 도시 이야기》처럼 역사적이거나 환상적인 내용의 희극적이고 풍자적인 소설들도 있다.

하지만 주인공의 이동 단계들에 따른 에피소드 연결원칙과 시간적 에피소드들에 따른 에피소드 연결원칙은 서로가 서로를 배제하지 않는다. 이 두 원칙을 연결시킨 뛰어난 예로 디킨즈의 《픽윅 클럽의 유서》가 있다. 이 작품에서 주인공들은 여행을 하고 있으나, 길게 머무는 경우가 없다. 이들은 여행에서 다양한 모험들을 겪게 되는데, 가끔 이 모험들은 결혼으로 좋게 결말이 나는 복잡한 애정사적 성격을 띠기도 한다.

이렇게 하여 짧은 유머작품뿐만 아니라 긴 유머작품들도 있을 수 있으나, 이들은 항상 외적으로 서로 연관되어 있는 짧은 에피소드들의 연결고

11) 야로슬라프 하세크 : 19~20세기 체코 작가임. 대표적인 작품으로는 풍자의 걸작으로 간주되는 《용감한 병사 슈베이크의 모험》 등이 있음.

리로 형성되어 있다. 이러한 작품들은 발단과 행위의 폭넓은 전개가 없다. 이 작품들에서 행위는 전개되는 것이 아니라 풀린다. 이러한 작품들은 언제라도 끝이 날 수 있다. 《찔리 에이렌쉬삐겔리》는 주인공이 죽는 것으로 끝을 맺는다. 평온을 찾고 밝음을 맞이한 채로 돈키호테도 죽는다. 픽윅 클럽은 분해된다. 《죽은 혼》에서 그 누구에게도 정체가 발각되지 않은 치치꼬프는 목적을 달성하지 못한 채 떠나버린다. 때때로 자기 작품의 성공에 우쭐해진 작가들은 그 후속편을 내놓기도 한다. 《톰 소여의 모험》 이후에 《허클베리 핀의 모험》, 《톰 소여, 해외로 가다》, 《톰 소여, 탐정이 되다》가 나온다. 《12개의 의자》에서 오스따쁘 벤데르를 죽여버린 일리프와 뻬뜨로프는(나중에 이들은 이를 후회했다) 새 소설 《황금 송아지》를 위해 그를 부활시켰다.

이 점에서는 유머적 성격의 산문작품에서의 수법과 발단, 투쟁, 음모의 전개 및 결말이 요구되는 희극작품에서의 수법은 원칙적으로 차이가 있다. 위와 같은 산문에서는 에피소드들의 위치를 바꾸어 놓을 수 있지만, 좋은 희극에서 각 막의 위치들을 바꾸어 놓을 수는 없다. 고골은 뿌쉬낀으로부터 받은 두 가지의 우스운 일화를 자신의 뛰어난 통찰력으로서 하나는 산문으로, 다른 하나는 희극으로 만들었다. 《죽은 혼》에서 치치꼬프는 여러 곳으로 옮겨 다니는데, 이는 산문을 만들기에 좋다. 《검찰관》에서는 모든 행위들이 한 장소에서 일어나고 내용이 빠르게 전개되어 본의 아니게 사기꾼이 되어버린 이와 그를 믿었던 사람들의 멍청함이 완전히 드러나게 되는 결말을 맺게 된다. 이는 극작품의 전형적 구성이다.

이러한 차이는 어느 정도 명백하다. 완전히 명백하지 않은 문제는 희극영화가 어떤 수법에 끌리고 있는가(또는 예술적이 되기 위하여 반드시 어떤 수법에 끌려야만 하는가) 하는 것이다. 희극영화가 엄격히 극적인 장르나 영화화된 산문의 장르에 속하는가? 영화감독들은 이 문제에 흥미를 가지고 있다. 어떤 이들은 잘 짜인 줄거리가 희극영화에 반드시 필요하다고 간주하지만, 다른 이들은 그렇지 않다고 한다. 유레네프는 첫 번째 경우의 사람들에 포함된다. 그는 다음과 같이 적고 있다.

> 뚜렷한 줄거리의 부재는 시나리오 작가, 감독, 배우가 큰 어려움에 봉착하도록 한다(유레네프, 1964b, 245).

> 희극에서 하나의 극적인, 즉 유효한 줄거리가 반드시 필요한 것은 아니라는 몇몇 희극작가들의[12] 확신에는 상당한 오류가 있다(유레네프, 1964b, 246).

본 연구의 관점에서 볼 때, 이러한 유레네프의 생각은 옳지 않다. 유레네프는 여기에서 연극적이고 무대적인 희극의 원칙들을 희극영화에 전이시키고 있다. 그 누구도 희극영화가 잘 짜이고 발달되었으며 뚜렷한 줄거리를 가질 수 있다는 사실에 이의를 제기하지는 않을 것이다. 그러나 영화는 연극보다 더 큰 가능성을 지니고 있다. 한정된 수의 막이나 장을 가지고 있으며 동일한 장소와 무대장치가 반복적으로 나타나는 무대에서는 줄거리의 폐쇄성과 전일성이 필수적이다. 그러나 좁은 방들에서 구름 속 산봉우리들에 이르기까지 다양하기 그지없는 활동장소들을 빠르게 바꾸어가며 보여줄 수 있고, 예상했거나 예상치 못했던 명료하고 수많은 다양한 에피소드들을 꿰어낼 수 있으며, 모든 종류의 길이와 복잡성을 지닌 활동도 보여줄 수 있는 영화에서는 긴 유머소설들에서와 마찬가지로 폐쇄적인 줄거리의 존재가 미학적 법칙을 형성하지 않는다. 넓은 범위 안에서의 행위와 활동무대가 가능하다는 것은 연극무대에 대하여 영화가 가지고 있는 무시해서는 안 될 우월성이다. 희극영화의 관객은 확실히 엄격한 논리를 요구하고 있지는 않으며, 행위의 희극적 성격 또한 이를 요구하지 않는다. 관객은 보기를 원하며 본 것에 대해 웃고 생각하고 싶어 하는데 자신의 본능적인 요구들에서 그는 옳다. 《돈키호테》나 《황금 송아

12) 희극영화작가들을 말하고 있음. — 원주.

지》를 영화화 할 수 있으나, 이 작품들을 연극무대에 세우는 것은 성공하기 어렵다. 마스네[13]의 오페라나 밍쿠스[14]의 발레 《돈키호테》는 몇몇 에피소드들을 담고 있을 뿐이며, 여기에서 세르반테스의 탁월한 작품을 볼 수는 없다. 이 오페라와 발레는 그 음악과 안무가 괜찮기는 하지만, 원작을 훼손하고 있다. 소설이 예술의 다른 유형과 장르를 위한 구실이 되어버린 것이다. 이와는 반대로 줄거리의 윤곽이 꽤 넓게 잡혀진 《볼가, 볼가》와 같은 희극영화들의 행운과 성공은 연극무대에서의 희극이 가지는 원칙과 희극영화에서의 원칙 사이에는 커다란 차이가 있으며, 또한 한 장르의 미학적 원칙들을 다른 장르에 기계적으로 적용시켜서는 안된다는 점을 일목요연하게 보여주고 있다.

연극과 영화 사이의 중간지점에 인형극이 있다. 인형극이 가지고 있는 극적 가능성은 연극이 가지고 있는 가능성보다는 높지만, 영화가 가지고 있는 가능성보다는 낮다. 연극무대 위에 세우는 것이 불가능했던 《황금송아지》가 인형극장에서는 성공적으로 상연되었다. 등장인물들의 꼭두각시적 특성이 원작소설의 인물유형들에 모순되지 않았기 때문이다. 그럼에도 불구하고 이러한 극은 소설을 빈약하게 만들며 소설을 대신할 수는 없다. 또한 이러한 극은 작가의 생각과 작품의 섬세함이 가지는 폭을 드러낼 수가 없다.

희극적 장편소설들을 계속 연구해나가면서, 우스운 에피소드들을 제외하고 도대체 무엇이 이들의 내용을 구성하고 있는지를 눈여겨보아야만 한다. 소설이 완전히 환상적 성격을 지니고 있을 경우 (뮌하우젠) 소설의

---

13) 마스네 : 19세기~20세기 프랑스의 음악가. 마스네는 살아 있는 동안 괄목할 만한 대중적 인기를 얻었지만, 작품의 내면성이 부족하고 천박하다는 비판 또한 끊임없이 받아야만 했음. 그 비난 중에는 '바그너를 위한 고급 매춘부'라는 말도 있었음. 비판에도 불구하고 그가 남긴 여러 개의 오페라 중 "베르테르"와 "마농"은 오늘날 오페라 무대의 중요한 레퍼토리가 되었음.

14) 밍쿠스 : 19세기~20세기 초 오스트리아 발레 음악 작곡가임.

주요 내용과 목적은 오락성이다. 사실적인 장편소설들은 다른 성격을 가지고 있다. 이러한 작품들의 사실적 문체는 작가가 보는 모습 그대로의 현실을 예술적으로 묘사하고 있는 광대한 장면묘사를 만들어낼 수 있게 한다. 스페인의 악한소설들은 17세기 스페인의 현실적 삶을 잘 반영하고 있다. 소설 《바보 짐플리치시무스의 모험》은 30년 전쟁 시절 중앙유럽의 풍습과 생활양식 연구를 위한 원천이 될 수 있다. 소설 초두의 인용문은 다음과 같다.

> 나는 그렇게나 좋아했었다,
> 웃음과 함께 진실을 말하는 것을.

이 인용문은 호라티우스[15]의 풍자들 중 하나로부터 내려오는 다음의 라틴어 관용구를 운문으로 개작한 것이다.

> 웃으면서 진리를 말하다.

고골이 《죽은 혼》을 저술하면서 이와 같은 과제를 세웠었다는 것은 말하지 않아도 알 것이다. 그러나 이와 함께 희극적인 것이 삶의 완전한 그림을 만들어 낼 수 있는 가능성을 주지는 않는다는 점을 염두에 두어야만 한다. 희극적 장편소설은 항상 단점만을 보여주며 긍정적인 면은 보여주지 않는다. 왜냐하면 삶의 긍정적 측면들은 우스울 수가 없기 때문이다. 이런 작품들의 희극적 색조는 항상 풍자적이다. 이것으로서 고골이 생전에 받았던 비난들이 설명된다.

대가적 자질과 관련하여, 아직까지 본 연구에서 관찰되지 않았던 문제

---

15) 호라티우스 : 고대 로마의 시인임. 풍자시 · 서정시로 명성을 얻어 아우구스투스의 총애를 받았으며, 그의 《시론(詩論)》은 아리스토텔레스의 《시학》과 함께 후세에 큰 영향을 주었음.

를 다뤄야 할 필요가 있다.

이러한 문제는 희극적 서술이나 극적 표현에 두 가지의 주요 문체가 존재하는 데 있는데, 환상적 문체와 사실적 문체가 바로 그것이다. 이렇게 나타내는 것은 제한적이다. 어떤 경우에는 서술에서 자연의 법칙을 따르지 않는 것이 허용되며, 다른 경우에서는 이것이 허용되지 않는다. 이것이 바로 차이의 외적 범주들이다.

두 가지 문체 모두 존재할 권리가 있다. 예를 들어 우끄라이나 구비문학으로부터 줄거리들을 차용한 이야기들의 모음인 《지깐까 근교 마을의 야회》와 같은 경우 환상소설에 근거하고 있다. 예외적 작품으로는 완전히 사실주의적인 단편인 《이반 표도로비치 쉬뽄니까와 그의 백모》가 있다. 《미르고로뜨》에서는(《옛 기질의 지주들》, 《이반 이바노비치와 이반 니끼포로비치가 싸운 이야기》) 사실주의적 문체가 이미 우세한데, 이후 고골은 《검찰관》과 《죽은 혼》을 만들어내면서 러시아 사실주의 창시자의 한 사람이 된다.

작가는 어떤 것이든 자신이 원하는 서술문체를 선택할 수 있다. 그러나 이러한 문체들을 혼합하는 것은 가능할까? 이것은 실용미학의 가장 어려운 문제들 중 하나이다. 고전문학을 연구해보면 이러한 혼합이 근본적으로 가능하다는 것을 알 수 있다. 고골의 《코》를 견본으로 들 수 있다. 그러나 어떻게 사건들이 서술되는가를 관찰해보면 맨 처음부터 이 서술은 혼합된 성격을 가지고 있으며, 독자는 그 어떤 다른 것도 기대하지 않고 있다는 것을 알 수 있다. 완전히 사실적으로 묘사된 이발사 이반 야꼬블레비치는 아침에 커피를 마시다가 갓 구워진 빵 속에서 코를 발견하게 된다. 모든 사건들은 이로부터 시작된다. 바로 이 순간 문체가 정의된 것이다.

살뜨이꼬프-셰드린은 환상적 희극성의 대가이면서, 동시에 완전히 사실적 성격을 지닌 작가였다. 여기에서는 그의 작품인 《이야기들》 및 이와는 다른 방면의 작품인 《한 도시 이야기》를 예로 드는 것으로 충분할 것이다. 희극성의 환상적 성격은 서술의 완전히 사실적 어조와 결합되고 있으며, 독자는 이를 금세 알아차리게 된다. 여기에서 환상적인 것과 사실적인 것의 혼합은 처음부터 서술의 문체를 구성하고 있다.

독일 문학에서 두 유형의 견지를 혼합하는 것의 대가는 고프만이었다.

도대체 어떤 경우에 환상과 사실주의의 혼합을 예술적이라고 할 수 있으며, 어떤 경우에 그럴 수가 없는가?

혼합이 예술적인 것은, 그 혼합이 처음부터 주어져 있었으며 독자가 작품의 첫 줄을 읽으면서부터 이에 대해 알게 되었을 때이다. 사실적인 부분들 또한 환상적인 작품들에서 충분히 가능하고 예술적인데, 그 예로는 이야기적인 중편들을 모아놓은 고골의 《지깐까 근교 마을의 야회》가 있다. 비예술적인 것은 그 반대의 경우인데, 완전히 사실주의적으로 시작했으며 독자들도 사실주의 작품으로 받아들이고 있는 작품이 있다고 치자. 그렇다면 이 작품에 공상적이고 난해한 내용들을 느닷없이 삽입해 문체를 망가뜨리는 짓을 해서는 안 된다. 풍자작가들은 이러한 삽입이 희극성을 향상시킬 것이라고 생각하지만, 독자들은 이것이 그 뚜렷한 기교성과 고의성으로서 희극성을 없애버릴 수 있는 난센스라고 생각한다. 따라서 서술 중에 독자의 기대를 저버리고 문체를 바꾸어 독자가 처음에 가졌던 이해를 전환하도록 강요해서는 안 될 것이다. 이러한 전환은 비극적 성격의 작품들에서는 가능하지만, 희극적 성격의 작품들에서는 불가능하다. 《비이》, 《외투》, 《초상화》는 사실적으로 시작되지만 이후 독자는 갑자기 비현실의 세계로 옮겨지게 되며(아까끼 아까끼예비치가 유령이 됨) 그의 눈앞으로 소설의 무섭고 비극적인 면이 모습을 드러내게 된다. 고골의 희극적 작품들에서는 이러한 전환들을 볼 수 없다. 유머적 작품들에서 이러한 혼합은 희극성을 낮출 뿐만 아니라 완전히 없애버릴 수도 있다. 그런데 풍자작가들은 독자를 웃기고자 하는 자신의 욕망 때문에 단편들에 온갖 종류의 불가능한 것들을 집어넣는다. 여기에서는 한 가지 예만을 들어보도록 하겠다. G. 르이끌린의 작품 중에 《제발》이라는 완전히 사실주의적인 단편이 있다. 주인공의 이름은 N. N.으로 명명되어져 있는데 이부터가 유머작품으로는 이미 실패한 것이라고 할 수 있다. 왜냐하면 현실성 대신에 어떤 추상적인 것을 보여주고 있으며, 읽을 때, 특히 낭독할 때 불편을 주기 때문이다. 앞서 희극적 이름들에 관해 언급했던 내용들에 비추어볼 때, N. N.이라는 이름은 우습지 않다. 그러나 이것이 문제가 아니다. N. N.은 별장들이 모여 있는 마을로 간다.

> N. N.은 두 번 정도 무엇인가에 걸려 넘어질 뻔 했다. 이를 눈치 챈 초승달이 나무들 위로 솟아올라서는 그가 걸어가고 있던 오솔길을 비춰주었다.

이 경우 사실주의적 견지와 환상적 견지의 예기치 못한 혼합은 희극성을 말살시키고 있다. 여기에서 문제는 문장법적 방종에 있다. 작가는 절대로 원치 않을 일이지만, 독자의 눈에 '달이 … 그가 걸어가고 있던 오솔길을 비추어주었다'는 문구에서의 '그'라는 대명사는 주어인 '달'을 나타내는 것으로 보인다.

자주 보게 되는 오류들 중 하나는 희극적 과장의 경계를 지킬 줄 아는 능력과 관련되어 있다. 단 한 사람의 미학자나 시론학자도 어떤 범위 내에서 이러한 과장이 허용될 수 있으며, 어떤 범위에서는 그럴 수 없는지를 말하지 못한다. 이는 재능, 센스, 정도에 대한 감각과 관련되어 있기 때문이다. 사실적인 희극성의 영역에서와 환상적인 희극성의 영역에서 이는 완전히 일치하지는 않게 진행된다. 환상적인 작품들에서는 어마어마한 범위 내에서 과장법을 사용할 수 있다. 라블레의 희극성은 이에 근거하고 있다. 그러나 사실적인 문체의 작품들에서는 서술의 대상이 비록 과장되기는 했어도 잠재적으로 실현 가능한 일일 때에만 희극성이 발생한다. 이 경계가 무너진 경우 희극성은 사라진다. 약간이라도 이해력이 있는 독자는 작품에 무리가 있다는 것을 항상 즉각적으로 알아차린다. 앞서 이미 언급되었던 네신의 단편 《의술 이야기》를 예로 들 수 있다. 환자가 복통을 호소한다. 의사들이 그에게 했던 몇 가지 엉터리 수술들은 실패한다. 마침내 파리에서 한 의사가 그의 목에서 칫솔에서 빠져나온 털 뭉치를 빼어냄으로써 환자를 치료한다. 여러 해 동안 앓아왔던 복통이 사라진다. 단편의 전 내용은 낮은 수준의 의술에 대한 조롱을 불러일으킬 만한 수많은 서투른 수술들의 열거로 이뤄져 있다. 이러한 열거들의 결말은 그 내용의 의외성으로서 웃음을 주어야만 한다. 그러나 이 작품에서의 결말은 전혀 우습지 않은데, 내용이 완전히 엉터리이기 때문이다. 목구멍에 걸린 털들이 수년간 앓아온 복통의 원인이 될 수 없다는 것은 의사가 아닌 보통 사람들도 알 수 있는 일이다. 있을 수 없는 엉터리 이야기들이 뮌하우젠 남작의 이야기를 그린 단편에서는 충분히 적절하고 우스울 수 있겠지만, 사실주의적인 성격의 단편에서는 어울리지 않는다. 여기에서는 잠재적으로 불가능한 것이 현실로 내세워지고 있다. 이 모든 것을 제외하고서도 이 작품에 비논리가 들어 있는데, 이것은 등장인물의 비논리가 아니라 작가의 비논리이다. 그렇기 때문에 작가는 자신의 의지와는 상관없이 웃음거리가 되고 있다. 작가가 그려내고 있는 경우들은 절대로 현실이 될 수 없는 것들이기에 우습지도, 예술적이지도 않다. 실패적인 과장의 또 다른 예로 마크 트웨인의 《내가 농업신문을 편집했던 이야기》가 있다. 농업에 대해서는 아무것도 모르는 사람이 신문을 발행한다. 그는 순무가 나무에서 자라고 구아노[16]는 새이며 호박은 오렌지의 일종이라고, 또한 거위들이 물고기처럼 알을 낳는다고 생각한다. 단편 안에는 이러한 주인공의 오해들이 무수히 많다. 몇 쪽에 걸친 이러한 난센스의 무더기는 독자를 싫증나게 하고 웃음을 불러일으키지 않는다. 작가의 풍자적 의도는 결말에 가서 드러난다. 업무에 무식하다고 사람들이 편집장을 질책하자 그는 다음과 같이 대답한다.

---

16) 구아노 : 비료로 쓰이는 바닷새의 배설물임.

… 14년간 편집장을 했지만, 신문을 편집하기 위해 무엇인가에 대해 알고 있어야만 한다는 소리는 처음 듣는군요.

이것은 의심할 여지없이 재치 있는 결말이긴 하지만, 그렇다고 해서 이 단편이 희극적 과장의 허용한계를 이해하지 못할 만큼 비예술적이라는 질책으로부터는 벗어날 수 있는 것은 아니다.

몇몇 소비에트 유머작가들도 이러한 오류를 범하고 있다. 벨린스끼는 희극성을 위한 필수조건으로서의 자연스러움과 현실성에 대해 많은 글을 남겼다. 그러나 이러한 요구사항이 항상 지켜지는 것은 아니다. 일리프와 뻬뜨로프의 작품 중 이들이 '님프'와 '어서 오십시오'라는 상호를 붙여준 서로 경쟁하고 있는 두 장의사에 대한 이야기가 있다. 이러한 상호는 완전히 비현실적이며 잠재적으로 불가능한 상호이기 때문에 희극적으로 받아들여지지가 않는다. 여기에서 소비에트 시절 레닌그라드의 마라뜨 거리에 '영원'이라는 상호의 장의사가 몇 년 동안 존재했었다는 사실을 떠올려볼 수가 있다. 삶은 그 어떤 작가라도 책상머리에 앉아 고안해낼 수 없는 경우들을 만들어낸다. 그러므로 이 삶을 눈여겨보고 능숙하게 재현해낼 줄 알아야 할 일이다.

이러한 관찰은 언어문제로 귀결된다. 언어문제에 관해서는 아주 다양한 관점의 많은 글들이 있었으므로, 여기에서는 최대한 짧게 언급하도록 하겠다.

만일 어떤 희극이나 유머작품을 '자신의 말로서' 옮기게 된다면 이들은 더 이상 우습지가 않다. 그러므로 문학작품에서 언어는 외형이 아니며, 작품과 혼연일체를 이루게 된다. 서술적 작품에서는 작가의 언어와 등장인물의 말, 이 두 가지를 구분할 줄 알아야 한다.

《죽은 혼》의 네 번째 장은 다음과 같이 시작된다.

선술집에 도착한 후 치치꼬프는 두 가지 이유로 이곳에서 쉬다가겠노라 명령을 내렸는데, 첫째로는 말이 쉴 수 있도록 하기 위함이었

> 고, 둘째로는 자신도 약간 요기를 하여 원기를 되찾고자 함이었다.

이것은 작가의 언어이다. 여기에서는 아무것도 우스운 것이 없다. 평범한 말로, 자연스럽고 사무적이다.

다음은 치치꼬프와 선술집에서 우연히 마주친 노즈드료프의 말이다.

> 꾸프쉰니꼬프가 얼마나 여자들의 뒤꽁무니를 졸졸 따라다니는지 자네가 알았더라면! 나는 그와 거의 모든 무도회들에 있었다네. 옷을 굉장히 잘 차려입은 한 여자가 있었어. 옷에 프릴이며 뭐며 얼마나 달려 있는지 알게 뭐냐 말이지. 나는 '제기랄!'이라고만 생각했어. 그런데 꾸프쉰니꼬프는, 그러니까 이건 완전 재앙이었는데 말이야, 이 여자의 옆에 앉더니 그녀에게 기가 막힌 칭찬들을 프랑스어로 늘어놓는데… 이걸 두고 그는 '에로틱함을 약간 사용하는 것'이라고 하더군.

여기에서 결론이 얻어지는데, 작가의 말은 독자를 반드시, 그리고 빨리 웃기려고 서둘러서는 안 된다는 것이다.

닥치는 대로 찾다가 처음 걸려든 유머단편집 한 권을 예로 들어보겠다. 여기에 있는 단편들 중 한편은 다음과 같이 시작한다.

> 맨 먼저 가정을 해보도록 하자. 우연히 일어난 경우라고 말할 수 있는 이 평범하지 않은 이야기는 H라는 도시에서 일어난 일이라고 가정해보자.

이것은 즉각적으로, 결과가 어떻게 되든 간에 독자를 웃기고자 노력하고 있는 작가의 말이다. 그러나 일부러 궁색하게 만든 말은 전혀 웃기지 않은데, 왜냐하면 이 모든 서론이 억지로 지어낸 것으로 부자연스럽다는 사실을 독자는 잘 알고 있기 때문이다. 이 밖에도 작가가 이야기의 내용이 전형적이지 않다는 것에 대한 질책을 피하려 애쓰는데 급급하다는 것이 확연히 드러나고 있다. 그는 독자나 비평가들 보다 먼저, 자신의 이야기가 전형적이지 않을 수도 있다고 말한다. 이는 작가의 비밀스러운 기대를 드러내고 있는데, 작가 자신이 먼저 자신의 이야기가 전형적이지 않다고 말해버리면 독자들이 그와는 반대인 의견을 내세울 수도 있기 때문이다.

지금 어떤 추천들을 해주기는 어려울 것이다. 앞서 인용된 예들은 작가의 말은 간결하고 자연스러워야만 한다는 것을 보여주고 있다. 작가의 말이 재치 있고 미소를 불러일으킬 수 있다 하더라도 절제가 있어야 하며 첫 문장부터 희극적 효과를 주려고 서둘러서는 안 될 것이다. 등장인물들은 반대로 비유적이고 선명하게 말해야만 하며, 이들의 말은 인물유형에 합당하게 다양화되어야만 한다. 한 가지 충고를 더 할 수 있는데, 이는 서술된 내용이 반드시 근본적이고 정성스러운 언어적 연마와 가공을 거쳐야만 한다는 것이다. 희곡들의 실패로 인해 의기소침해진 극작가 네베쥔[17]은 오스뜨로프스끼에게 도움을 청하며 《과거사를 새로이》라는 희극의 교정을 맡겼다. 오스뜨로프스끼는 네베쥔이 쓴 희곡의 줄거리 구도와 등장인물들을 그대로 두었다. 이는 희극 자체는 전혀 나쁘지 않은 것이었음을 의미한다. 그러나 오스뜨로프스끼는 이 희곡의 언어와 관련하여 많은 작업을 했는데, 그의 섬세한 문체론적 교정과 예술적 가공을 거치지 않은 네베쥔의 텍스트는 단 한 쪽도 없었다. 오스뜨로프스끼의 펜을 거친 희곡은 다른 수준의 질을 갖게 되었다. 희곡은 살아 있고 자연스러우며 상연에 적합하게 되었다. 모든 등장인물들은 자신이 속해 있는 사회계층과 자신의 성격에 알맞은 생생한 언어로써 이야기하게 되었다. 희극적 인물의 말을 전하기 위해서는 이 인물과 유사한 사람들이 실제에서 어떻게 말하는지를 알아야만 한다. 이를 알기 위해서는 다양한 민중언어를 장기적으로 공부하고 이에 귀를 기울여야만 한다. 고골의 수첩들은 그가 모든 계층의 사람들이 영위하는 생활과 말을 얼마나 집요하게 관찰했었

17) 뾰뜨르 미하일로비치 네베쥔 : 19세기~20세기 초 러시아 귀족가문 출신의 극작가이자 소설가임.

던가를, 또한 작가로서 특히 사물들의 명칭을 얼마나 중요하고 흥미롭게 생각하고 있었던가를 보여주고 있다. 그는 아무런 규칙 없이 메모를 해갔다. 이것이 중요한 것이 아니었기 때문이다. 이 메모들 중에는 상업과 시장에 대한, 또한 '온갖 욕지거리들이 동반되는' 거래들에 대한 메모가 있으며, 나무들의 명칭과 목재들의 종류들이 기록되어 있고 수공업 공장들의 목록이 주어져 있으며, 카드놀이를 할 때 어떤 표현들을 쓰는가가 기록되어 있고, 농가의 부분들을 농민들이 어떻게 부르는지가 열거되어 있으며, 개의 별명들과 개의 부위와 질들에 대한 표시들이 기록되어 있고, 개사냥과 관련된 모든 것이 기입되어 있으며, 다양한 요리의 이름들이 적혀있고, 새와 짐승들의 울음소리들이 열거되어 있으며, 그 외의 것들도 기록되어 있다. 기억에 남기기 위해서 고골이 기입한 것들을 모두 여기에서 열거할 필요는 없을 것이다. 그는 사물들의 이름뿐만 아니라 축제와 풍습도 묘사했으며, 가난한 이들과 병자들을 위한 자혜원의 모든 관등을 기록해 놓았고, 검사들은 어떤 뇌물을 받고, 현지사들은 어떤 뇌물을 받는지를 메모해 두었으며, 그 외의 것들도 적어두었다. 이 메모들은 고골이 어떻게 작업했는가를 보여주고 있다. 삶과 그 삶 속에 있는 우습고 빛나며 선명한 색채를 가진 것들은 서재에 있는 자신의 책상에 앞에 앉아서 생각해낼 수 없다. 희극성의 원천은 삶 자체여야만 한다.

작가들은 이러한 점을 항상 이해하고 알지 못하는데, 이로부터, 이러한 억지스러움으로부터 예술성과 희극적 효과를 낮추는 많은 실수들이 흘러나온다.

짧은, 그러나 매우 예증적 경우를 통해 이를 증명해볼 수 있는데, 바로 작가들이 주인공에게 어떤 이름을 주는가를 통해서이다. 앞서 어떤 원칙들에 근거하여 희극적 이름들이 만들어지는가가 이미 언급되었다. 희극성을 위한 조건들 중 하나로서의 가능성에 대한 요구가 이름들에도 확대된다는 점이 덧붙여져야만 할 것이다. 고골이 자신의 주인공들에게 부여했던 옛 별명들이 실제로 존재했었는지는 중요하지가 않다. 이 이름들 중 몇몇은 고골 자신이 고안해내거나 창조해낸 것들일 수도 있다. 그러나 그렇다고 하더라도 이 이름들은 러시아어와 우끄라이나어에 실제로 존재했었으며, 그렇기에 고골이 들은 적이 있는 이름과 성들을 견본으로 창조된 것들이다. 사소한 과장들은 본질은 바꾸지 않고 희극성을 증강시킨다. 그러나 일부 작가들은 아무렇게나 이름을 지어내는데, 비록 희극성의 몇몇 피상적 특성들이 가끔은 지켜지고 있으나 이러한 이름들은 전혀 우습지가 않다. 이 이름들은 있을 수 없는 이름들로, 러시아어의 정신을 거스르고 있기 때문에 우습지가 않다.

벨린스끼는 탁월한 비평가였지만, 그 자신이 작가적 재능을 지니고 있지는 않았다. 그는 《현학자》라는 수필을 썼는데, 주인공의 성은 까르또펠린[18] 이다. 이것은 우스운데, 왜냐하면 앞서 설명된 원인들에 따라 식품을 통한 의미부여는 희극적이기 때문이다(고골의 작품에 나오는 야이치니차, 제믈랴니까라는 이름 및 비쉬냐[19], 슬리바[20] 등의 성들과 비교해보아라). 그러나 이 성은 우습지가 않은데, 왜냐하면 근간이 되는 것이 식물학적 이름이지 민중에서 쓰이고 있는 이름이 아니기 때문이다. 성이 '까르또쉬낀'[21] 이었다면 우스웠을 것이다.

주인공 중 한 명을 릴리엔쉬바게르라고 칭한 도브롤류보프도 이와 유사한 실수를 저지르고 있다. 앞서 외국 성들이 어떤 경우들에서 우스워질 수 있는가에 대해 언급했었다. 릴리엔쉬바게르라는 성은 어떤 언어에서도 불가능하다. 이 성은 갖다 붙인 것으로 억지스러울 뿐 우습지가 않다(릴리엔은 릴리야라는 이름과 사위라는 뜻의 쉬바게르를 합한 것이다).

세마포로프,[22] 우니따조프,[23] 아보시낀,[24] 빠가닌스끼[25] 등과 같은

---

18) 러시아어로 '까르또펠'은 감자의 정식명칭임.

19) 러시아어로 '비쉬냐'는 버찌라는 뜻임.

20) 러시아어로 '슬리바'는 자두라는 뜻임.

21) 러시아어로 '까르또쉬까'는 감자의 속어임.

22) 러시아어로 '세마포르'는 수기신호(手旗信號)라는 뜻임.

성을 성공적으로 만들어진 성이라고 할 수 있는가? 의심할 여지없이 이들 안에 희극성의 요소들이 있다. 그러나 이러한 요소들은 이 이름들이 가지고 있는 억지스러움과 부자연스러움, 그리고 비현실성 때문에 사라져간다. 예를 들어 빠가닌스끼라는 성은 이 단어에 담겨 있는 반복되는 모음과 자음의 나열로서 우스웠을 수도 있다. 그러나 이 성은 파가니니[26] 라는 성으로부터 파생된 것이므로 그 어떤 희극성도 얻지 못하고 있다. 귀에 익은 이탈리아 성인 '빠가니니'는 러시아인들에게는 전혀 우습지 않은 성이다. 이 외에도 러시아 성은 이탈리아 성에서 형성되지 않는다. 작가가 '뽀가느이'[27] 라는 어근과의 연상에 기대를 걸었을 수도 있으나, 이러한 연상은 정자법적 이유로 일어나지 않는다.

일리프와 뻬뜨로프의 《12개의 의자》에는 메두사 고르고네르[28] 라는 산파가 나온다. 이 이름은 고대 그리스·로마의 신화에서 차용된 것이나 개작되었다. 이 이름이 가지고 있는 희극성을 느끼기 위해서는 고르곤들이 신화에 나오는 사람을 죽여버릴 정도로 무서운 외모와 눈빛을 가지고 있는 여자괴물이라는 사실을 알고 있어야 한다(혹은 신화사전에서 읽어보아야 한다). 메두사는 이러한 고르곤들 중 하나이다. 작가들은 여성에게 메두사라는 이름과 고르곤이라는 성을 붙이면서 자신들이 신화를 알고

---

23) 러시아어로 '우니따스'는 변기라는 뜻임.

24) 러시아어로 '아보시'는 십중팔구라는 뜻임.

25) 러시아어로 '빠가니니'는 파가니니를 뜻함.

26) 파가니니 : 18세기~19세기 이탈리아 바이올린 연주자·작곡가임. 아름다운 음색과 고도의 기교를 가미한 화려한 연주로 전 세계적으로 이름을 떨쳤음. 작품에 여러 곡의 협주곡, 기상곡(綺想曲), 독주곡들이 있음.

27) 러시아어로 '뽀가느이'는 '불결한'이라는 뜻임.

28) 메두사 : 그리스 신화에서 고르곤으로 알려진 세 괴물 가운데 가장 유명한 괴물임. 보통 뱀으로 된 머리카락을 가진 날개 달린 여성으로 묘사됨. 고르곤 중에서 메두사만이 불사(不死)의 능력이 없었으므로 페르세우스는 메두사의 머리를 베어 죽일 수 있었음.

있음을 드러냈다. 그러나 독자가 이러한 신화를 알고 있어야만 한다는 법은 없다. 유럽식인 독어 접미사 '-er'을 고대 그리스 이름에 붙인 것은 그 전횡성과 부자연스러움으로 웃기지 못하고 있다(체호프의 작품에 나오는 산파 즈메유끼나를 이와 비교해보아라). 고골의 작품에서 겉으로 보기에는 불가능하고 비현실적으로 보이는 이름들이 있긴 하지만, 이 이름들 중 단 하나도 순리에 거스를 만큼 무리한 이름은 없다.

이 모든 내용에 다음을 덧붙일 수 있다. 희극배우가 성공을 거두는 것은 그 자신은 완전히 진지하게 있으면서 자신의 이야기에 전혀 흔들리지 않는다는 듯 행동하거나, 그런 척하고 있을 때 만이다. 우스운 일화를 이야기하고 있는 사람이 청중의 웃음을 기다리지 못하고 먼저 웃는다면, 청중은 예의의 표현으로서가 아닌 다음에야 절대로 웃지 않는다. 이는 말로 이야기하는 것뿐만 아니라 인쇄된 서술의 경우에도 마찬가지이다. 작가는 웃음이 터져 나올 것 같은 기분을 금방 표출해서는 안 된다. 그는 자신의 주관적인 기분을 전달하는 것이 아닌, 자신이 서술하고 있는 대상을 통해서 독자에게 영향을 끼쳐야만 한다. 작가의 주관적인 기분을 전달함으로써 독자에게 영향을 끼치려 하는 방법은 독자를 냉담하게 만들며, 때로는 화나게 하기도 한다. 체호프는 감성적 단편들을 지은 여류작가 아빌로바[29]에게 다음과 같은 조언을 했다.

> 상황이 감성적이면 감성적일수록 더 차갑게 써야만 더욱 감성적인 내용이 나옵니다. 설탕으로 덮어씌우는 표현들은 안 됩니다.

희극작품을 쓰는 작가들도 마찬가지이다. 체호프의 표현대로 '차갑게' 써야만 한다. 이렇게 하지 않을 시에는 웃음의 심리학이 가지는 근본적인 법칙들 중 하나가 무너지게 되는데, 바로 폭소는 예기치 않게 도래한다는 것이다. 비록 이 예기치 않음이 교묘하게 준비되어 있었다 하더라도 말이

29) 리지야 알렉세예브나 아빌로바 : 19세기~20세기 러시아 여류작가임.

다. 실패를 거듭하는 풍자작가들은 자신들이 평범한 단편이 아닌 유머적 단편을 쓰고 있다는 것을 보여주기 위해서 허식적 언어로 곧바로 시작하곤 하는데, 이는 해서는 안 될 짓이다.

이야기의 내용에 대한 작가의 외적 무관성은 다른 데에서도 나타나야만 한다. 풍자적인 작품은 항상 의도하는 바를 가지고 있다. 이것이 더 깊이, 그리고 더욱 견고하게 감추어져 있을수록 작품은 더 나아지며, 더욱 큰 미적 즐거움과 함께 이해되고 평가된다. 반대로 이러한 의도가 더욱 뚜렷하게 두드러지면 두드러질수록 예술적 효과도, 사상적 효과도 약해지게 된다. 그러나 많은 작가들이 사상성의 부재를 질책당할까봐 두려워하며 자신이 의도하는 바를 일부러 강조한다. 이러한 오류는 작가 자신들이 아닌 현대희극이론의 잘못된 몇몇 방침들의 탓으로, 앞서 언급한 바와 같이 이러한 방침들은 예술성을 희생하고서라도 사상성을 집어넣어야 한다고 요구하고 있다. 교훈은 우화에서는 적절하나 (비록 우화들 또한 이러한 교훈 없이 존재하고 있지만) 유머작품의 모든 형태들에서는 적절치 않다. 벨린스끼는 작가들이 교훈주의에 빠지지 않도록 경고하며 이에 대해 언급한 적이 있다. L. F. 요르쇼프처럼 이와는 반대의 의견을 주장한 이들도 있었는데, 그는 다음과 같이 말했다.

> 부정적인 현상들을 초래하는 원인들에 눈을 뜨는 것은 독자들에게 이롭다(요르쇼프, 197).

이는 신문의 기사들이나 진지한 현장보고서들을 읽는 독자들에게는 필요하겠지만 예술작품, 특히 유머적인 작품을 읽는 독자들에게는 전혀 필요하지 않은 말이다. 그 무엇도 독자와 논의할 필요는 없다. 독자에게는 그저 보여주기만 하면 된다. 이렇게 보인 것이 선명하고 사실적이기만 하다면 결론은 독자 자신이 내린다. 모든 종류의 논의는 작품의 예술적 가치와 명료성을 떨어뜨린다. G. 르이끌린의 《세끌레쩨야 할머니》라는 훌륭한 단편이 있다. 이 작품의 희극적 주인공은 사람들에게 해를 끼치는 노파로, 온갖 예언과 터무니없는 소문들을 퍼뜨리고 다니는 수다쟁이이다. 이 형상은 웃기기도 하고 뚜렷하기도 하며 이야기되는 내용은 삶에서 일어날 수 있을 만한 것들로서 설득력을 갖추고 있다. 이러한 유형의 사람이 해악적이라는 것은 명백하다. 그러나 작가는 다음과 같이 쓰고 있다.

> 세끌레쩨야 할머니의 이야기를 믿는 사람이 더 이상은 없을 것이라는, 또한 파리가 거미줄에 걸려들듯이 할머니의 그물에 걸려드는 사람이 더 이상은 없을 거라는 생각은 선부른 생각이다. 뒤처진 젊은이들 중 누군가가 있었다.

이 '자신으로 부터의' 항변은 이야기의 중간부에 위치하고 있는데, 이는 희극성을 망치고 있다. 왜냐하면 이것은 유머작품에서가 아니라 논문에서 사용될 만한 언어이기 때문이다. 이러한 말은 이야기를 다 읽고 난 후 독자 자신이 해야 할 말이지, 작가가 해야 할 말이 아니다. 독자를 대신해서 작가가 이러한 발언을 하지 않았었더라면 독자 자신이 이 말을 했을 것이다. 독자는 누군가가 가르쳐주는 것을 좋아하지 않으며, 자신이 이해하고 싶어 한다. 서술 중간에 이러한 언급이 있는 것은 이론의 영향이다.

희극성을 없애버리는 다른 오류들도 있다. 어떠한 경우에서도 희극적이 될 수 없는 주제들이 있다. 살인, 결함, 다양한 범죄들, 물리적, 또한 도덕적 추행이 그러하다. 러시아인들에게 많은 이익을 남기고 팔거나 물물교환을 하기 위해 점령된 마을로 발랄라이까들을 싣고 오는 파시스트들을(조셴꼬의 단편 《여러분, 안녕하십니까》) 비웃을 수는 있다. 그러나 이 파시스트들이 죽음의 수용소에서 사람들을 전멸시키고 있을 때에는 그 누구도 이들을 비웃을 생각을 하지 못할 것이다. 사실 우스울 수 있고, 우스울 수 없는 경계를 작가들이 항상 충분히 잘 이해하고 있는 것은 아니다. 예를 들어 《12개의 의자》에서 오스따쁘의 죽음이 전혀 우습지 않았다는 것은 의심할 여지없는 사실이다.

폭로를 강화하기 위해 가끔 고의적으로 희극적인 것으로부터 혐오할 만한 것으로 이행을 하는 경우도 있다. 예를 들어 살뜨이꼬프-셰드린이 자신의 작품 《골로블료프가(家)의 사람들》에서 그렇게 했었다. 혐오감을 불러일으키는 것은 그가 목표한 바로, 이러한 부분들에서는 소설이 희극적이지 않다. 그러나 이 소설을 영화화하려 했을 때, 이는 힘든 것으로 판명되었다. 이에 대해 유레네프는 다음과 같이 적고 있다.

> 러시아 문학에서 M. E. 살뜨이꼬프-셰드린의 풍자는 희극의 경계를 넘어선다. 영화 《유다 골로블료프》에서 가르진은 우스운 것이 아니라 불쾌하고 무섭다(유레네프, 1964b).

그러나 영화에서뿐만 아니라 소설에서의 유다도 이러하다. 살뜨이꼬프-셰드린은 자신의 작품들에서 의도적이고 의식적으로 희극성의 경계를 벗어나고 있다.

주제들에 관한 질문은 다른 면도 가지고 있는데, 많은 경우들에서 대다수의 비평가들과 이론가들에 반대하여 작가들을 보호해야만 한다.

웃음이 사람들의 결점에 의해서 불러일으켜진다는 것은(여하튼 풍자적인 웃음은) 많은 이론가들이 다양한 형태들로서 언급해 왔고, 언급되고 있으며, 이에 반대하는 이들은 없다. 풍자의 본질은 인간 결점의 조롱이라 할 수 있다. 이 모든 것은 완전히 명백한 것으로 논쟁의 여지가 없다. 논쟁이 시작되는 것은 어떠한 결점들이 풍자의 대상이 되어야만 하는가를 결정해야 하는 순간부터이다. 많은 이론가들은 무엇보다도 먼저 조롱에 해당되는 것은 커다란 단점들이라고 주장한다. 이 이론가들은 현재 작가들이 '사소한 주제들'을 사용한다고 비난한다. 구랄리니끄는 이에 대해 다음과 같이 말하고 있다.

> 러시아에는 아직까지 뛰어난 풍자가 없다(구랄리니끄, 6).

요르쇼프는 다음과 같은 견해를 밝히고 있다.

> 풍자잡지 〈악어〉의 작가들은 사소한 주제들 및 속물근성에 빠진 작고 케케묵은 집단에 대한 애착을 드러내었으며, 중요한 사회문제들을 제기하지 않고 있었다.[30]

니꼴라예프도 이와 비슷한 의견을 제시하고 있다.

> 풍자적 단편 및 중편, 그리고 장편소설들까지에도 너무 자주 사소하고 중요하지 않은, 광범위한 사회적 의미를 담고 있지 않은 갈등들을 작품의 근간에 깔고 있다(니꼴라예프, 16).

이러한 비난을 한 작가들은 형식적으로는 옳다. 사소한 결점들의 조롱이 우세하고 있는 것을 자주 목격할 수 있다. 그러나 이러한 조롱에 대한 이해와 평가에서 위의 작가들은 옳지 않다. 희극적인 것에 대한 이론은 큰 결점이 절대로 희극적인 표현의 대상이 될 수 없다는 것을 보여준다. 이것은 이론 없이도 이해할 수 있는 일이다. 국가적 범죄, 국가반역죄, 중죄를 저지른 형사범죄는 검찰과 형사수사국의 재판권에 해당하지 희극과 풍자에 해당하는 것이 아니다.

언급된 작가들에 의해 제시되는 이론은 다른 곳에서도 오류를 드러내고 있는데, 바로 사소한 결점들에 대한 사회적 평가에서이다.

이러한 이론은 사회적으로 해가 있는 것과 사회적으로 해가 없는 두 종류의 결점들이 있다는 것을 전제로 하고 있다. 물론 여기에 어느 정도의 진실은 있다. 예를 들어 지휘자가 이 부분에서는 매우 강하게 연주해야 한다는 것을 보여주기 위해 우아하게 몸통을 구부리면서 오케스트라에

---

30) L. 요르쇼프. 〈악어〉에 실려 있는 풍자단편(1946~1955)(《소비에트 문학의 제 문제》. 제5권. 190쪽, 198쪽). — 원주.

주먹을 내뻗거나, 혹은 이 부분에서는 더 조용히 연주해야 한다는 것을 보여주기 위해 (연주자들은 이에 대해 이미 알고 있는데도 불구하고) 오케스트라에 자신의 손바닥을 보여줄 때, 그리고 지휘자가 몸통과 양손뿐만 아니라 머리도 사용해가며 연주하는 바람에 머리모양이 엉망이 되어버릴 때, 그럴 때 이 지휘자는 자신이 우스울 수도 있다는 생각은 절대로 하지 않는다. 이는 우의적인 희화를 위한 자료가 되지, 풍자를 위한 자료는 되지 못한다. 이 경우 결점은 전혀 해롭지 않은 것이기 때문이다.

그러나 사람들이 실제로 결점들을 사회적으로 해롭고 해롭지 않은 것으로 나누려고 하면 그 즉시 막다른 골목으로 빠지게 되며, 이것은 불가능한 일이라고 확신하게 된다.

러시아 내전이나 제 2차 세계대전 기간 동안의 풍자작품들을 살펴보거나 제미얀 베드느이, 블라지미르 마야꼬프스끼를 떠올려본다면, '러시아에는 아직까지 뛰어난 풍자가 없다'라는 구랄리니끄의 말은 옳지 않음을 알 수 있다.

이러한 비난은 저절로 사라져 버린다. 1927년에 마야꼬프스끼는 다음과 같은 시를 썼다.

대포소리 같은
웃음의
으르렁거림을
원하오,
그 소리 위로 보이는
붉은 깃발의 끄트머리

마야꼬프스끼는 외부의 적들과 내부의 적들, 그리고 백군과 반혁명을 그 누구보다도 더 혹독하게 비난할 줄 알았다.

제2차 세계대전 동안 풍자는 히틀러주의에 승리를 거두는 데 활발히 협력했다. 오늘날 잡지 〈악어〉와 신문 〈진실〉을 포함한 다른 어떤 신문들의 어느 호를 집어보더라도, 거기서 악의 있고 날카로운 희화들을 볼 수 있다. 러시아에는 아직까지 뛰어난 풍자가 없다는 말은 절대로 할 수 없을 것이다.

그러나 이러한 풍자와 함께 사람들의 일상생활과 자신의 결점들을 비평하기위한 풍자들도 존재하며, 이는 필요한 것이다.

그토록 훌륭하게 간섭자들을 혹독히 비난했던 마야꼬프스끼는 자신의 조소를 사회주의 세계건설 기간 동안의 러시아 생활풍속에서 볼 수 있었던 결점들을 향해서도 던질 줄 알았다. 이미 이러한 사회주의 세계건설에 방해가 되는 것은 전쟁, 군대, 대포가 아니었다. 이것은 언뜻 보기에는 눈에 띄지 않으나 그 전체에 대항해 투쟁한다면 사회주의 세계건설의 진행에 제동을 걸 수도 있고 또한 심하게 손상을 시킬 수도 있는 수천가지의 자질구레한 일들이었다. 마야꼬프스끼는 '거대하게 자질구레한 것들'이라는 개념을 창조했으며, 간섭자들을 비난할 때와 같은 태연함으로 이것들을 혹독히 비난했다. 투쟁적 풍자의 견본으로 마야꼬프스끼의 희극《빈대》를 들 수 있다.

현실적 조건하에서 개인적 단점은 사회제도적 단점이며, 이 사이에 경계를 짓는다는 것은 절대로 불가능한 일이다. 유레네프는 다음과 같이 적고 있다.

> 투기꾼, 아첨꾼, 수다쟁이, 비방자, 탐욕가, 비개화주의자, 마구잡이로 소송을 해대는 인간, 게으름뱅이, 술주정뱅이, 방탕아가 점차적으로, 그리고 부단히 풍자의 영역으로 옮겨가고 있다(유레네프, 1964b, 18).

M. 레비찐[31]은 자신의 저서인《가장 우스운 것》(1966년)에서 자신에

31) 미하일 자하로비치 레비찐 : 20세기 러시아 감독이자 교육자임. 《가장 우스운 것》(*Самое смешное. Л.: Лениздат*)은 1966년에 썼음.

대해 다음과 같이 말하고 있다.

> 작가는 우리의 성공적인 전진에 방해되는 모든 것을 가차 없이 채찍질해대며 탐욕, 질투, 거만, 아첨, 이기주의와 같은 결함들을 조롱한다.

사실 이러한 열거가 위 책의 모든 주제를 드러내고 있는 것은 절대로 아니다. 이 책에 나오는 유머적이고 풍자적인 문학작품들을 체계적으로 연구하여 조롱되는 모든 것의 목록을(지금 이 목록을 열거하지는 않겠다) 작성해서 거기에 나오는 모든 단점들을 하나하나 숙고해본다면, 이들을 허용할 수 없음이 명백하게 드러나게 된다. 모든 종류의 도덕적 불결함 및 알코올중독, 무례함, 망나니 짓거리, 사람들과 이들의 요구에 대한, 또한 모든 종류의 형식주의와 관료주의에 대한 냉담함, 그리고 가장 낮은 계급의 일꾼들에서부터 중책을 맡고 있으면서도 무책임한 행위들을 일삼는 가장 높은 계급의 일꾼들에 이르기까지의 모든 업무 및 활동분야들에서의 노동에 대한 저급한 문화는 결코 허용해서는 안 되며 무슨 수를 써서라도 차단해야만 하는 것들이다. 이러한 많은 결점들이 풍자의 대상이 될 수 있으며, 이 모든 주제들은 사회제도적 주제들이다.

작가들은 종종 그들이 전형적이지 않은 현상들을 표현하고 있다는 비난을 받는다. 이들에 의해 표현되는 것 중 많은 것들이 사람들의 실제생활 및 제도와 정말로 차이가 있다는 것은 명백한 사실이다. 그러나 이것이 이러한 것들을 표현하거나 이러한 것들과 투쟁할 필요가 없음을 뜻하는 것은 아니다. 하나의 경우나 드문 경우는 아직 사회적 해악은 아니며, 해악이 사회적 성격을 띠게 되는 것은 이 해악이 확산되기 시작할 때뿐이라는 관점은 대단히 오류적이며 해로운 관점이다. 모든 경우는 단순한 병이 전염병으로 진전되어 '전형적으로' 되기 전에 투쟁하고 폭로해야만 한다.

종종 제기되는 사소한 주제의 사용에 대한 질책이 희극이론의 관점에서도, 사회도덕적 관점에서도 비평을 면치 못한다는 사실을 이로부터 알 수 있다. 사소한 주제의 사용이 아닌, 이러한 주제들이 예술성과 진실성의 관점에서 해석되는 것이 결점이라 하겠다.

그런데 여기에서 풍자 그 자체가 풍자되는 이들을 치료하지도, 교정하지도 않는다는 점을 짚고 넘어가야 할 필요가 있겠다. 이것이 진실이라면, 예를 들어 알코올중독이나 사소한 망나니 짓거리의 완치가 이러한 병폐로 힘들어하는 모든 이들을 모아 이들을 연극극장이나 영화관에 데려가서는 음주나 망나니 짓거리에 반대하는 폭로적 희극을 보여주는 것만으로도 충분할 것이다. 이들이 극장을 나올 때는 술에서 깨어난 고상한 이들이 되어 있을 것이라고 기대하면서 말이다. 그러나 이런 일은 절대로 일어나지 않는다. 그렇다면 풍자의 의의는 도대체 무엇인가? 풍자는 이러한 결점들을 무관심하거나 관대하게 대하는, 혹은 이러한 결점들을 모른 척하고 싶어 하거나, 어쩌면 이런 결함들이 존재하는지를 정말로 모르는 이들의 의지에 작용한다. 풍자는 의지를 불러일으키고 투쟁하게 만들며, 작품에서 표현되는 현상들에 대한 비판적이고 불허적인 감정을 불어넣거나 강화시킨다. 이렇게 하여 풍자는 이러한 결점들과의 투쟁을 강화하고, 이것들의 말살 및 근절을 촉진한다.

부 록

# 구비문학에서의 의례상의 웃음

제 1 장

# 웃지 않는 공주에 대한 이야기

웃지 않는 공주에 대한 이야기는 특별히 유명하거나 인기 있는 이야기들 축에는 속하지 않는다. 이 이야기는 《빨간 망토》나 《잠자는 숲속의 미녀》가 아니며 어부와 물고기에 대한 이야기와 같은 부류도 아니다. 웃지 않는 공주에 대한 이야기는 시인들에게 영감을 주지 못했었다. 이 이야기의 줄거리를 딴 오페라나 연극도 만들어 진 적이 없다. 러시아 이야기 문학사에서 이 이야기는 단지 다섯 가지 유형만이 전해 내려올 뿐이다.[1] 그럼에도 불구하고 이 소박한 이야기는 연구자들의 깊은 흥미를 유발시키고 있다.

다른 이야기들과 마찬가지로 《웃지 않는 공주에 대한 이야기》는 인공적으로 밖에는 어떤 줄거리 체계에 집어넣을 수가 없다. 이 이야기는 상당히 다양한 형태들을 갖고 있기 때문에 다른 줄거리들이나 유형들과 공통점을 갖는다.

이 이야기의 줄거리는 어떤 이유에서인지 공주가 절대로 웃지 않는다는 것이다. 왕은 공주를 '웃게 만드는' 사람과 공주를 결혼시키겠노라 약속한다. 공주를 웃게 만들려는 수많은 사람들의 시도가 있었다. 그것은 다음의 세 가지 유형으로 요약된다.

---

1) N. P. 안드레예프. 《아르네 체계에 따른 이야기 줄거리 색인》. 레닌그라드. 1929년. 559쪽. — 원주.

첫 번째 유형에서는 주인공이 조력자들인 동물들을 소유하고 있는데 이 동물들은 주인공이 샀거나 동물의 몸값을 지불했거나 그 외에 다른 방법으로 얻게 된 것들로 주인공에게 감사하는 마음을 지니고 있다. 공주의 창 앞에서 주인공은 진흙탕이나 웅덩이에 빠지게 되는데 이때 동물들이(쥐, 가재, 딱정벌레 등) 앞발로 꼼꼼히 주인공을 닦아주고 돌보아준다. 바로 이것이 웃음을 불러일으킨다.

두 번째 유형에서는 주인공이 모든 것이 달라붙는 황금거위를 소유하고 있다. 이 행렬의 진풍경은 공주의 웃음을 불러일으킨다(색인에서 이 경우는 특수한 유형으로 구분되어 있다).[2)]

세 번째 유형에서는 주인공이 마술피리를 가지고 있어 그는 공주의 창 앞에서 이 피리소리로 귀여운 돼지 세 마리를 춤추게 한다. 이것이 웃음을 불러일으킨다. 그 후 결혼이 성사된다.

이로써 이 이야기의 중심 줄거리를 짧게 살펴보았다. 여기에서 주어진 것은 원형이 아니라 가장 단순한 줄거리 특성개요일 뿐이다. 이야기는 다른 이야기들에도 포함될 수 있는 구성부분들로 이뤄져 있다. 예를 들어 서로서로 들러붙는 사람들에 관한 모티브는 《웃지 않는 공주에 대한 이야기》만의 고유한 것이 아니다. 이 모티브로 인해, 예를 들어 부정한 부인이 폭로된다.[3)] 이러한 모티브는 다른 맥락에서 관찰되어야 할 것이기에 여기에서 연구되지는 않을 것이다. 같은 식으로 공주를 웃기기 위해 웅덩이에 빠지게 되는 주인공의 모티브도 그 어떤 문제점도 내포하지 않고 있다. 이는 특별한 목적을 위하여[4)] 고안된 우스운 상황으로, 여기에

2) 같은 곳. 571쪽. — 원주.

3) 세 권으로 엮은 A. N. 아파나시예프의 《러시아 민중이야기》. B. Y. 쁘로쁘의 《텍스트 준비》, 머리말, 주해. 모스크바. 1957년. 256쪽, 3B, 22, 55에서 배신한 약혼녀가 벌을 받는 부분이 나옴, 44 참조, I. A. 후자꼬프. 《위대한 러시아의 이야기들》. 1~3권. 모스크바. 1860~1862년. 99쪽에서 성직자의 교활한 딸이 폭로됨. — 원주.

4) 특별한 목적을 위해서 : 원문에는 라틴어 ad hoc로 되어 있음. 일반적으로

서 이에 대한 연구조사에도 착수하지는 않을 것이다. 이 연구는 감사함을 표하고 있는 동물들에 대한 특별한 연구를 필요로 한다.

그 대신 다른 모티브, 즉 춤추는 귀여운 새끼 돼지들에 대한 모티브는 본 연구에서 참고하는 자료들을 살펴본 결과 《웃지 않는 공주에 대한 이야기》를 이해하는데 매우 중요한 모티브로 밝혀졌다. 이 모티브는 흔히들 《공주의 신체적 특징들》이라고 불리는 또 다른 이야기의 구성에 자주 사용된다.[5)]

이 이야기들 사이에는 서로를 떼어놓고서는 연구가 불가능할 정도로 가까운 동계(同系) 관계가 있다. 이것은 형태에서도 기원의 공통성에서도 나타나는데 기원의 공통성에 관해서는 후에 설명하게 될 것이다. 이 이야기의 줄거리는 무척 단순하다. 공주의 신체적 특징들을 알아내는 사람이 공주와 결혼하게 된다. 춤추는 귀여운 돼지들의 도움으로 주인공은 이 과제를 해결한다. 공주는 귀여운 돼지를 받는 대신에 주인공에게 자신의 특징들을 보여준다. 언뜻 보기에 여기에 동계관계나 유사점이 그리 많아 보이지는 않으나 점차적으로 그것은 독자들 앞에 모습을 드러내게 된다. 다만 이 두 이야기 중 단 한 이야기도 절대로 결혼으로 끝을 맺지 않는다는 것만 말해두도록 하겠다. 두 이야기 모두에서 결혼식 이후에 한 가지 더 매우 중요하고 흥미로운 결말 에피소드가 나오게 된다. 이 에피소드는 경쟁자를 모욕하는 것으로 이에 대해서는 후에 더 상세히 이야기하도록 하겠다.

---

특정한 문제나 일을 위해 만들어진 관습적인 해결책, 일반화할 수 없는 해결책, 어떤 다른 목적에 적응시킬 수 없는 해결책을 나타냄. 일반적인 예로 조직, 위원회, 그리고 특정한 목적을 위해 만들어진 국가적 또는 국제적 차원의 위원회가 있으며, 다른 분야에서 이 용어를 위한 예로는 맞춤복, 손으로 만든 망 프로토콜이나 특정한 목적의 방정식이 있음. 이는 또한 임시방편의 해결책, 불충분한 계획, 또는 즉석 이벤트라는 뜻을 함축하기도 함.

5) N. P. 안드레예프. 위의 책. 850쪽. — 원주.

제2장

# 주요문제와 그 해결방법

본 연구에서 웃지 않는 공주에 대한 이야기를 연구하고자 한다. 그러나 이야기를 연구한다는 것이 무엇을 의미하는가? 이 말은 다양하게 해석될 수 있다. 예를 들어 기록되어 보존된 모든 형태들을 모아서는 이들 서로를 대조해볼 수 있다. 《웃지 않는 공주에 대한 이야기》에 대한 이러한 작업은 이미 있었는데 폴리브카가 웃지 않는 공주에 대해 쓴 특별한 논문이 바로 그것이다.[1)]

상세한 논문들에 근거하여 이 줄거리의 보급 경로를 그려볼 수 있으며 이 줄거리의 다양한 형태들과 편집본들 및 보급 정도 등도 규정할 수 있다. 그렇다고 해도 이는 역시 완전한 연구가 아니라 자료들의 사전작업이다. 이러한 단계는 절대적으로 필요한 것으로 폴리브카의 연구가 없었다면 이러한 작업은 불가능했을 것이다. 그러나 이는 엥겔스가 《반듀링론》에서 번역이 불가능한 단어인 'Sichtung'라고 불렀던 사전(事前) 작업일 뿐이다. 이러한 자료의 '전람'은 부분적 결론을 내릴 수 있는 권리만을 주고 있을 뿐, 폴리브카는 매우 신중한 학자로 그 신중함이 불가지론[2)]에까

---

1) Y. Polivka. *Pohadkoslovne Studie*. Narodopisny sbornik Ceskoslovansky. sv. 10. Praha. 1904. — 원주.

2) 불가지론 : 사물의 본질이나 궁극적 실재의 참모습은 사람의 경험으로는 결

지 다다르고 있어 그는 어떠한 부분적 결론조차도 내리지 않았다.

그렇기 때문에 자료의 수집과 대조로는 문제해결이 되지 않는다. 왜냐하면 자료를 연구할 때에는 맥락 안에서 해야 하는데 인용되는 자료는 대부분 일부에 불과하기 때문이다. 맥락을 배제하고 현상을 관찰하는 것을 엥겔스는 '사고의 형이상학적 방법'이라고 불렀다. 이러한 방법의 정반대는 변증법적 관찰이다.

> 우주와 우주발전 및 인류발전에 관한 정확한 관념은 이 발전이 사람들의 머릿속에서 반영되는 것과 마찬가지로 변증법적 방법, 또한 발생과 소멸간의, 전진적 변화와 퇴행적 변화간의 일반적 상호작용에 대한 부단한 관심을 통해서만 얻을 수 있다(마르크스, 엥겔스, XX, 22).

엥겔스는 일반적인 학문에 대해 말하고 있다. 그러나 민속학자가 해야 하는 일은 이 원칙들을 구비문학에 적용하는 것이다.

이야기는 이념적 성질의 현상으로 '사람들의 머릿속에서 반영되는' 성질을 띠는 것이다. 따라서 본 연구에서는 이야기가 도대체 무엇을 반영하고 있는가를 알아내야 할 것이다. 이야기는 이야기 자체를 반영하지 않는다. 일반적으로 무엇이 상부구조적 성격의 현상들을 불러왔는지, 무엇에 의해 이 현상들이 속박되는지는 이미 밝혀져 있다. 그러므로 여기에서 하부구조와 상부구조에 관한 학문을 전개할 필요성은 없다. 만일 이야기가 아주 초기적 발전단계에서의 생산형태들을 반영하고 있다면 이야기적 모티브의 화석학적 분석에 대해 말할 수 있다. 모든 모티브는 등록되어 있어야 하며 그 지역적 확산과 형식적 차이('다른 형태')가 아닌 일반경제학적 발전단계와 그에 합당하는 모티브의 변동에 따라서 관찰되어야만 한다. 많은 이야기들이 씨족 생활관습 및 사냥의 흔적과 주요 생산형태로서의 초기농경 형태의 흔적, 이에 합당하는 사회조직의 형태 및 그 사회제

---

코 인식할 수 없다는 이론임.

도들의 흔적, 가족관계, 결혼의 초기형태와 사고형태 등의 흔적을 보존하고 있다. 이러한 흔적들은 이야기자료와 역사적 과거자료를 면밀히 대조해보았을 때 대부분의 이야기적 모티브들이 어떤 역사적 뿌리를 가지고 있는지에 대해 그 어떤 의구심도 남겨놓지 않고 알 수 있을 정도로 정확하게 보존되어 있다.

이와 같은 연구의 방법론은 매우 상세하게 작성됐을 수 있으나 하나의 모티브를 위해서 전반적인 이야기 연구의 방법론이 가지고 있는 복잡한 상황 전체를 늘어놓는 것은 적절치 않다. 왜냐하면 웃지 않는 공주라는 모티브가 마법이야기에서 있을 수 있는 모든 맥락들을 반영하고 있는 것은 절대로 아니기 때문이다.

이 점에서 웃지 않는 공주는 어떠한가? 이 모티브의 역사적 뿌리는 어떤 것들인가? 보통은 이러한 모티브의 내용 자체가 다른 형태들을 서로 대조해볼 때 이미 몇몇 일차적 추측들 및 가설을 품게 하며 사적 탐구를 시작할 수 있는 방향을 제시해 준다. 그러나 《웃지 않는 공주에 대한 이야기》에서는 그렇지가 않다. 이 이야기의 모티브는 그 어떤 실제 역사적 과거의 흔적도 포함하지 않고 있다. 이 이야기의 수십, 수백 가지 다른 형태들은 각각의 모든 개별적 텍스트와 마찬가지로 수수께끼와 같다.

그러나 연구의 범위를 약간 넓히면 상황은 변하게 된다. 이 모티브의 내용은 어쨌든 웃음이라는 현상을 구성하고 있다. 웃음이 일정한 종교적이고 의식적인 의미를 지니고 있으며 웃지 않는 공주도 이 현상과 관련된 것으로 밝혀진다면 이 모티브의 역사적 뿌리가 어느 정도까지는 판명될 수도 있으며 이에 기인하고 있는 원인들을 짚어낼 수도 있다. 따라서 본 연구에서는 이야기로부터 조금 벗어나야만 할 것이며 무엇보다도 먼저 웃음의 성격 자체를 밝혀내야 할 것이다. 그러나 그것은 베르그송이 웃음에 관한 자신의 저서에서 하는 것처럼 추상적인 철학체계의 관점에서 밝혀내는 것이 아니라 사적 탐구라는 견지에서 밝혀져야만 한다. 본 연구에서는 현상을 그 움직임과 발전 속에서, 그리고 이 현상이 목격되는 민족

생활과의 구체적 연관성 위에서 관찰해야만 할 것이다. 이는 본 줄거리의 연구를 위한 첫 번째 연결고리이자 자료의 확장된 전람이지만 본질적 연구는 아니다. 그러나 이러한 확장은 연구에 많은 도움을 주는데 바로 웃지 않는 공주의 연구를 위한 견고한 기반이 그것이다. 웃지 않는 공주뿐만이 아니라 웃음의 전체적 연구는 웃지 않는 공주의 형상과 춤추는 귀여운 돼지 등의 형상들 간의 관계가 우연한 것이 아니라 역사적으로 설명이 되는 관계라는 결론을 도출시킨다.

과거 종교적 삶에서의 웃음이 매우 특별한 의미를 가졌다는 것은 이미 오래전에 밝혀졌다. 우제너, 레나슈, 펠레의 작품들은 웃음에 관한 것들이다. 플루크[3]의 작품과 이보다 더 오래된 뮐러의 (플루크가 알지 못했던) 작품은 특별히 부활절 웃음이라는 현상에 관해서 쓴 작품들이다. 메르끌린은 비웃는 듯한 웃음을 연구했다. 전문적 논문들 외에도 만하르트(“독일 신화”와 “신화 연구”에서), 노덴, 디트리히, O. M. 프레이젠베르끄 등이 쓴 상당히 일반적인 논문에서의 개별적인 의견들이 존재한다. 이러한 논저들은 본 연구에서도 아주 많은 도움이 되었다. 여기에는 주로 고대 그리스 · 로마 시기의 자료들이 있다. 그러나 이 논저들에서 문제가 해결된 것은 아니다. 이 모든 것은 매우 짧은 평론들이다. 이 평론들은 어떤 자료들을 모아놓고 설명해보려고 노력하고 있지만 이는 설명이 아니라 추측이라고 부르는 것이 더 정확할 것이다.

우제너는 누가 죽었을 때나 장례식에서의 웃음이라는 현상을 통곡과 대조하고 있는데, 그는 웃음이 슬픔에서 벗어나게 한다고 여기고 있다. 그리하여 상을 당한 사람은 웃도록 하기 위해 삯을 받고 울어주는 사람들 옆에 있는 어릿광대들을 볼 수가 있다. 펠레도 거의 같은 식으로 말하고 있다.

3) H. Fluck. *Der risus paschalis*. Ein Beitrang zur religiösen Volkskunde - ARw, XXXI, 1934. — 원주.

> 가벼운 마음으로 웃으며 인생을 살아나가는 사람들이 의기소침해 있는 이들보다 대체로 더 건강하고 생활력이 강하다는 것을 일상적 경험을 통해 알 수 있다. 그리하여 사람들은 웃음을 삶에서 필요불가결한 어떤 것인 양 요구하게 되었고, 이러한 웃음을 종교적 관습으로서 정착시키려 하기도 했다(펠레, 4~5).

O. M. 프레이젠베르크는 다음과 같이 생각했다.

> 웃음은 … 태양의 새로운 광휘와도 같으며 태양의 탄생과도 같은 … 의미를 지닌다.[4]

레나슈는 웃음이 삶의 격렬함과 충만함을 나타내고 있으며 모든 것이 이로써 설명된다고 생각했다.

> 이러한 이유로 호머는 푸르러가는 대지의 웃음에 관해서 얘기했노라(레나슈, II, 1).

부활절 웃음에 관한 설명들도 이보다 더 나을 것은 없다. 중세에는 성직자들이 부활절 예배 때 다양한 농담으로(주로 매우 상스러운 농담으로) 신도들을 웃기려 노력했었다. 플루크는 긴 부활절 기간 후에 오락이 필요했었기 때문이라고 설명한다.

지금까지 웃음이라는 현상이 어떻게 설명되는지를 살펴보았다. 저자들은 자료를 수집한 후 이로부터 결론을 도출하는 것이 아니라 '일상적 경험'에 호소하며 이성적이거나 추상적이며 철학적인 설명을 조잡하게 하고 있다. 여기에서 이 논저들의 요점을 더 파고들지는 않겠다. 이 논저들에서는 앞서 언급했던 원칙들이 지켜지지 않았기에 긍정적 결론들이 도

---

4) O. M. 프레이젠베르크. 《줄거리와 장르의 시학》. 레닌그라드. 1936년. 100쪽. — 원주.

출되지 않고 있다. 이러한 원칙들로는 관계원칙과(이 논저들에서는 자료들이 고립되어 관찰되는데 특히 구비문학은 전혀 고려되지 않았다) 움직임 원칙이(다양한 시대의 자료들이 어떠한 역사적 투영이나 세분화도 없이, 그리고 하부구조와의 연관도 없이 함께 관찰되고 있다) 있다. 또한 문제 해결에 큰 도움을 주었을 자료가 될 아메리카 민족들, 대양 민족들, 아프리카 민족들이나 러시아 시베리아 민족들의 자료들과 같이 계급발생 이전의 발전 단계에 있던 민족들에 관한 자료들이 배제되어 있다. 그렇기 때문에 본 연구에서의 사전연구는 다른 식으로 진행되었다.

웃음은 특별한 종류에 속하는 조건반사이기는 하지만 인간만이 지니는 고유한 반사작용이기 때문에 인간만이 웃음의 역사를 가지고 있다. 의식적 웃음문제를 해결하기 위해서는 우리가 희극적인 것에 대해 가지고 있는 개념을 완전히 버려야만 한다. 사람들은 예전에 웃었던 식으로 웃지 않는다. 그렇기 때문에 희극적인 것과 웃음에 대한 일반적이고 철학적인 정의를 내리는 것은 아마도 불가능할 것이다. 여기에는 역사적 정의만이 가능하다.

본 연구에서 고려되는 것은 전 세계의 구비문학적 자료, 의식적 자료, 예식적 자료, 신화적 자료들 중에서 웃음과 관련된 모든 것이다. 또한 의식, 신앙, 신화, 이야기, 놀이들도 고려되었다. 모든 사례에는 그것이 어떤 민족이 지니는 고유한 현상인지 정확히 기록되어 있다. 본 연구에서 '민족'은 인종이나 종족의 단위가 아니라 일정한 사회경제 발전 단계의 표본이나 견본으로서 중요하다. 이로써 추측할 필요가 없게 해주는 실제적이고 학문적인 현상을 설명하기 위한 토대가 마련된다. 이것이 본 연구의 첫 번째 단계이다.

본 연구의 두 번째 단계는 자료들을 두 가지 방향으로 나누는 일이다. 자료들은 현상 자체가 지니는 서로 다른 계열에 따라(예를 들어 누가 죽었을 때의 웃음이나 파종할 때의 웃음 등) 혹은 민족들의 발전단계에 따라 배분할 수 있다. 이는 본 연구를 진행함에 있어서 가장 긴박하고 흥분되는 순간이다. 이때 매우 기막힌 일이 나타났다. 이 분류에서 두 가지의 관점이 나온 것이 아니라 경제적이나 사회적인 발전단계가 같은 민족들에게 웃음의 범주나 유형이 고유하게 나타난다는 사실이 밝혀졌다. 바로 허황된 분류로 끝난 것이 아니라 일련의 역사적 사실들이 만들어진 것이다. 그와 동시에 웃음의 유형과 민족발전 단계가 관련이 있음이 증명되었으며 그로 인해 현대인들에게는 매우 이상하게 여겨졌던 초기 발전단계의 물질생활 영위형태들 중에서 몇 가지 현상들에 대한 설명이 가능하게 되었다.

또한 이야기는 앞서 언급되었던 한 계열을 이루는 사실들과 일련의 역사적인 총체 속에서 자리를 차지하게 되었다. 이야기는 이러한 역사발전 단계의 마지막 연결고리이자 사회주의가 시작되기 이전 사회경제발전의 마지막 단계인 자본주의의 고유한 현상으로 판명되었다. 이야기의 사회적 기능은 신화나 의식의 기능과는 이미 다른 것이었다.

그럼에도 불구하고 본 연구 과제를 정하는 일에는 소규모의 연구에서 반드시 따라붙는 결함이 하나 있는데 그것은 바로 연구를 위해 선택된 현상의 인공적인 구별과 분리이다. 앞서 말했듯이 모든 현상은 따로 떨어져서가 아니라 맥락 속에서 연구되어야만 한다. 한 줄거리의 연구라는 과제를 제기하는 것 자체란 구비문학에서 옳지 않다. 앞서 《웃지 않는 공주에 대한 이야기》의 연구가 《공주의 신체적 특징들》의 연구 없이는 불가능하다는 것을 이미 확인했었다. 그러나 이 이야기에는 아주 많은 이야기들에게서 특징적으로 나타나는 다른 모티브들도 들어 있는데, 그중에 중매나 결혼과 관련된 어려운 과제들이라는 모티브가 있다. 공주를 웃기는 과제는 있을 수 있는 어려운 많은 과제들 중 하나이다. 어려운 과제란 무엇인가에 대한 질문은 한 줄거리의 범위 안에서는 연구될 수 없다. 이를 위해서는 이 어려운 과제들이 들어 있는 모든 줄거리들을 통해서 이들을 관찰해야만 한다. 이는 대규모의 연구를 위한 작업이지, 단 한 편의 논문을 위한 작업은 아니다. 주인공의 즉위도 마찬가지이다. 따라서 본 논문에서는 웃지 않는 공주에 대한 이야기에 나타난 모든 문제에 대한 전체적 연구를 하지 않고 필요한 내용에 대한 부분적 연구를 하게 될 것이다.

다른 성질을 띤 어려움도 있다. 비록 본 연구를 위해 수집된 자료가 웃음에 관한 다른 연구에서보다 훨씬 더 많기는 하지만 웃음에 관한 자료가 매우 드문 자료라는 점은 짚고 넘어가야만 할 것이다. 웃음에 관한 자료는 찾을 수 있을 것이라는 기대도 하지 않았기에 엉뚱한 장소에서 전혀 예기치 않게 나타나기도 한다. 이 자료는 조금씩만 모을 수 있다. 그렇기 때문에 웃음이라는 현상의 모든 범주들을 위한 완전히 명확하고 완벽한 그림을 항상 얻을 수 있는 것은 아니다. 이후에 다른 연구자들이 더욱 명확하고 근거 있는 그림을 찾아낼 수 있거나, 본 연구에서 발견하지 못한 사례의 범주가 더 발견될 수 있을 것이라고는 생각하지 않는다. 그럼에도 불구하고 본 연구를 시작할 필요는 있다. 설사 본 연구가 당장에는 형식주의적 비교연구법의 테두리를 벗어나려는 시도로 끝나거나 사상적 하부구조의 한 유형로 구비문학을 연구하는 길에 들어서려는 시도와 같은 일반적 의미만을 지니고 있다 하더라도 말이다.

제3장

# 웃음의 금지

이제 앞서 언급된 원칙들에 따라 분류된 자료들에 대한 서술작업을 시작하도록 하겠다.

가장 먼저 목격하게 되는 것은 웃음의 금지현상이다. 여기에서 말하는 웃음의 금지는 웃으면 안 된다거나 웃기가 곤란한 생활상태를 말하는 것이 아니라 몇몇 줄거리에 나타나는 웃음의 금지이다. 죽은 이들의 세계에 침입하는 산 사람이 나오는 줄거리에 이러한 금지가 보인다. 이러한 줄거리는 매우 많이 있다. 이러한 줄거리들이 태고로부터 내려오는 것인 경우에 이 줄거리의 요소는 샤머니즘적이며 생산적이라는 것을 알 수 있다. 이에 대해서는 상세히 기술해야 하겠으나 샤머니즘 역시 본 논문의 주제는 될 수 없기에 여기에서 더 자세히 들어가지는 않도록 하겠다.

죽은 이들의 세계에 침투하는 산 자는 자신이 살아 있다는 사실을 숨겨야만 한다. 이 사실이 밝혀지면 넘어서는 안 될 경계를 넘어간 모독자가 되어 그 세계의 분노를 불러일으킬 수 있기 때문이다. 주인공은 웃어버림으로써 자신이 산 자라는 사실을 들키게 된다. 이러한 관념은 북아메리카 인디언들의 신화에서 뚜렷이 드러난다. 여기에서 주인공이 죽은 이들의 세계로 침입하게 되는데 그 세계에는 동물들이 거주하고 있었다.

그러자 봄 연어가 말했다.

"이 사람이 죽은 사람이라는 게 정말로 안 보여요?"

그러나 그는 믿지 못하고 말했다.

"간지럼을 한번 태워봅시다. 그러면 이 자가 살아 있는 건지 죽은 건지 알 수 있을 거요."

이들은 그의 옆구리를 심하게 간지럼 태워서 그는 웃어버릴 뻔 했다(보아스, 43).

이러한 분노에 대한 관념은 에스키모인들에게서 특히 뚜렷하게 나타난다. 상부세계로 향하고 있던 영혼이(혹은 주술사가) 기이한 노파가 살고 있는 높은 산꼭대기로 떨어지게 된다. 나무통과 피가 흥건한 칼을 가지고 있는 노파는 '내장을 도려내는 이'라고 불린다. 노파는 북을 치고 자신의 그림자와 더불어 춤을 추며 단 한마디를 말한다.

"내 바지의 절개면."

노파가 뒤돌아설 때 그녀의 등에 커다란 틈이 보였는데 그 틈으로 농어가 밖을 내다보고 있었다. 옆에서 바라보면 노파의 입이 축 늘어져 있어 노파의 얼굴이 옆으로 더 퍼져 보였다. 노파는 허리를 숙여 자신의 엉덩이를 핥을 수 있었고 옆으로 몸을 숙일 때는 뺨이 옆구리에 쾅하고 부딪치기도 했다. 노파를 바라볼 때 웃지만 않는다면 전혀 위험하지 않았다. 그러나 일단 웃음에 입이 씰룩거리기만 시작해도 노파는 자신의 북을 내던지고 이 불손한 인간을 낚아채어 땅에 내던져 버린다. 그런 후 노파는 칼을 집어 들어 인간의 배를 째고 내장을 파낸 다음 그것을 나무통에 던져 넣고 게걸스럽게 먹어댄다.[1] 그린란드에서도 이 노파의 변종을 볼 수 있다. 그것은 라스무센이 기록한 샤머니즘적 전설들 속에서 이다.[2] 어떤

---

1) F. Nansen. *Eskimoleben*. Leipzig und Berlin. 1903. — 원주.

이야기에는 에스키모가 그린 삽화가 실려 있는데 그 삽화에서 보이는 노파는 외부인이 웃을 경우 그의 폐를 파내버린다. 라스무센의 다른 기록에서는 이 노파가 비의 주인으로 그려지기도 한다.

러시아 이야기에서 이 노파는 다른 세계로 가는 출입구를 지키고 있는 바바 야가[3]로 나타난다.

> 동생아, 잘 기억해. 오두막에 도착해서는 웃으면 안 돼.[4]

이 모티브는 코미[5] 이야기에서 더욱 발달되었다.

> 오두막 입구 앞에서 누나는 동생에게 말했다.
> "들어가자. 절대로 웃어선 안 돼. 바보짓하지 마. 만일 네가 웃어버리면 우린 둘 다 바바 야가에게 잡힐 거야. 지금 살아남은 건 우리 둘뿐이라구."[6]

다른 세계로 가는 출입구에만 이러한 금지들이 있는 것은 아니다. 다른

---

2) K. Rasmussen. *Gränlandsagen*. Berlin. 1922. p. 38. — 원주.

3) 바바 야가 : 러시아 민화에 나오는 마귀할멈임. 어린이들을 훔쳐다 요리해 먹는다고 함. 생명수의 샘을 지키는 이 마귀할멈은 숲속 오두막에서 2~3명의 자매 바바 야가와 함께 삶. 이 오두막집은 새의 다리 위에서 쉼 없이 돌아가고 울타리 꼭대기에는 사람 해골들이 걸려 있음. 바바 야가는 쇠솥이나 절구를 타고 절굿공이를 저어 태풍을 일으키며 하늘을 날아다님. 또 죽음의 신을 따라다니며 갓 풀려난 영혼들을 먹어치우곤 함.

4) 뱌츠까야 현청소재지의 위대한 러시아 이야기. D. K. 젤레닌의 《모음집》. 프라하. 1915. — 원주.

5) 코미 : 우랄산맥 북서쪽에 있는 러시아 연방공화국 내의 자치 공화국임. 국토의 70% 이상이 산림으로 목재가 많이 나고, 페초라 탄전 · 우프타 유전 따위에서 석탄 · 석유 · 천연가스가 많이 남. 수도는 식티프카르임.

6) 《코미인 구비문학》. 제1권. 전설과 이야기. I. N. 노비꼬프 편집. 아르한겔리스끄. 1938년. 134쪽. — 원주.

세계에서도 절대로 웃어서는 안 된다. 이는 주니족[7]의 신화에서 뚜렷이 나타난다. 이 신화에서 주인공은 암독수리와 결혼한다.

부인은 남편이 산 너머 다른 나라로 날아가지 못하도록 한다. 그러나 주인공은 이를 어긴다. 그곳에서는 그를 매우 친절하게 맞아주며 그와 다른 독수리들을 모두 축제에 초대한다. 주인공은 집으로 돌아가 부인에게 이 모든 것에 대해 이야기해준다. 부인은 서글퍼하며 다음과 같이 말한다.

> 당신이 보았던 도시로 오늘 저녁에 같이 가요. 그 도시는 멸망할 운명을 가졌기 때문에 모든 도시 가운데 가장 끔찍한 도시예요. 당신은 거기에서 놀라운 것들을 보게 될 거예요. 하지만 절대로 웃지도, 미소 짓지도 마세요.

그들은 축제에 참석하기 위해 날아갔다.

> 그곳에서는 아름다운 아가씨들이 춤추며 소리를 질렀다.
> "죽었어! 죽었어! 그녀가! 그녀가! 그녀가!"
> 이들은 매우 아름다웠고 생명력과 기쁨, 그리고 즐거움으로 충만해 있는데도 불구하고 서로를 가리키며 계속해서 이렇게 부르짖었다.

부르짖음과 그 말을 내뱉고 있는 이들 간의 대비, 그리고 매우 아름다운 아가씨들이 죽은 이들이라는 불합리한 생각이 주인공에게 충격을 주어 그는 웃어버린다. 아가씨들은 그에게 몰려들어 그를 유혹하기 시작했다. 아침이 되었을 때 주인공은 해골들의 품속에 안겨 있는 자신을 발견

7) 주니족 : 미국의 애리조나 주와 접하는 뉴멕시코 주 중서부에 사는 북아메리카 인디언임. 페누티어 계통의 언어를 사용함. 이들의 기원과 초기 역사에 관해서는 알려져 있지 않지만 조상들이 땅 밑에서 출현하여 현재의 거주 지역으로 옮겨왔다고 하는 이야기가 신화를 통해 전해짐.

하게 되었다.[8)]

지금까지 우리는 줄거리들과 이야기들만 살펴보았다. 그러나 웃음의 금지는 의식생활에서도 볼 수 있다. 바로 죽음의 영역으로 내려가는 것과 그곳에서 다시 돌아오는 의식에서이다. 여기에서 말하고자 하는 것은 소년들이 성적 성숙기를 맞게 되었을 때 행해지는 성인의례나 이니시에이션[9)]이다. 지금 이러한 의식의 형태나 의미는 잘 알려져 있기 때문에 상세히 설명하지는 않을 것이다. 엄청난 양의 문헌에도 불구하고 이러한 의식에 대한 정보는 극히 적다. 그것은 이러한 의식이 아주 비밀스럽게 행해지기 때문이다. 그럼에도 불구하고 알려져 있는 것도 조금은 있다. 자신의 대규모 연구에서 보아스[10)]는 콰키우틀족[11)]의 사회조직과 비밀동맹들에 대해 두 번에 걸쳐 짧게 언급하고 있는데, 이 의식 중에 성인의례 참여자들은 웃는 것이 금지되어 있었다고 한다.[12)] P. 쉬미뜨는 오세아니아의 섬들 중 하나에 관해 매우 상세한 설명을 하고 있다. 의식의 마지막은 소년들을 웃기는 일이다. 소년들은 한 줄로 선다.

---

8) F. H. Cuching. *Zuni Fork Tales*. New York and London. 1901. p. 46. — 원주.

9) 이니시에이션 : 미개 사회에서 소년 남녀에게 부족의 성원으로서 가입할 수 있는 자격을 주기 위하여 행하는 공공 행사나 훈련을 말함. 때로는 엄격한 고행과 시련 따위를 수반하기도 함.

10) 보아스 : 19세기~20세기 독일 태생 미국 인류학자임. 20세기에 주류를 이룬 상대주의적이고 문화 중심적인 인류학을 확립했음. 뉴욕시 컬럼비아 대학교 교수로 있는 동안 이 대학교의 인류학과를 미국 최고의 학과로 만들었음. 보아스는 북아메리카 인디언 문화와 언어분야의 뛰어난 연구자로, 미국의 인류학을 발전시킨 여러 학자들의 위대한 스승임.

11) 콰키우틀족 : 북아메리카 북서부 태평양 연안에 사는 인디언임. 이들의 인류학적 중요성은 프란스 보아스에 의한 기념비적인 민족학적 연구에서 유래됨.

12) F. Boas. *The Social Organization and Secret Societies of the Kwakiutl Indians*. Washington. 1897. p. 506, 642. — 원주.

남자옷을 입은 젊은 여자가 등장한다. 여자는 남자처럼 행동하고 말한다. 그녀는 양손에 물고기뼈로 만든 날이 달려있는 창과 활활 타오르는 횃불을 쥐고서 소년들의 대열을 따라 걸어간다. 만일 소년들 중 누군가가 웃기 시작하면 여자는 더 이상 가지 않고 기뻐하며 돌아간다. 소년들에게는 이 여자의 출현에 대해 미리 말해주고 웃지 않도록 엄중히 경고해 둔다.

만일 소년 중 누군가가 웃게 되면 웃는 그 소년의 아버지는 그에게 이렇게 말한다.

"이제 우리는 선물을 못 받겠구나."[13]

앞서 인용된 자료들에 비추어보면 이 경우는 명백해진다. 죽음의 세계에서는 웃는 것이 금지되어 있다. 성인의례는 과정전체가 죽음을 흉내 내는 것이다. 웃어버린 이는 자신이 지상의 것들을 완전히 씻어내지 못했음을 증명하고 있다. 그는 죽음의 세계에 도착한 주술사와 마찬가지로 웃음으로써 자신이 살아 있다는 사실을 드러내고 있다. 이것은 웃어버린 이는 선물을 받지 못한다는 것으로도 알 수 있다. 웃어버린 이는 시험에 통과하지 못한 것으로 간주되었다(비록 변장현상이 여기에 나타난 것이 우연한 것이 아님에도 지금 이에 대해서 파고들지는 않겠다).

바로 이것이 본 논문에서 연구되는 일련의 사례 가운데에서 첫 번째 범주 혹은 첫 번째 계열에 드는 것이다. 다른 세계로 들어갈 때 웃음이 금지되는 것은 다른 많은 금지들 중 하나일 뿐이다. 신화와 이야기에서와 마찬가지로 의식에서도 웃음의 금지 외에 잠, 하품, 말, 식사, 보기의 금지 및 몇몇 다른 금지들을 볼 수 있다. 너무 멀리 나가게 될 우려가 있으므로 이와 관련된 자료들을 제시하지는 않겠다. 다만 한 가지만 예를 들자. 12왕자에 관한 그림형제의 이야기에서 숲에서 나온 공주는 다음과 같은 말을 듣는다.

---

13) P. W. Schmidt. *Die Geheime Jünglingsweihe der Karesau-Insulaner*. Anthropos. II. 1907. H. 6. p. 1052. — 원주.

"너는 7년 동안 벙어리가 되어야만 해. 말을 해서도 웃어서도 안 돼"(그림형제, 9).

이 이야기가 이니시에이션과 관련이 있음을 증명한 이는 S. Y. 루리예[14]이다. 모든 금지들은 삶과 죽음의 대립에 관한 이해를 보여주고 있다. 이러한 금지들은 죽음에 관한 관념들이 이미 분화되어 있으며 윤곽을 지니고 있다는 것을 보여 준다. … 이 죽음들이 항상 존재해왔던 것은 아니다. 이전에는 죽음에 관한 관념들이 부재했었기에 살아 있는 이들과 죽은 이들이 완전히 동일시되고 있었다. 그러나 이제 죽음은 삶과 정반대의 모습으로 나타난다. 살아 있는 이들은 보고 말하며 하품하고 자며 웃는다. 죽은 이들을 이렇게 하지 않는다. 그와 동시에 살아 있는 이들과 죽은 이들 간에 무한한 공백을 집어넣을 수 있을 정도로 분화는 아직까지 미완료된 상태이다. 몇몇 경우에 살아 있는 이는 살아 있으면서 죽음의 세계로 들어갈 수 있으나(이는 대부분의 경우 신 내림을 받은 주술사이자 이야기 속의 주인공으로, 이때 죽음의 세계는 아주 먼 다른 세계로 재해석된다) 그때는 죽은 사람인 척해야만 한다. 즉, 잠을 자서도 안 되고 말을 해서도 안 되며 보아도 안 되고 웃어도 안 된다. 인용된 예들은 태고로부터 내려오는 예전 것들이다. 이 예들과 이들을 파생시키는 근본과의 관계는 좀 더 후에 밝혀보기로 하겠다. 그러나 태고로부터 내려오는 초기의 경우들이 세월을 겪은 후기의 경우들을 설명하고 있다. 예를 들어 비너스의 산에서 홀리다와 함께 있는 혼들은 웃어서는 안 된다(만하르트, 99).

---

14) S. Y. 루리예. 《숲 속의 집》. 언어와 문학 8권. 레닌그라드. 1932년. 참조: V. Y. 쁘로쁘. 《러시아 이야기에서 남자의 집》. 레닌그라드국립대학교 학술지. 20호. 어문학 총서. 발행1호. 1939년. — 원주.

제4장

# 생명을 주는 웃음

앞서 살펴본 사례에서 얻은 개념들을 다른 식으로 적용시켜보도록 하자. 죽음의 세계로 들어가면서 모든 웃음이 멈추고 금지되는 반면 삶의 세계로 들어가면서는 웃음을 동반하게 된다. 그리고 죽음의 세계에서 웃음의 금지를 보았다면 삶의 세계에서는 웃음의 성약(成約), 즉 웃음의 강요를 볼 수 있다. 이러한 사고는 더 확장시킬 수 있다. 웃음이 삶과 함께하는 능력뿐 아니라 그러한 삶을 불러일으킬 수 있는 능력도 가진다고 볼 수 있는 것이다.

이니시에이션에 관해 앞서 말한 바 있으니 이러한 관점에서도 이니시에이션을 관찰해볼 필요가 있겠다. 앞서 말한 바와 같이 이니시에이션은 잘 알려져 있지 않은데 그것은 이 의식이 비밀스럽게 행해져 유럽인들이 관찰할 수 없었기 때문이다. 이니시에이션과 함께 유럽인들이 고려된다는 것은 이 의식의 쇠퇴와 퇴화를 의미한다. 이니시에이션에 관해 알 수 있는 간접적 지식의 원천으로 신화가 있다. 이러한 의식의 한 가지 형태는 시험당하고 있는 이가 괴물에 의해 삼켜졌다가 다시 내뱉어지는 것이다. 삼켜졌다가 내뱉어진 이들에 관한 신화들은 무수히 많이 있다. 이러한 신화들은 죽음의 상태에서 머무르는 동안은 웃음이 금지되나 반대로 삶으로 돌아온 후인 새로운 탄생의 순간에는 웃음이 동반되고 어쩌면 필수적으로 요구됐을 수도 있었다는 가정을 가능케 한다. 인디언 신화에 고래가 삼킨 형제에 관한 이야기가 나온다. 고래는 형제를 다른 나라로 옮겨가고 있었다. 그러던 중 고래의 뱃속이 너무 더워 형제의 머리카락이 다 빠져서 그들은 대머리가 되었다. 고래 안에서 빠져나온 후 형제는 대머리가 된 서로의 모습을 보고 둘 다 웃는다(보아스, 101쪽). 본 연구에서 중요한 것은 고래로부터의 탈출이 웃음과 동반되었다는 것으로, 화자는 탈모로써 이 웃음이 유발되도록 만들어 놓았다. 아라파호족[1]에게는 낚시를 하고 있는 소년에 대한 신화가 전해 내려온다. 물고기는 소년을 집어삼킨다. 소년의 스승이 이 물고기를 잡아 배를 가르고 소년을 꺼내준다. 소년은 웃으면서 나온다.[2] 여기에서 웃음은 미소로 약화되어 있다. 이 경우에는 스승이 소년을 꺼내어 삶으로 되돌려 놓는 것으로써 이니시에이션과의 연관이 증명된다.

그러나 이는 암시 그 이상은 아니다. 이 신화들과 이니시에이션 의식과의 연관이 증명되지 않았다고 항의할 수도 있다. 그러나 신화와 이니시에이션에 대한 전반적 연구를 보면 그 어떤 의구심도 남아 있지 않게 될 것이다. 특히 탈모에 관한 세부적 묘사는 신화와 이니시에이션의 연관관계를 잘 드러내주는 특징이 되고 있다.[3]

또 다른 줄거리가 있는 신화도 있는데 바로 마우이[4]에 관한 신화들 중

1) 아라파호족 : 알공킨어(語)를 사용하는 북아메리카 평원 인디언으로 19세기에 플랫·아칸소강(江) 유역에 살았음.

2) G.A. Dorsey and A.L. Kroeber. *Traditions of the Arapaho*. Chicago. 1903(*Field Columbian Museum Publication* 81. *Anthropological Series*. Vol. 5. p.112). — 원주.

3) 《남자들의 집》에 관한 저자의 논문에 이와 관련하여 더욱 상세한 내용이 있음. — 원주.

4) 마우이 : 미국 하와이 주 마우이 군에 있는 화산섬임. 파일롤로와 알레누이하하 해협을 사이에 두고 있으며, 북서쪽에 몰로카이 섬, 남동쪽에 하와이 섬이 있음.

한 에피소드이다. 프로베니우스의 글을 인용해보자.

> 종족의 조상이 된 괴물은 하늘과 땅이 만나는 곳에서 아가리를 열었다. 영웅 마우이는 괴물과 싸워서 이기리라 결심한다. 새들을 동지로 삼은 그는 새들에게 괴물의 아가리 속으로 들어가기 전에는 웃지 않도록 주의를 주었다. 밖으로 나오면서는 웃어야 했다. 어떤 이야기에서는 마우이가 죽고 다른 이야기에서는 괴물이 죽는 것으로 되어 있다. 마우이와 새들은 옷을 벗었다. … 이들이 괴물의 아가리로 들어가고 있을 때에 작은 새가 큰 웃음소리를 낸다. 괴물이 깨어나게 되어 마우이를 죽여버린다. 만일 마우이의 계획이 성공했었다면 사람들은 영원히 죽지 않고 살았을 것이다(프로베니우스, 183).

여기에서 특히 흥미로운 것은 괴물내부에서는 웃지 못하도록 한 금지와 그 괴물로부터 나왔을 때는 웃으라는 명령의 연결이다. 앞서 이미 지적한 바와 같이 신화에서 삼켜버린 자로부터 나오는 순간은 의식에서의 상징적 탄생과 일치한다.

어쩌면 이러한 사실은 단계적으로는 볼 때 훨씬 후기의 경우라고도 할 수 있겠지만 여기에서 거론되었던 현상들, 즉 고대 로마에서 목신인 루퍼커스 의식 때 두 명의 소년의 의례적이고 상징적으로 살해하는 현상과 같은 연결고리선상에 있는 경우를 이러한 사실이 이해할 수 있도록 도와줄 것이다. 만일 소년이 생선 밖으로 나오면서 웃는다면 그것은 죽음의 영역에서 삶의 영역으로 들어가기 때문이다.

> 봄의 축제인 루퍼커스 의식 때 상징적 살해와 부활이 두 명의 로마 소년들에게 행해졌다. 희생물의 피에 담갔던 칼을 이들의 이마에 갖다 대고 나서 양모로 피를 닦아냈다. 이렇게 해서 상징적으로 삶으로 되돌아오게 된 소년들은 웃어야 했다(펠레, 3).

펠레는 다음과 같이 덧붙이고 있다.

> 이로써 삶과 죽음의 대비가 강조되어야만 했다.[5]

만하르트는 이 의식을 좀더 상세히 묘사하고 있다. 소년들의 이마에 상처를 냈으며, 특히 중요한 것은 이 의식 때 두 마리의 염소를 죽였다는 것이다. 만하르트는 다음과 같이 말하고 있다.

> 소년들의 웃음은 죽음의 반대의미로, 이들의 새로운 탄생에 대한 상징적 의미로 이해될 수 있다(만하르트, 99~100).

정말로 여기에서 문제가 되는 것이 '상징적 의미'나 삶과 죽음의 대립을 '강조'하는 것뿐인지는 후에 확인하게 될 것이다. 다음의 자료들은 웃음이 삶으로의 도입에 동반될 뿐만 아니라 삶을 불러일으키기도 한다는 것을 보여주고 있다. 루퍼커스 의식에서 이것을 엿볼 수 있다. 죽음의 상태나 죽음의 영역에 머무르면서 소년들은 절대로 웃어서는 안 되었지만 삶으로 귀환하면서는 웃어야만 한다.

야꾸찌야 구비문학에 두 명의 여자주술사에 관한 이야기가 있다. 이들은 서로 떨어져 살고 있는데 마법을 써서 남편을 손에 넣게 되었다. 마침내 그들에게 출산의 시간이 다가왔다.

> 두 남자는 뛰어나가서 두 마리의 흰 수말을 죽였다. 그런 다음 출산의 여신을 위해 긴 의자에 수말의 가죽을 펼쳐두었다. 출산의 여신은 차례로 가죽이 펼쳐져 있는 두 개의 긴 의자에서 몸을 뒹굴었다. 기름범벅이 된 출산의 여신은 땀을 무척 많이 흘렸다. 계속 웃으면서 계속 웃으면서 여신은 이곳에서 삼일 밤을 보냈다(야꾸찌야 구비문학, 132).

---

5) 같은 곳. — 원주.

여기에서 이야기되는 출산의 여신은 이이예흐시뜨이다.[6)]
이 신화에 야꾸찌야인의 의식이 반영되어 있다.

> 출산 후 삼일 째가 되던 날 여자들은 산부의 집에서 여신 이이예흐시뜨를 송별할 준비를 한다. 의례에 따른 연회에서 참석해 있던 여자들 중 한 명이 참을 수 없다는 듯이 큰소리로 웃어대기 시작했는데 이것은 모든 이들의 기쁨을 불러일으켰다. 왜냐하면 이는 웃고 있는 이의 임신과 곧 아이가 태어날 것임을 예고하는 것이었기 때문이다. 이런 경우 사람들은 '이이예흐시뜨가 그녀를 방문했다'고 말한다(야꾸찌야 구비문학, 305).

현대인들은 이 부분에서 어디에 원인이 있고 어디에 결과가 있는지가 궁금해진다. 아이가 태어날 것이기 때문에 여신이 웃는(직접 웃거나 엄마가 될 여자를 '방문'하거나) 것인지, 혹은 이와는 반대로 웃음 때문에 잉태와 출산이 이뤄지는지? 현대적 사고에서는 매우 중요한 것으로 여길 이 질문은 원인과 결과의 범주를 몰랐으며 이 둘을 동일시했던 예전 사람들에게는 그 어떤 의미도 없었다. 야꾸찌야인에 관한 자료에서 다음의 내용을 볼 수 있다.

> 처음에는 억지로들 웃었다. 그러다 결국 강한 웃음이 그들을 사로잡아버렸다(야스뜨렘스끼, 199).

여기에서는 웃음이 일차적인 것이고 임신은 이차적이라는 것을 의미한다. 즉 임신이 되기 위해서 웃는 것이지 그 반대는 아니라는 것이다. 여기에 웃음의 마력이 있다. 같은 야꾸찌야 신화에서 여자주술사는 죽은 이의 혼을 불러들이며 다음과 같은 내용을 담은 노래를 부른다.

---

6) 참조 : S. V. 야스뜨렘스끼(야스뜨렘스끼, 198~200). — 원주.

> 웃고 있는 세 개의 문지방을 넘어 내가 죽은 자에게 삶을 일깨워도 된다면, 내가 살아 있는 혼을 사람에게 되돌려줄 수 있다면 … (야꾸찌야 구비문학, 119)

다음과 같은 내용도 있다.

> 웃고 있는 세 개의 문지방을 넘어 네 아들의 살아 있는 혼을 되돌려 놓았다(야꾸찌야 구비문학, 120).

삶과 죽음을 분리시켜놓고 있는 문지방은 여기에서 웃고 있는 웃음의 문지방으로 불린다. 문지방의 한쪽 편에서는 웃어서는 안 되며 다른 쪽 편에서는 웃어야만 한다.

잉태 시에 웃고 있는 여성의 형상은 아들이 생길 것이라는 희소식을 듣고 웃는 사라[7]의 형상을 떠오르게 한다. 이 웃음은 보통 빈정거리는 웃음으로 이해되는데 그것은 늙은 사라가 자신이 아이를 낳을 수 있다는 것을 믿지 않았기 때문이다. 그러나 이러한 빈정거림은 만군의 여호와 앞에서는 적절치 않았을 것이다. 어쩌면 이 웃음은 이미 웃음의 마력을 이해할 수 없게 된 변화된 역사적 상황 때문에 사람들이 깨닫지 못하고 있는 마력적 웃음의 반영이라고 보는 것이 더 정확할 것이다. 레나슈가 지적한 바와 같이 이삭[8]이라는 이름의 뜻이 '웃는 이'라는 것을 볼 때 이 생각은 더욱 확고해 진다.

> 유대인들은 이삭이 웃는 사람을 뜻한다는 것을 잘 알고 있었다(레나슈, 122).

---

7) 사라 : 구약성경 창세기에 나오는 인물로 아브라함의 이복 여동생임. 아브라함은 100세에 사라에게서 아들인 이삭을 얻게 됨.

8) 이삭 : 구약성경에 나오는 아브라함의 아들이자 야곱의 아버지임.

레나슈는 이삭을 신이 웃는다는 뜻과 관련시킨다. 만일 이것이 옳다면 이삭은 태어난 자로서만 웃는 것이 아니라 부모로서도, 선조로서도 웃는 것이다.

그러나 이삭의 웃음은 상당히 애매하다. 레나슈와 펠레, 그리고 노덴은 더욱 뚜렷한 예를 들어 세상을 창조하는 신의 웃음을 설명하고 있다. 세상의 창조에 관해 그리스와 이집트에서 하는 해석은 다음과 같다.

> 신께서 일곱 번 웃자 세상을 감싸는 일곱 신이 탄생하였다. 신께서 기쁨의 웃음을 일곱 번째 웃자 영혼이 태어났다(노덴, 66, 펠레, 2).

플라톤 학파의 한 사람이 태양신 헬리오스에게 바치는 장단단격 운율의 찬가에 다음과 같은 말이 있다.

> 너의 눈물은 아픔으로 가득한 인간들의 출생. 웃으면서 너는 인간들이 세상에 나오는 성스러운 일을 하는구나(노덴, 66).

그리고 레이덴에서 발견된 3세기의 파피루스에 다음과 같은 내용이 적혀있다.

> 신이 웃자 죽음을 관장하는 일곱 신이 태어났다. … 신이 웃자 빛이 생겨났다. … 신이 두 번째 웃자 모든 것은 물이 되었다. 세 번째 웃자 헤르메스[9]가 태어났다(레나슈, 112).

이와 같이 신이 웃으면서 세상을 창조하거나 신의 웃음이 세상을 창조한다는 사실을 알 수 있다.

---

9) 헤르메스 : 그리스 신화에 나오는 신임. 신들의 사자(使者)이며 목부(牧夫), 나그네, 상인, 도둑의 수호신으로 날개 달린 모자와 신을 신고 뱀을 감은 단장을 짚으며 죽은 사람의 망령을 저승으로 인도한다고 함. 로마 신화의 메르쿠리우스에 해당함.

그리하여 세상으로 들어가게 될 때 출산의 여신이 웃고 어머니나 산모가 웃으며 상징적으로 세상에 돌아온 소년이 웃고 세상을 창조하는 신이 웃는다. 태어나게 되거나 창조되는 이들의 웃는 것이 의식과는 아무런 상관없다는 예를 몇 가지 더 들 수 있다.

아프리카의 토고에 사는 종족들은 신이 남자를 먼저 창조한 후 여자를 창조했으며 이들은 서로를 마주보고 웃는다고 한다.[10] 이들이 서로를 바라보고 있는 까닭은 남자와 여자라서가 아니라 태어났기 때문이다. 태어나게 되거나 창조되는 이는 삶을 시작하면서 웃는다. 《루스템과 조라브》에는 다음과 같은 말이 나온다.

> 소년은 운 적이 없었다. 태어나자마자 그는 이미 웃고 있었다(노덴, 65).

플리니우스는 조로아스터[11]가 태어날 때 웃었다고 주장한다(VII, 78). 이에 대해 베르길리우스의 네 번째 전원시에서 찾아볼 수 있다. 이 전원시에는 새로운 정치제도에 대한 찬양이 세상을 구원할 새로운 신의 탄생을 예언하는 형태로 주어져 있다. 이 소년 신은 태어나면서 웃는다.

이 자료들을 통해 그리스인들이 왜 웃음의 신인 겔라노어를 숭상했는지, 그리고 로마인들이 왜 웃음이라는 뜻을 가진 리수스를 숭상했는지를 이해할 수 있다(펠레, 4).

그러나 여기에서 서술된 모든 사례가 정말로 한 가지 관념에 근거하고 있다면 이들을 통해서 언뜻 보기에는 이해가 되지 않는 사례를 설명할 수 있을 것이다. 이는 바로 죽을 때의 웃음으로 그 전형적인 예는 사르디니아 웃음[12]인 냉소이다. 사르디(Sardi) 혹은 사르도니(Sardoni)라고 불리

10) 제임스 조지 프레이저. 《성서 이야기》. 모스크바. 1931년. 25쪽. — 원주.

11) 조로아스터(자라투스트라) : 이란 북부지방에서 태어난 예언자로서 그의 이름을 딴 조로아스터교를 세운 것으로 알려져 있음. 그의 생애와 출생연대 및 활동지역에 관해서 매우 엇갈리는 기록들이 남아 전하고 있음.

던 사르디니아의 고대 주민들에게는 노인들을 살해하는 풍습이 있었다. 이들은 노인들을 살해하면서 큰소리로 웃었다. 악명 높은 '사르디니아' 웃음은 바로 여기에서 유래한다(펠레, 2). 오늘날 '사르디니아 웃음'이라는 표현은 잔인한 웃음, 즉 남의 재액을 기뻐하는 웃음과 동의어로 사용되고 있다. 그러나 앞서 언급된 자료들에 비추어볼 때 이는 사실과 다르다. 앞서 웃음이 죽음에서 삶으로 옮겨갈 때 동반되는 것을 보았다. 웃음이 삶을 창조하고 출생에 수반되며 출생을 창조한다는 것을 보았다. 그렇다면 살해 시의 웃음은 죽음을 새로운 출생으로 변화시키며 살해를 소멸시키는 것이라 볼 수 있다. 그렇기에 웃음은 죽음을 출생으로 변화시키는 경건한 행위인 것이다.

그런데 이 예가 가장 유명하기는 하지만 죽을 때 웃는 유일한 예는 아니다. 스트라본은(16, 776) 끊임없이 웃으며 고인들을 매장하는 이집트 유목민들에 대해 적고 있다(펠레, 2). 우제너가 설명하고 있는 풍습이 어쩌면 사르디니아 웃음의 희미한 반향일 수도 있다. 사르디니아 북쪽 가루라에서는 고인을 밖으로 옮기고 나서 성직자가 집으로 돌아오면 여자가 나타나 익살과 농담을 하여 좌중으로부터 기필코 웃음을 불러일으키려 애를 쓴다.[13] 레나슈는 다른 민족들에서 볼 수 있는 이와 유사한 경우들과 사르디니아 웃음을 대조하면서 다음과 같이 말하고 있다.

> 사르디니아 사람들은 노인들을 희생양으로 삼으면서 웃었다. 고대의 혈거(穴居) 민족들은 죽은 이들을 돌멩이로 때리면서 웃었다. 페니키아인들은 아이들을 살해하면서 웃었다. 트라키아[14] 사람들은 누군가

12) 냉소적이라는 우리말에 좀더 가까운 영어 'sardonic'이라는 표현은 이탈리아 반도 서편 지중해에 위치한 사르디니아(Sardinia)에서 왔음.

13) H. Usener. *Klagen und Lachen*. — H. Usener. Kleine Schriften, Bd IV. Arbeiten zur Religionsgeschichte, Leipzig - Berlin. 1913. pp. 459~470. — 원주.

14) 트라키아 : 발칸 반도 남동부에 있는 지방으로, 시대에 따라 지역의 범위가

가 죽음에 다다랐을 때 웃었다(레나슈, 125).

메르끌린은 페니키아인들에 관해 매우 상세히 언급하며 사르디니아 웃음의 페니키아 이론을 만들어내기까지 했다. 이에 대해서 더 파고들지 않을 것이다. 또한 후기에 우끄라이나에서 장례식 때 웃는 경우도 마찬가지이다.

이제 삶이나 죽음의 요소로서의 웃음과 연관되어 있는 일련의 사례에 대한 연구를 마무리하려 한다. 이 모든 것이 어떤 공통적 법칙 및 공통의 사고기반으로서 묶여있는 것을 쉽사리 눈치 챌 수 있다. 완벽하게 정확한 추론을 하기에는 자료가 아직은 부족하다. 그럼에도 불구하고 인용된 자료들만 가지고도 웃음이 삶의 창조를 위한 마력적 수단이라고 주장할 수 있다.

이러한 사고 기반의 일치는 역사적 기반과 들어맞는다. 씨족사회에서 가장 오래된 경우들이 관찰되는데 이런 경우들은 씨족사회의 사회기관 및 사회제도들과(특히 이니시에이션 제도와) 연관되어 있으며 이것은 고대 그리스·로마시대까지 이어진다. 고대 그리스·로마시대부터 이 맥은 끊어지게 되고 앞으로 살펴보게 될 새로운 맥이 시작된다. 그러나 고대 그리스·로마에서 씨족제도가 강력했으며[15] 이 시대의 자료들은 원시의 자료들에 비추어서만 이해할 수 있다는 것은 잘 알려져 있는 사실이다. 바로 이렇게 엥겔스는 이로코이족에 관한 자료들을 근간으로 그리스 종족을 연구했다.

씨족사회의 초창기 때 생존을 위한 주요수단은 사냥이었다. 이니시에이션 이전 의례는 소년에게 동물들에 대한 권력을 주어 그들을 사냥꾼이

---

다르며 지금은 에게 해 북동쪽 기슭을 가리킴. 터키와 그리스 사이의 영토 분쟁지이며 발칸전쟁이 일어난 곳임. — 원주.

15) F. 엥겔스. 《가족과 사유 재산 및 국가의 기원》(IV, V, VI장) (마르크스, 엥겔스, XXI). — 원주.

자 사회의 당당한 구성원으로 만드는 것을 목적으로 했다. 웃는 현상은 직접적으로는 사냥과 연관이 없다. 물론 사람을 죽이거나 매장하면서뿐만 아니라 동물을 죽이면서도 웃었다는 점을 지적할 수는 있다. 이러한 경우를 야꾸찌야인의 기록에서 볼 수 있다. 앞서 보았던 바와 같이 야꾸찌야인에게는 아이의 출생과 관련된 웃음이 매우 발달되어 있었다. 이러한 현상은 아이가 태어나는 것과 관련된 신화 및 의식들에서 발견할 수 있다. 이오노프는 다음과 같이 말하고 있다.

> 덫에 걸린 담비를 가지고 오면 그 담비의 코에 기름이나 크림을 바르면서 웃어대고 주문을 외운다. 멀리서 자동총에 맞은 큰사슴을 보게 되면 펄쩍펄쩍 뛰어오르고 도약하는가 하면, 소리를 질러대며 큰소리로 웃는다. 이런 식으로 매우 기쁘다는 것을 보여주려 노력하는 것이다. 어떤 이들은 큰사슴의 등에 올라타서는 큰소리로 웃기도 한다.[16]

이들이 기뻐서 웃는다는 것은 이오노프의 양심에 맡겨야만 할 것이다. 만일 정말로 그랬다면 주문은 왜 외웠던 것일까? 그러나 기뻐서 웃은 것이 아니라면 도대체 왜 웃었을까?

이오노프가 기록한 경우는 사람들이 짐승을 잡은 후에 웃는다는 것을 보여준다. 따라서 웃음이 짐승을 잡기위한 수단이 되는 것은 아니다. 사냥꾼의 모든 관심은 당연히 동물을 포획하는 것에만 집중되어 있다. 이미 기술된 자료들에 비추어볼 때 사람들이 웃었던 것은 죽은 짐승이 새로이 태어나 다시 이 짐승을 잡을 수 있게 되도록 하기 위한 것이라는 가정을 해볼 수 있다. 즉 이들은 야꾸찌야인들이 아이의 '출생'을 위해 웃은 것과 마찬가지로 죽은 짐승의 '부활'을 기원하며 웃었던 것이다. 죽은 짐승을 새로이 태어나게 하고 그 결과 짐승을 다시 사냥할 수 있게 되기 위해 온갖 다양한 수단을 써가며(특히 그 뼈를 묻는 방법으로) 노력한다는 것은 민

16) V. M. 이오노프, 《야꾸찌야인의 숲의 정령》. 프라하. MAE 모음집. 4권. 1. 1916년. 5쪽. — 원주.

속학에서는 꽤 잘 알려져 있다.[17] 웃음은 삶을 창조하고 재창조하는 방법 중 하나인 것이다.

이와 관련하여 엥겔스가 콘라트 쉬미트에게 보낸 1890년 10월 27일자 편지에서 했던 말을 인용할 수 있다.

> 종교나 철학과 같이 공중에서 보다 높이 떠다니고 있는 이데올로기적 영역들과 관련하여 이러한 것들이 역사 시대에 의해서 발견되고 가로채어지는 이전 선사적 내용을 담고 있다고 말할 수 있다. 이러한 내용을 현대의 우리는 엉터리라고 불렀을 것이다. 자연, 인간의 본질, 영혼, 마법적인 힘 같은 것들에 대한 다양한 거짓 관념들은 대부분 부정적인 의미의 경제적인 기반만을 가지고 있다. 선사시대의 낮은 경제발전은 보충으로서만 사용되고 있으며 때로는 조건이나 자연에 대한 거짓 관념의 원인으로서만 사용되고 있다(마르크스, 엥겔스, XXXVII, 419).

옳지 않은 관념과 관련된 특수한 경우를 여기에서도 볼 수 있다. 엥겔스는 자연과 사람, 그리고 사람의 특성에 대한 이러한 옳지 않은 관념들의 원인을 지적하고 있다. 그 원인은 선사시대의 낮은 경제수준에 있다. 웃음은 인간과 동물의 번성을 지향한다. 엥겔스는 다음과 같이 말하고 있다.

> 유물론적으로 이해해볼 때 역사에서 결정적인 순간은 결국 직접적인 삶의 생산과 재생산이다. 그러나 생산 자체는 두 가지 유형을 지닌다. 하나는 삶을 위한 수단들의 생산으로 식품, 옷, 집, 그리고 이를 위한 도구들의 생산이며, 다른 하나는 인간 자체의 생산, 즉 종족의 보존이다(마르크스, 엥겔스, XXI, 25~26).

---

17) 참조: V. Y. 쁘로쁘. 《마법 이야기의 기원에 관한 문제》(무덤에 있는 마법의 나무). 소비에트 민속학. 1934년. №. 1~2. — 원주.

지금 연구되는 것은 바로 이 두 번째 유형의 생산이다.

흥미로운 것은 인용된 자료들에서 인간출생의 진정한 원인들은 거의 반영되지 않고 있다는 것이다. 중심에 있는 것은 여성으로, 어머니인 여성, 강력한 여주술사, 부모인 여성, 출산의 여신이다. 그런데 어디에서도 이러한 여성들의 남편은 보이지 않는다. 남편이 존재한다 해도 그의 역할은 극히 미약하다. 예를 들어 남편은 출산의 여신을 위하여 가죽을 깔아놓는다. 훨씬 더 지나서야 남성인 신이 등장한다. 그러나 그는 여성의 역할로 등장한다. 그가 사람들을 태어나게 하는 것은 웃음의 힘을 빌어서라고 하는 말을 할 수 있다. 그런데 어디에서도 남성과 여성으로 이뤄진 짝은 보이지 않는다. 웃음은 성적이긴 하지만 선정적이지는 않다. 그러나 사회발전의 새로운 단계와 함께 상황은 급속도로 변한다. 바로 이것이 본 모티브들의 근간에 자리하고 있는 자연과 사람의 특성에 관한 잘못된 관념들이다. 이는 출생의 진정한 원인에 대한 잘못된 관념들에 기반하고 있다. 어머니이자 생산자인 여성이 가지고 있는 비밀스럽고 당시에는 이해되지 않았던 능력, 즉 엥겔스가 '역사에서 결정적인 순간'이라고 표현했던 종을 복제하는 그 능력 때문에 숭배되었던 고대 모권제(母權制)의 여파이다. 남성의 역할은 아직 자각되지 않았다. 이러한 고대의 명백히 모권제적 문화는 남편이 없는 어머니를 만들어낸다. 앞서 언급되었던 에스키모족의 노파도 그러하다. 그녀는 굉장히 성적이지만 선정적이지는 않다. 그녀는 남편을 모른다. 그녀는 비의 주인이다. 여성의 번식력을 나타내는 두드러진 징표들을 가지고 있는 바바 야가도 이와 마찬가지로 짐승들의 어머니이자 주인이다. 바바 야가도 자신의 남편이 누구였는지 알았던 적도 없고 알고 있지도 않다.

이제 왜 남성과 여성으로 이뤄진 짝이 삶을 창조하지 않는지가 명료해졌지만 왜 이 역할을 다른 무엇도 아닌 웃음이 하는지는 여전히 불투명한 채로 남아 있다. 이는 여기에서 하고 있는 작업 전체 가운데에서 가장 어려운 문제이다. 여기에서 웃음은 춤과 대조해볼 수 있다. 사냥과 전쟁,

그리고 파종에 앞서 춤을 춘다면 이는 미학적 만족감을 위해서가 아니라 자연에 영향을 끼치기 위해서이다. 자연과 관련하여 사람은 합리적인 방법을 알지 못하기 때문이다. 이 춤은 경련을 일으킬 정도로 엄청난 노력을 하며 추는 것이다. 주술사가 사용하는 수단으로 경련성 발작들이 자주 사용된다. 이렇게 경련을 일으킬 정도로 하는 노력이 이 단계에서는 바로 웃음이 된다. 이러한 의미에서 웃음은 삶을 창조하는 '마력적' 수단이다. 이것은 합리적인 것과 반대로 이해된다.

이로써 삶과 죽음에서의 웃음의 경우들을 모두 살펴보았다. 이제 다른 성격을 지닌 후기의 다른 현상들을 살펴보기로 하자. 그러나 그 전에 이와 같은 웃음의 이해가 기독교 안에서 겪게 되었던 처사에 대해 언급하여 내용을 좀더 채우도록 하겠다. 기독교에서는 죽음 자체가 웃는데, 바로 악마가 웃고 루살까[18] 들이 크게 웃는다. 사실 기독교의 신은 크게 웃는 적이 없다. 《민중 앞에 나타난 그리스도》를 그리고 있을 당시 화가 A. A. 이바노프는 뚜르게네프에게 다음과 같이 말했다.

> 그리스도는 웃은 적이 없었소(뚜르게네프, XIV, 88).

이러한 관념을 두고 토론을 벌일 필요는 없을 것이다. 왜냐하면 이러한 관념은 훨씬 후기에 나타난 현상으로 웃지 않는 공주의 형상이 지향하고 있는 형태의 웃음들을 이해하는 데에는 도움이 되지 않기 때문이다. 웃지 않는 공주는 다른 이유들로 인해 웃고 있다.

---

18) 루살까 : 슬라브족 신화에서 호수를 떠도는 세례받지 못하고 죽은 아이나, 고의로든 실수로든 물에 빠져 죽은 처녀의 혼을 말함. 인어와 비슷하게 생겼음.

제5장

# 미소로 피어나는 꽃

본 연구에서 남성과 여성으로 이뤄진 쌍이 종을 복제해내는 이들로 나온 적이 없었던 반면 생산의 영역에는 아직 농업이 등장하지 않았다. 농경사회로의 전환은 사회적 관계의 형태와 사고형태에 급격한 변화를 가져왔다.

지금까지 웃음의 마력적인 힘에 종속되어 있었던 것은 인간의 삶밖에는 없었다고 말할 수 있다. 그러나 이제 웃음의 궤도에 식물의 삶도 들어가게 되었다. 식물의 삶이 웃음에 의존하게 되었으며 식물이 태양에 의존하고 있기에 이 태양도 웃음과 연관되게 되었다. 한편으로는 그리스의 '태양'이 떠오르고 다른 한편으로는 여신에 대한 관념이나 이야기적으로 말하자면 그 미소로 꽃들을 피어나게 하는 공주가 떠오른다. 이제는 《웃지 않는 공주에 대한 이야기》와 가깝다. 그러나 웃지 않는 공주의 이야기로 넘어가기 전에 웃는 공주의 몇몇 경우들을 살펴보기로 하자. 공주의 웃음은 꽃들을 성장하도록 해준다.

> 황제는 자신의 웃음으로써 분홍색 꽃들이 생겨나게 하고 자신의 울음으로써 진주를 만들어내는 처녀가 어디에 있는지를 알게 되어 그녀와 결혼하고자 했다(아파나시예프, 289).

터키이야기에서 황제는 세 처녀의 대화를 엿듣게 된다.

> 난 황제에게 아이 셋을 낳아 줄 텐데. 웃으면 장미가 피어나고 울면 눈에서 진주가 쏟아지는 그런 아이들을 말이야.[1)]

신(新) 아람어[2)]로 쓰인 이야기를 보면 공주는 자신의 미소로써 꽃을 피게 할 수 있는 능력을 가지고 있었다.[3)] 그러나 꽃들은 종종 보석들로 대체되기도 한다. 여기에서는 금과 보석들이 땅의 선물 대신 나온다. 이러한 경우는 종종 볼 수 있다. 발루치족[4)]의 이야기에서 주인공은 금과 보석이 가득한 접시를 구해오라는 명을 받는다. 그는 마법에 걸려있는 아가씨를 만나게 되고 그녀를 마법에서 풀어준다. 아가씨는 다음과 같이 말한다.

> "이제 내가 웃을 수 있도록 아무 이야기라도 해주겠니."

양지기가 아가씨를 웃게 하자 접시가 가득 채워진다. 보석들도 같은 식으로 얻게 된다(자루빈, 45~46).

꽃과 장미는 땅이 주는 다른 선물들 대신 온 것으로, 이 모티브의 기원은 이야기가 아닌 다른 곳에서 찾아봐야 한다고 가정할 수 있다.

삶을 불러일으키는 웃음의 능력은 여기에서 식물들의 삶을 불러일으키

---

1) 《동양 민족들의 이야기》. A. K. 보로프꼬프 편집. 모스크바-레닌그라드. 1938년. 121쪽.

2) 아람어 : 셈 어족 북서 셈 어파에 속한 언어임. 기원전 8세기 이후 국제통상 용어 및 외교 용어로 고대 페르시아에서 아프가니스탄까지 쓰였음. 오늘날에는 시리아, 아르메니아, 메소포타미아의 일부에서 쓰임.

3) A. Wesselski. *Märchen der Mittelalters*. Berlin. 1923. p. 186.

4) 발루치족 : 이란 고원에 거주하는 민족으로, 대부분이 이슬람교를 믿음. 이란, 파키스탄, 아프가니스탄, 투르크메니스탄에 거주함.

는 능력으로 재해석되고 있다. 그러나 아직 여기에서는 모권제의 전통이 타성적으로 남아 있다. 꽃들이 피어나는 것은 여성들이 아닌 아가씨들의 미소이기 때문이다. 이때 결혼이 이미 도입되어 있었다. 왜냐하면 미소가 결혼을 하기 위한 조건이 되기도 하기 때문이다. 미소 짓는 아가씨가 바로 신부가 된다.

위의 경우들에서 웃음이나 미소는 대개 울음 및 눈물과 함께 나오고 있다. 울음은 웃음과 마찬가지의 마법적 수단으로 도움을 얻기 위해서, 그리고 죽은 이를 살려내기 위해서까지도 사용될 수 있다.

> 이시스와 네프티스는 울음과 통곡으로써 오시리스를 부활시켰다.[5] 이들의 울음은 죽은 이를 되살리는 힘이 있었으며 명복을 비는 파피루스에 애도가로 적어놓기도 했다.[6]

울음도 웃음과 같이 연구될 수 있겠지만 본 연구에서는 하지 않을 것이다.

---

5) 네프티스는 고대 이집트의 여신으로 천신 게브, 지신 누트 사이에서 태어난 차녀임. 오시리스가 네프티스의 첫째 오빠, 이시스는 그 다음 언니임.

6) V. M. 비껜찌예프. 《두 형제에 관한 고대 이집트 중편》. 모스크바. 1917년. 81쪽.

제6장

# 웃음의 농업적 개념

본 연구는 웃음이라는 행위를 단순히 기계적으로 식물에 옮겨놓는 것에 한정되는 것이 아니다. 농부는 생명이 있는 존재들이 어떻게 번성해 가는가에 대해서 잘 알고 있다. 물론 이전에도 충분히 알려져 있긴 했지만 이제 짝짓기는 뚜렷이 드러나는 숭배적 의미를 지니게 되었다. 여기에서 짝짓기는 웃음의 전통과 만나게 되고 웃음과 하나의 총체를 이루게 된다. 예전에는 아이를 낳으면서 혹은 자기가 죽인 짐승이 다시 태어나기를 바라는 마음에서 웃었다면 이제는 땅이 출산을 하도록 들에 씨앗을 뿌리면서 웃는다. 그런데 여기에 한 가지가 더 보태졌다. 이는 들판에서 웃으며 번식을 촉진하는 것인데 바로 부부가 되는 것이었다. 짝짓기와 웃음은 곡물을 증가시키는 (앞서 언급해 두었던 의미로 볼 때 마력적인) 수단이 되어갔다. 바로 이것이 웃음의 농업적 개념으로 이는 짝짓기와 함께 풍작을 보장한다. 바로 농업이 남신들과 여신들을 창조하지 않는가. 그리하여 풀과 곡식들의 발아를 위해서는 땅의 여신을 웃기고 그녀에게 남편감을 주어야 한다는 개념이 만들어진다.

지금 여기에서 농업적 성격을 가진 남근숭배 의식들을 모두 다 살펴볼 수는 없다. 이러한 의식들은 고대 그리스·로마에서 중세를 거쳐 오늘날에까지 이어져 온다. 본 연구를 위해서는 이야기로 귀결되는 자료들을 중심으로 가야 한다. 여기에서는 먼저 부활절의 웃음이라는 현상을 매우 간략하게 살펴보기로 하겠다. 앞서 언급되었던 것과 마찬가지로 이 풍습은 성직자가 부활절에 교회연단에서 농담을 하여 신도들이 웃도록 하는 것이다. 부활절 축제는 신이 부활하는 것에 대한 축제인 동시에 자연이 부활하는 것에 대한 축제이다. 만우절도 이와 관련이 있을 수 있다. 펠레는 독일에서 사람들이 채소를 파종하면서 웃었던 경우에 대해 적고 있다(펠레, 4쪽). 부활절 웃음을 전문적으로 연구했었던 플루크는 이의 온갖 신화적이고 마법적인 기원들을 부정한다. 그는 부활절 웃음이 사순절의 음울했던 기간을 지낸 신도들을 웃기기 위한 노력이 불러온 순전히 그리스도교적 현상이라고 간주하고 있다. 그러나 부활절 웃음에 농담들만 있는 것은 아니다. 성직자 자신이 이야기를 해주는 것에 그치지 않고 자기 신체의 특징을 보여주던 공주를 떠올리게 하는 행동들을 했다. 그런데 부활절 웃음에 관해 처음으로 저술을 한 사람은 인문학자인 오이콜람파디우스[1]로, 그는 1518년 바젤에서 발표된 논문 "부활절의 웃음에 관한 옹호서신"을 썼다. 그러나 오이콜람파디우스나 로테르담의 에라스무스[2](1535)나 모든 것을 말하지는 않는다. 오이콜람파디우스는 사람들이 교회 밖 어둠 속에서와 들판에서 행해졌던 일들에 대해 침묵을 지키고 있는데 그것은 외설적[3]인 것들이기 때문이다. 이들이 도대체 무엇을 했는지는 전혀 중요치 않다. 중요한 것은 이 행위들의 성격이다. 이것은 상세한 설명이 없어도 분명하다. 본 연구에서 중요한 것은 이 행위들의 사상적 기반이다. 고대 그리스·로마의 자료들은 사순절 동안 지친 신도들을 즐

---

1) 오이콜람파디우스 : 16세기 독일 인문학자임. 스위스의 종교 개혁가 울리히 츠빙글리의 절친한 동료이며, 바젤에서 종교개혁을 이끌었음.

2) 로테르담의 에라스무스 : 15세기~16세기 네덜란드 태생의 로마 가톨릭 성직자이자 인문주의자임. 본명은 데시데리우스 에라스무스로, 이름 뒤에 로테로다무스를 붙여 데시데리우스 에라스무스 로테로다무스로 불리기도 함.

3) N. Fluck. *Der risus paschalis*. p. 193. — 원주.

겁게 해주는 것이 여기에서 전혀 중요하지 않다는 것을 알려주고 있다. 여기에서는 본 연구에 있어 필요한 극히 적은 수의 특징들을 보여주도록 하겠다. 무엇보다도 먼저 땅 자체가 여성이라는 유기체로서 생각되었다.

> 그는 농부가 수확할 수 있게 해주었던 땅에서 벌어지는 변화들을 땅이라는 여성적 유기체가 빚어내는 현상으로 보았다. 농부는 수확을 땅의 분만으로 생각했다(보가예프스끼, 91쪽).

경작에도 이와 같은 해석을 내리고 있다.[4]

사람들이 파종이나 경작 시에 웃었는지에 대한 직접적 증거는 없다. 그러나 웃음에 상응하는 다른 것이 있었는데 바로 매우 상스러운 내용의 노래를 부르는 것과 의례적 음담, 그리고 노출하는 몸짓이다.

> 아테네에서도 알렉산드리아에서도 여자들은 테스모포리아[5] 축제 때 데메테르[6] 마차를 뒤따르며 매우 상스러운 내용의 노래들을 불렀다. 그리스에서 캐러웨이[7]를 심을 때에도 의례적으로 욕설이 사용되었는데 그것은 작물이 많이 잘 자라게 하기 위해서였다. 키프로스에서 보리를 파종할 때에도 시칠리아에서 곡물을 파종할 때에도 마찬가지였다(보가예프스끼, 59쪽).

이때 중요한 역할을 한 것은 노출하는 몸짓이었다. 이 몸짓은 바로 자

---

4) 참조 : Ed. Hahn. *Demeter und Baubo*. Versuch einer Theorie der Entstehung unseres Ackerbaus. Lübeck, 1896, p. 52. — 원주.

5) 테스모포리아 : 그리스 종교에서 대지의 여신인 데메테르 테스모포로스를 기념하는 고대 축제임.

6) 데메테르 : 그리스 신화에 나오는 대지의 여신임. 크로노스의 딸로 곡물의 성장과 농업기술을 관장하며, 로마 신화의 케레스에 해당함.

7) 캐러웨이 : 여러 요리와 술 등의 맛과 향을 내는 데 뛰어난 효과를 나타내는 미나리과에 속하는 1년 또는 2년생 초목으로 대표적 허브임.

기 신체의 특징들을 보여주던 공주의 몸짓이며 웃지 않는 데메테르의 얼굴 앞에 서 있던 이암베의 몸짓이다.

> 그리스의 농부들은 농업을 위한 욕설을 사용했으며 농업을 위한 벗음과 노출의 도움을 받곤 했다(보가예프스끼, 57쪽).

제 7 장

# 웃지 않는 여신

그러나 (그 수를 훨씬 더 늘릴 수도 있었던) 인용된 모든 예들은 본 연구에 있어 부차적 의미만을 가지고 있을 뿐이다. 즉 이러한 예들은 더 좋은 수확을 보장받기 위해 웃겨야만 했었던 여신의 형상이 만들어지는 기반을 대체적으로 특성 짓고 있을 뿐이다. 본 연구에 있어 일차적 의미를 지니는 것은 이러한 여신의 형상일 것이다.

무엇보다도 먼저 데메테르와 페르세포네에 관한 신화를 떠올려보도록 하자. 상세한 내용을 파고들 필요는 없다. 이 신화는 충분히 잘 알려져 있고 유명하다. 여기에서는 이 자료를 짧게 보여주기만 하고 그에 대한 연구는 조금 더 후에 현대이야기에 비추어서 하도록 하겠다. 잃어버린 딸을 찾아다니고 있는 데메테르는 웃지 않는다. 그녀는 러시아의 웃지 않는 공주와 같은 이름으로 불린다. 자신의 신체적 특징을 보여주던 공주가 하던 바로 그 행동을 하녀 이암베가 행했을 때에서야 데메테르는 웃는다. 여기에서 중요한 것은 농업적 측면이다. 데메테르는 비옥함의 여신이다. 그녀가 웃자 대지에 봄이 돌아온다(펠레, 1쪽). 펠레는 이와 유사한 일본 이야기를 보여주고 있다. 태양의 여신인 아마테라스는 달의 신인 자신의 오빠에게 화가 났다. 그녀는 계곡에 숨어버렸고 대지는 어두워졌다. 그녀는 기쁨의 여신인 아메노우즈메가 자산의 앞에서 매우 상스러운 춤을 추었을 때에야 나오게 되었다. 그때 대지는 다시 밝아지게 되었다.

이 모든 경우들에서 짝짓기는 보이지 않는다. 이에 관해서는 후에 상세히 이야기하도록 하겠다. 그러나 반드시 그래야만 할 필요는 없다. 마법에 에서는 적당한 몸짓만 있으면 충분하다. 그리하여 우리는 자신의 특징을 보여주던 공주의 몸짓과 데메테르 면전의 이암베의 몸짓, 그리고 세계 구비문학에서 잘 알려져 있는 또 하나의 몸짓이자 본 연구에서 비교를 위해 반드시 필요한 《신(新) 에다》[1]에 나오는 스카디[2] 앞에서의 로키[3]의 몸짓을 이해할 수 있게 된다. 《신 에다》에서 에시르[4]들은 거인족 여자인 스카디의 아버지를 죽인다. 그러나 그녀는 에시르들과 평화협정을 맺는다. 협정의 첫 번째 조건은 그녀가 자신의 남편감을 고르는 것이었다. 이

---

1) 《신 에다》: 13세기에 편찬된 2권의 책에 실려 있는 고대 아이슬란드 문학 작품집임. 이 두 권의 책을 흔히 《산문 에다》〔또는 《신 에다(*Younger Edda*)》〕와 《시 에다》〔또는 《구 에다(*Elder Edda*)》〕로 구분함. 에다는 오늘날 게르만 신화에 대한 지식을 제공하는 가장 충실하고 자세한 자료임.

2) 스카디: 북유럽 신화에 나오는 거인족으로, 해신(海神) 니외르드의 아내임. 아버지인 거인 티아지의 죽음을 복수하기 위해 무장을 하고, 경쟁관계에 있던 에시르 신족의 거주지인 아스가르트로 쳐들어감. 에시르 신들은 그녀의 화를 누그러뜨리기 위해 자기들 중에서 한 명을 남편감으로 고르라고 제안했는데, 다리(또는 발)만을 보고 골라야 한다는 조건을 내걸었음. 그녀는 잘생긴 신 발데르로 착각하고 니외르드를 골랐으며, 그들의 결혼은 실패로 끝나게 됨. 그 까닭은 니외르드는 바다에서 살고 싶어했는데 스카디는 아버지의 고향 트림헤임 산맥을 더 좋아했기 때문임.

3) 로키: 북유럽 신화에 나오는 신임. 교활하며 자신의 모습과 성(性)을 바꾸는 능력을 지녔음. 그의 아버지는 거인족 파르바우티이지만, 그는 에시르 신족(神族)에 속함. 로키는 위대한 신 오딘과 토르의 친구로 나오며 자신의 빈틈없는 계획으로 그들을 돕지만, 가끔 그들과 자신에게 당혹스럽고 곤란한 일들을 일으킴.

4) 에시르: 북유럽 신화에 나오는 신들의 두 집단 중 하나임. 그들 중 넷, 즉 우두머리인 오딘, 오딘의 아내인 프리그, 전쟁의 신 티르, 튜튼어로 '천둥'이라는 뜻의 토르는 게르만 신화에도 나옴. 에시르족에 속하는 다른 중요한 신으로는 발데르·이외르드·헤임달·로키가 있음.

것은 사건의 한 면이다. 다른 조건은 《신 에다》에 다음과 같이 표현된다.

> 그녀가 또한 평화협정에서 내걸었던 것은 에시르들이 자신을 웃겨야만 한다는 것이었는데 그녀의 생각에 이는 불가능한 일이었다.

로키가 이 일을 하겠다고 나선다. 그는 남근숭배적 성격의 몸짓을 하게 되고 스카디는 웃어버리고 만다.[5] 여기에서 로키의 이러한 남근숭배적 성격의 몸짓을 고찰하지는 않도록 하겠다. 이는 짐로크와 라이엔이 인용하고 있는 예들을 통해서 확연히 드러나고 있기 때문이다.

이 경우는 한편으로는 명확하다. 그러나 다른 면에서는 명확하지 않은데 여기에서는 그 어떤 농업적 특징도 드러나고 있지 않기 때문이다. 이러한 특징들은 다 사라지고 남은 것은 순전히 서사시적 전통뿐이다. 더욱 초기의 경우들은(고대 그리스·로마의 문화) 이러한 관계를 매우 확실히 포함하고 있는데 이야기도 마찬가지이다. 이제 이야기로 넘어가보도록 하자. 그리고 향후 여기에 명시된 자료들의 고찰은 이야기의 고찰과 함께 진행하도록 하겠다. 그러나 여기에 인용되는 예들은 어느 정도 이야기를 이해할 수 있도록 하고 있다. 그러나 한 측면에서는 이야기와 차이를 보이는데 바로 이야기 안에 두 개의 줄거리가 있다는 것이다. 공주의 신체적 특징에 관한 줄거리와 웃지 않는 공주에 관한 줄거리가 그것이다. 이와 함께 본 연구에서는 이 두 줄거리의 밀접한 동계관계를 확인할 수 있었다. 여기에서 인용되는 자료들은 이 둘의 동계관계뿐만 아니라 이 이야기들의 두 축인 웃음과 몸짓이 확실한 관계를 맺고 있다는 것이다. 웃음은 몸짓에 달려있다. 이 두 이야기는 한 뿌리를 가지고 있다. 이 이야기들을 상세히 들여다보도록 하자.

---

5) K. Simrock. *Die Edda*. 8. Aufl., Stuttgart, 1882, p. 298, 299; F. Leyen. Das Märchen in den Göttersagen der Edda. Berlin, 1899. pp. 32~38. — 원주.

제8장

# 공주의 신체적 특징들

이미 밝힌 바와 같이 공주를 웃겨야 한다는 과제는 그녀의 신체적 특징을 알아내야 한다는 것과 깊은 연관이 있다. 이 두 과제의 연관성은 다음의 두 예문을 통해서도 알 수 있다.

> "공주의 신체적 특징을 알아내는 자에게 공주를 시집보내겠느니라"(아파나시예프, 238).

> "공주를 웃기는 자에게 공주를 시집보내겠느니라"(후자꼬프, 103).

이 두 과제는 가끔 비슷한 방식으로 해결된다. 공주의 신체적 특징을 알아내야 하는 첫 번째 과제를 살펴보도록 하자.

때때로 이 과제는 다르게 표현되기도 한다.

> "내 딸의 어디에 점이 있는지를 알아맞히는 자에게 딸을 시집보내겠다"(뱌츠까야 이야기).

왜 황제가 이런 과제를 내게 되었는지에 대해서는 아무 말도 없다.

> 황제는 도착했고 딸을 시집보내야겠다고 생각했다.

이 과제는 어떻게 해결되는가? 아파나시예프의 편집본을 보면 주인공이 (바바 야가 같은) 노인의 집에 머물게 되었는데 그로부터 저절로 소리가 나는 구슬리[1]를 받는다. 이 구슬리가 소리를 내면 모두 춤을 추게 된다. 그는 돼지들을 사서 공주의 아들에게 간다. 돼지들은 그의 피리소리에 춤을 추게 된다. 공주는 돼지들을 팔라고 청한다.

> "내 돼지들은 판매용이 아니라 맹약의 돼지들이오."
> "어떤 맹약의?"
> "공주님, 만일 귀여운 돼지를 얻고 싶다면 무릎까지 걷어 올려 몸속을 보여주시오."
> 공주는 생각하고 또 생각하다가 … 원피스를 무릎까지 들어올렸다. 그녀의 오른쪽 다리에는 작은 점 하나가 있었다.

그러나 궁전에 도착한 귀여운 돼지는 춤을 추지 않았다. 아파나시예프는 여기에 말줄임표를 써놓았다. 원본에서는 이 모티브가 세 배가 되었을 것이며 원피스를 무릎 위까지 들어 올리는 것으로 이야기가 끝나지 않았을 것이라는 추정을 할 수 있다. 이러한 가정은 아파나시예프의 주해 없이도 가능한데 그것은 이 이야기가 출판하기에는 적절하지 않은 세부사항들을 담고 있기 때문이다. 아파나시예프는 후자꼬프의 편집본도 알고 있었다. 그는 후자꼬프도 자신의 편집본을 '상당한 내용을 빠뜨리고 침묵하여' 출판했음을 알려주고 있다. 후자꼬프의 편집본에서 (후자꼬프, 95) 신체적 특징은 겨드랑이에 난 황금털 한 오라기이다. 《뱌츠까야 현청소재지의 위대한 러시아 이야기》에는 다음과 같이 쓰여 있다.

> 오른쪽 품속에 점이 있었고 오른쪽 사타구니에는 황금털 한 오라기가 있었다(뱌츠까야 이야기).

---

1) 구슬리 : 고대 러시아의 현악기로 우리나라 거문고와 비슷함. 오늘날에도 협주용으로 사용함.

니더작센[2]의 이야기에서는 직설적으로 말해진다. 볼테르와 폴리브카는 다음과 같이 전하고 있다.

> 아가씨는 청년이 피리를 불어 세 마리의 귀여운 돼지들을 춤추게 하는 것을 보면서 한 마리 한 마리 흥정하기 시작한다. 그러나 귀여운 돼지를 얻기 위해서는 그가 자신의 침실에서 하룻밤을 자는 것을 허락해야만 한다(전집, II, No. 114, p. 528).

따라서 목적은 공주를 차지하는 것이다. 다시 말하자면 공주의 신체적 특징을 찾아내라는 과제는 다음과 같이 해석할 수 있다. 공주를 얻게 되는 이는 그녀의 신체적 특징들을 알아내는 사람이다. 이 말인즉, 그녀가 자신의 신체적 특징들을 보여주는 자라는 것이다. 다시 말해 그녀의 남편이 되는 사람이라는 뜻이다. 이러한 사고의 전개는 만들어낸 것이 절대로 아니다. 다음과 같이 직설적으로 쓰여 있는 이야기들도 있다.

> 황제는 자신의 딸과 동침하는 자에게 딸을 시집보내겠다고 호소했다(전집, II, No. 114, p. 142).

그러나 여기에서 도대체 어디에 과제가 있으며 이 과제의 어려움은 무엇인가? 이야기에서 어려움은 다음의 수수께끼로 귀착된다.

> 어디에 점이 있는가?

이는 명백한 완곡법이다(온추꼬프, 252와 비교해보아라). 여기에서 첫날밤의 위험성에 대해 생각해볼 수 있는데 이 모티브는 러시아 구비문학

---

2) 니더작센 : 독일에서 2번째로 큰 주임. 서쪽으로 네덜란드 국경과 북해 연안에서 동쪽으로 메클렌부르크포어포메른·작센안할트 주와의 접경까지 펼쳐진, 독일의 북서부를 가로지르는 중요 지역임.

에서 잘 알려져 있다. 《웃지 않는 공주에 대한 이야기》에서도 《공주의 신체적 특징들》에서도 이 모티브는 절대로 찾아볼 수 없다. 과제의 어려움이 무엇인가는 이야기의 후반부에 알게 된다.

지금까지 이야기의 후반부는 무시되어 왔다. 이제 이를 연구해야만 한다. 《웃지 않는 공주에 대한 이야기》도 《공주의 신체적 특징들》도 가끔 똑같은 결말을 맞는데, 이는 이 두 이야기의 동계관계를 간접적으로 증명하고 있다. 공주의 신체적 특징들이 밝혀지고 난 후 느닷없이 어디선가 기계장치의 신[3] 처럼 경쟁자가 나타난다. 경쟁자는 때로 귀족으로 나오는데 그것은 귀족이 목동보다 더 좋은 사윗감이기 때문이다. 후자꼬프의 편집본에서 공주의 신체적 특징이 밝혀진 후 황제는 다음과 같이 말한다.

> "목동과 귀족을 식탁에 앉히겠다. 여러 과일들을 가져오게 해서는 둘 중 누가 더 정직하게 먹는지 지켜보겠다."

그러나 다른 편집본들에서 공주는 이 경쟁자들과 한 식탁에 앉는 것이 아니라 한 침대에 눕는다. 이런 경우는 웃지 않는 공주에 대한 이야기에서도 볼 수 있다. 후자꼬프의 편집본에서 귀족과 목동은 공주의 침대에 연이어 눕게 되는데 귀족은 목동에게 공주와 대화하지 말 것을 권하며 백 루블[4] 을 준다.

> 공주가 목동을 안고 입을 맞추는데도 목동은 침묵만 지키며 아무 말도 하지 않는다. 아침에 아버지가 침실로 와서 말한다.
> "그래, 신랑감이 쓸 만하더냐?"

---

3) 기계장치의 신 : 원문의 ex machina는 deus ex machina(데우스엑스마키나)를 줄인 것임. 이는 고대 그리스 연극에서 쓰인 무대기법의 하나로, 기중기와 같은 것을 이용하여 갑자기 신이 공중에서 나타나 위급하고 복잡한 사건을 해결하는 수법임.

4) 루블 : 러시아의 화폐단위임.

공주는 어금니를 꽉 깨물고서 대답한다.
"네."(후자꼬프, 95)

이 경우는 신랑감을 시험하는 것이 어떤 성격을 지니고 있는지를 뚜렷이 보여주고 있다. 신랑감은 미리 자신의 힘을 보여주어야만 했다.

끝에 가서 이야기에 등장하게 되는 경쟁자는 언젠가 이야기 초기에 등장했었을 수도 있다. 또한 '내 딸과 동침하는 자에게 딸을 시집보내겠느니라'는 형태가 이 이야기의 예로부터 내려오는 원래의 형태일 수도 있다. 그러나 그런 식으로 남편감을 고르는 것이 후기의 도덕에 맞지 않아 그 대신에 수수께끼가 등장하게 되었고 신랑감들의 경쟁은 뒤로 빠져서 한 식탁에 앉는 등의 형태로 바뀌게 되었다. 예쁘고 귀여운 돼지를 위해 공주가 취했던 몸짓은 노출의 몸짓이었다. 이 몸짓은 이암베가 취했던 몸짓이었다. 혹은 다른 설에 따르자면 바우보[5]가 데메테르를 웃기기 위해 취했던 것이다. 이 몸짓의 의미는 전통적 인문에서 단 한 번도 다양한 해석의 대상이 되었던 적이 없다. 보가예프스끼 레이나끄와 그의 뒤를 이어 베얼리도 최근의 연구에서 이 몸짓을 마귀 축출적 몸짓으로 해석하고 있다.[6] 그러나 위험성에 대해서는 호메로스의 찬가나 오르페우스[7]의 찬가 등 그 어디에서도 전혀 언급되지 않고 있다. 이 몸짓은 누구로부터 혹은 무엇으로부터 지켜내려 하고 있는가? 지틀은 자신의 고대 그리스·로마 문화에 대한 전문적 연구에서 알렉산드리아의 클레멘트[8]가 내놓은 의견

---

5) 바우보 : 원시적이고 음란한 여자귀신으로, 여성생식기를 인격화한 것임.

6) 참고 : F. Wehrli. *Die Mysterien von Eleusis*. - ARw, Bd XXXI, 1934, p. 81. — 원주.

7) 오르페우스 : 그리스 신화에 나오는 시인·음악가임. 아폴론에게 하프를 배워 그 명수가 되었는데, 그가 하프를 연주하면 맹수들과 초목까지도 매료되었다고 함. 아내 에우리디케를 명부에서 데려오고자 하였으나, 하데스의 금령을 어겨 실패하였음.

8) 알렉산드리아의 클레멘트 : 아테네에서 출생하여 2~3세기에 활동함. 판타

에 동의하고 있다.

> 알렉산드리아의 클레멘트는 바우보의 행동에 대한 올바른 모티브를 알려주고 있다. 그녀는 데메테르의 무관심에 화가 났던 것이다.[9]

그러나 왜 바우보가 원피스를 들어 올림으로써 데메테르의 관심을 되돌릴 수 있다고 생각했었는지는 전혀 이해가 되지 않는다.

이야기는 다르게 해석할 수 있는 가능성을 준다. 이암베의 몸짓은 초청의 몸짓이자 도전의 몸짓이다. 좀 부실한 편집본에서는 이 몸짓 후에 막이 내려가는 것으로 되어 있고 좀 나은 편집본에서는 이 몸짓 후의 모습이 명료하게 묘사되어 있다. 그러나 호메로스의 찬가에서는 이암베의 몸짓 후에 짝짓기가 이뤄지는 것이 아니라 다른 일이 벌어진다. 바로 데메테르가 웃게 되는 것으로, 이는 이보다 더 고대의 삶을 창조로 촉진시키는 마법행위가 완성되고 있음을 나타낸다. 이러한 더욱 고대의 형태는 데메테르의 다른 성격과도 일치하고 있다. 그녀는 남편이 없기에 웃기만 할 뿐이다. 아마도 데메테르는 남편이 없는 어머니의 고대적 전통을 반영하고 있는 듯하다. 남편이 없기에 그녀는 이암베의 몸짓에 이야기 속의 남녀처럼 반응하지 않고 웃음으로 반응하고 있는 것이다. 그러나 데메테르에게 남편을 만들어주고자 하는 노력이 있었던[10] 것은 분명하다. 이는 반드시 필요한 일이었다. 이러한 사실은 농업의 짝짓기가 그녀에게 옮겨지거나 편입되는 것만 보더라도 알 수 있다. 데메테르가 크레타 섬의 개간지에서 영웅이자 파종자인 이아시온[11]과 세 차례에 걸쳐 사랑을 나누었으며 그

---

에누스의 제자이며 후에 알렉산드리아의 저명한 교사가 됨. '로고스', 즉 육체가 되신 그리스도의 역사를 강조하여 강해함.

9) C. Sittl. *Die Gebürden der Griechen und Romer*. Lipzig, 1890, p. 366. — 원주.

10) 헤시오도스 : 기원전 7세기 고대 그리스의 서사 시인임. 호메로스에 버금가는 시인임.

섬으로부터 그리스로 왔다는 것은 호메로스나 헤시오도스의 작품을 통해서 알 수 있다(《오디세이》, V, 125, 헤시오도스, 신통계보학. 900). 트리프톨레모스[12] 와 디사블[13] 이 데메테르의 남편들이었다는 근거가 명확치 않은 설도 있다.[14] 그런고로 데메테르가 완전히 남편이 없다고 보기는 어렵다. 그녀는 역사적으로 완전한 발전을 이루지 못했던 부인인 것이다. 그러나 이야기는 삶을 주는 여신의 웃는 모습에 기초하여 이 맥락의 완전한 발전상과 함께 삶을 주고 있는 부인의 발전된 모습을 보여주고 있다. 웃지 않는 공주는 데메테르와 연관되어 있으며 그녀는 발전단계상으로 볼 때 데메테르의 후기형태이다. 데메테르가 농업의 여신이라는 것에 대해서는 더 이상 말할 필요가 없다. 그러나 웃지 않는 공주도 그럴까?

웃지 않는 공주는 많은 점에서뿐만 아니라 몇몇 상세부분들에서도 데메테르와 경탄할 만큼 닮아 있다.

첫째로 공주도 데메테르와 마찬가지로 웃지 않는다. 그러나 왜 웃지 않는지 알 수가 없는(아파나시예프의 편집본에서만 공주가 마법에 걸려있다는 이유를 제시하고 있다) 공주와는 다르게 데메테르는 매우 뚜렷한 이유로 웃지 않는다. 그녀는 딸을 잃어버렸고 그 때문에 슬퍼하고 있는 것이다. 이러한 모티브는 재차적인 것으로서 여기에서 표현들의 뒤섞임 현상이 있다는 것은 신화에 특별히 정통한 사람이 아니라도 알 수 있는 사실이다. 러시아 이야기는 여기에서 훨씬 더 순차적이다. 그 어떤 외부적 원인도 없다. 왜 그녀가 웃지 않는지에 대한 내적이고 역사적인 원인들이 있

---

11) 이아시온 : 그리스 신화에서 곡식의 여신(또는 대지의 여신) 데메테르의 사랑을 받은 크레타의 젊은이임. 데메테르는 세 번 경작한 후 묵혀둔 휴경지에서 이아시온과 사랑을 나누었다고 함. 그사이에 태어난 아들이 땅속의 부(富)의 신 플루토스임.

12) 트리프톨레모스 : 트리프톨레모스는 아티카 출신으로 데메테르가 곡물과 농업의 기술을 전 세계에 전파할 사람으로 택한 이였음.

13) 디사블 : 데메테르가 성스러운 의식을 가르쳤던 켈레우스의 형제임.

14) F. Wehrli. *Die Mysterien*. p. 93. — 원주.

을 뿐이다. 그녀는 크게 웃기 위해 웃지 않는 것인데 그것은 앞서 말했듯이 사람들은 그녀의 웃음을 필요로 하기 때문이다.

둘째로 공주에 대해 '열흘을 돌아다니다가 열흘을 깊게 잔다'라고 말하고 있다. 여기에서 데메테르의 딸인 페르세포네[15]를 떠올리게 된다. 그녀는 한 해의 3분의 2를 땅위에서(이야기 속의 '돌아다니다') 지내고 3분의 1은 땅 밑에서(이야기 속의 '자다') 지내는데 이 때문에 계절이 생겨난다. 기간을 명시해주는 것은 어떤 실제적 시간의 정의가 있다 하더라도 이야기적 문체는 절대로 될 수 없다. '두해가 지났다'나 '한 달 후'와 같은 구문은 이야기에서는 절대로 있을 수 없는 구문들이다. '오래인지 짧게인지'나 '하루하루가 아니라 시간에 따라서', '세 날과 세 밤을', 혹은 여기에서처럼 '열흘'이라고 쓰는 것이 이야기적 기간의 표현이다. 해가 가는 것이나 달이 가는 것은 이야기에서는 어떤 방식으로도 내세워지지 않는다. 그렇기 때문에 이야기에서는 박이 땅속이나 땅위에서 보낸다는 한 해의 3분의 1이나 3분의 2는 불가능한 것이다. 이야기에서 잠과 삶이 교대하는 기간이 다른 것은 이 기간이 완전히 이야기적인 것은 전혀 놀랄 일은 아니다.

셋째로 이야기 속의 공주는 땅속 옥좌에 앉아 있으며 전차를 타고 날아다니는 것으로 묘사된다.

> 이윽고 하늘과 땅이 밝아왔다. 불길을 뿜고 있는 여섯 마리의 뱀이 이끄는 황금마차가 공중을 날고 있었다. 마차에는 엘레나 쁘레무드라야[16]가 앉아 있었다. 그녀의 아름다움은 상상할 수도, 깨달을 수도, 이야기로 쓸 수도 없을 만큼 형용이 불가능할 정도였다. 그녀는 마차에서 내려 황금옥좌에 앉아서는 암비둘기들을 차례로 불러 이들에게 다양한 교훈을 주기 시작했다(아파나시예프, 236).

15) 페르세포네 : 그리스 신화에 나오는 저승의 여신임. 제우스와 데메테르의 딸임.

16) 쁘레무드라야 : 러시아어로 '매우 현명한'이라는 뜻임.

데메테르는 페르세포네처럼 지하세계에서 옥좌에 앉아 있는 것으로 묘사되고 있다(보가예프스끼, 137). 그녀의 징표들은 이삭들과 횃불인데 물론 이야기에서는 이 횃불을 볼 수 없다.

때로 데메테르도 이와 똑같이 뱀들이 이끄는 마차 위에 있는 것으로 묘사된다. 공주가 다양한 교훈들을 배우게 되는 것도 흥미로운데, 이것은 법을 지키는 자나 법을 만드는 자인 데메테르 테스모포로스[17]의 형상과 대조해볼 수 있다. 마차와 짐마차도 역시 농업적 징표들이다. 바퀴는 운송수단으로 사냥꾼들은 모르는 것이다. 마차는 신화적 관념의 테두리로 들어가게 되면 말과 마찬가지로 새와 동화된다. 이로부터 비행할 수 있는 날개가 달린 마차와 동물들이 끌고 가는 마차 등이 나오게 되는 것이다.

17) 테스모포로스 : 테스모포로스는 '법을 정하는 자'라는 뜻으로, 데메테르의 수식어임.

제9장

# 공주의 농업적 천성

여기에서 데메테르와 공주를 비교해본다 해도 이는 공주가 데메테르의 직계후손이라는 뜻은 아니다. 이는 공주가 농업여신의 특성들을 지니고 있다는 뜻이 될 것이다. 공주의 이러한 특성은 데메테르와 비교해보지 않아도 확연히 드러난다.

본 연구는 줄거리 하나만의 영역을 벗어난 지 오래다. 공주는 이야기 정본적인 전형적(바바 야가나 말과 마찬가지로) 유형으로 하나의 유형으로 줄거리들 사이에서 관찰해볼 수 있다. 이 정본적 공주는 매우 뚜렷한 농업적 특성을 드러낸다.

공주는 원시적인 동물적 천성을 데메테르보다 더 잘 보존하고 있다. 이에 대한 예로 《개구리 공주》를 들 수 있다. 공주는 동물이다. 그러나 결혼피로연에서 그녀는 춤을 춘다. 이 춤 속에서 토테미즘 시대의 의례적 춤을 볼 수 있다.

> 그녀는 모두 놀랄 정도로 훌륭하게 춤을 추고 또 추었고 돌고 또 돌았다. 오른손을 한 번 휘두르니 숲과 물이 생겼고 왼손을 한 번 휘두르니 온갖 새들이 날아다니기 시작했다(아파나시예프, 267).

그녀는 숲과 물의 창조자이자 건설자이다. 이는 공주의 고대 토테미즘 시대 사냥꾼 단계를 나타내고 있다. 바로 이 단계에서 춤에 의해 세상이 창조되었다. 이후 숲이 사라지면서 춤도 사라졌다. 공주는 물을 주는 자이며 때로는 그녀 자신이 물이기도 하다.

> 그는 왕비가 간 곳마다, 왕비의 마차를 이끌던 말들이 발을 내디딘 곳마다 점점이 땅이 파여 있다는 것을 눈치 채고 그 자국을 따라서 떠났다(아파나시예프, 271, 이본).

때로 사뜨꼬에 대한 브일리나[1]에서와 마찬가지로 그녀는 물이 되어 사방으로 흘러 퍼지기도 한다. 흥미로운 점은 그녀가 바다의 창조자가 아니라 농부에게 필요한 샘과 강들의 창조자라는 사실이다.

> 아름다운 아가씨가 누워서 숙면을 취하고 계시는데 팔과 다리에서는 치유의 효력이 있는 물이 흘러나오네.

물을 선사하고 있는 것은 땅 속에서 잠을 자고 있는 그녀이다. 이는 여성으로서의 땅에 대한 관념을 꽤나 정확하게 반영하고 있다. 이후 그녀는 나무들도 선사하게 되는데 이 나무들은 숲을 이루는 나무들이 아니라 다른 종류의 것들이었다.

> 깊게 잠든 우소니샤[2]의 겨드랑이 밑으로 나무들이 자라는데 이 나무들에는 싱싱한 사과들이 달려 있었다(후자꼬프, 41).

'우소니샤'라는 이름은 잠과 연관되어 있다. 이것은 그녀가 잠들어 있는 상태, 졸린 상태, '망자의' 상태라는 가정을 해볼 수 있다. 다른 세계에

---

1) 브일리나 : 고대 러시아의 민요적 영웅 서사시임.

2) 우소니샤 : 러시아어로 '손'은 잠이며, '우스누찌'는 잠든다는 뜻으로, 이로부터 만들어낸 이름임.

서 자라나는 나무들에 대한 관념은 초기농경사회적인 것으로 이는 조사하여 찾아낼 수 있다. 아직까지 숲과 동물의 세계와 연관되어 있는 공주는 춤추고 있고 농업적 공주는 땅 속에서 잠만 자고 있다. 그러나 공주가 물, 샘, 호수, 나무, 못들과만 연관되어 있는 것은 아니다. 그녀는 곡물 및 파종과 관계를 맺고 있다. 사실 이는 매우 드문 경우이다.

다른 세계의 공주는 남편과 작별하고 있다.

> 그녀는 남편과 작별하면서 씨앗이 가득 담긴 작은 주머니 하나를 건네며 다음과 같이 말한다.
>
> "어느 길로 가시던지 간에, 양 길가에 이 씨앗들을 던지세요. 씨앗이 떨어진 곳에 금방 나무들이 자라날 것이고 그 나무들 위에는 귀한 과일들이 아름다움을 뽐내게 될 거예요."(아파나시예프, 272)

특징적인 것은 씨앗이 곡물이 아니라 나무들을 자라나게 한다는 것이다. 이야기 속의 공주는 아직 곡물에까지는 이르지 못했다. 이야기 속에는 고대 유물 같은 사장된 종교가 들어 있다. 농민의 곡물은 자신들의 종교를 만들어냈는데 이는 가장 후기 단계의 살아 있는 종교이다.

바로 이 공주가 자신을 웃기거나 자신의 신체적 특징들을 알아내는 자에게 시집가겠다고 한다. 그녀가 누가 자신의 남편이 될 것인지에 대해 무관심한 것은 아니다. 그녀는 시험에 자신을 내던진다. 이는 성스러운 음행문화의 잔재일 가능성이 있다.

이 주인공은 단순한 사람이 아니다. 그는 마술피리의 소유자로서 마법에 걸려 춤추는 돼지떼와 함께 도착한다.

비록 본 연구에서 언급되는 현상들과 전혀 상관이 없지는 않지만 이 피리가 어떻게 주인공의 손에 들어갔으며 이것이 도대체 무엇인지에 관해서는 더 파고들지 않도록 하겠다. 마술피리의 기원은 의례적인 춤을 출 때 사용되었던 성스러운 피리에 그 근원을 두고 있다. 그러나 귀여운 돼지들은 특별한 관심을 요하고 있다. 돼지가 이야기에서 자주 볼 수 있는 동물은 아니라는 사실을 짚고 넘어가야만 한다. 이야기에 주로 나오는 동물들은 늑대, 곰, 여우 등과 같은 숲에 사는 짐승 및 새들이다. 암소, 염소, 개와 같은 가축들도 자주 등장한다. 이들과 비교했을 때 돼지는 현저히 드물게 나타나는데 이 동물은 다소 에피소드적 성격을 지닌다. 그런데 《공주의 신체적 특징들》과 같은 이야기들에서의 돼지들은 안정적이고 국제적인 현상이다. 따라서 여기에서도 귀여운 돼지들이 우연히 등장한 것은 아니다.

아직까지는 본 연구에서 비옥함의 여신으로서의 공주의 형상과 데메테르의 형상이 서로 밀접한 연관되어 있었던 적이 없었다. 데메테르 숭상에서 돼지는 비옥함을 가져오는 동물로서 큰 역할을 했었다. 고대 그리스에서 돼지는 결혼생활과 관계가 있었다. 데메테르가 살고 있다고 생각했던 좁은 계곡으로 새끼돼지들을 집어던졌다. 얼마 후 부패된 고기를 가져와서 의례적 경작을 행하는 승려에게 전해졌다. 고기는 제단에 바쳐져 곡물과 섞여 고랑에 심어졌다(보가예프스끼, 185, 187). 닐슨은 엘레우시스[3]의 신들에 대한 자신의 저술에서 대지와 페르세포네가 에우불로스[4]를 돼지떼와 함께 삼켜버렸다는 설을 제시하고 있다. 그는 이 이야기가 매우 오르페우스답다고 간주하고 있다. 그러나 이 이야기가 순전히 오르페우스만의 저술이라면 돼지떼를 이끄는 목동이 어떻게 러시아 이야기 속으로 들어가게 되었을까? 중요한 것은 오르페우스의 저술이 아니라, 돼지가 고랑 및 경작과 관련되어 있다는 것이다. 그런데 《뱌츠까야 현청소재지의 위대한 러시아 이야기》에서 이 귀여운 돼지는 농부에게서 산 것으로 되어 있다. 돼지는 농부의 뒤에서 쟁기를 따라 다닌다. 즉 고

---

3) 엘레우시스 : 엘레우시스 신비의식의 장소로 유명한 고대 그리스 도시임. 아테네 서쪽 23㎞, 트리아의 비옥한 평원에 있으며 살라미스 섬을 마주하고 있음. 원래 독립도시였으나 기원전 7세기에 아테네에 병합되었고, 그 뒤부터 엘레우시스 신비의식은 아테네의 주요 종교축제가 되었음.

4) 에우불로스 : 엘레우시스에서 온 돼지치기임.

랑을 따라 가는 것이다. 바로 이 돼지가 주인공을 공주에게 이길 수 있도록 해준다(뱌츠까야 이야기, 12).

그런데 다른 한편으로는 돼지와 관계가 있는 것이 고랑만이 아니다. 보가예프스끼가 지적하고 있는 바와 같이 돼지는 돼지 이상의 의미를 지니고 있다. 그것은 매우 특징적인 의미인 성적인 의미이다. 이로부터 돼지와 바우보의 몸짓, 자신의 신체적 특징들을 보여주고 있는 공주의 몸짓, 의례적이고 농업적인 행위로서의 웃음과의 관계가 생겨나는 것이다(보가예프스끼, 175). 이 모든 자료들은 돼지를 데리고 온 바로 그 주인공이 공주를 웃게 한다는 것에 대한 의구심을 사라지게 만든다. 주인공이 데리고 온 것은 비옥함이었으며 이 비옥함은 그를 위해 이암베의 몸짓을 행하여 준다.

이로부터 공주가 남편에게 무관심하지 않다는 것을 알 수 있다. 그녀에게 필요한 것은 자신에게 비옥함을 가져다 줄 그런 남편인 것이다. 처음에 주인공은 귀여운 돼지들을 데려오는 것으로 자신의 위력을 증명했지만 후에는 평범하고 인간적인 경쟁자를 이기는 것으로 자신의 위력을 증명한다.

여기에 주인공에 대한 이야기의 몇몇 다른 상세내용들이 인용되기도 한다. 아파나시예프의 편집본에서 공주를 '크게 웃기는' 주인공에 대한 이야기는 다음과 같다. 주인공은 어떤 상인의 밑에서 삼년 동안 일하며 해마다 푼돈만 받을 뿐이다.

> 누구네 집 알곡들은 바싹 마르고 누렇게 떠가기만 하는데 그의 주인 논 알곡들은 잘 영글어만 갔다. … 누구네 집 말은 절대로 말을 듣지 않는데 그의 말은 말고삐를 잡아끌 필요도 없었다(아파나시예프, 297).

이러한 세부설명은 상인의 형상과 마찬가지로 다소 합리화되어 있다. 주인공이 성실한 하인이라서 다른 사람들의 곡물들은 말라가는데 그의 곡물들은 잘 영글어가는 것이 아니라 이 이야기의 주인공이 다른 이야기들의 주인공과 마찬가지로(하루 만에 파종하여 곡물들을 수확하고 제분하는 내용과 비교해보아라) 식물 및 동물들을 다룰 수 있는 능력이 있기 때문이다. 바로 이런 남편이 웃지 않는 공주에게 필요했으며 이들의 결합이야말로 그녀와 사람들에게 필요한 것이었다. 주인공은 다음과 같이 말한다.

> “만일 내가 없다면 꽃들은 시들고 사과나무들은 말라버릴걸”(뻬름스까야 이야기, 10).

제10장

# 끝맺음

이 모든 자료들은 다음과 같은 결론을 도출하고 있다. 웃지 않는 공주에 대한 이야기는 웃음의 마력을 반영하고 있다. 마력의 초기형태는 죽은 자들은 웃지 않고 살아 있는 자들만 웃는다는 관념에 근거하고 있다. 그러나 죽은 이들의 세계로 들어간 고인들은 웃을 수가 없고 살아 있는 자들은 반드시 웃어야만 하는 것은 아닌 것이다. 반대로 삶의 모든 시작은 그것이 아이의 출생이든지 이니시에이션이나 그와 비슷한 의식들에서의 상징적 새로운 출생이든지 상관없이 웃음을 동반한다. 이 웃음에는 동반의 힘뿐만 아니라 삶을 창조하는 힘도 들어 있다. 그렇기 때문에 삶을 시작하는 것에는 의례적 웃음이 필수적으로 따른다. 삶에 출현하는 것에 대한 진정한 원인들은 능동적으로 자각되지 않으며 의식들에도 반영되어 있지 않다. 농업의 등장과 함께 웃음의 위력에 식물들을 살아나게 하는 능력이 덧붙여진다. 한편으로는 성기능을 배제한 삶의 창조 노선이 계속 이어져 온다. 꽃들은 남편의 참여 없이 여성의 웃음만으로 피어난다. 비옥함의 여신인 데메테르는 남편 없는 비옥함의 여신의 견본이다. 그녀의 웃음은 그녀의 농업적 성격과 연관되어 있다. 다른 한편으로는 인간이 발생하는 진정한 원인과 마찬가지로 삶이 발생하는 진정한 원인이 활발히 식물에게로 이동하며 웃음과 경작, 짝짓기가 하나의 전체를 이루는 의식에 포함된다. 데메테르의 형상에는 그녀에게 남편을 만들어주고자 하는 노력들이 이미 드러나고 있다. 이는 웃지 않는 공주에 대한 이야기와 공주의 신체적 특징들에 관한 이야기에서 완전한 발전을 이루게 된다. 한편으로는 단순히 공주를 웃겨야 하지만 다른 한편으로는 공주에게 필요한 것은 마력적으로 강력한 남편이다. 공주의 형상에서도 신랑감의 형상에서도 뚜렷이 드러나 있는 농업적 성격이 보인다.

《웃지 않는 공주에 대한 이야기》의 줄거리가 이것으로 바닥을 드러낸 것은 아니다. 이 이야기와 관련된 남은 문제들은 일련의 다른 줄거리들에 대한 연구 없이는 해결될 수 없다. 그러함에도 불구하고 인용된 자료들에 비추어볼 때 이 이야기가 어떠한 역사적 뿌리를 가지고 있는지는 확실해졌다. 또한 본 연구를 통해서 공주가 왜 웃지 않았었는지, 왜 그녀를 웃겨야만 했었는지, 이것이 짝짓기와 어떤 관계를 가지고 있는지, 또한 이 이야기가 왜 상당히 성적인지에 대해 어느 정도의 확신을 가지고 대답할 수 있게 되었다. 공주의 신체적 특징들에 무엇이 감추어져 있었으며 왜 이 특징들은 그 어떤 다른 동물도 아닌 귀여운 돼지들의 도움으로 밝혀지게 되었는지 이제는 확실해졌다. 두 신랑감의 투쟁이 그려진 에피소드도 우연한 것이 아니었다. 또한 왜 귀여운 돼지를 고랑에서 데려오게 얻게 되었는지, 주인공과 공주의 성격에 나타나고 있는 농업적 특성이 어디로부터 오고 있는 것인지를 알 수 있게 되었다. 비록 이것으로써 웃지 않는 공주와 관련된 모든 문제들이 해결된 것은 아니지만 매우 흥미로우며 역사적으로 의미 있는 이 이야기를 이해하는 데 도움이 되었으리라 확신한다.

구랄리니끄 U. 《강자들의 무기인 웃음》. 모스크바 : 지식, 1961.
까간 M. 《마르크스 · 레닌 미학 강의 노트》. I-III부. 레닌그라드 : 레닌그라드 국립대학교 출판사, 1966.
《끼르샤 다닐로프가 모은 고대 러시아의 짧은 시들》. 모스크바 : 소비에트 사회주의 공화국 연방 과학 아카데미 출판사, 1958.
네신 A. 《즐기러들 오시오》. 모스크바 : 진보, 1966.
니꼴라예프 D. 《풍자의 도구인 웃음》. 모스크바 : 예술, 1962.
도브롤류보프 N. A. 《전 6권 전집》. 모스크바, 1934.
뚜르게네프 I. S. 《작품 및 서신 전집》. 제 14권. 모스크바, 레닌그라드, 1967.
루나차르스끼 A. V. 《전 8권 작품집》. 모스크바, 1963.
리만또프 F. 〈희극적인 것의 미학적 이론에 관하여〉. 게르첸 명명 레닌그라드 국립교육대학 학술지. 제162권. P부. 1959. 29~72쪽.
리콕 S. 《유머단편》. 모스크바, 레닌그라드 : 문예, 1967.
마르크스 K., 엥겔스 F. 《작품집》. 제 2판.
만젤쉬땀 I. 《고골 문체의 성격에 대하여》. 헬싱키, 1902.
《민중시가적 풍자문학》. 레닌그라드 : 소비에트 작가, 1960.
바이런 G. G. 《일기와 서신들》. 모스크바 : 과학, 1965.
바흐찐 M. M. 《프랑수아 라블레의 작품과 중세 및 르네상스 시기 민중의 웃음문화》. 모스크바 : 문학출판사, 1965.
베르그송 H. 《삶과 무대에서의 웃음》. A. E. 야노프스끼 편역. 상뜨뻬쩨르부르끄, 1900.
베르꼬프 P. N. 《18세기~20세기 러시아 민중드라마》.
벨린스끼 V. G. 《전 9권 작품집》. 모스크바, 1982.
보레프 Yu. "풍자문학". 논문집 〈문학이론〉. 모스크바 : 과학, 1964.

보레프 Yu. "희극적인 것과 그 예술적 투영 방법". 논문집 〈문학이론의 제 문제〉. 모스크바 : 소비에트 사회주의 공화국 연방 과학 아카데미 출판사, 1958.

보레프 Yu. 《희극적인 것에 관하여》. 모스크바 : 예술, 1957.

부쉬민 A. S. 〈셰드린의 풍자작품에서 볼 수 있는 과장과 그로테스크의 문제에 관하여〉. 소비에트 문학의 제 문제. 제 5호. (s. a.)

불리스 A. 《웃음 연구실에서》. 모스크바 : 문학출판사, 1966.

뽀츠깔리스끼 Z. 〈희극적이고 표현력이 풍부한 방법들 및 희극적 과장에 대하여〉. 영화예술. 제 8호. 1954.

뿌쉬낀 A. S. 《전 10권 작품집》. 레닌그라드, 1978.

쇼펜하우어 A. 《의지와 표상으로서의 세계》. 모스크바 : 과학, 1993. 제 1~2권. (Schopenhauer A. *Die Welt als Wille und Vorstellung*. Sämtliche Werke. Bd II. Leipzig, 1908., *Zur Theorie des Lächerlichen*. Sämtliche Werke. Bd II. s. a.)

셰르비나 A. A. 《언어적 기지(신소리)의 본질과 예술》. 모스크바 : 소비에트 사회주의 공화국 연방 과학 아카데미 출판사, 1958.

셰프초프 N. 《권위자 살해미수》. 유머단편들. 알마아타, 1965.

스레쩬스끼 N. 《희극적인 것에 대한 역사적 미학입문》. 제 1부. 로스또프 나 도누, 1926.

아끼모프 N. 《연극에 관해서뿐만 아니라》. 모스크바 : 예술, 1966.

아브라모비치 G. L. 《문학입문》. 모스크바 : 국립 교육 학습 출판사, 1961.

《야꾸찌야 구비문학》. A. A. 뽀뽀프 편역. E. 따게르 퇴고. M. A. 세르게예프 편집 주간. 모스크바, 1936.

야스뜨렘스끼 S. V. "야꾸찌야족 민중문학의 견본들". 〈야꾸찌야 자치 소비에트 사회주의 공화국 연구 위원회의 논문집〉. 제 7권. 레닌그라드, 1929.

엘리즈베르그 Y. "풍자문학이론의 몇 가지 제 문제". 논문집 〈문학이론의 제 문제〉. 모스크바 : 소비에트 사회주의 공화국 연방 과학 아카데미 출판사, 1958.

엘리즈베르그 Y. 《풍자문학이론의 제 문제》. 모스크바 : 소비에트 작가, 1957.

요르쇼프 L. F. 《소비에트 풍자문학》. 레닌그라드 : 지식, 1955.

유레네프 R. 《소비에트 희극 영화》. 모스크바 : 과학, 1964.

유레네프 R. 《우스운 것의 메커니즘》. 영화예술. 제 1호. 1964.

이긴 I. 《삼두마차》 담배. 모스크바, 1965.

장 폴. 《미학입문》. 모스크바, 1981. (Jean Paul. *Vorschule der Ästhetik nebst einigen Vorlesungen in Leipzig*. Bd I-III. Wien, 1815)

체르느이셰프스끼 N. G. 《전 15권 전집》. 모스크바 : 문예, 1929~1953.

체호바 M. Y. 《먼 과거로부터》. 모스크바, 1960.

칸트 I. 《작품집》. 제 6권. 모스크바 : 국립 사회 경제 출판사, 1966. (I. Kant. *Kritik der Urteilskraft*. Hrsg. von K. Kehrbach. Leipzig, 1878)

하르트만 N. 《미학》. 모스크바 : 외국 문학출판사, 1958.

헤겔 G. W. F. 《미학》. 전 4권 작품집. 모스크바 : 예술, 1968~1978. (G. W. Hegel. *Vorsungen über Ästhetitk*. Hrsg. von H. G. Hoto. Bd I-III. Berlin, 1855~1838.)

《19세기부터 20세기 초까지의 러시아 풍자문학》. 모스크바, 레닌그라드: 소비에트 작가, 1960.

Beyer E. *Deutsch Poetik*. Theoretisch-praktisches Handbuch der deutscher Dichtkunst. Bd I-II. Stuttgart, 1882.

Brandes G. *Ästhetische Studien*. 1900.

Hartmann Ed. *Ästhetik*. Bd II. Berlin, 1887.

Hartmann N. *Ästhetik*. Berlin, 1958.

Hecker E. *Die Physiologie und Psychologie des Lachelns und des Komischen*. Berlin, 1875.

Kirchmann J. H. *Äschetik auf relistischer Grundlage*. Bd I-II. Berlin, 1868.

Mannhardt W. *Mythologische Forschungen*. Strassburg, 1884.

Vischer Fr. Th. *Ästhetik oder Wissenschaft des Schönene*. Reutlugen. Leipzig. Bd 1-6, 1846~1857.

Viecher Fr. Th. *Über das Erhabene und Komische*. Ein Beitrag zur Phiosophie des Schönen. Stuttgart, 1887.

Volkelt J. *System der Ästhetik*. Bd I-IV. München, 1905~1914.

Ziesing A. *Ästhetische Forschungen*. Frankfurt a/m, 1855.

Zimmermann R. A. *Ästhetik*. Bd I-II. Wien, 1858~1865.

레나슈 — Reinach S. *Le rire rituel*. Cultes, Mythes, Religions. IV.

뱌츠까야 이야기 — 《뱌츠까야 현청소재지의 위대한 러시아 이야기》. D. K. 젤레닌의 모음집. 프라하, 1915.

보가예프스끼 — 보가예프스끼 B. A. "아프리카의 농업 종교들". 〈뻬뜨로그라츠끼 대학 어문학부 논문집〉. 제 130부. 프라하, 1916.

보아스 — F. Indiansche. *Sagen von der nordpasifischen Küste Amerikas*. Berlin, 1895.

뻬름스까야 이야기 — 《뻬름스까야 현청소재지의 위대한 러시아 이야기》. D. K. 젤레닌의 모음집. 프라하, 1914.

소꼴로프 — 《벨로제르스끼 지역의 이야기와 노래들》. B. 소꼴로프와 Y. 소꼴로프가 기록함. 모스크바, 1915.

아파나시예프 — 아파나시예프 A. N. 《전 3권 러시아 민중이야기》. 텍스트 준비, 서문, 주석 쁘로쁘 V. Y. 모스크바. 1957.

안드레예프 — 안드레예프 N. P. 《아르네 체계에 따른 이야기 줄거리들 색인》. 레닌그라드, 1929.

온추꼬프 — 《북쪽 지역 이야기》. 온추꼬프 N. E. 의 모음집. 상뜨뻬쩨르부르끄, 1909.

자루빈 — I. I. 자루빈이 모은 《벨루가 이야기들》. 레닌그라드, 1932.

총서 — 총서 시인의 장서.

펠레 — *Das Lachen im Glauben der Völker*. - Zeitsschrift für Volkskunde. neue Folge. Bd. II. 1930.

프로벤 — Frobenius L. *Das Zeitalten des Sonengottes*. Berlin, 1904.

후자꼬프 — 후자꼬프 I. A. 《위대한 러시아 이야기》. 제 I-III호. 모스크바, 1860~1862.

# —옮긴이 해제—

이 책은 러시아의 대표적인 민속학자인 블라지미르 야꼬블레비치 쁘로쁘(1895. 4. 17~1970. 8. 22)의 대표적 저서 중 하나이다.

웃음에 대한 연구를 가장 심도 있게 하고 있는 학자들 중의 한 명인 쁘로쁘는 러시아 상뜨뻬쩨르부르끄에서 태어났다. 그는 1918년에 상뜨뻬쩨르부르끄 국립대학교 인문대학을 마친 후 이 대학에서 교수로 일하면서 러시아 민속에 관한 강의를 했다. 그는 러시아 민속을 포함하여 다방면의 연구를 하였으며 구비문학 연구에 구조분석 방법을 도입하여 세계적인 명성을 얻었고 야꼽슨, 레비스트로스 등의 구조주의 운동뿐만 아니라 인류학, 언어학, 문학연구에까지도 적잖은 영향을 미쳤다.

쁘로쁘의 주요 연구업적은 그의 생전에 발행된 《이야기의 형태학》, 《민담의 역사적 기원》, 《러시아 영웅 서사시》, 《러시아 농경명절》 등 네 권의 저서들과 여러 편의 논문들이 있다.

《희극성과 웃음》은 쁘로쁘가 1965년부터 생을 마감할 때까지 열정을 기울인 작품이다. 이 작품은 3번에 걸쳐 출판되었다. 그의 사후 아내가 원고들을 정리하여 1976년에 처음으로 세상의 빛을 보게 되었다. 이 책은 웃음에 관한 쁘로쁘의 업적들을 처음으로 한데 모으고 있다는 데 큰 의미가 있다.

첫 번째 출판은 반복과 생략 등이 많아서 초고의 수준에 머무는 것이었다. 1997년에 출판사 '알레쩨이야'에서 이 작품을 다시 출판했으나 여기에도 오타 등 기술적 결함이 많았다.

그 이후에 세 번째 출판이 이뤄졌다. 비록 부분적 결함은 있었지만 세 번째 출판은 표준 러시아어에 맞는 것이었다. 그러나 세 번째 출판에서도 쁘로쁘가 자신의 기억에 의지하여 작품명이나 저자명을 언급하지 않은 채 인용했던 부분들은 모두 해결되지 못했다. 이런 경우에는 편집부에서 독자들이 잘 알고 있는 책을 인용하여 주를 달았다. 어떤 작품의 인용인지 확신이 서지 않는 경우에는 검증 없이 인용을 그대로 남겨두기도 했다.

부록으로 되어 있는 논문 "구비문학에서의 의례상의 웃음"에도 같은 방식으로 각주가 붙여졌다. 이 논문은 1939년에 최초로 출판되었다.

《희극성과 웃음》에서 저자는 웃음의 유형들을 부문별로 나누고 있는데 이는 현대 인문학에서 이뤄진 유사한 시도들 중 최고로 손꼽히고 있다. 또한 이 책에 포함되어 있는 논문 "구비문학에서의 의례상의 웃음"은 그가 생전에 썼던 《민담의 역사적 기원》과 이 책을 잇는 연결고리와 같은 구실을 하고 있다. 문화로서의 웃음을 연구했던 학자들 중 한 사람인 쁘로쁘는 이 주제를 러시아 민속에서 연구하고 있다.

본 번역서는 《희극성과 웃음》(전체 27장)과 부록인 논문 "구비문학에서의 의례상의 웃음"(전체 10장)으로 이뤄져 있다.

쁘로쁘는 사례를 연구하는 것으로 시작하여 일반화된 결론에 도달하는 귀납법을 이 책의 연구방법으로 택한다. 희극적인 것에 대한 현존하는 이론들이 만족스럽지 못한 까닭이 이론이 심하게 추상적이고 지나치게 비현실적이며 사례는 거의 인용하지 않은 채 논의들로만 채워져 있기 때문이라고 쁘로쁘는 지적한다.

이 책이 이론서인 까닭에 수많은 이론들에 또 하나의 이론을 더하지 않으려는 다짐으로 쁘로쁘는 이 책을 실용적인 저서로 만들어간다. 이를 위해 저자는 수많은 사례들을 파헤친다. 그의 바람대로 그는 《희극성과 웃음》에 수많은 사례들을 실으면서 무미건조한 책이 아닌 흥미롭게 읽을 수 있는 책으로 만들어간다. 그는 연구를 하면서 먼저 어떤 자료도 버리거나 거르지 않고 모두 수집하여 체계화시키고자 한다. 그는 웃음이나 미소를 자아내는 모든 것, 희극적인 것의 영역과 조금이라도 관계가 있는 모든 것을 연구대상으로 삼고 있다.

《희극성과 웃음》이 문학연구서이기에 이 책에서는 무엇보다도 먼저 작가들의 문학작품들을 연구대상으로 한다. 본 연구에는 유머와 희극성을 지니고 있는 가장 탁월한 작품들에서 시작하여 다소 부족한 면이 있는 작품들까지도 연구되고 있다.

쁘로쁘가 가장 즐겨 사용한 예는 러시아 사실주의를 연 작가라고 할 수 있는 고골이다. 쁘로쁘는 자신이 고전 가운데 찾아낸 보물상자라는 말로 고골의 작품을 예찬한다. 그는 고골을 러시아와 외국의 모든 거장들을 능가하는 작가이자 과거와 현대에 작품활동을 했던 모든 유머작가들과 풍자작가들 중에서 가장 위대한 작가로 여긴다. 그러므로 예문으로 고골의 작품들을 수없이 인용한 것에 대해 독자들은 놀라지 않기 바란다는 말을 직접적으로 하고 있다.

그러나 이 책에서는 고골의 작품만을 연구대상으로 삼고 있지는 않다. 과거와 쁘로쁘의 동시대 작가들의 작품 역시 관찰하고 있다. 구비문학 또한 인용하고 있다. 뿐만 아니라 희극성의 문제를 해결하고자 시도하는 과정에서 쁘로쁘는 동시대의 일상적인 유머잡지들과 풍자잡지들, 그리고 신문칼럼들도 연구하는 동시에 서커스, 무대공연, 희극영화, 다양한 계층의 대화에 대한 관찰 등도 고려하고 있다.

본 연구에서 쁘로쁘는 사례들을 미학 영역과 미학 외 영역으로 양분하지 않고 대부분 있는 그대로의 실제자료를 사용하고 있다.

희극적인 것이 과연 무엇인가 하는 개념을 정의하면서, 쁘로쁘는 과거에 희극적인 것이 비극적인 것과 대립하여 연구된 전통에 대해 반대한다. 쁘로쁘는 희극적인 것은 무엇보다도 먼저 희극적인 것 자체로서 연구되어야 한다고 주장한다. 그의 말에 따르면 보카치오의 유쾌한 단편소설들이나 고골의 《마차》, 또는 체호프의 《말(馬)의 성(姓)》은 비극적인 것에 대립하고 있다고 말할 수 없다. 이 작품들은 비극적인 것의 영역 밖에 있기 때문이다. 그뿐 아니라 해석이나 문체상으로는 희극적이지만 내용상으로는 비극적인 작품들도 있는데, 그 예로 고골의 《광인일기》나 《외투》 등을 들고 있다.

희극적인 것이 비극적인 것과 고상한 것에 대립한다는 관점은 희극성의 본질이나 특성을 파헤치지 못한다는 점에 중점을 두고 쁘로쁘는 희극성에 대한 연구를 한다. 희극적인 것의 본질은 비극적인 것이나 고상한 것과는 전혀 무관하게 연구되고 있다.

쁘로쁘는 희극성에 대한 대부분의 논문에서 생기는 결함은 희극적인 것이 가지는 특성을 제대로 이해하지 못하기 때문에 나타난다고 단언한다. 예를 들어 인간이 가지고 있는 결함은 많은 경우 우습지만 그것이 희극적이지 않을 수도 있다는 사실을 언급하며 쁘로쁘는 우스워질 수 있는 결함에는 어떠한 것이 있는지, 그리고 그 결함이 우스워질 수 있는 상황과 조건은 어떠한 것인지를 중요시한다. 그는 또한 연구자가 웃음을 유발하는 임의의 상황을 채택할 때 연구하고 있는 현상의 고유한 특성뿐 아니라 그것의 예외적 특성과 원인에 관하여서도 매번 문제를 제기해야만 한다고 강조한다.

이를 위해 쁘로쁘는 수많은 개별적인 경우를 통해서 희극적인 것의 특성을 규정하고 어떠한 현상이 어느 정도로, 그리고 어떤 조건 하에서 희극성을 내포하는지, 또한 그것이 지속적인지 그렇지 않은지를 확인해간다. 그는 사례를 연구하기 전에 어떤 결론을 내리지 않고 항상 개별사례를 연구한 후에 나타나는 결론을 중시한다. 쁘로쁘는 선입견에 사로잡힌 구문들이 아닌 실제적 자료들을 통해서만 문제 해결의 실마리를 찾는다.

또한 쁘로쁘는 고급과 저급의 두 가지 희극성이 존재한다는 이전의 주장에 찬성하지 않는다. 그렇게 했을 경우 러시아 고전 문화유산의 상당 부분이 '저급하게 희극적인 것'으로 치부될 것이기 때문이다. 그는 '고상한 것'으로 인정된 고전희극들 속에도 이른바 '저급적' 요소들이 배어 있다는 사실을 지적한다. 예를 들어 고골의 작품세계가 '저급한' 혹은 '투박한' 희극성으로 뒤덮여 있다는 것을 알 수 있다.

대신에 쁘로쁘는 희극성의 두 가지 유형인 우아한 유형과 투박한 유형의 이론에 사회적 차별의 개념이 도입된 것에 관심을 갖는다. 희극성의 섬세한 유형은 정신세계나 출신에서 귀족인 교양 있는 지성인들을 위해 존재한다. 희극성의 두 번째 유형은 평민, 천민, 대중을 위해 존재한다. 그러나 본 연구를 위해 자료 더미 속으로 파고들자마자 쁘로쁘는 희극적인 것을 투박하게 희극적인 것과 섬세하게 희극적인 것으로 나누는 것이 불가능한 경우들을 수도 없이 만나게 된다.

쁘로쁘는 희극성의 미학적 성격과 미학 외적 성격에 관해서도 연구한다. 희극성의 이른바 '피상적인' 혹은 '저급한' 형태들은 미학 영역에 속하지 않는 것으로 여겨져 왔으나 아리스토파네스의 작품 등 고전들 중에서 익살적인 부분들을 떠올려보면 이러한 이론이 지니는 오류가 드러난다. 예술작품의 범위 밖에 있는 웃음 역시 미학 외적 범주로 정의되어 왔다. 어쩌면 이것은 형식적으로 보았을 때 옳은 것일 수도 있으나 삶에서 동떨어진 미학은 실질적 인지를 목적으로 하는 곳에서는 쓸모없는 추상성을 띠게 될 수밖에 없다는 점을 쁘로쁘는 주시한다.

뻐로쁘는 자신의 연구에서 '희극적인 것'과 '우스운 것'에 대한 구분을 하지 않고 먼저 사례들을 통해 그것을 확실히 밝히고자 한다. 그는 '희극적인 것'과 '우스운 것'을 본 연구에서 '희극성'이라는 하나의 용어이자 개념으로 묶고 같은 의미로 사용한다. 이것은 '희극성'이 전적으로 천편일률적인 것이라는 말은 아니다. 다양한 유형의 희극성이 다양한 유형의 웃음을 불러일으키게 되는데, 바로 여기에 본 연구의 주된 관심을 쏟고 있다.

이렇듯 중요하지만 간과해버리거나 오해하기 쉬운 문제인 희극성이란 무엇인가 하는 개념을 쉽게 설명하면서 쁘로쁘는 희극성과 웃음에 관한 이야기를 풀어간다.

쁘로쁘의 연구는 희극성과 웃음이 추상적인 어떤 것은 아니라는 점에 입각하고 있다. 웃는 주체는 사람이다. 따라서 희극성의 문제를 연구할 때 웃음의 심리와 희극적인 것에 대한 지각을 제외하는 것은 불가능하다. 그리하여 쁘로쁘는 웃음의 여러 유형에 관한 문제를 제기하는 것에서부터 자신의 연구를 시작한다. 여기에서 희극성의 일정한 형태들이 웃음의 일정한 형태들과 관련되어 있는가 하는 문제가 제기된다.

어떤 때에 우리가 웃게 되며 우리가 웃는 웃음은 어떤 유형의 웃음인지에 대해 쁘로쁘는 계속해서 말한다.

이 책에서 쁘로쁘가 중점을 두는 웃음의 유형은 비웃음이다. 본 연구는 여러 유형의 웃음들 중에서 비웃음을 연구하는 것에서 시작된다. 그것은 바로 이 비웃음만이 희극적인 것의 범주와 견고하게 연결되어 있기 때문이라고 쁘로쁘는 설명한다. 그는 열정적으로 비웃음을 연구하고 있다.

쁘로쁘는 발생 원인들에 따라 웃음의 다양한 유형들을 구분한다. 그의 말에 따르면 웃음의 대상이 되는 것은 일상생활 속에 나타나는 인간의 모든 신체적, 정신적, 도덕적 삶이다.

쁘로쁘는 지금까지 희극적 객체는 미학 관련 저서들에서, 웃는 주체는 심리학 관련 저서들에서만 연구되어왔다는 사실을 지적한다. 그러나 웃는 주체가 사람이며 웃는 주체의 유머 없이는 희극성이 존재할 수 없다는 사실을 감안한다면 희극성에 대해 논할 때 그 주체인 사람에 대해 연구하지 않을 수 없다고 그는 말한다. 쁘로쁘의 주장에 따르면 어떠한 조건이 주어졌을 때 모든 이들이 웃는 것은 아니다. 사람들은 환경에 따라 희극적인 것에 각기 다르게 반응한다. 또한 사람들 중에는 잘 웃는 사람과 웃지 않는 사람이 있다. 쁘로쁘는 어떤 이들이 잘 웃지 않는 원인으로 멍청함이나 결함 혹은 정반대로 높은 수준의 정신이나 무언가에 심취되어 있는 상태를 꼽고 있다.

쁘로쁘는 환경 자체는 절대 우스운 것이 될 수 없다고 말한다. 그러나 동물, 식물, 심지어는 사물까지도 우스워질 수 있는데 이는 그것이 사람을 연상시키는 경우이다.

또한 쁘로쁘는 실례들을 통하여 어떤 상황에서 우리가 웃게 되는지 설명한다. 그 중 하나의 예는 파리를 쫓는 연사이다.

> 웅변가가 연설을 한다. 그는 생생하게 말하고 제스처를 취하면서 설득력 있는 연설을 하기 위해 노력한다. 그런데 갑자기 그의 코에 파리 한 마리가 앉는다. 그는 파리를 쫓아낸다. 그러나 파리는 끈질기게 돌아온다. 그는 다시 파리를 쫓아낸다. 세 번째에 이르러서야 그는 파리를 잡아서 잠깐 동안 살펴보고 나서 내던져버린다. 이 순간에 연설의 효과는 사라져버리고 청중들은 일제히 웃기 시작한다.

여러 예를 통하여 쁘로쁘는 사람들이 웃게 되는 경우는 물질적인 것이 정신적인 측면을 차단하여 숨겨져 있던 결함을 갑자기 드러낼 때라고 말한다. 위의 예에서 관중이 웃은 것은 단지 파리 때문이 아니라 설득력 있는 주장보다는 제스처 등 외적 방법으로 청중을 설득하려 했던 연사의 결함 때문이라고 쁘로쁘는 지적한다. 그러나 쁘로쁘는 모든 단점이 우스운 것이 아니라 지나치게 심각하지 않은 사소한 단점만이 우스워질 수 있다는 점 역시 언급한다.

인간의 신체가 우스워지는 경우에 대해 연구하면서 쁘로쁘는 다음과 같은 베르그송의 발언을 반박한다.

> 인간의 정신적인 면이 중점이 될 때 인간 신체의 모든 발현들은 우습다(베르그송, 51).

쁘로쁘에 따르면 인간의 정신적인 면이 중점이 되고 있다 하더라도 인간 신체의 발현들이 모두 우스운 것은 아니다. 예를 들어 우습지 않은 뚱보들도 있다. 예를 들어 내면의 위력과 정신적인 힘이 외양을 누를 때 뚱뚱한 몸매는 전혀 우스워 보이지 않는다.

뚱뚱한 것과 마찬가지로 인간의 알몸도 신체적 요소가 정신적 요소를 가려버렸을 때 우스워질 수 있다. 쁘로쁘는 고골 작품의 주인공 중 하나인 이반 니끼포로비치의 경우를 인용한다. 이반 니끼포로비치는 아주 더울 때 옷을 모두 벗어버리고 그 상태로 덧문으로 어둡게 가려진 방에 앉아 있었다. 그는 방으로 들어오는 이반 이바노비치에게 다음과 같이 말한다.

> "당신 앞에 알몸으로 있게 되어 죄송하오."

이반 이바노비치는 전혀 당황하지 않고 이렇게 대답한다.

> "괜찮소."

닮음과 다름의 희극성 역시 쁘로쁘의 관찰의 대상이 되고 있다. 닮음은 다른 경우들과 마찬가지로 항상 우스운 것이 아니라 갑작스레 발견되었을 때 우습다. 예를 들어 쌍둥이의 부모나 친구들에게 쌍둥이는 전혀 우습지 않다. 하지만 갑자기 쌍둥이를 보게 되면 웃을 수 있는데 이는 쌍둥이의 외면이 서로 같듯이 내면의 정신적 세계 역시 같을 것이라고 짐작해버리기 때문이다. 다름은 사람들이 본능적으로 자기 자신을 기준으로 규범을 정해두고 그 규범에 벗어나는 것을 결함이라고 여기기 때문에 웃음을 불러일으킬 수 있다.

이 외에도 동물의 형상을 한 인간, 인간-사물, 직업 등도 쁘로쁘에게 비웃음을 불러일으킬 수 있는 대상으로 여긴다.

우리는 이 책을 읽으면서 웃음의 유형과 원인이 다양하다는 사실을 알게 된다. 쁘로쁘는 자신의 연구에서 지금까지 웃음을 연구대상으로 삼아온 어느 학자보다도 다양하고 심도 있게 웃음을 연구하고 있다. 이 책을 통해 우리는 희극성의 본질과 웃음의 유형에 대해 알아갈 뿐만 아니라 다양하게 제시된 사례들로 인해 때로는 호탕하게 웃기도 하고 때로는 살포시 미소짓기도 할 것이다.

# 찾아보기

## 작 품

## 인명

블라지미르 야꼬블레비치 쁘로쁘

(Владимир Яковлевич Пропп, 1895~1970)

웃음에 대한 연구를 가장 심도 있게 하고 있는 학자들 중의 한 명이자 러시아의 대표적인 민속학자인 블라지미르 야꼬블레비치 쁘로쁘(1895. 4. 17~1970. 8. 22)는 러시아 상뜨뻬쩨르부르끄에서 태어났다.

그는 1918년에 상뜨뻬쩨르부르끄 국립대학교 인문대학을 마쳤으며, 이 대학(당시 레닌그라드 국립대학)에서 1937년부터 조교수를 거쳐 교수로 일했다. 러시아 민속을 포함하여 다방면의 연구를 하였으며, 구비문학연구에 구조분석방법을 도입하여 세계적 명성을 얻었고, 인류학, 언어학, 문학연구에까지도 적잖은 영향을 미쳤다. 쁘로쁘의 주요 연구업적으로는 그의 생전에 발행된 네 권의 저서들(《이야기의 형태학》, 《민담의 역사적 기원》, 《러시아 영웅 서사시》, 《러시아 농경명절》)과 여러 편의 논문들이 있다.

《희극성과 웃음》은 쁘로쁘가 1965년 이후부터 죽기 직전까지 썼던 저술들을 모아놓은 것으로, 그의 사후 아내가 원고들을 정리하여 1976년에 처음으로 세상에 빛을 보게 되었다. 이 책은 웃음에 관한 쁘로쁘의 저술들을 처음으로 한데 모으고 있다는 데 큰 의미가 있다. 이 책은 문화로서의 웃음을 연구했던 20세기의 저명한 학자들 가운데 민속에 있어서의 웃음을 가장 심도 있게 연구한 저술이라고 할 수 있다.



정막래

정막래는 한국외대 러시아어과를 졸업하고 동 대학 대학원 러시아문학과 석사과정을 수료한 뒤, 모스크바 국립대학교 러시아문학과에서 현대 러시아 소설로 박사학위(Ph. D)를 받았다. 지금은 계명대 러시아어문학과 교수로 있으며, 계명대 러시아센터(토르플 한국센터)의 센터장을 맡고 있다. 저서로는 《러시아어토르플 1단계》, 《러시아어토르플 2단계》, 《러시아어토르플 3단계》, 《러시아어토르플 4단계》, 《러시아 역사를 통한 문학 읽기》, 《들으면서 배우는 러시아어》, 《19세기 러시아문학으로 배우는 러시아어》, 《20세기 러시아문학으로 배우는 러시아어》 등이 있고, 역서로는 구드지의 《고대 러시아 문학사 1·2》, 끄르일로프의 《끄르일로프 우화집》, 랴쁘체프의 《중세 러시아 문화》, 똘스또이의 《사람은 무엇으로 사는가》, 뚜르게네프의 《뚜르게네프 중편선》, 또까레바의 《달팽이 여자》 등이 있다.